ABITUR 2017

Original-Prüfungsaufgaben mit Lösungen

Mathematik

Thüringen

2014–2016

STARK

Inhalt

Vorwort
Stichwortverzeichnis

Abiturprüfung 2016

 Sitzen alle mathematischen Begriffe? Unter www.stark-verlag.de/mathematik-glossar/ finden Sie ein kostenloses Glossar zum schnellen Nachschlagen aller wichtigen Definitionen mitsamt hilfreicher Abbildungen und Erläuterungen.

Jeweils zu Beginn des neuen Schuljahres erscheinen die neuen Ausgaben der Abiturprüfungsaufgaben mit Lösungen.

Autoren:

Dr. Hubert Langlotz, Wutha-Farnroda (Übungsaufgaben für den hilfsmittelfreien Teil und CAS-Übungsaufgaben 6 bis 9; 2014: Lösungen, Hinweise und Tipps zu Teil A [Aufgaben 5 bis 7], B1 und C2; 2015: Lösungen, Hinweise und Tipps zu Teil A [Aufgaben 5 bis 8], B2 und C2; 2016: Lösungen, Hinweise und Tipps zu Teil A [Aufgaben 4 und 5], B2 und C1)
Dr. Wilfried Zappe, Ilmenau (Übungsaufgaben für den hilfsmittelfreien Teil und CAS-Übungsaufgaben 1 bis 5; 2014: Lösungen, Hinweise und Tipps zu Teil A [Aufgaben 1 bis 4], B2 und C1; 2015: Lösungen, Hinweise und Tipps zu Teil A [Aufgaben 1 bis 4], B1 und C1; 2016: Lösungen, Hinweise und Tipps zu Teil A [Aufgaben 1 bis 3], B1 und C2)

Vorwort

Liebe Abiturientinnen und Abiturienten,

dieses Buch hilft Ihnen, sich frühzeitig und umfassend auf die **Abiturprüfung 2017 im Kernfach Mathematik** der neu gestalteten Oberstufe vorzubereiten. Dazu enthält es neben den **Prüfungsaufgaben der Jahre 2014 bis 2016** speziell auf die neue Struktur der Prüfung mit Computeralgebrasystem (CAS) abgestimmte **Übungsaufgaben** sowohl für den hilfsmittelfreien Pflichtteil wie für alle anderen Aufgaben. Wenn Sie anhand dieser Aufgaben die Prüfungssituation „durchspielen", sollten Sie sich sowohl an der vorgegebenen Bearbeitungszeit orientieren als auch die Situation des „Auswählen-Müssens" von bestimmten Aufgaben berücksichtigen.

Die Bildschirmausdrucke im Lösungsteil wurden mit einem TI-NspireCX CAS erstellt. Sie sind aber in den meisten Fällen jeweils in annähernd gleicher Weise mit einem anderen CAS reproduzierbar. In vielen Fällen wurde die Möglichkeit genutzt, **alternative Lösungsvorschläge** darzustellen, die zum Teil die verschiedenen Möglichkeiten des digitalen Werkzeugs aufzeigen oder aber ganz ohne Hilfsmittel auskommen.

Weiter finden Sie zusätzliche **✔ Hinweise und Tipps**, die zwischen den Aufgaben und Lösungen stehen und für jede Teilaufgabe ausgearbeitet sind. Diese liefern Denkanstöße zur Lösung und sind nach zunehmendem Grad der Hilfestellung geordnet. Sollten Sie bei einer Aufgabe also keinen eigenen Lösungsansatz finden, so lesen Sie zunächst den **ersten Tipp** zu der entsprechenden Teilaufgabe und verdecken die weiteren Tipps mit einem Blatt. Denken Sie über den Tipp nach und versuchen Sie nun selbst einen Ansatz zu schaffen. Sollten Sie gar nicht weiterkommen, dann lesen Sie den **nächsten Tipp** usw. Schlagen Sie in der Lösung erst nach, wenn Sie mit allen zu der Aufgabe gehörenden Tipps nicht weiterkommen. Im Lösungsteil werden zudem ausführliche **✔ Hinweise** gegeben, die Ihnen die vorgerechnete **Lösung erläutern und erklären**, sodass Sie die Lösung selbstständig nachvollziehen und verstehen können. Bei der Lösungsdarstellung werden teilweise auch alternative Lösungswege aufgezeigt, damit Sie Ihre angefertigte Lösung korrigieren können und um zu zeigen, dass es oft eine Vielfalt von mathematischen Lösungsansätzen gibt.

Sollten nach Erscheinen dieses Bandes noch wichtige Änderungen in der Abitur-Prüfung 2017 vom Ministerium für Bildung, Jugend und Sport bekannt gegeben werden, finden Sie aktuelle Informationen dazu im Internet unter:
http://www.stark-verlag.de/pruefung-aktuell

Viel Erfolg!

Ihr Autorenteam

Stichwortverzeichnis

Das Verzeichnis gliedert sich in drei Themenbereiche:
Analysis
Analytische Geometrie
Stochastik

Folgende Abkürzungen wurden zur Kennzeichnung der einzelnen Aufgaben gewählt:

Ü-1/1b	Übungsaufgaben (für den hilfsmittelfreien Teil), Seite **Ü-1**, Aufgabe **1b**
Ü-19/3c	(CAS-)Übungsaufgaben, Seite **Ü-19**, Teilaufgabe **3c**
14-18 b	Abitur 2014, Seite **2014-18**, Teilaufgabe **b**

Analysis

Ableitung	
– Wahrheitswert überprüfen	Ü-1/1b
Ableitungsfunktion	Ü-3/7b; 16-1 2
Ableitungsregeln	Ü-39/1c
Abstand	
– von einer Geraden	Ü-71/2e
– zweier Punkte	Ü-50/1c, 2b
Änderungsrate, momentane	Ü-4/11; Ü-5/12; Ü-29/5; Ü-39/1c; 14-18 a
Anstieg	Ü-2/5;16-8 b
– maximal	14-9 a; 16-8 a, c, 16-17 c
Asymptoten	Ü-50/2c, d; 15-1 3
Bahnlänge	15-9 d
Dreieck	Ü-29/4
– Gleichschenkligkeit nachweisen	Ü-29/4e; 15-21 e
Durchschnitt	Ü-39/1f
exponentieller Zusammenhang	Ü-1/2; Ü-39/1a
Extrempunkte (lokale)	16-9 e
– untersuchen, Koordinaten	Ü-4/10b; Ü-29/1b; Ü-40/2e; Ü-50/2a; 15-21 b; 16-8 a
Extremstelle	Ü-1/3
Extremwertproblem	Ü-29/4f; Ü-40/2c; 14-18 a; 15-9 a
Flächeninhalt	
– eines Dreiecks	Ü-29/4a, b, c
– eines Parallelogramms	15-21 b
– orientierter	Ü-5/12
– von Teilflächen	14-9 c; 15-21 c
– zwischen Graph und x-Achse	Ü-5/13, 15; Ü-6/16; Ü-29/2; 15-1 4b; 16-1 1b
– zwischen zwei Graphen	Ü-4/10c; Ü-5/14; Ü-40/2b; Ü-50/1a; 14-9 b; 16-8 d

Analytische Geometrie

Hinweise und Tipps zur schriftlichen Abiturprüfung

1 Ablauf der Prüfung

Im Freistaat Thüringen gibt es im Kernfach Mathematik ein zentrales schriftliches Abitur. Die Aufgaben werden durch eine Abituraufgabenkommission erstellt, in der erfahrene Lehrerinnen und Lehrer mitarbeiten.

Aufbau der Prüfungsaufgaben bis 2016

Seit dem Thüringer Abitur 2014 durften in Mathematik *alle* Prüfungsteilnehmer ein Computeralgebrasystem (CAS) benutzen. Dieses Übungsbuch enthält einige dieser Abiturprüfungen samt Lösungen und Hinweisen zu Übungszwecken. Das Abitur dieser Jahre hatte folgende Struktur:

Teil A: Das war der hilfsmittelfreie Teil. Er beinhaltete die Überprüfung von mathematischen Kompetenzen aus allen Lernbereichen (20 BE).

Teil B: Der Teil konnte mit CAS bearbeitet werden. Er diente der Lernerfolgskontrolle von mathematischen Kompetenzen aus der Analysis und beinhaltete zwei Wahlaufgaben, von denen eine zur Bearbeitung ausgewählt werden konnten (20 BE).

Teil C: Der Teil konnte ebenfalls mit CAS bearbeitet werden. Hier wurden zwei Aufgaben zur Überprüfung mathematischer Kompetenzen aus der Vektorrechnung/ Analytischen Geometrie und der Stochastik zur Wahl gestellt. Die Anteile der beiden Stoffgebiete waren dabei in den zwei Wahlaufgaben unterschiedlich gewichtet (20 BE).

Aufbau der Prüfungsaufgaben ab 2017

Im Zusammenhang mit der Einführung zentraler Bildungsstandards durch die Kultusministerkonferenz wird eine Angleichung der Lehrpläne und der Abiture in allen deutschen Bundesländern angestrebt. Deshalb wurde der Mathematiklehrplan für Gymnasien auch in Thüringen etwas verändert. So enthält er z. B. nun zwei Vertiefungsthemen Geometrie und Stochastik, von denen eines im Unterricht behandelt werden soll. Diese Umstände führen zu einer Veränderung des Mathematikabiturs in Thüringen. Die neue Abiturprüfung soll folgende Struktur haben:

Teil A: hilfsmittelfreier Teil aus allen Lernbereichen (40 BE)

Teil B: Analysis (40 BE)

Teil C1: Geometrie (25 BE), Stochastik (15 BE)

Teil C2: Stochastik (25 BE), Geometrie (15 BE)

Für den Prüfungsteil A ist ein Arbeitsblatt, das die Aufgaben sowie zu vervollständigende Koordinatensysteme und Platz für die Lösungen enthält, vorgesehen. Nur die Teile B und C1 bzw. C2 können mit CAS bearbeitet werden.

Alle Prüfungsteilnehmerinnen und -teilnehmer lösen alle Aufgaben der Prüfungsteile A und B. Nur im Prüfungsteil C kann zwischen C1 und C2 gewählt werden.

Die im Zusammenhang mit dem geplanten Abituraufgabenpool der Länder veröffentlichte Aufgabensammlung für Mathematik dient als Orientierung für die Weiterentwicklung der Aufgabenformate und Anforderungen in der Abiturprüfung in Thüringen. Sie finden sie im Internet unter: *https://www.iqb.hu-berlin.de/bista/abi/mathematik*

Dauer der Prüfung

Die Bearbeitungszeit beträgt 270 Minuten. Die Aufgaben aus dem Teil A sind von allen Prüfungsteilnehmern zu Beginn der Bearbeitungszeit zu lösen. Als Hilfsmittel sind nur Zeichengeräte zugelassen. Nachdem der Prüfungsteilnehmer die Lösungen für den Teil A abgegeben hat, werden die Wahlaufgaben aus den Teilen B und C mit den angegebenen Hilfsmitteln bearbeitet.

Zugelassene Hilfsmittel

In Teil A dürfen außer Zeichengeräten keine weiteren Hilfsmittel verwendet werden. In den Teilen B und C1 bzw. C2 kann die im Unterricht verwendete Formelsammlung sowie ein Taschenrechner und ein CAS verwendet werden. Dabei wird man sich an dem Gerät oder der Software orientieren, womit im vorangegangenen Unterricht gearbeitet wurde.

2 Inhalte und Schwerpunktthemen

Die verbindlichen Lehrplanvorgaben, nach denen in den vier Kurshalbjahren der Qualifikationsphase der gymnasialen Oberstufe unterrichtet wird, bestimmen die inhaltlichen Anforderungen. Außerdem wird die Binomialverteilung (Lehrplan Klasse 10) vermutlich eine größere Rolle spielen.
Unter *https://www.schulportal-thueringen.de/media/detail?tspi=4470* finden Sie eine ausführliche Darstellung des weiterentwickelten Lehrplans für den Erwerb der allgemeinen Hochschulreife im Fach Mathematik. Eine (nicht ganz vollständige) Übersicht über wichtige, abiturrelevante Kompetenzen dieses Lehrplans ist nachstehend aufgeführt.

Analysis – Sachkompetenz

Der Schüler kann

- die Ableitung einer Funktion als lokale Änderungsrate und als Differenzialquotient beschreiben, erläutern und geometrisch als Tangentenanstieg interpretieren,
- die Ableitung mithilfe der Approximation durch lineare Funktionen aus der Anschauung heraus deuten,
- Zusammenhänge zwischen Funktion und Ableitungsfunktion erkennen, begründen und darstellen,
- Ableitungen für Funktionen ermitteln,
- die Faktor-, Summen-, Produkt- und Kettenregel zum Ableiten von Funktionen in einfachen Fällen ohne Hilfsmittel anwenden,
- Eigenschaften der Funktionen $f(x) = e^x$ und $f(x) = \ln x$ angeben,
- die ln-Funktion als Stammfunktion von $f(x) = \frac{1}{x}$ und als Umkehrfunktion der e-Funktion nutzen,
- grundlegende Begriffe zur Beschreibung von Potenzfunktionen, ganzrationalen, gebrochenrationalen, e -, ln - und Sinusfunktionen (Definitions- und Wertebereich, Achsenschnittpunkte, Symmetrie bezüglich der y-Achse und des Koordinatenursprungs, Monotonie, Extrem- und Wendepunkte, Periodizität, Grenzwert, Asymptoten, Stetigkeit, Polstelle, Lücke) anschaulich erläutern und anwenden,
- Monotonieverhalten, Extrem- und Wendepunkte mithilfe von Ableitungen bestimmen,

- einfache Verknüpfungen und Verkettungen von Funktionen auf charakteristische Eigenschaften untersuchen,
- den Einfluss eines reellen Parameters in der Funktionsgleichung auf charakteristische Eigenschaften der Funktion ermitteln und beschreiben,
- Gleichungen von Sekanten, Tangenten und Normalen (in einfachen Fällen auch ohne Hilfsmittel) ermitteln,
- Gleichungen von ganzrationalen und einfachen gebrochenrationalen Funktionen aus vorgegebenen Eigenschaften ermitteln,
- Extremwertprobleme lösen,
- Zusammenhänge zwischen zwei Datenreihen durch eine geeignete Funktion näherungsweise beschreiben,
- Eigenschaften von Exponentialfunktionen zur Modellierung von Wachstums- und Zerfallsprozessen nutzen,
- das bestimmte Integral als aus Änderungen rekonstruierter Bestand und als Flächeninhalt beschreiben und erläutern,
- den Zusammenhang zwischen Ableitung und Integral beschreiben und begründen,
- bestimmte Integrale mithilfe des Hauptsatzes der Differenzial- und Integralrechnung berechnen,
- Stammfunktionen und Integrale ermitteln,
- bestimmte und unbestimmte Integrale von ganzrationalen, Potenz-, Sinus- und e-Funktionen unter Anwendung der Regeln für das Integrieren von Funktionen mit konstanten Summanden oder Faktoren, mehreren Summanden, einfacher Verkettung mit linearer innerer Funktion in einfachen Fällen ohne Hilfsmittel bestimmen,
- Flächeninhalte von Flächen bestimmen, die durch Funktionsgraphen begrenzt sind,
- Volumen von Körpern berechnen, die durch Rotation von Funktionsgraphen um die x-Achse entstanden sind,
- inner- und außermathematische Problemstellungen mithilfe der Differenzial- und Integralrechnung bearbeiten.

Analysis – Methodenkompetenz

Der Schüler kann
- selbstständig Problemlösestrategien auswählen und anwenden,
- dynamische Darstellungsmöglichkeiten des CAS nutzen, um mathematische Modelle zu vergleichen und diese zu variieren,
- Lösungswege verständlich, angemessen und nachvollziehbar auch unter Verwendung geeigneter Medien erläutern und präsentieren.

Analysis – Selbst- und Sozialkompetenz

Der Schüler kann
- mit Ergebnissen und Hinweisen, die das CAS anzeigt, kritisch umgehen und seine Lösungsstrategie ggf. entsprechend verändern,
- Informationen aus mathematischen Sachtexten und aus Computerdarstellungen entnehmen und anderen verständlich erläutern,
- selbstständig komplexe Problemstellungen zur Differenzial- und Integralrechnung bearbeiten.

Vektorrechnung/Analytische Geometrie – Sachkompetenz

Der Schüler kann
- Punkte, Strecken, Geraden, Flächen und Körper im dreidimensionalen kartesischen Koordinatensystem darstellen und ihre Lage beschreiben,

- aus Darstellungen sowie Eigenschaften von Körpern und Flächen auf die Koordinaten von Punkten schließen,
- Vektoren in Koordinatendarstellung angeben und geometrisch interpretieren,
- einfache Sachverhalte mit Tupeln beschreiben,
- Vektoren zeichnerisch und rechnerisch (auch ohne Hilfsmittel) addieren, subtrahieren und vervielfachen,
- zwei bzw. drei Vektoren auf lineare Abhängigkeit untersuchen und das Ergebnis geometrisch interpretieren,
- den Betrag eines Vektors ermitteln,
- das Skalarprodukt berechnen (in der Koordinatenform auch ohne Hilfsmittel), geometrisch deuten und zur Berechnung von Winkelgrößen nutzen,
- Geraden durch Gleichungen in der Parameterform beschreiben,
- Koordinatenebenen durch Gleichungen in der Koordinatenform beschreiben,
- Lagebeziehungen zwischen Punkten, Geraden und Koordinatenebenen untersuchen,
- Schnittpunkte und Schnittwinkel zweier Geraden berechnen,
- Schnittpunkte von Geraden und Koordinatenebenen bestimmen,
- Vorgehensweisen bei der Bestimmung der gegenseitigen Lage von Geraden und Koordinatenebenen ohne Hilfsmittel erläutern,
- Schnittwinkel einer Geraden mit einer Koordinatenebene ermitteln,
- Abstände berechnen:
  - Punkt – Punkt,
  - Punkt – Gerade,
  - Punkt – Koordinatenebene,
- seine Kenntnisse aus der Vektorrechnung und analytischen Geometrie auf inner- und außermathematische Problemstellungen anwenden.

Vertiefungsthema 1: „Ebenen"
Der Schüler kann
- Ebenengleichungen in Parameterform und parameterfreier Form erläutern und ermitteln,
- Lagebeziehungen von Geraden und Ebenen untersuchen,
- Abstände zwischen Punkten, Geraden und Ebenen bestimmen.

Vektorrechnung/Analytische Geometrie – Methodenkompetenz

Der Schüler kann
- zusammengesetzte Körper in geeigneten Darstellungen skizzieren,
- CAS und dynamische Geometriesoftware zur Lösung ebener sowie räumlicher geometrischer Problemstellungen selbstständig anwenden.

Vektorrechnung/Analytische Geometrie – Selbst- und Sozialkompetenz

Der Schüler kann
- zeichnerische Darstellungen selbstständig analysieren,
- über den Einsatz von Hilfsmitteln verantwortungsbewusst entscheiden.

Stochastik – Sachkompetenz

Der Schüler kann
- exemplarisch statistische Erhebungen planen und beurteilen,
- zweiseitige Signifikanztests für binomialverteilte Zufallsgrößen durchführen und interpretieren,
- normalverteilte Zufallsgrößen
  - an Beispielen erläutern,

IV

- grafisch darstellen sowie die Eigenschaften der Gaußschen Glockenkurve aus der Anschauung heraus beschreiben,
- durch Erwartungswert und Standardabweichung charakterisieren,
- zum Lösen inner- und außermathematischer Probleme anwenden.

Vertiefungsthema 2: „Stochastik"
Der Schüler kann
- Hypothesentests (auch einseitige Signifikanztests und Alternativtests) für binomial- und normalverteilte Zufallsgrößen durchführen und interpretieren,
- Unsicherheit der Ergebnisse von Hypothesentests begründen,
- diskrete und stetige Zufallsgrößen am Beispiel von Binomial- und Normalverteilungen vergleichen,
- den Zusammenhang zwischen Binomial- und Normalverteilung beschreiben,
- stochastische Situationen untersuchen, die zu annähernd normalverteilten Zufallsgrößen führen.

Aus dem Lehrplan der Klasse 10
Der Schüler kann
- Bernoulli-Ketten als mehrstufige Zufallsexperimente beschreiben und die Bernoulli-Formel anwenden,
- die Bedingungen für die Anwendbarkeit der Bernoulli-Formel prüfen und die Ergebnisse kritisch werten,
- binomialverteilte Zufallsgrößen
  - an Beispielen erläutern,
  - grafisch darstellen,
  - durch Erwartungswert und Standardabweichung charakterisieren,
  - zum Lösen inner- und außermathematischer Probleme anwenden,
- Simulationen zur Untersuchung binomialverteilter Zufallsgrößen verwenden.

Stochastik – Methodenkompetenz

Der Schüler kann
- Eigenschaften und Anwendungen von normalverteilten Zufallsgrößen in einer Präsentation darstellen,
- Ergebnisse von statistischen Erhebungen präsentieren.

Stochastik – Selbst- und Sozialkompetenz

Der Schüler kann
- die Bedingungen für die Modellierung von Zufallsexperimenten und die dabei gewonnenen Ergebnisse am Sachverhalt prüfen und kritisch werten.

3 Leistungsanforderungen und Bewertung

Bei den Leistungsanforderungen werden drei Anforderungsbereiche[1] unterschieden, die in den Prüfungsaufgaben angemessen repräsentiert sein sollen:

Anforderungsbereich I
Wiedergeben von Sachverhalten in gelernten Zusammenhängen sowie Anwenden und Beschreiben geübter Arbeitstechniken und Verfahren

---

1 Vgl. Thüringer Ministerium für Bildung, Wissenschaft und Kultur: Lehrplan für den Erwerb der allgemeinen Hochschulreife im Fach Mathematik, Erfurt 2013, Seite 44

Anforderungsbereich II
Bearbeiten bekannter Sachverhalte unter vorgegebenen Gesichtspunkten sowie selbstständiges Übertragen und Anwenden des Gelernten auf vergleichbare Zusammenhänge

Anforderungsbereich III
Verarbeiten komplexer Sachverhalte durch selbstständiges Folgern, Verallgemeinern, Begründen und Werten, Reflektieren des eigenen Vorgehens, selbstständiges Wählen der Arbeitstechniken

Für die Bewertung der Prüfungsarbeit gibt die Aufgabenkommission einen Bewertungsvorschlag und einen Bewertungsmaßstab vor. Auf dieser Grundlage erfolgt die Bewertung Ihrer Abiturarbeit durch zwei Korrektoren. Selbstverständlich werden unkonventionelle aber richtige Lösungen entsprechend gewürdigt.
Die Erstkorrektur nimmt im Regelfall Ihr Fachlehrer vor. Die unabhängige Zweitkorrektur erfolgt durch einen anderen Mathematiklehrer Ihres oder eines anderen Gymnasiums. Einigen sich Erst- und Zweitkorrektor nicht auf eine abschließende Bewertung, entscheidet der Prüfungsvorsitzende ggf. unter Einbeziehung weiterer Gutachten über die Endnote.

Bewertungsmaßstab
In der Prüfung sind insgesamt 120 Bewertungseinheiten (BE) zu erreichen.

Bewertungseinheiten	Notenpunkte	Note
120 – 114	15	1 +
113 – 108	14	1
107 – 102	13	1 –
101 – 96	12	2 +
95 – 90	11	2
89 – 84	10	2 –
83 – 78	9	3 +
77 – 72	8	3
71 – 66	7	3 –
65 – 60	6	4 +
59 – 54	5	4
53 – 48	4	4 –
47 – 40	3	5 +
39 – 32	2	5
31 – 24	1	5 –
23 – 0	0	6

Natürlich sind fachliche Richtigkeit und Vollständigkeit die wichtigsten Grundlagen für die Bewertung. Dabei sollten Sie bei der Anfertigung Ihrer Prüfungsarbeit darauf achten, bei der Lösung der Aufgaben alle Ansätze in mathematisch korrekter Form zu notieren. Wesentliche Zwischenschritte müssen aus Gründen der Nachvollziehbarkeit und wegen der Anerkennung möglicher Folgefehler aufgeschrieben werden.
Bei Verstößen gegen die äußere oder die mathematische Form können bis zu zwei BE abgezogen werden.

VI

4 Operatoren

Bei der Formulierung von zentralen Prüfungsaufgaben werden häufig sogenannte „Operatoren" verwendet, die sicherstellen sollen, dass alle Schüler und Lehrer unter einer bestimmten Aufgabenstellung das Gleiche verstehen. Damit Sie die Aufgabenstellungen korrekt erfassen können, ist es wichtig, sich mit diesen Operatoren auseinanderzusetzen. Eine Auswahl solcher in den letzten Jahren im Thüringer Mathematikabitur häufig verwendeter Operatoren ist in der folgenden Übersicht zusammengestellt (Quelle: Veröffentlichung des ThILLM im Thüringer Schulportal). Außerdem sind Beispiele für Abituraufgaben angegeben, in denen solche Operatoren vorkommen.

Operator	Bedeutung	Beispiele
analysieren	Einen gegebenen Sachverhalt in seine Bestandteile zerlegen, seine wesentlichen Merkmale auf der Grundlage von Kriterien erfassen und ihre Beziehungen zueinander darstellen.	
begründen	Für einen gegebenen Sachverhalt einen folgerichtigen Zusammenhang zwischen Ursache(n) und Wirkung(en) herstellen.	2014; B1a 2015; A3b
berechnen	Ausschließlich rechnerische Generierung der Ergebnisse, wobei der Lösungsweg nachvollziehbar ist.	2014; B2a 2015; C1 1a
beschreiben	Sachverhalte wie Objekte und Prozesse und Vorgehensweisen räumlich bzw. zeitlich geordnet darlegen.	2015; B2e
bestimmen, ermitteln	Rechnerische, grafische oder inhaltliche Generierung eines Ergebnisses.	2014; A5b
beurteilen, bewerten	Sachverhalte bzw. Aussagen anhand geeigneter Kriterien unter Nutzung von Fachwissen bzw. Fachmethoden reflektieren, prüfen, an Wertkategorien messen und auf dieser Grundlage eine begründete Stellungnahme formulieren.	2015; C2 2a
beweisen, zeigen, nachweisen	Mithilfe von sachlichen Argumenten durch logisches Herleiten eine Behauptung/Aussage belegen bzw. widerlegen.	2014; A5a 2014; B2e 2015; C1 1b
darstellen, präsentieren	Sachverhalte, Zusammenhänge, Methoden, Ergebnisse etc. strukturiert wiedergeben.	2014; B2c
definieren	Die Bedeutung eines Begriffs unter Abgrenzung zu benachbarten Begriffen und der Angabe unveränderlicher Merkmale bestimmen.	
entscheiden	Sich bei Alternativen eindeutig auf eine Möglichkeit festlegen.	
erklären	Strukturen, Prozesse, Zusammenhänge usw. des Sachverhaltes erfassen und auf allgemeine Aussagen/Gesetze zurückführen.	
erläutern	Wesentliche Seiten eines Sachverhalts/Gegenstands/Vorgangs an Beispielen verständlich machen.	2016; B2g
interpretieren	Sachverhalte/Zusammenhänge/Fakten oder Daten analysieren, sie deuten bzw. erklären.	2014; B2d 2015; B1e

Operator	Bedeutung	Beispiele
klassifizieren, ordnen	Begriffe, Gegenstände etc. auf der Grundlage bestimmter Merkmale systematisch einteilen.	
messen	Größen mithilfe geeigneter Messgeräte bestimmen.	
nennen, angeben	Fakten / Sachverhalte, Begriffe ohne Erläuterung wiedergeben.	2014; A2a
protokollieren	Den Ablauf und mögliche Zwischen- und Endergebnisse einer Handlung, eines Versuchs oder eines Vorgangs übersichtlich und gegliedert festhalten.	
prüfen	Wahrheitsgehalt feststellen.	
skizzieren	Sachverhalte, Objekte, Strukturen oder Ergebnisse auf das Wesentliche reduziert (vereinfacht) übersichtlich darstellen.	2014; A4a
untersuchen	Sachverhalte / Objekte erkunden, Merkmale und Zusammenhänge herausarbeiten.	2014; B1a
vergleichen	Gemeinsamkeiten und Unterschiede von Sachverhalten, Objekten, Lebewesen und Vorgängen auf der Basis festgelegter Kriterien feststellen.	
zeichnen	Eine exakte grafische Darstellung unter Verwendung von Zeichengeräten darstellen.	2016; C1 1c

5 Methodische Hinweise und allgemeine Tipps zur schriftlichen Prüfung

Vorbereitung

- Fangen Sie nicht zu spät mit der Vorbereitung auf die schriftliche Prüfung an. Warten Sie damit nicht auf eine Aufforderung durch Ihre Lehrerin oder Ihren Lehrer. Sie sind selbst verantwortlich für Ihren Prüfungserfolg.
- Pauken allein nützt nichts. Gelerntes muss möglichst vielfältig im Kopf vernetzt werden und wirklich verstanden worden sein.
- Fertigen Sie sich exakte und überschaubare Aufzeichnungen an, auf die Sie in der unmittelbaren Prüfungsvorbereitung rasch zurückgreifen können.
- Stellen Sie sicher, dass Sie wirklich mit den zugelassenen Hilfsmitteln umgehen können.
- Versuchen Sie die Aufgaben in diesem Übungsbuch zunächst allein und ohne sofortige Zuhilfenahme des Lösungsteils zu bearbeiten. Sprechen Sie dann mit einem Partner über Ihre Lösungswege, versuchen Sie auch dessen Lösungsideen zu verstehen. Fragen Sie ggf. Ihre Lehrerin oder Ihren Lehrer, wenn Sie fachliche Unklarheiten nicht selbst beseitigen können.

Prüfungssituation

- Gehen Sie ausgeruht und möglichst gelassen zur Prüfung.
- Legen Sie schon am Tag vorher die notwendigen Hilfsmittel und Utensilien zurecht.
- Sie müssen sich für Aufgaben entscheiden. Lesen Sie deshalb die Texte genau durch.
- Markieren Sie Schlüsselworte in Aufgabenstellungen ggf. farbig.
- Überlegen Sie, was die Operatoren von Ihnen verlangen.

- Beißen Sie sich nicht zu lange an für Sie schwierigen Aufgabenteilen fest. Mitunter ist es hilfreich, erst einmal eine andere Teilaufgabe zu lösen und dann mit einer neuen Idee zur schwierigen Aufgabe zurückzukehren.
- Die für Teilaufgaben vorgesehenen Bewertungseinheiten geben Ihnen eine gewisse Orientierung über den Umfang der von Ihnen erwarteten Kenntnisse.
- Schreiben Sie nicht alles zunächst ins „Unreine", sondern fertigen Sie bei Anforderungen, die Ihnen leicht und vertraut vorkommen, sofort eine Reinschrift an. Das spart Zeit.
- Schreiben Sie sauber und übersichtlich, das freut nicht nur die Korrektoren und erspart unnötigen Punktabzug, sondern erleichtert Ihnen selbst die Orientierung in Ihren Aufzeichnungen.

Hinweise zum Bearbeiten der Aufgaben, bei denen Hilfsmittel zugelassen sind

Sie arbeiten seit mehr als zwei Jahren im Mathematikunterricht mit einem CAS-Rechner. Hier werden Ihnen noch einige Tipps zu grundlegenden „CAS-Kompetenzen" und anschließend Hinweise zur Dokumentation der Lösungen gegeben, die Sie mit dem CAS ermittelt haben. Das Weitere beschränkt sich auf den TI-Nspire CAS, aber die meisten Hinweise sind einfach auf das CAS übertragbar, welches Sie genutzt haben.

Einstellungen

Die wichtigsten Einstellungen können Sie vornehmen unter:

⌂on Einstellungen – Dokumenteinstellungen

Dazu gehören u. a.:
- Winkelmaß (Grad- und Bogenmaß)
- angezeigte Ziffern
- Helligkeit des Displays
- Standby-Zeit

Die Einstellungen des Winkelmaßes u. a. können Sie auch in einem aktuellen Graphs- oder Geometry-Dokument durchführen, wenn Sie dort wählen:

menu Einstellungen …

Dokumente

Es ist sinnvoll, jede Aufgabe in einem Dokument zu speichern, damit Sie die Übersicht bewahren bzw. zu einem späteren Zeitpunkt wieder mit diesem Dokument arbeiten können.

[doc▾] Datei speichern oder speichern unter

Mit [⌂ on] Eigene Dateien können Sie auf gespeicherte Dokumente zugreifen.

Die Dokumente lassen sich in Ordnern speichern.

Jedes Dokument kann in Seiten und Probleme untergliedert werden.

Variable

Sie können Zahlen, mathematischen Termen oder Funktionen Variable zuordnen. Das hat den Vorteil, dass man z. B. lange Ausdrücke nicht immer wieder neu eintippen muss und mit den Variablenbezeichnungen arbeiten kann. Zum Definieren von Variablen gibt es drei Möglichkeiten:

• Define (im Calculator unter [menu] Aktionen)
• der Zuweisungsoperator `sto→` (über [ctrl] [var])
• der Zuweisungsoperator `:=` (über [ctrl] [ℍℓ])

Durch Drücken von [var] kann man erkennen, welche Variablen definiert wurden.

Mit DelVar (über [menu] Aktionen – Variable löschen) werden Variable gelöscht.

Definierte Variable sind nur innerhalb ein und desselben Dokuments und dort immer nur in ein und demselben Problem gültig.

Katalog

Die Syntax eines Rechnerbefehls können Sie im Katalog nachlesen: [⌂][1]

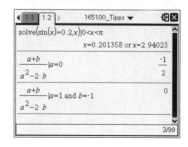

Bedingungsoperator (WITH-Operator)

Mit dem Bedingungsoperator (als senkrechter Strich | erkennbar) lassen sich z. B. Termwerte berechnen oder Intervalle (u. a. beim Lösen von Gleichungen) einschränken.

Der Bedingungsoperator kann mit `|≠≥·` (über [ctrl][=]) geöffnet werden.

Hinweis: Setzen Sie den WITH-Operator immer **hinter** die den solve-Befehl schließende Klammer, nicht in die Klammer.

Terme umformen

Ausmultiplizieren oder Polynomdivision mit:
expand()
(über [menu] Algebra – Entwickle)
oder propFrac()
(über [menu] Zahl – Bruchwerkzeuge – Echter Bruch)

Faktorisieren mit:
factor()
(über [menu] Algebra – Faktorisiere)

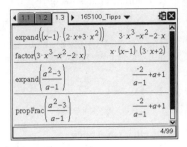

Gleichungen / Ungleichungen / Gleichungssysteme lösen

Der Befehl solve() wird eingefügt durch:
[menu] Algebra – Löse

Für die Eingabe eines Gleichungssystems können Sie die Vorlagen unter [⊞] oder [⎕][5] nutzen. Die zweite Variante hat den Vorteil, dass ein Assistent die Bedeutung der Vorlage erläutert.

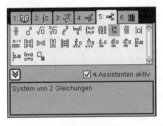

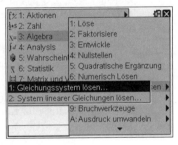

Alternativ kann beim Lösen von Gleichungssystemen die Vorlage auch geöffnet werden durch:
[menu] Algebra – Gleichungssystem lösen…

Die Anzeigen des Rechners müssen richtig interpretiert werden:

- Bei $x^2 = -1$ erscheint *false*, weil keine reellen Lösungen existieren.
- Bei $x^2 \geq 0$ erscheint *true*, weil diese Ungleichung für alle reellen Zahlen erfüllt ist.
- Bei $\sin(x) = 0$ wird die Lösungsmenge mit einer ganzzahligen Zählvariablen (n2) angezeigt. Die Anzeige ist so zu interpretieren:
  $L = \{k \cdot \pi, k \in \mathbb{Z}\}$
- Beim Lösen von Gleichungssystemen, in denen ein zusätzlicher Parameter vorkommt, muss man in der Variablenliste alle vorkommenden Variablen angeben: Im nebenstehenden Beispiel wird beim ersten Lösungsversuch der Fall $a = 1$ nicht berücksichtigt. Die Lösungsmenge des Gleichungssystems (letzte Zeile im Bildschirmabdruck) wird zunächst nicht vollständig angezeigt. Scrollt man nach rechts, so erhält man auch die restlichen Daten.

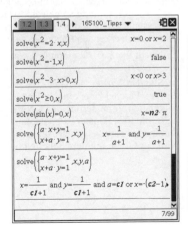

Die vollständige Anzeige ist:

$$x = \frac{1}{c1+1} \quad \text{and} \quad y = \frac{1}{c1+1} \quad \text{and} \quad a = c1 \quad \text{or} \quad x = -(c2-1) \quad \text{and} \quad y = c2 \quad \text{and} \quad a = 1$$

Hier ist die Variable c1 (bzw. c2) eine reelle Zählvariable. Die Lösung lautet in der üblichen mathematischen Notation:

$$L = \begin{cases} \left\{ \left(\dfrac{1}{a+1}; \dfrac{1}{a+1} \right) \right\}, & \text{falls } a \in \mathbb{R}, a \neq 1 \\ \{(1-y; y), y \in \mathbb{R}\}, & \text{falls } a = 1 \end{cases}$$

Nullstellen berechnen

Neben dem solve-Befehl lässt sich mitunter der Befehl zeros(Ausdruck, Variable) (über [menu] Algebra – Nullstellen) sinnvoll zum Lösen von Gleichungen einsetzen.

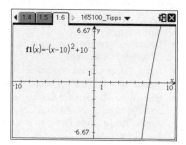

Mit dem Befehl zeros() wird das Ergebnis als Liste ausgegeben. Diese Liste können Sie einer Variablen zuweisen und dann mit dieser Variablen weitere Berechnungen anstellen.

Es ist darauf zu achten, dass beim Befehl zeros() keine Gleichung, sondern ein Term eingegeben werden muss.

Will man z. B. die Gleichung $x^2 = 4$ mit zeros() lösen, muss so umgeformt werden, dass auf einer Seite der Gleichung der Wert null erreicht ist:
$x^2 - 4 = 0$

Den Term auf der anderen Seite der Gleichung kann man dann als Ausdruck für zeros(Ausdruck, Variable) verwenden:
zeros($x^2 - 4$, x)

Graphen zeichnen

Unter Graphs lassen sich u. a. Funktionen zeichnen und analysieren. Dabei muss gegebenenfalls die Fenstereinstellung so gewählt werden, dass Sie interessante Aspekte des Graphen auf dem Bildschirm auch erkennen können.

Zeichnen Sie z. B. den Graphen von
$y = -(x-10)^2 + 10$
im Standardfenster, so ist nur ein Stück der zugehörigen Parabel zu erkennen. Erst nach einer geeigneten Veränderung des Koordinatensystems (z. B. mit [menu] Fenster – Fenstereinstellungen oder durch „Anfassen" ≞ einer Achse und „Ziehen" ≞) wird der Graph mit dem Scheitelpunkt sichtbar.

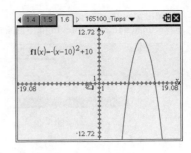

Die Eingabezeile für Funktionen lässt sich mit [tab] öffnen.

Wertetabellen
Eine Wertetabelle wird mit [ctrl] [T] angezeigt. Dabei wird automatisch die Seite geteilt.

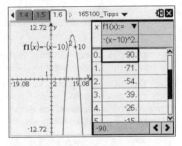

Mit [ctrl] [tab] können Sie zwischen den Seitenhälften wechseln. Die aktive Seite des Bildschirms ist an einem dickeren Rahmen erkennbar.

Mit [ctrl] [T] wird die Wertetabelle auch wieder geschlossen. Sie müssen das aber von der linken Seite des Bildschirms aus vornehmen.

Stückweise definierte Funktionen, Funktionenscharen
Für die Eingabe einer stückweise definierten Funktion nutzen Sie die Vorlage unter [⊞] [5]:

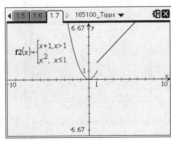

Funktionenscharen lassen sich z. B. mit dem WITH-Operator definieren.

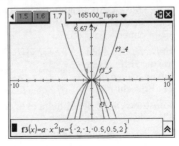

XIII

Graphen analysieren

Koordinaten interessanter Punkte lassen sich sehr rasch bestimmen: menu Graph analysieren

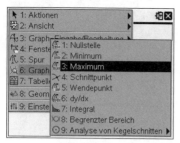 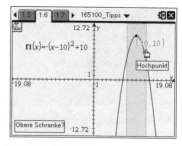

Nach Auswahl eines Menüpunktes wird oben links auf dem Bildschirm eine Hilfe angezeigt, die man durch Anklicken öffnen kann.

Maximum: Klicken Sie auf den Funktionsgraphen und dann auf die linke und rechte Suchgrenze (oder geben Sie den x-Wert ein)

Schieberegler

In den Applikationen Graphs, Geometry und Data&Statistics ist unter menu Aktionen, in der Applikation Notes unter menu Einfügen ein Schieberegler verfügbar.

Nach Definition geeigneter Variablen lässt sich deren Einfluss z. B. auf die Lage des Graphen dynamisch untersuchen. Eventuell müssen die Einstellungen des Schiebereglers angepasst werden. Dazu setzen Sie den Cursor auf den Schieberegler und wählen im Kontextmenü: ctrl menu Einstellungen

Dynamische Geometriesoftware – Zugmodus
Beispiel: Das Mittenviereck in einem Viereck

Fügen Sie die Applikation Geometry ein. Konstruieren Sie ein beliebiges Viereck:
menu Formen – Polygon

Hinweis: Beachten Sie die Hilfe in der linken oberen Ecke des Bildschirms.

Polygon: Klicken Sie auf die Eckpunkte (oder geben Sie jeweils '(' gefolgt von Koordinaten ein) und zum Schluss wieder auf den ersten Eckpunkt; die UMSCHALTTASTE schränkt die Seiten auf 15°-Schritte ein

Konstruieren Sie die Mittelpunkte der Seiten des Vierecks: menu Konstruktion – Mittelpunkt

Verbinden Sie diese Mittelpunkte zu einem zweiten Polygon, dem Mittenviereck. Die Eckpunkte des ersten Polygons sind unabhängige Punkte. Diese können Sie mit dem Cursor greifen und ihre Lage im Zugmodus verändern. Beobachten Sie, wie sich das durch die abhängigen Punkte (Seitenmittelpunkte) bestimmte Polygon in seiner Form verändert.

XIV

Dynamische Geometriesoftware – messen
Beispiel: Einbeschriebenes Dreieck mit maximalem Flächeninhalt

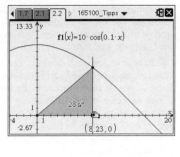

Fügen Sie die Applikation Graphs ein und zeichnen Sie in einem geeigneten Fenster (siehe nebenstehendes Bild) den Graphen der Funktion:

$y = 10\cos(0{,}1x)$

Konstruieren Sie eine Senkrechte zur x-Achse:
[menu] Geometrie – Konstruktion – Senkrechte

Konstruieren Sie den Schnittpunkt der Senkrechten mit dem Graphen:
[menu] Geometrie – Punkte & Geraden – Schnittpunkt

Zeichnen Sie das Dreieck, das durch den Ursprung und die Schnittpunkte der Senkrechten mit der x-Achse bzw. dem Graphen gegeben ist:
[menu] Geometrie – Formen – Dreieck

Wählen Sie [menu] Geometrie – Messung – Fläche, setzen Sie den Cursor auf das Dreieck und zeigen Sie durch einen Doppelklick das Ergebnis der Messung auf dem Bildschirm an.
Zeigen Sie die Koordinaten des Schnittpunktes der Senkrechten mit der x-Achse an. Setzen Sie dazu den Cursor auf den Punkt und wählen Sie [ctrl] [menu] Koordinaten / Gleichung.
Bewegen Sie nun diesen Punkt im Zugmodus und beobachten Sie, für welche Lage das Dreieck den größten Flächeninhalt hat.

Listen erstellen, mit Listen arbeiten
Listen werden in geschweifte Klammern gesetzt und die Listenelemente durch Kommata voneinander getrennt.
Speichern Sie am besten Listen unter sinnvollen Variablennamen ab. Sie können dann mit diesen Variablen operieren.

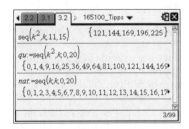

Beispiele für Listenoperationen:
mean(Liste) gibt das arithmetische Mittel der Liste an.
SortA(Liste) sortiert die Listenelemente aufwärts.

Weitere Listenoperationen finden Sie unter:
[menu] Statistik – Listen Mathematik und
[menu] Statistik – Listenoperationen

Folgen erstellen
Mit dem Befehl
seq(Ausdruck, Variable, Anfangswert, Endwert, Schrittweite)
(unter [menu] Statistik – Listenoperationen) lassen sich auch längere Folgen erzeugen, wenn für sie eine Bildungsvorschrift bekannt ist.

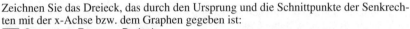

Im *Beispiel* steht der Name qu für die Liste der Quadratzahlen von 0 bis 20.
Unter dem Namen nat wurde die Liste der natürlichen Zahlen von 0 bis 20 abgespeichert.

XV

Tabellenkalkulation nutzen: Lists & Spreadsheet
Sie können in dieser Tabellenkalkulation Listen eintragen, die bereits definiert sind. Im *Beispiel* sind es in den Spalten A bzw. B die oben definierten Listen qu und nat.

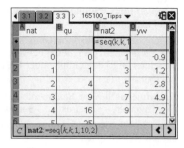

Listen lassen sich auch direkt in der Tabellenkalkulation erzeugen oder von Hand eintragen. Im *Beispiel* wurde in der Spalte C die Folge der natürlichen Zahlen von 1 bis 10 mit der Schrittweite 2 erzeugt und im Spaltenkopf mit dem Variablennamen nat2 benannt. In der Spalte D wurden die Zahlen per Hand eingetragen. Diese Liste erhielt den Variablennamen yw.

Streudiagramm in Data & Statistics erstellen
Fügen Sie die Applikation Data & Statistics ein.

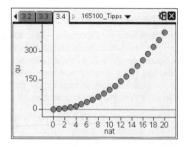

Im folgenden *Beispiel* werden die Listen von oben verwendet:
Klicken Sie auf die x-Achse und wählen Sie die Variable nat aus.
Klicken Sie auf die y-Achse und wählen Sie die Variable qu aus.
Sie erhalten das Diagramm, das die Zuordnung nat → qu veranschaulicht.

Streudiagramm mit Regression analysieren
Wählen Sie für ein vorliegendes Streudiagramm
[menu] Analysieren – Regression
und unter den vorgeschlagenen Regressionstypen einen zum Sachverhalt passenden Typ aus. Dabei kann man sich von inhaltlichen Erwägungen (z. B. dem charakteristischen Verlauf bekannter Funktionstypen) leiten lassen und den inhaltlichen Bezug des Problems berücksichtigen.

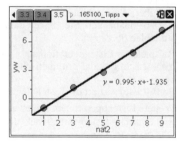

Im *Beispiel* wurden zunächst die Listen nat2 und yw (siehe oben) gegeneinander aufgetragen und eine lineare Regression gewählt. Als Ergebnis wird eine Ausgleichsgerade eingezeichnet und deren Gleichung ($y = 0{,}995x - 1{,}935$) angezeigt.

Stochastik – Zufallszahlen erzeugen
rand() ergibt eine Zufallszahl zwischen 0 und 1.

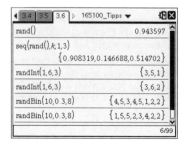

randint(a, b) ergibt eine ganzzahlige Zufallszahl im Intervall [a; b], randint(a, b, m) gibt eine Liste mit m ganzzahligen Zufallszahlen aus dem Intervall [a; b] zurück.

randbin(n, p) gibt eine Zufallszahl aus einer Binomialverteilung mit den Parametern n und p zurück, randbin(n, p, m) gibt eine Liste mit m Zufallszahlen aus einer Binomialverteilung mit den Parametern n und p zurück.

randnorm(μ, σ) gibt eine Zufallszahl aus einer Normalverteilung mit den Parametern μ und σ zurück.

randnorm(μ, σ, m) gibt eine Liste mit m Zufallszahlen aus einer Normalverteilung mit den Parametern μ und σ zurück.

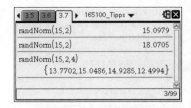

Binomialverteilung – Wahrscheinlichkeiten berechnen

binomPdf(n, p) erzeugt die Liste der (n + 1) Einzelwahrscheinlichkeiten einer Binomialverteilung mit den Parametern n und p.

binomPdf(n, p, k) erzeugt die (k + 1)-te Einzelwahrscheinlichkeit ($0 \le k \le n$) einer Binomialverteilung mit den Parametern n und p:

$$\binom{n}{k} \cdot p^k \cdot (1-p)^{n-k}$$

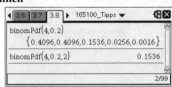

binomCdf(n, p) erzeugt die Liste der (n + 1) Einzelwahrscheinlichkeiten der Summenfunktion einer Binomialverteilung mit den Parametern n und p.

binomCdf(n, p, a, b) erzeugt die Summe der Einzelwahrscheinlichkeiten von a bis b einer Binomialverteilung mit den Parametern n und p:

$$\sum_{k=a}^{b} \binom{n}{k} \cdot p^k \cdot (1-p)^{n-k}$$

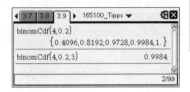

Normalverteilung – Wahrscheinlichkeiten berechnen

normPdf(x, μ, σ) berechnet den Wert der Wahrscheinlichkeitsdichtefunktion der Normalverteilung an der Stelle x für gegebene μ, σ. Außerdem kann normPdf(x, μ, σ) für das Zeichnen des Graphen einer Normalverteilung genutzt werden.

normCdf(a, b, μ, σ) berechnet die Wahrscheinlichkeit einer Normalverteilung mit den Parametern μ, σ zwischen der unteren Grenze a und der oberen Grenze b.
Für P(X ≤ b) wird für die untere Grenze −∞ eingesetzt.

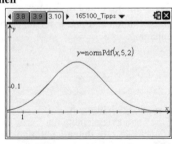

invNormCdf(p, μ, σ) berechnet die obere Grenze b für eine gegebene Wahrscheinlichkeit der Größe p:
P(X ≤ b) = p

Die Befehle binomPdf(), binomCdf(), normPdf(), normCdf() und invNorm() finden Sie unter
[menu] Wahrscheinlichkeit – Verteilungen … oder im Katalog [📖][1].

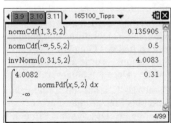

Vektoren, Betrag eines Vektors

Vektoren können als Spalten- oder Zeilenvektoren eingegeben werden:

[x; y; z] erzeugt einen Spaltenvektor.

[x, y, z] erzeugt einen Zeilenvektor.

Für die Eingabe von Vektoren lassen sich auch Vorlagen benutzen:

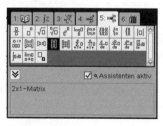

Mit der Taste ↵ können weitere Zeilen in einen Vektor eingefügt werden.

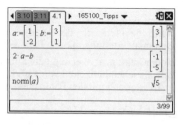

Am besten speichern Sie Vektoren unter Variablenbezeichnungen ab, um sich die Eintipparbeit zu vereinfachen.

Vektoren lassen sich vervielfachen und addieren.

Den Betrag eines Vektors erhält man durch den Befehl norm(Vektor).

Lineare Abhängigkeit

Im *Beispiel* ist der Vektor $\vec{e}$ linear abhängig von den Vektoren $\vec{c}$ und $\vec{d}$, denn es gilt $1 \cdot \vec{c} - 1 \cdot \vec{d} = \vec{e}$.

Die Vektoren $\vec{c}$, $\vec{d}$ und $\vec{g}$ hingegen sind linear unabhängig.

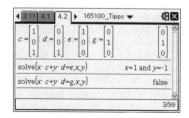

Geradengleichungen

Eine Geradengleichung der Form $\vec{x} = \vec{p}_0 + t \cdot \vec{a}$ können Sie z. B. unter der Variablen g(t) speichern und dann mit dieser Variablen arbeiten.

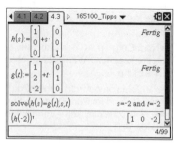

Im *Beispiel* wurden die Geraden auf ihren Schnittpunkt untersucht. Ihre Gleichungen wurden gleichgesetzt und das Gleichungssystem gelöst. Der Schnittpunkt wurde als Funktionswert h(−2) berechnet. Der Funktionswert ist hier ein Vektor.

Damit das Ergebnis als Zeilenvektor angezeigt wird (aus Platzgründen), wurde der Vektor h(−2) transponiert. Das Symbol T finden Sie unter ꂔ 4.

Abstand eines Punktes von einer Geraden

Die Berechnung des Abstandes eines Punktes P von einer Geraden g(t) lässt sich als Minimierungsproblem lösen. Man muss denjenigen Parameterwert t* der Geraden finden, für den der Betrag der Differenz des Ortsvektors eines beliebigen Punktes der Geraden und des Ortsvektors des gegebenen Punktes minimal wird.

Mit t* kann dann der Betrag dieses Differenzvektors berechnet werden.

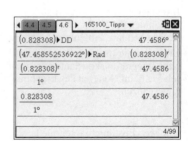

Skalarprodukt und Vektorprodukt

Skalarprodukt:
dotP(Vektor1, Vektor2)

Vektorprodukt (Kreuzprodukt):
crossP(Vektor1, Vektor2)

Sie finden diese Befehle z. B. unter menu Matrix und Vektor – Vektor oder im Katalog 1.

Winkel zwischen Vektoren berechnen

Die Berechnung erfolgt nach der Formel:

$$\cos(\alpha) = \frac{\vec{a} \circ \vec{b}}{|\vec{a}| \cdot |\vec{b}|} \quad \text{bzw.} \quad \alpha = \arccos\left(\frac{\vec{a} \circ \vec{b}}{|\vec{a}| \cdot |\vec{b}|}\right)$$

Die Anweisung arccos() finden Sie unter trig als $\cos^{-1}$. (Eine Eingabe von $\cos^{-1}$ mit der Taste ^ ist nicht möglich!)

Die Umrechnung eines im Bogenmaß angegebenen Winkels ist z. B. mithilfe des Konvertierungsoperators ▶ möglich, den Sie unter 4 finden können:
▶DD wandelt Bogenmaß in Gradmaß um.
▶RAD wandelt Gradmaß in Bogenmaß um.

Alternativ können Sie ein Ergebnis im Bogenmaß auch durch 1° dividieren, um eine Umrechnung in das Gradmaß vorzunehmen. Das Gradzeichen finden Sie unter ?!▪.

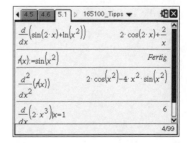

Ableitungen von Funktionen

Sie finden die Vorlagen zum Differenzieren von Funktionen z. B. unter 5:

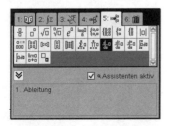

Sie können den Funktionsterm direkt eingeben oder mit den ggf. zugewiesenen Variablen arbeiten. Für Ableitungen an einer Stelle x_0 geben Sie diese mit dem WITH-Operator ein.

Dynamische Definitionen vermeiden

Beim Abspeichern z. B. von Ableitungsfunktionen mit Parametern müssen Sie folgenden Fehler vermeiden:

Beispiel: Für $f(x) = k \cdot x^2$ ist die 1. Ableitungsfunktion $f'(x) = 2k \cdot x$ und damit gilt für die 1. Ableitung von f an der Stelle k:

$$f'(k) = 2k^2$$

Das CAS gibt bei folgendem – **falschen!** – Vorgehen aber den Term $f'(k) = 3 \cdot k^2$ an.

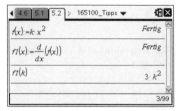

Woran liegt das? Speichert man wie im Beispiel nur die Vorschrift zum Bilden der 1. Ableitung unter dem Namen f1(x) ab, so rechnet das CAS erst den Wert von f(x) an der Stelle x = k aus und bildet davon die 1. Ableitung nach k:

$$f(k) = k \cdot k^2 = k^3 \text{ und damit } f'(k) = 3k^2$$

Sie vermeiden solche „dynamischen Definitionen", indem Sie immer erst den Term der Ableitungsfunktion ausgeben lassen und den Funktionsterm dann unter einem geeigneten Namen abspeichern, wie es für dieses Beispiel gezeigt wird.

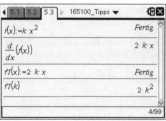

Integrieren von Funktionen

Sie können die Vorlagen zur Eingabe nutzen (siehe oben bei „Ableitungen von Funktionen").

Unbestimmte Integrale werden im Allgemeinen ohne Integrationskonstante angezeigt. Diese müssen Sie beim Notieren des Ergebnisses selbstständig ergänzen.

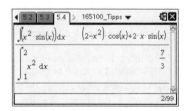

Hinweis: Bestimmte Integrale lassen sich auch im Grafikmodus unter menu Graph analysieren näherungsweise bestimmen. Bei der Abfrage von unterer und oberer Grenze können die Zahlenwerte über die Tastatur eingegeben werden.

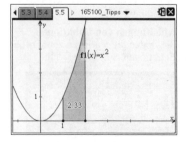

Grenzwerte von Funktionen

Nutzen Sie die Vorlagen (siehe oben bei „Ableitungen von Funktionen").

Das Unendlich-Symbol ∞ finden Sie unter $\boxed{\pi \cdot}$.

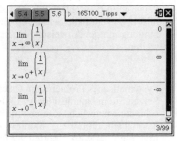

Tangenten- und Normalengleichungen bestimmen

Nutzen Sie die Befehle
tangentLine(f(x), x, x_0)
(unter $\boxed{\text{menu}}$ Analysis – Tangententerm)
bzw.
normalLine(f(x), x, x_0)
(unter $\boxed{\text{menu}}$ Analysis – Normalenterm)

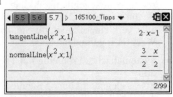

Hinweis: Tangenten lassen sich auch im Grafikmodus an den Graphen einer Funktion legen:
$\boxed{\text{menu}}$ Geometry – Punkte & Geraden

Die Tangentengleichung erhalten Sie, nachdem Sie den Cursor auf die Tangente gesetzt haben, durch $\boxed{\text{ctrl}}$ $\boxed{\text{menu}}$ Koordinaten / Gleichung.

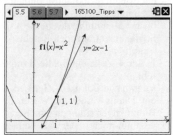

Definitionsbereich bestimmen

Mithilfe des domain()-Befehls kann man den Definitionsbereich eines Terms ermitteln.

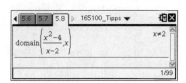

Systematisches Probieren

Es gibt Situationen, bei denen systematisches Probieren eine gute Wahl zur Lösungsfindung ist. Dies trifft z. B. auf solche Probleme zu, die durch endliche, diskrete mathematische Modelle gekennzeichnet sind.

Beispiel: Die Tischtennismannschaft eines Gymnasiums gewinnt erfahrungsgemäß 70 % ihrer Spiele. Wie viele Spiele muss diese Mannschaft mindestens durchführen, um mit einer Wahrscheinlichkeit von mindestens 98 % mindestens drei Spiele zu gewinnen?

Es ist der Parameter n einer binomialverteilten Zufallsgröße X mit p = 0,70 zu bestimmen, sodass $P(X \geq 3) \geq 0{,}98$ gilt. Gesucht ist also die Lösungsmenge der Ungleichung

$$\sum_{k=3}^{n} \binom{n}{k} \cdot 0{,}7^k \cdot 0{,}3^{n-k} \geq 0{,}98$$

oder „in der Sprache des Rechners":
binomCdf(n, 0.7, 3, n) ≥ 0.98

- solve() hilft hier nicht:
  Wie Sie im Bildschirmabdruck rechts sehen, hilft in diesem Falle der solve()-Befehl in Verbindung mit der Anweisung binomCdf() nicht weiter.

- Systematisches Probieren im Calculator:
  Setzen Sie in binomCdf(n, 0.7, 3, n) für n verschiedene natürliche Zahlen ein. Beachten Sie, dass binomCdf(n, 0.7, 3, n) mit wachsendem n immer größer wird. Beurteilen Sie, ob die angezeigte Wahrscheinlichkeit kleiner oder größer als die gegebene Grenze 0,98 ist. Vergrößern oder verkleinern Sie n, bis Sie den gesuchten Wert für n gefunden haben.

- Systematisches Probieren mit Tabellenkalkulation:
  Etwas eleganter können Sie die Lösung mithilfe der Tabellenkalkulation finden. Tabellieren Sie dazu in der Spalte A die Werte für n von n = 3 bis n = 50 mithilfe des in die ◆-Zelle dieser Spalte einzutragenden Befehls:
  = seq(n, n, 3, 50)
  In der ◆-Zelle der Spalte B tragen Sie den Befehl
  = seq(binomCdf(n, 0.7, 3, n), n, 3, 50)
  ein. Damit werden die Werte aller zugehörigen Binomialverteilungen tabelliert. Sie brauchen jetzt nur noch in der Tabelle nach unten zu gehen, bis Sie den kleinsten Wert für n finden, für den binomCdf(n, 0.7, 3, n) größer als 0,98 ist.

- Systematisches Probieren mit Notes und Schieberegler:
  Fügen Sie ein neues Problem und hier ein Notes-Dokument ein. Fügen Sie mit [ctrl] [M] ein Mathe-Feld ein. Geben Sie dort den Befehl ein: binomCdf(n, 0.7, 3, n). In der zweiten Zeile fügen Sie (ohne ein Mathe-Feld zu aktivieren) über [menu] Einfügen einen Schieberegler ein. Setzen Sie für die Variable v1 die Variable n ein.

Entsprechend des Parameters n der gegebenen Binomialverteilung wird als Anfangswert 5, als Minimum 3, als Maximum 50 und als Schrittweite 1 gewählt. Außerdem wird die Anzeige des Schiebereglers minimiert.

Entsprechend der Belegung der Variablen n im Schieberegler wird der zugehörige Wert der Binomialverteilung angezeigt.

Betätigen Sie nun den Schieberegler, bis Sie den gesuchten Wert für n gefunden haben.

Lösungsplan

Aufgrund des Umfangs und der Komplexität von Aufgaben auf Abiturniveau empfiehlt es sich, beim Lösen systematisch zu arbeiten. Folgende Vorgehensweise hilft Ihnen dabei:

Schritt 1:
Nehmen Sie sich ausreichend Zeit zum **Analysieren** der Aufgabenstellung. Stellen Sie fest, zu welchem Themenbereich die Aufgabe gehört. Sammeln Sie alle Informationen, welche direkt gegeben sind, und achten Sie darauf, ob evtl. versteckte Informationen enthalten sind.

Schritt 2:
Markieren Sie die **Operatoren** in der Aufgabenstellung. Diese geben an, was in der Aufgabe von Ihnen verlangt wird. Vergegenwärtigen Sie sich die Bedeutung der verwendeten Fachbegriffe.

Schritt 3:
Versuchen Sie, den Sachverhalt zu veranschaulichen. Fertigen Sie gegebenenfalls mithilfe der Angaben und Zwischenergebnisse aus vorherigen Teilaufgaben eine **Skizze** an. Versuchen Sie, Vermutungen zum Ergebnis zu formulieren.

Schritt 4:
Erarbeiten Sie nun schrittweise den **Lösungsplan**, um aus den gegebenen Größen die gesuchte Größe zu erhalten. Notieren Sie sich, welche Einzel- bzw. Zwischenschritte auf dem Lösungsweg notwendig sind. Prinzipiell haben Sie zwei Möglichkeiten, oft hilft auch eine Kombination beider Vorgehensweisen:
- Sie gehen vom Gegebenen aus und versuchen, das Gesuchte zu erschließen.
- Sie gehen von dem Gesuchten aus und überlegen „rückwärts", wie Sie zur Ausgangssituation kommen.

Bei diesem Schritt wird dann sukzessive die **Lösung dargestellt**.

Schritt 5:
Suchen Sie nach geeigneten Möglichkeiten, das Endergebnis zu **kontrollieren**. Oftmals sind bereits Überschlagsrechnungen, Punktproben oder Grobskizzen ausreichend.

Hinweise zur Dokumentation: Beispielaufgabe mit dem CAS-Rechner

Am Beispiel einer Analysisaufgabe soll kurz dargestellt werden, was bei der Dokumentation der Lösungen zu beachten ist.

Gegeben sind Funktionen f_k (k ist ein Parameter) durch die Gleichung $f_k(x) = k \cdot x^3 + 4x^2$ mit $k \in \mathbb{R} \setminus \{0\}$. Der Graph von f_k sei G_k.

a) Untersuchen Sie den Einfluss des Parameters k auf die Lage und Art der lokalen Extrempunkte von G_k.

b) Der Graph G_k schließt mit der x-Achse eine Fläche ein. Ermitteln Sie die Werte des Parameters k, für die der Inhalt dieser Fläche $\frac{512}{3}$ FE beträgt.

Lösungsvorschlag für Teilaufgabe a:

Schritt 1:
- Themenbereich: Kurvendiskussion einer Funktionenschar
- Lage und Art lokaler Extrempunkte in Abhängigkeit von k sind zu bestimmen.
- Für den reellen Parameter k gilt $k \neq 0$.

Schritt 2 (Operatoren):
Der Operator „Untersuchen" bedeutet, Sachverhalte bzw. Objekte zu erkunden und Merkmale und Zusammenhänge herauszuarbeiten.

Schritt 3 (Veranschaulichung, Vermutungen):
- Eine Veranschaulichung für positive und negative Werte des Parameters k ergibt nebenstehendes Bild.

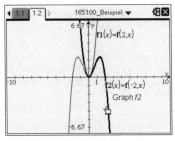

- Eine Veranschaulichung für verschieden große positive bzw. negative Werte von k zeigen die nächsten Bilder:

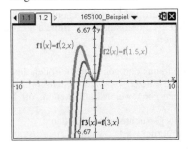 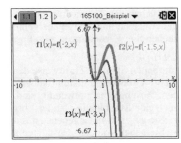

- Vermutungen zur Lage der Extremstellen:
  k > 0: Hochpunkt im II. Quadranten, k < 0: Hochpunkt im I. Quadranten
  Betrag von k zunehmend: Hochpunkt rückt näher an den Ursprung heran.
  Unabhängig von k existiert ein lokaler Tiefpunkt im Ursprung.

  Vermutung zur Art der Extremstellen:
  Es gibt einen „fixen" Tiefpunkt im Ursprung.
  Es gibt einen Hochpunkt in Abhängigkeit von k, aber mit stets positiver Ordinate.

Schritt 4 (Lösungsplan und -darstellung):
- 1. und 2. Ableitung von f_k bilden: Geben Sie die Funktionsgleichung ein und bilden Sie die Ableitungsfunktionen, speichern Sie die Funktion und die Ableitungen.
- Notieren Sie die gefundenen Funktionen auf dem Prüfungsbogen. Die Gleichungen der Ableitungsfunktionen sind:
  $f_k'(x) = 3kx^2 + 8x; \quad f_k''(x) = 6kx + 8$
- Notwendige Bedingung für lokale Extremstellen untersuchen und notieren:
  Die Nullstellen von $f_k'(x)$, also mögliche Extremstellen, sind:
  $x_{e1} = \dfrac{-8}{3k}$ sowie $x_{e2} = 0$

- Hinreichende Bedingung für lokale Extrempunkte untersuchen und notieren:

$$f_k''\left(\frac{-8}{3k}\right) = -8 < 0$$

Da der Wert -8 der zweiten Ableitung an der Stelle x_{e1} unabhängig von k ist, liegt hier also stets ein lokaler Hochpunkt vor.

$$f_k''(0) = 8 > 0$$

Auch an der Stelle x_{e2} ist die 2. Ableitung unabhängig von k und zwar stets 8, also gibt es an dieser Stelle immer einen lokalen Tiefpunkt.

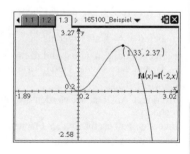

- Berechnen Sie die Ordinaten $f(x_e)$ und geben Sie die geordneten Paare $(x_e; y_e)$ an:

Hochpunkt $H\left(\dfrac{-8}{3k}; \dfrac{256}{27k^2}\right)$ Tiefpunkt T(0; 0)

Interpretation der Ergebnisse:

Für alle $k \neq 0$ gilt $\frac{256}{27k^2} > 0$, also liegt H immer oberhalb der x-Achse.

Für negative k liegt der Hochpunkt H immer im I. Quadranten, weil dann $\frac{-8}{3k} > 0$ ist.
Für positive k ist $\frac{-8}{3k} < 0$, also liegt H im II. Quadranten.

Weil k sowohl bei x_e als auch bei y_e nur im Nenner steht, rückt der Hochpunkt für betragsmäßig größer werdende Werte von k immer näher zum Ursprung.
Der Tiefpunkt hängt nicht von k ab.
Damit sind die Vermutungen aus dem Schritt 3 bestätigt.

Schritt 5 (Probe):
Berechnen des Hochpunktes für $k = -2$ in Graphs und Vergleich mit den berechneten Extrempunkten für $k = -2$ zeigt Übereinstimmung.

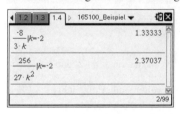

Lösungsvorschlag für Teilaufgabe b:

Schritt 1:
- Themenbereich: Flächenberechnung mithilfe des bestimmten Integrals
- Indirekt gegeben und durch die Beispiele in Teilaufgabe a verdeutlicht:
  Integrationsgrenzen sind die beiden Nullstellen von f_k.
  Es muss (mindestens) zwei Werte für k geben.

Schritt 2 (Operatoren):
„Ermitteln" heißt rechnerische, grafische oder inhaltliche Generierung eines Ergebnisses.

Schritt 3 (Veranschaulichung, Vermutungen):
Aus der Lage der Graphen von Funktionen mit entgegengesetztem k kann man vermuten, dass diese symmetrisch bezüglich der y-Achse sind. In diesem Falle müssen aus Symmetriegründen die von G_k und der x-Achse eingeschlossenen Flächen gleich groß sein. Da eine kubische Funktion nicht mehr als zwei lokale Extrempunkte haben kann, gibt es auch keine weiteren Nullstellen als die auf dem Bildschirm dargestellten. Es müsste deshalb genau zwei Werte für k geben.

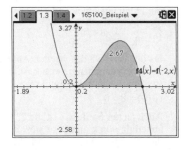

Schritt 4 (Lösungsplan und -darstellung):
- Die Nullstellen von $f_k(x) = k \cdot x^3 + 4x^2$ sind:

$$x_{01} = 0 \text{ und } x_{02} = \frac{-4}{k}$$

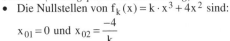
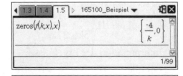

- Es gibt also genau zwei Nullstellen für jede Funktion f_k.
- Wenn die Graphen der Funktionen f_k und f_{-k} achsensymmetrisch bezüglich der y-Achse sind, so muss für alle reellen x gelten: $f_k(-x) = f_{-k}(x)$
  Diese Gleichung wird durch den CAS-Rechner als „wahr" bestätigt.

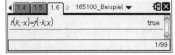

- Für negative k liegt die von null verschiedene Nullstelle rechts von null. Sie kommt also als obere Integrationsgrenze infrage. Der Ansatz

$$\int_0^{\frac{-4}{k}} f_k(x)\, dx = \frac{512}{3}$$ für die Flächenberechnung

liefert $k = \frac{-1}{2}$ als Ergebnis.

- Wegen der genannten und nachgewiesenen Symmetrie muss auch für $k = \frac{1}{2}$ der Graph G_k mit der x-Achse eine Fläche von $\frac{512}{3}$ FE einschließen.

Schritt 5 (Probe):
Mit dem CAS-Rechner werden die beiden Integrale $\int_0^{\frac{-4}{k}} f_k(x)\, dx$ für $k = -\frac{1}{2}$ und $k = \frac{1}{2}$ berechnet.
Im ersten Fall ergibt sich als Flächeninhalt $\frac{512}{3}$ FE. Im zweiten Fall ergibt sich $-\frac{512}{3}$ FE.

Das Minuszeichen ist dadurch zu erklären, dass für positive k die Integrationsgrenzen vertauscht werden müssen. Auch eine Flächenberechnung in Graphs bestätigt näherungsweise die Ergebnisse.

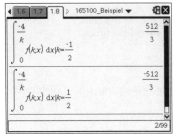
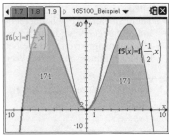

6 Hinweise und Warnungen für das Lösen von Abituraufgaben mit CAS-Rechnern

Da die Schülerinnen und Schüler im Unterricht der gymnasialen Oberstufe mit CAS-Rechnern gearbeitet haben, dürfen Sie diesen selbstverständlich auch im schriftlichen Abitur einsetzen. Damit Sie die damit verbundenen Vorteile auch effektiv nutzen können, sind hier einige Hinweise für das Lösen von Abituraufgaben mit CAS-Rechnern[2] aufgelistet.

- Das Thüringer Ministerium für Bildung, Jugend und Sport verlangt wegen der Gleichwertigkeit der äußeren Bedingungen, dass bei der Prüfung verwendete CAS-Rechner **vor dem Beginn des schriftlichen Mathematikabiturs** in einen für alle Abiturienten einheitlichen Ausgangszustand mit leerem Arbeitsspeicher zurückgesetzt werden. Das Löschen aller Dateien sollten Sie bereits spätestens am Vortag zu Hause vornehmen. So können Sie wichtige Dateien von Ihrem Taschencomputer auf einen PC übertragen und abspeichern, um sie später wieder zur Verfügung zu haben. Bei der Gelegenheit sollten Sie auch den technischen Zustand Ihres Taschencomputers überprüfen und eventuell den Akku aufladen.

- Es kommt nicht oft vor, aber man kann es nicht völlig ausschließen, dass der Taschencomputer an seine **technischen Grenzen** stößt. Deshalb sollte man **Warnhinweise** des Rechners **ernst nehmen** und versuchen, die **Lösung auf einem anderen Lösungsweg abzusichern.**[3]

Beispiel: Die Lösungen der Gleichung $\sin x = e^x$ werden mit dem Taschencomputer auf algebraischem Wege ermittelt.

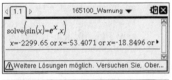

Algebraisch werden nur endlich viele Näherungslösungen ermittelt, aber es wird eine Warnung „Weitere Lösungen möglich." angezeigt. In der grafischen Veranschaulichung erkennt man, dass es mehr als zwei Lösungen geben muss. Durch inhaltliche Überlegungen (Periodizität der Sinusfunktion und asymptotisches Verhalten der e-Funktion bezüglich der negativen x-Achse) wird klar, dass es sogar unendlich viele Lösungen dieser Gleichung gibt.

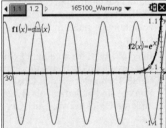

- Auch wenn der Taschencomputer keinen Warnhinweis anzeigt, kann die **Kontrolle auf einem anderen Lösungsweg** helfen, Fehler zu vermeiden, die z. B. durch falsche inhaltliche Überlegungen oder Eingabefehler entstehen können.

Beispiele:
a) Es soll diejenige Stelle x bestimmt werden, für die die Funktion $y = f(x) = x^2 \cdot e^{-x}$ ein lokales Minimum annimmt.

In einem ersten Lösungsversuch wird der Befehl fMin(f(x),x) verwendet. Hat die Funktion zwei lokale Minima?

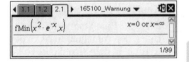

---

2 Diese Hinweise haben keinen Anspruch auf Vollständigkeit und können das Handbuch nicht ersetzen, sollen aber auf Sachverhalte hinweisen, die erfahrungsgemäß einigen Schülern Probleme bereiten.
3 Nicht jeder Warnhinweis ist berechtigt.

Eine grafische Darstellung lässt vermuten, dass dieses Ergebnis nicht richtig sein kann, denn für x → ∞ kann man eher eine asymptotische Annäherung an die x-Achse erwarten.

Weitere Untersuchungen mit dem Ableitungskalkül bestätigen, dass nur für $x = 0$ ein lokales Minimum vorliegt. Für x → ∞ nähern sich die Funktionswerte asymptotisch der x-Achse, ein weiteres lokales Minimum existiert also nicht.

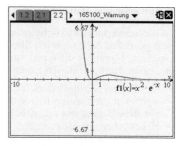

b) Der Graph der Funktion

$$y = f(x) = \frac{(x-5) \cdot (x+3)}{x+4}$$

soll auf lokale Extrempunkte untersucht werden. Er besitzt genau zwei lokale Extrempunkte. Die grafische Darstellung im Standardfenster zeigt aber nur einen lokalen Tiefpunkt an, obwohl die Funktion auch einen lokalen Hochpunkt besitzt.

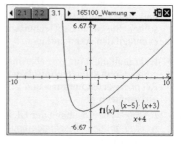

Der Nachweis über die Existenz und Anzahl aller lokalen Extrempunkte gelingt letztlich nur mithilfe algebraischer Methoden.

- Rechnungen lassen sich weitgehend an das CAS übertragen. Das spart Zeit und vermeidet Rechenfehler. Sie sollten stets sehr **sorgfältig die Eingabe** in den Rechner **kontrollieren**, um Eingabefehler zu vermeiden. Auch bei der Auswahl der Variablenbezeichnungen muss man aufpassen, dass keine rechnerinternen Überschneidungen entstehen.

Beispiel: Es führt zu einem Fehler, innerhalb ein und desselben Problems die Variable t gleichzeitig als Parameter für den Ortsvektor d(t) eines Punktes und außerdem als Bezeichnung eines anderen Objektes wie einer Geraden zu verwenden.

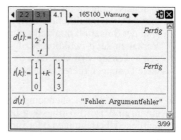

Die Fehlermeldung kommt dadurch zustande, dass der Rechner bei d(t) für t die Eingabe einer Variablen oder Zahl erwartet, aber t hier als ein Vektor abgespeichert ist.

- Um Rundungsfehler zu vermeiden, sollte man die **Zwischenergebnisse** direkt **über Kopieren und Einfügen** ([ctrl][C] bzw. [ctrl][V]) im weiteren Rechengang **nutzen**.

Beispiel: Eine Stadt hatte 70 000 Einwohner im Jahr 2000, im Jahr 2006 sind es 85 000. Unter der Annahme, dass exponentielles Wachstum vorliegt, soll das Jahr berechnet werden, in dem sich die Bevölkerungszahl gegenüber dem Jahr 2000 verdoppelt hat.

Aus dem Ansatz ergibt sich ein exakter Wachstumsfaktor oder ein als Dezimalbruch angegebener Faktor mit vielen Nachkommastellen (siehe Bildschirmausdruck). Man ist versucht, mit einem gerundeten Wert weiterzurechnen, beispielsweise hier mit $x = 1{,}03$. Mit diesem gerundeten Zwischenergebnis erhält man eine Abweichung von fast zwei Jahren gegenüber dem Ergebnis, das aus dem nicht gerundeten Wert entsteht.

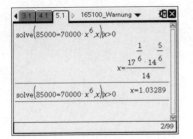
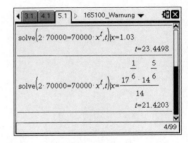

- Weil der Taschencomputer Ihnen viel Arbeit abnimmt, kann es passieren, dass Ihre Lösungsdarstellung zu knapp ausfällt. Gewöhnen Sie sich beizeiten daran, den Lösungsweg immer so zu notieren, dass er von anderen gut nachvollzogen werden kann. **Kommentieren Sie Ihre Lösungsansätze, notieren Sie Zwischenschritte und nehmen Sie in der Antwort immer Bezug auf die gestellte Aufgabe.** So haben Sie eine nachträgliche Kontrolle, ob Sie wirklich alle gestellten Aufgabenteile bearbeitet haben. Eventuell ist es dann auch möglich, bei der Korrektur Folgefehler anzuerkennen. Selbstverständlich trägt eine saubere und übersichtliche Darstellung des Lösungsweges zu einem positiven Gesamteindruck Ihrer Abiturarbeit bei.

Aufgabe 1

Gegeben ist die Funktion f durch $f(x) = \sin(2x)$ mit $x \in \mathbb{R}$.

a) Skizzieren Sie den Graphen von f im Intervall $0 \le x \le 2\pi$. (2 BE)

b) Entscheiden Sie, welche der folgenden Funktionen mit der 1. Ableitungsfunktion von f übereinstimmt.
   A: $g(x) = \cos(2x)$ B: $h(x) = -2\cos(2x)$ C: $k(x) = 2\cos(2x)$ (1 BE)

c) Ermitteln Sie die Lösungsmenge der Ungleichung $f(x) \ge 0$ im Intervall $-\pi \le x \le \pi$. (2 BE)

Aufgabe 2

Herr K. verfügt über ein Sparguthaben von 2 000 Euro. Er will davon jeden zehnten Tag Geld abheben und zwar stets die Hälfte seines noch verbliebenen Guthabens.

a) Ermitteln Sie, wie groß sein Guthaben nach 40 Tagen ist. (1 BE)

b) Entscheiden Sie, welche der folgenden Funktionsvorschriften die Entwicklung des Guthabens von Herrn K. beschreiben, wenn die Variable K für das Guthaben in Euro und die Variable t für die Zeit in Tagen steht.

A: $K(t) = 2\,000 - \dfrac{1}{2} \cdot t \cdot 10$ B: $K(t) = 2\,000 \cdot \left(\dfrac{1}{2}\right)^{\frac{t}{10}}$

C: $K(t) = 2\,000 \cdot \left(\dfrac{1}{2}\right)^{10 \cdot t}$ D: $K(t) = 2\,000 \cdot 2^{\frac{-t}{10}}$ (2 BE)

c) Ermitteln Sie, wann Herr K. nur noch $\frac{1}{8}$ seines ursprünglichen Guthabens besitzt. (2 BE)

Aufgabe 3

Für eine Funktion f gelte $f'(5) = 0$.
Was lässt sich hieraus eindeutig folgern? Begründen Sie jeweils Ihre Entscheidung.

(A)   An der Stelle 5 hat die Ableitungsfunktion von f den Wert 0. (1 BE)
(B) $x = 5$ ist Extremstelle von f. (1 BE)
(C) $x = 5$ ist Sattelstelle (Wendestelle mit waagerechter Tangente) von f. (1 BE)
(D) $x = 5$ ist Extrem- oder Sattelstelle von f. (1 BE)
(E)   An der Stelle $x = 5$ hat der Graph der Funktion f eine waagerechte Tangente. (1 BE)

Aufgabe 4

Eine heiße Substanz kühlt an der Luft (konstante Umgebungstemperatur 20 °C) ab. Es werden in den ersten 20 Minuten folgende Werte gemessen:

Zeit t in Minuten	0	10	20
Temperatur ϑ in °C	80	56	42

Die folgenden drei mathematischen Modelle werden zur Beschreibung des Abkühlungs-prozesses betrachtet.

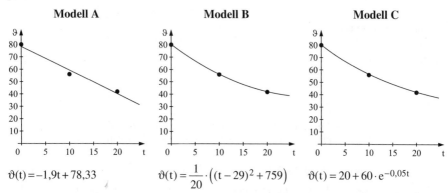

Modell A   **Modell B**   **Modell C**

$$\vartheta(t) = -1{,}9t + 78{,}33 \qquad \vartheta(t) = \frac{1}{20} \cdot \left((t-29)^2 + 759 \right) \qquad \vartheta(t) = 20 + 60 \cdot e^{-0{,}05t}$$

a) Begründen Sie, weshalb das Modell C den gesamten Abkühlungsprozess am sinnvollsten beschreibt. (3 BE)

b) Ermitteln Sie für Modell C eine Gleichung, die die Zeit t in Abhängigkeit von der Temperatur ϑ beschreibt. (2 BE)

Aufgabe 5

Der Graph der Funktion f mit $f(x) = 2x^2 + ax + b$ mit a, b, $x \in \mathbb{R}$ hat im Punkt P(2; 1) den Anstieg 2.

a) Beschreiben Sie, wie aus diesen Angaben auf die Größe der Koeffizienten a und b geschlossen werden kann. (2 BE)

b) Berechnen Sie a und b. (3 BE)

Aufgabe 6

Gegeben sind die Funktionen f durch $f(x) = x^4 + bx^2$ mit b, $x \in \mathbb{R}$.

a) Begründen Sie, weshalb die Funktionen f für $b \geq 0$ keine Wendepunkte besitzen. (3 BE)

b) Ermitteln Sie die Koordinaten der Wendepunkte für $b = -6$. (2 BE)

Aufgabe 7

In einem Koordinatensystem ist der Graph
einer der Funktionen f mit
$f(x) = x^3 - x$
oder g mit
$g(x) = x^3 + x$
mit $x \in \mathbb{R}$ dargestellt.

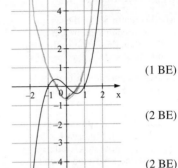

a) Entscheiden Sie, welche der Funktionen grafisch
   dargestellt ist. (1 BE)

b) Skizzieren Sie den Verlauf der Ableitungsfunktion
   der dargestellten Funktion in dasselbe Koordinatensystem. (2 BE)

c) Berechnen Sie:
$$\int_{-1}^{0} (x^3 - x)\, dx$$ (2 BE)

Aufgabe 8

Gegeben ist die Funktion f durch $f(x) = -(x-2)^2 + 4$ mit $x \in \mathbb{R}$.

a) Skizzieren Sie den Graphen von f im Intervall $0 \le x \le 4$. (1 BE)

b) Ermitteln Sie eine Gleichung der Tangente an den Graphen von f an der Stelle
   $x_0 = 4$. (2 BE)

c) Die Funktion f beschreibe im Intervall $0 \le x \le 4$ die Geschwindigkeit eines
   Fahrzeugs in Meter pro Sekunde (x: Zeit in Sekunden).
   Erläutern Sie, welche physikalische Bedeutung in diesem Sachzusammenhang
   dem Term $\int_{0}^{4} f(x)\, dx$ zukommt. Berechnen Sie auch den Wert dieses Terms. (2 BE)

Aufgabe 9

Gegeben ist die Funktion f durch $f(x) = 1 - \frac{1}{x}$ mit $x \in \mathbb{R}$, $x \neq 0$.

a) Beschreiben Sie, wie der Graph von f aus dem Graphen der Funktion g mit
   $g(x) = \frac{1}{x}$ mit $x \in \mathbb{R}$, $x \neq 0$ hervorgeht. (2 BE)

b) Skizzieren Sie den Graphen von f. (1 BE)

c) Ermitteln Sie eine Gleichung derjenigen Stammfunktion F von f, die an der
   Stelle $x_0 = 1$ den Funktionswert 2 hat. (2 BE)

Aufgabe 10

Gegeben sind die Graphen der Funktionen f mit $f(x) = e^x$ und g mit $g(x) = x$ mit $x \in \mathbb{R}$.

a) Skizzieren Sie in dieses Koordinatensystem den Graphen der Funktion h mit $h(x) = e^x - x$.

(1 BE)

b) Berechnen Sie Art und Koordinaten des lokalen Extrempunktes von h.

(2 BE)

c) Die Graphen von f und g schließen im Intervall $0 \le x \le 1$ mit den Geraden $x = 0$ und $x = 1$ eine Fläche A ein.
Weisen Sie nach, dass die Fläche A einen Flächeninhalt von $e - \frac{3}{2}$ Flächeneinheiten hat.

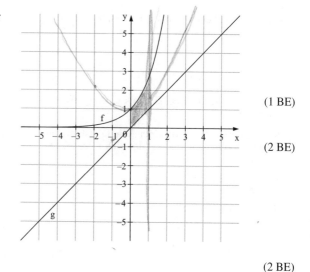

(2 BE)

Aufgabe 11

Ein Gefäß enthält zu Beginn 10 Liter Wasser. Der Zu- und Abfluss wird über ein Ventil gesteuert. Die Änderungsrate in $\frac{\text{Liter}}{\text{min}}$ wird durch nebenstehendes Diagramm veranschaulicht.

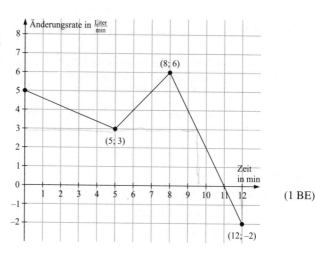

a) Beschreiben Sie, woran man am Diagramm erkennen kann, dass es sich um einen Zufluss bzw. einen Abfluss handelt.

(1 BE)

b) Erläutern Sie die Bedeutung des Inhaltes der Fläche zwischen Graph und Zeitachse in diesem Sachzusammenhang.

(2 BE)

c) Ermitteln Sie die Menge an Wasser in dem Gefäß nach 12 Minuten.

(2 BE)

Aufgabe 12

In der Grafik wird die vertikale Geschwindigkeit eines Heißluftballons dargestellt, der zum Zeitpunkt $t = 0$ am Boden war (v in $\frac{m}{min}$, t in min).

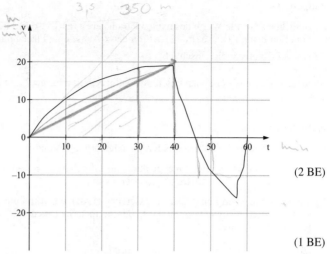

a) Bestimmen Sie durch eine Schätzung die nach 30 Minuten erreichte Höhe.

(2 BE)

b) Begründen Sie, dass die Ballonfahrt an einem höher gelegenen Ort endet.

(1 BE)

c) Bestimmen näherungsweise die Höhe des Ballons bei der Landung nach 60 Minuten.

(2 BE)

Aufgabe 13

Der Graph der Funktion f mit $f(x) = -\frac{4}{9}x + 2$ schließt mit der x-Achse und den Geraden $x = 1$ sowie $x = 2$ eine Fläche ein.

a) Bestimmen Sie die Größe dieser Fläche.

(2 BE)

b) Bestimmen Sie für a und b je einen konkreten Wert, sodass $\int\limits_a^b f(x)\,dx = 0$ mit $a < b$ gilt. Beschreiben Sie zunächst Ihre Überlegungen.

(3 BE)

Aufgabe 14

Die Graphen der Funktionen $y = 2$ und f mit $f(x) = x^2 - 2$ schließen eine Fläche ein.

a) Veranschaulichen Sie diesen Sachverhalt in einer Skizze.

(2 BE)

b) Zeigen Sie, dass der Inhalt dieser Fläche $\frac{32}{3}$ Flächeneinheiten beträgt.

(3 BE)

Aufgabe 15

a) Ermitteln Sie eine quadratische Funktion g der Form $g(x) = -x^2 + a$ mit $x;\ a \in \mathbb{R};\ a > 0$, die ein Flächenstück vom Inhalt $\frac{4}{3}$ Flächeneinheiten mit der x-Achse eingrenzt.

(3 BE)

b) Skizzieren Sie den Graphen von g aus Aufgabenteil a für $a = 1$.

(2 BE)

Aufgabe 16

a) Berechnen Sie alle Werte des reellen Parameters a (a ≠ 0), sodass der Graph der Funktion f_a mit $f_a(x) = a \cdot (x-2) \cdot x^2$ mit der x-Achse eine Fläche mit dem Inhalt $A = \frac{4}{3}$ FE vollständig einschließt. (3 BE)

b) Skizzieren Sie die Graphen von f_a aus Aufgabenteil a für a = 2 und a = −2. (2 BE)

Aufgabe 17

Gegeben sind die drei Punkte O (Koordinatenursprung), A und B.

a) Erläutern Sie, welche Punktmenge durch die Gleichung $\vec{x} = \overrightarrow{OA} + r \cdot \overrightarrow{AB}$ mit $r \in \mathbb{R}$ und $0 \le r \le 2$ bzw. $|r| \le 1$ beschrieben wird. (3 BE)

b) Ermitteln Sie einen Punkt C auf der Geraden g(AB), der vom Punkt B doppelt so weit entfernt ist wie vom Punkt A. Beschreiben Sie dies durch eine geeignete Vektorgleichung. (2 BE)

Aufgabe 18

In einem kartesischen Koordinatensystem sind die Punkte A, B, C und D gegeben: A(5; 0; 0), B(5; 4; 3), C(0; 4; 3), D(0; 0; 0)

a) Zeigen Sie, dass das Viereck ABCD ein Quadrat ist. (3 BE)

b) Bestimmen Sie den Mittelpunkt der Diagonalen des Quadrats ABCD. (2 BE)

Aufgabe 19

Gegeben ist die Gerade g, die durch die Punkte A(1; 2; 3) und B(−1; 1; −1) verläuft.

a) Beschreiben Sie, wie man die Koordinaten der Durchstoßpunkte von g durch die drei Koordinatenebenen ermitteln kann, und geben Sie diese Koordinaten an. (3 BE)

b) Untersuchen Sie, ob es einen Schnittpunkt der Geraden g mit der x-Achse gibt. (2 BE)

Aufgabe 20

Gegeben ist ein Würfel ABCDEFGH mit zwei Strecken $\overline{AG}$ und $\overline{DM}$ (siehe Abbildung). Der Punkt M sei der Mittelpunkt der oberen rechten Kante.

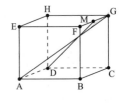

Zeigen Sie, dass sich die beiden Strecken $\overline{AG}$ und $\overline{DM}$ in einem Punkt S schneiden, und ermitteln Sie, in welchem Verhältnis S die beiden Strecken teilt. (5 BE)

Aufgabe 21

Gegeben ist ein Würfel mit der Kantenlänge 5 cm entsprechend der nebenstehenden Abbildung.

Der Würfel steht mit seiner Grundfläche
ABCD auf der xy-Ebene. Der Punkt M
sei der Mittelpunkt der Seitenfläche
BCGF.

Untersuchen Sie, ob die Gerade g durch
die Punkte A und G die Gerade h durch
die Punkte M und H schneidet.

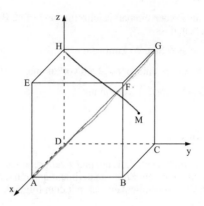

(5 BE)

Aufgabe 22

Gegeben ist der Vektor $\vec{a} = \begin{pmatrix} 3 \\ 1 \\ 2 \end{pmatrix}$.

a) Bestimmen Sie einen Vektor $\vec{b}$, sodass $\vec{a}$ und $\vec{b}$ senkrecht aufeinander stehen. (2 BE)

b) Bestimmen Sie einen dritten Vektor $\vec{c}$, der sowohl zu $\vec{a}$ als auch zu $\vec{b}$ orthogonal ist. (3 BE)

Aufgabe 23

Gegeben ist die Pyramide ABCD mit den Eckpunkten A(1; 0; 1), B(1; 2; 1),
C(0; 1; 1), D(1; 1; 3).

a) Zeichnen Sie ein Schrägbild der Pyramide ABCD und beschreiben Sie deren
besondere Lage und Form. (2 BE)

b) Ermitteln Sie das Volumen der Pyramide ABCD. (3 BE)

Aufgabe 24

Zwei Würfel unterschiedlicher Farbe werden gleichzeitig geworfen.

a) Begründen Sie, dass die Wahrscheinlichkeit für einen „Pasch" (also bei beiden
Würfeln die gleiche Augenzahl) $\frac{1}{6}$ ist, wenn die beiden Würfel einmal gleichzeitig geworfen werden. (2 BE)

b) Berechnen Sie die Wahrscheinlichkeit, dass es bei drei Würfen mit beiden
Würfeln jedes Mal einen „Pasch" gibt. (2 BE)

c) Erläutern Sie, ob sich am Ergebnis von Aufgabenteil b etwas ändern würde,
wenn man zwei gleichfarbige Würfel hätte. (1 BE)

Aufgabe 25

Drei Würfel werden einmal gleichzeitig geworfen. Bestimmen Sie die Wahrscheinlichkeit, dass

a) nur gleiche Zahlen vorkommen, (1 BE)

b) genau zwei verschiedene Zahlen vorkommen, (2 BE)

c) keine Zahl mehrfach vorkommt. (2 BE)

Aufgabe 26

a) In einer Urne liegen drei rote und zwei grüne Kugeln.
   Beschreiben Sie ein Zufallsexperiment und ein dazu gehörendes Ereignis, dessen Wahrscheinlichkeit sich mit dem folgenden Term berechnen lässt:

$$\binom{5}{3} \cdot 0{,}6^3 \cdot 0{,}4^2$$ (2 BE)

b) Entscheiden Sie, welches der abgebildeten Diagramme zu einer Binomialverteilung mit n = 10 Versuchen und einer Erfolgswahrscheinlichkeit von p = 0,8 gehört.
Begründen Sie kurz Ihre Wahl.

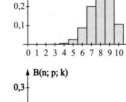

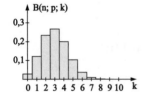

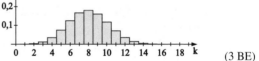

(3 BE)

Aufgabe 27

Ein zweistufiges Zufallsexperiment wird durch das nebenstehende Baumdiagramm beschrieben.
Bestimmen Sie x so, dass die Wahrscheinlichkeit P(E) möglichst groß wird.

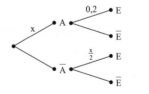

(5 BE)

Aufgabe 28

Ein Schütze trifft mit einer Wahrscheinlichkeit von 60 % sein Ziel. Nach einem Treffer erhöht sich seine Chance auf einen Treffer um ein Zehntel des bisherigen Wertes, nach einem Fehlschuss verringert sich seine Trefferwahrscheinlichkeit um ein Viertel des bisherigen Wertes. Berechnen Sie die Wahrscheinlichkeit für genau einen Treffer, genau zwei Treffer bzw. keinen Treffer aus zwei Versuchen. (5 BE)

Aufgabe 29

Bei einem Bernoulli-Versuch mit der bisherigen Trefferwahrscheinlichkeit 0,6 wird ein zweiseitiger Signifikanztest mit Stichprobenumfang $n = 50$ durchgeführt, um zu testen, ob sich diese Trefferwahrscheinlichkeit verändert hat. Man testet die Nullhypothese H_0: $p = 0,6$ auf dem Signifikanzniveau $\alpha = 10 \%$.

a) Berechnen Sie den Erwartungswert und die Standardabweichung für den beschriebenen Bernoulli-Versuch und markieren Sie in der Grafik in etwa den Verwerfungsbereich.

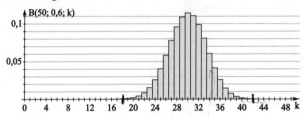

(3 BE)

b) Beschreiben Sie qualitativ, wie sich der Verwerfungsbereich verändern wird, wenn für das Signifikanzniveau α kleinere Werte gewählt werden. (2 BE)

Aufgabe 30

Gegeben ist der Graph der N(0; 1)-verteilten Zufallsgröße X (Standardnormalverteilung).

a) Begründen Sie, weshalb für diese Verteilung $P(X \leq 0) = 0,5$ gilt. (2 BE)

b) Kennzeichnen Sie in die Graphen die Wahrscheinlichkeiten für die angegebenen Intervalle durch zugehörige Flächen und schätzen Sie den Wert dieser Wahrscheinlichkeiten.

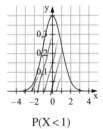

$P(X < 1)$

$P(-1 \leq X \leq 1)$

$P(X > -0,5)$

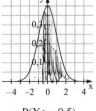

(3 BE)

Ü-9

Aufgabe 31

Begründen Sie, welcher der dargestellten Graphen zu einer Normalverteilung gehören kann. Geben Sie ggf. den Erwartungswert μ und näherungsweise die Standardabweichung σ an.

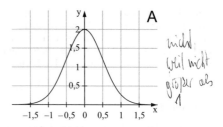

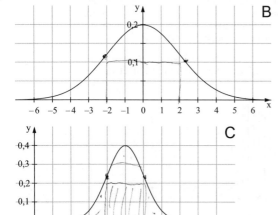

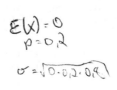

(5 BE)

Aufgabe 32

a) Begründen Sie, weshalb man die folgenden Zufallsgrößen nicht mit der Binomialverteilung modellieren kann:
   (1) Aus einer Urne mit sechs roten und vier weißen Kugeln werden drei Kugeln ohne Zurücklegen entnommen. Als Zufallsgröße X wird die Anzahl der roten Kugeln unter den gezogenen betrachtet.
   (2) In Deutschland haben ca. 4 % der Bevölkerung die Blutgruppe AB. Als Zufallsgröße wird die Anzahl der Personen mit Blutgruppe AB in der Familie Maier betrachtet. (2 BE)

b) Beschreiben Sie, wie sich der Erwartungswert und die Standardabweichung von Binomialverteilungen verändern, wenn bei einer fest vorgegebenen Trefferwahrscheinlichkeit p die Versuchsanzahl n immer größer wird. Welche Veränderung passiert dabei mit dem Histogramm der Binomialverteilung? (3 BE)

Ü-10

Hinweise und Tipps

Aufgabe 1
Teilaufgabe a
- Überlegen Sie, wie die Amplitude und die kleinste Periode von f lauten.

Teilaufgabe b
- Beachten Sie, dass die Funktion f eine verkettete Funktion ist.

Teilaufgabe c
- Beziehen Sie die Ergebnisse Ihrer Überlegungen zu den Teilaufgaben a und b in die Lösungsfindung ein.
- Skizzieren Sie den Verlauf der Funktion f im angegebenen Intervall.

Aufgabe 2
Teilaufgabe a
- Beachten Sie, dass sich das Guthaben bei jedem Abheben halbiert.

Teilaufgabe b
- Berechnen Sie für jeden der Terme den Termwert für $t = 10$.
- Sortieren Sie die Terme mit falschen Ergebnissen aus.

Teilaufgabe c
- Beachten Sie, dass $\frac{1}{8} = \left(\frac{1}{2}\right)^3$ gilt.

Aufgabe 3
- Der Wert von $f'(x_0)$ trifft eine Aussage über den Anstieg des Graphen von f an der Stelle x_0.
- Für Extrem- und Wendepunkte sind notwendige und hinreichende Bedingungen zu berücksichtigen.

Aufgabe 4
Teilaufgabe a
- Beachten Sie, dass nach dem gesamten Abkühlungsprozess gefragt wird, also nach der Abkühlung bis auf die Höhe der Umgebungstemperatur von 20 °C.
- Überlegen Sie, welchen Verlauf das lineare Modell A bzw. das quadratische Modell B für größer werdende Zeiten annimmt.

Teilaufgabe b
- Beachten Sie, dass es für das Potenzieren zwei Möglichkeiten der Umkehrung gibt.

Aufgabe 5
Teilaufgabe a
- Beachten Sie, dass der Anstieg einer Funktion f an einer Stelle x_0 durch den Wert der 1. Ableitung an dieser Stelle bestimmt wird.
- Aus den Angaben lassen sich zwei Gleichungen herleiten.

Teilaufgabe b
- Die Lösung des resultierenden Gleichungssystems muss ermittelt werden.

Aufgabe 6

Teilaufgabe a

/ Überlegen Sie, welche Bedingungen für die Existenz von Wendepunkten erfüllt sein müssen.

/ Vergessen Sie nicht, den Sonderfall $b = 0$ zu betrachten.

Teilaufgabe b

/ Untersuchen Sie die hinreichende und notwendige Bedingung für Wendepunkte.

/ Verwenden Sie Ergebnisse der Teilaufgabe a.

Aufgabe 7

Teilaufgabe a

/ Berechnen Sie z. B. einige leicht zu ermittelnde Funktionswerte von f und g und vergleichen Sie diese mit dem abgebildeten Graphen.

Teilaufgabe b

/ Markieren Sie zunächst im Koordinatensystem die Stellen, an denen die Ableitungsfunktion den Wert null hat.

/ Überlegen Sie dann, in welchen Teilintervallen die Ableitungsfunktion positiv bzw. negativ ist.

/ Von welchem Grad muss die Ableitungsfunktion sein?

Teilaufgabe c

/ Ermitteln Sie zunächst eine Stammfunktion von $h(x) = x^3 - x$.

/ Wenden Sie dann den Hauptsatz der Differenzial- und Integralrechnung an.

Aufgabe 8

Teilaufgabe a

/ Beachten Sie die Bedeutung der Koeffizienten in $f(x) = a(x - d)^2 + e$ für die Entstehung des Graphen von f aus der Normalparabel.

Teilaufgabe b

/ Der Anstieg der Tangente ergibt sich aus $f'(x_0)$.

/ Der Berührpunkt $P(x_0; f(x_0))$ muss die Tangentengleichung erfüllen.

Teilaufgabe c

/ Die Ableitung des Weges nach der Zeit ist die Geschwindigkeit. Überlegen Sie, welche Bedeutung demzufolge der Umkehroperation, also der „Aufleitung" (Integral) der Geschwindigkeit zukommt.

Aufgabe 9

Teilaufgabe a

/ Beachten Sie die Bedeutung der Koeffizienten in $f(x) = a \cdot \frac{1}{x} + b$ für die Entstehung des Graphen von f aus dem Graphen von g.

Teilaufgabe b

/ Eine wichtige Hilfe beim Skizzieren können die Asymptoten der Funktionen g und f sein.

Teilaufgabe c

/ Bestimmen Sie nach der Integration den Wert der Integrationskonstante für die gegebene Bedingung.

Aufgabe 10

Teilaufgabe a

Ermitteln Sie einige Punkte des Graphen von h durch „Addition" der zum selben x-Wert gehörenden Ordinaten von f und g.

Teilaufgabe b

Beachten Sie notwendige und hinreichende Bedingungen für lokale Extrempunkte.

Teilaufgabe c

Berechnen Sie zum Nachweis das zugehörige bestimmte Integral.

Aufgabe 11

Teilaufgabe a

Gehen Sie auf die Bedeutung des Vorzeichens der Zuflussrate ein.

Teilaufgabe b

Verwenden Sie die Deutung des bestimmten Integrals als aus Änderungen rekonstruierter Bestand.

Teilaufgabe c

Zerlegen Sie die Fläche zwischen Graph und Zeitachse in Teilflächen und berechnen Sie deren Flächeninhalte.

Teilflächen, die unterhalb der Zeitachse liegen, erhalten ein negatives Vorzeichen.

Die Summe dieser Flächeninhalte ergibt unter Beachtung ihres Vorzeichens die gesuchte Größe.

Aufgabe 12

Teilaufgabe a

Die nach 30 Minuten erreichte Höhe entspricht der Fläche unter dem Graphen von v im Intervall [0; 30].

Nähern Sie den Graphen im Intervall [0; 30] durch eine Gerade an.

Teilaufgabe b

Welche Bedeutung haben Flächen oberhalb bzw. unterhalb der waagerechten Achse bezogen auf diesen Sachverhalt?

Teilaufgabe c

Eine gute Näherung kann man z. B. durch Dreiecke erreichen.

Aufgabe 13

Teilaufgabe a

Überlegen Sie, ob die zur Funktion f gehörende Gerade und die x-Achse eine Fläche einschließen, die vollständig oberhalb der x-Achse liegt.

Den Flächeninhalt können Sie entweder elementar als Trapezfläche oder mithilfe der Integralrechnung bestimmen.

Teilaufgabe b

Berücksichtigen Sie, dass die Gerade die x-Achse schneidet.

Aufgabe 14

Teilaufgabe a

Die Gerade $y = 2$ verläuft parallel zur x-Achse, die Parabel $y = x^2 - 2$ ist nach oben geöffnet.

Teilaufgabe b

Bestimmen Sie die Schnittpunkte beider Kurven.

Vereinfachen Sie die Flächenberechnung mittels Integration durch Ausnutzung der Symmetrie zur y-Achse.

Aufgabe 15

Die zu g gehörende Parabel ist nach unten geöffnet und besitzt wegen $a > 0$ einen oberhalb der x-Achse liegenden Scheitelpunkt.

Bestimmen Sie die Nullstellen von g als Integrationsgrenzen und nutzen Sie zur Vereinfachung für den Ansatz der Flächenberechnung die Achsensymmetrie der Parabel aus.

Aufgabe 16

Teilaufgabe a

Machen Sie sich klar, dass die Funktion f_a genau zwei Nullstellen hat, und berechnen Sie diese Nullstellen.

Beachten Sie, dass die zu berechnende Fläche in Abhängigkeit vom Vorzeichen des Parameters a oberhalb oder unterhalb der x-Achse liegen kann.

Teilaufgabe b

Berechnen Sie zum Skizzieren jeweils einen Funktionswert, der zwischen den beiden Nullstellen liegt, und ggf. zwei weitere einfach zu berechnende Werte.

Aufgabe 17

Teilaufgabe a

Skizzieren Sie den Sachverhalt.

Veranschaulichen Sie die gegebenen Vektoren.

Teilaufgabe b

Skizzieren Sie sich einen möglichen Punkt C; was muss für die Länge des Vektors $\overrightarrow{AC}$ gelten?

Aufgabe 18

Teilaufgabe a

Es müssen drei Bedingungen erfüllt sein, z. B. $\overrightarrow{AB} = -\overrightarrow{CD}$ und $\overrightarrow{AB} \perp \overrightarrow{BC}$ sowie $|\overrightarrow{AB}| = |\overrightarrow{BC}|$.

Die Orthogonalität zweier Vektoren kann mit dem Skalarprodukt überprüft werden.

Teilaufgabe b

Kennt man die Koordinaten einer Strecke, so kann man hiermit den Mittelpunkt der Strecke bestimmen.

Alternative: Bestimmen Sie zwei Geradengleichungen und den zugehörigen Schnittpunkt.

Aufgabe 19

Teilaufgabe a
Ermitteln Sie eine Gleichung der Geraden g.

Damit g z. B. die xy-Ebene durchstößt, muss $z = 0$ sein.

Setzen Sie $z = 0$ in die Gleichung von g ein und berechnen Sie daraus den Wert des Parameters in der Geradengleichung.

Teilaufgabe b
Stellen Sie für die x-Achse eine Geradengleichung auf.

Aufgabe 20

Damit sich zwei Geraden im Raum schneiden, müssen sie in ein und derselben Ebene liegen, dürfen aber nicht parallel zueinander sein.

Nach Einführung eines geeigneten Koordinatensystems ist ein rechnerischer Nachweis möglich. Aus dem Gleichungssystem für die Schnittpunktbestimmung beider Geraden erhalten Sie die zugehörigen Parameterwerte. Diesen können Sie die Teilverhältnisse entnehmen.

Aufgabe 21

Sie können die Aufgabe elementargeometrisch lösen (siehe Hinweis zu Aufgabe 20).

Alternativ ist auch eine rechnerische Lösung möglich. Stellen Sie dazu die Gleichungen der Geraden g(AG) und h(MH) auf, setzen Sie gleich und zeigen Sie, dass das Gleichungssystem genau eine Lösung hat.

Aufgabe 22

Teilaufgabe a
Zwei Vektoren stehen senkrecht aufeinander, wenn das zugehörige Skalarprodukt den Wert 0 ergibt.

Ein Vektor lässt sich durch sinnvolles Probieren finden.

Teilaufgabe b
Nutzen Sie einen allgemeinen Vektor $\vec{c} = \begin{pmatrix} x \\ y \\ z \end{pmatrix}$ und lösen Sie das lineare Gleichungssystem, welches sich ergibt.

Aufgabe 23

Überlegen Sie, wie Sie die Höhe der Grundfläche ABC und die Höhe der Pyramide erhalten.

Aufgabe 24

Bestimmen Sie die Wahrscheinlichkeit für einen Pasch.

Beachten Sie die Unabhängigkeit der Ergebnisse beim dreimaligen Werfen zweier Würfel.

Aufgabe 25

Überlegen Sie, wie viele mögliche Ergebnisse es beim dreifachen Wurf überhaupt geben kann.

Überlegen Sie, wie viele mögliche Ergebnisse es gibt, wenn genau zwei Zahlen unterschiedlich sind bzw. wenn sich beim ersten, zweiten und dritten Würfel kein Ergebnis wiederholen darf.

Aufgabe 26

Teilaufgabe a

Der Term gehört zu einer Bernoulli-Kette. Bestimmen Sie zunächst aus dem Term die Länge der Kette und die Wahrscheinlichkeit für einen Treffer.

Teilaufgabe b

Nutzen Sie bei Ihrer Wahl den Erwartungswert für eine binomialverteilte Zufallsgröße.

Aufgabe 27

Beschreiben Sie die Wahrscheinlichkeit P(E) mithilfe der Pfadregeln in Abhängigkeit von x durch eine Funktion f(x).

Untersuchen Sie f(x) auf lokale Maxima.

Aufgabe 28

Zeichnen Sie ein Baumdiagramm.

Kennzeichen Sie die Pfade für genau einen, zwei bzw. keinen Treffer aus zwei Versuchen.

Ermitteln Sie die gesuchte Wahrscheinlichkeit mithilfe der Pfadregeln.

Aufgabe 29

Bestimmen Sie den Erwartungswert und die Standardabweichung mit den bekannten Formeln. Berücksichtigen Sie, dass der Verwerfungsbereich aus zwei Teilbereichen besteht.

Das Signifikanzniveau beschreibt die maximale Wahrscheinlichkeit, die Nullhypothese abzulehnen, obwohl sie in Wirklichkeit zutreffend ist.

Aufgabe 30

Welche besondere Eigenschaft hat der Graph der Standardnormalverteilung?

Aufgabe 31

Berücksichtigen Sie bei Ihrer Entscheidung die Lage des Erwartungswertes der Verteilung sowie die Bedeutung der Fläche unter dem Graphen der Verteilung.

Aufgabe 32

Teilaufgabe a

Beachten Sie die Voraussetzungen für die Annahme einer Binomialverteilung.

Teilaufgabe b

Überlegen Sie, wie Erwartungswert und Standardabweichung einer binomialverteilten Zufallsgröße berechnet werden und welche Auswirkungen das auf die Gestalt des Histogramms hat.

Lösungen

Aufgabe 1

a) Die kleinste Periode von $y = \sin(2x)$ ist $p = \frac{2\pi}{2} = \pi$.

b) $\underline{\underline{C}}$ ist die richtige Lösung (Kettenregel).

c) Die Skizze wird wie nebenstehend ergänzt. Hieraus kann man die Lösungsmenge ablesen:

$$L = \left[-\pi; -\frac{\pi}{2}\right] \cup \left[0; \frac{\pi}{2}\right]$$

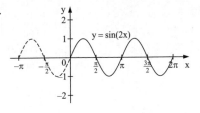

Aufgabe 2

a) Das Guthaben wird viermal halbiert ($4 \cdot 10$ Tage $= 40$ Tage):

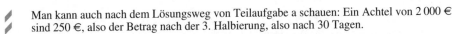

$$2\,000\ \text{€} \xrightarrow[\text{bierung}]{\text{1. Hal-}} 1\,000\ \text{€} \xrightarrow[\text{bierung}]{\text{2. Hal-}} 500\ \text{€} \xrightarrow[\text{bierung}]{\text{3. Hal-}} 250\ \text{€} \xrightarrow[\text{bierung}]{\text{4. Hal-}} 125\ \text{€}$$

Nach 40 Tagen hat Herr K. noch ein Vermögen von $\underline{125\ \text{Euro}}$.

b) Richtig sind $\underline{\underline{B}}$ und $\underline{\underline{D}}$, denn es ist $\frac{1}{2} = 2^{-1}$.

c) $\frac{1}{8} = \left(\frac{1}{2}\right)^3$, also nach 3 Abhebungen, d. h. nach $3 \cdot 10 = \underline{30\ \text{Tagen}}$

Man kann auch nach dem Lösungsweg von Teilaufgabe a schauen: Ein Achtel von $2\,000$ € sind 250 €, also der Betrag nach der 3. Halbierung, also nach 30 Tagen.

Aufgabe 3

Nur die Aussagen $\underline{\underline{A}}, \underline{\underline{D}}$ und $\underline{\underline{E}}$ sind richtig, da für die Aussage B das hinreichende Kriterium $f''(5) \neq 0$ fehlt und für die Aussage C nichts über die 2. Ableitung ausgesagt wird.

Aufgabe 4

a) Obwohl alle drei Kurven eine angemessene Näherung für den Zeitraum $0 \leq t \leq 20$ bieten, sind die Modelle A und B für den Gesamtprozess nicht sinnvoll:
   Modell A liefert eine Nullstelle für $t \approx 40$. Bei einer konstanten Umgebungstemperatur von $20\,^\circ\text{C}$ können aber nach 40 Minuten nicht $0\,^\circ\text{C}$ erreicht werden.
   Modell B würde einen Verlauf der Abkühlungskurve liefern, bei dem nach 29 Minuten die Temperatur wieder ansteigt, weil die zugehörige Parabel den Scheitelpunkt $S\left(29; \frac{759}{20}\right)$ besitzt. Auch das ist für den Abkühlungsprozess ohne weitere äußere Wärmezufuhr nicht zu erwarten.
   Die Werte im Modell C hingegen nähern sich für immer größer werdende Zeiten immer mehr dem Wert von $20\,^\circ\text{C}$ an.
   Das $\underline{\text{Modell C}}$ beschreibt den Abkühlungsprozess am sinnvollsten.

b) Gleichung umstellen:

$$\vartheta(t) = 20 + 60 \cdot e^{-0,05t} \quad \Rightarrow \quad \vartheta(t) - 20 = 60 \cdot e^{-0,05t}$$

$$\frac{\vartheta(t) - 20}{60} = e^{-0,05t}$$

$$\ln\left(\frac{\vartheta(t) - 20}{60}\right) = -0,05t$$

$$\frac{1}{-0,05} \cdot \ln\left(\frac{\vartheta(t) - 20}{60}\right) = t \quad \Rightarrow \quad \underline{\underline{t = -20 \cdot \ln\left(\frac{\vartheta(t) - 20}{60}\right)}}$$

Aufgabe 5

a) Man bestimmt zunächst den Term der Ableitungsfunktion f'. Aus der Gleichung für f' und der Angabe des Anstiegs lässt sich eine erste Gleichung für die Bestimmung von a und b aufstellen. Die Koordinaten des Punktes P müssen die Gleichung von f erfüllen, damit ergibt sich eine zweite Bedingung für a und b. Die Lösungen dieses Gleichungssystems sind zu ermitteln.

b) Mit der Ableitung $f'(x) = 4x + a$ ist das Gleichungssystem $f(2) = 1$ und $f'(2) = 2$ zu lösen:
$8 + 2a + b = 1$ und $8 + a = 2$
Es ergibt sich für $\underline{\underline{a = -6}}$ und für $\underline{\underline{b = 5}}$.

Aufgabe 6

a) $f(x) = x^4 + bx^2$; $\quad f'(x) = 4x^3 + 2bx$; $\quad f''(x) = 12x^2 + 2b$; $\quad f'''(x) = 24x$
Notwendige Bedingung für Wendepunkte:

$$f''(x) = 0 \quad \Rightarrow \quad 12x^2 + 2b = 0 \quad \Rightarrow \quad x = \pm\sqrt{-\frac{b}{6}} \quad (*)$$

Diese Gleichung ist nur für $b \leq 0$ lösbar. Für $b > 0$ ist also die notwendige Bedingung nicht erfüllt und die Funktion kann keine Wendepunkte haben.
Für $b = 0$ haben sowohl die 2. als auch die 3. Ableitung an der Stelle $x = 0$ den Wert null. Damit ist mit der notwendigen und hinreichenden Bedingung keine Aussage über die Existenz eines Wendepunktes möglich. Für $b = 0$ gilt $f(x) = x^4$. Diese Funktion hat an der Stelle $x = 0$ ein lokales Minimum, also insbesondere keinen Wendepunkt.

b) Für $b = -6$ ergeben sich mit Gleichung (*) die möglichen Wendestellen $x = -1$ und $x = 1$. Für beide Werte ist auch die hinreichende Bedingung erfüllt:
$f'''(-1) = -24 \neq 0$ bzw. $f'''(1) = 24 \neq 0$
Für $b = -6$ ergeben sich damit die Wendepunkte $\underline{\underline{W_1(-1; -5)}}$ und $\underline{\underline{W_2(1; -5)}}$.

Aufgabe 7

a) $f(1) = 1^3 - 1 = 0$ entspricht der rechten Nullstelle der abgebildeten Funktion, während $g(1) = 1^3 + 1 = 2$ nicht auf dem abgebildeten Graphen liegt.
Der Graph gehört zur Funktion $\underline{\underline{f}}$.

b) Skizze des Graphen der Ableitungsfunktion f' mit
$f'(x) = 3x^2 - 1$ siehe nebenstehende Abbildung.

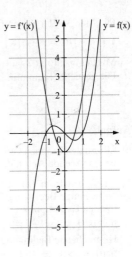

c) $\int\limits_{-1}^{0} (x^3 - x)\, dx = \left[\dfrac{1}{4}x^4 - \dfrac{1}{2}x^2\right]_{-1}^{0} = 0 - \left(\dfrac{1}{4} - \dfrac{1}{2}\right) = \underline{\underline{\dfrac{1}{4}}}$

Aufgabe 8

a) Skizze des Graphen siehe nebenstehende Abbildung.

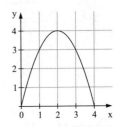

b) $f'(x) = -2(x - 2) \;\Rightarrow\; m = f'(4) = -4$
Außerdem ist $f(4) = 0$. Dies und m wird in den Ansatz
$y = m \cdot x + n$ eingesetzt:
$0 = -4 \cdot 4 + n \;\Rightarrow\; n = 16$
Damit ergibt sich die Tangentengleichung: $\underline{\underline{y = -4x + 16}}$

c) Der Term $\int\limits_{0}^{4} f(x)\, dx$ beschreibt den in 4 Sekunden zurückgelegten Weg.

$\int\limits_{0}^{4} f(x)\, dx = \int\limits_{0}^{4} \left(-(x - 2)^2 + 4\right) dx = \left[-\dfrac{1}{3}(x - 2)^3 + 4x\right]_{0}^{4} = -\dfrac{8}{3} + 16 - \dfrac{8}{3} = \underline{\underline{\dfrac{32}{3}}}$

Aufgabe 9

a) Das Vorzeichen „minus" vor dem Summanden $\dfrac{1}{x}$ von f bewirkt eine Spiegelung des Graphen von g an der x-Achse. Der Summand 1 in der Gleichung von f bewirkt eine Verschiebung des Graphen von g um eine Einheit in die positive y-Richtung.

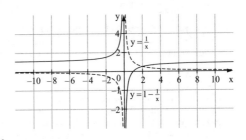

b) Skizze des Graphen siehe nebenstehende Abbildung.

c) Die Menge aller Stammfunktionen F ist das unbestimmte Integral

$$\int \left(1 - \frac{1}{x}\right) dx = x - \ln|x| + c.$$

Mit $F(1) = 2$ folgt $2 = 1 - \ln(1) + c$. Wegen $\ln(1) = 0$ ist also $c = 1$.

Die gesuchte Stammfunktion hat die Gleichung $y = F(x) = x - \ln|x| + 1$.

Aufgabe 10

a) Skizze des Graphen von h siehe nebenstehende Abbildung.

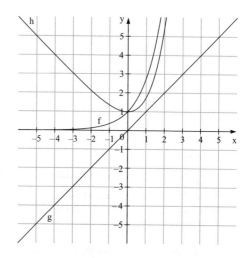

b) $h'(x) = e^x - 1$; $\quad h''(x) = e^x$

Notwendige Bedingung für einen lokalen Extrempunkt:

$h'(x) = 0 \;\Rightarrow\; e^x - 1 = 0 \;\Rightarrow\; x = 0$

Hinreichende Bedingung:

$h''(0) = 1 > 0 \;\Rightarrow\;$ lokales Minimum

Die Koordinaten des lokalen Tiefpunktes sind $T(0; 1)$.

c)
$$\int_0^1 \left(e^x - x\right) dx = \left[e^x - \frac{1}{2} x^2 \right]_0^1$$

$$= e - \frac{1}{2} - 1 = e - \frac{3}{2}$$

Aufgabe 11

a) Liegt der Graph oberhalb der Zeitachse, ist die Zuflussrate positiv, d. h., es handelt sich um einen Zufluss. Liegt der Graph unterhalb der Zeitachse, ist die Zuflussrate negativ, d. h., es handelt sich um einen Abfluss.

b) Der Inhalt der Fläche zwischen dem Graphen der Zuflussrate und der Zeitachse ist ein Maß für die im betrachteten Intervall zu- oder abgeflossene Wassermenge. Man erkennt das z. B. an den Einheiten: $\frac{\text{Liter}}{\text{Minute}} \cdot \text{Minute} = \text{Liter}$

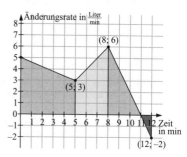

c) Die Fläche von $t = 0$ bis $t = 11$ unter der Randkurve zählt als Zufluss. Die zugehörigen Teilflächen (zwei Trapeze und ein Dreieck) ergeben zusammen

$$\frac{5+3}{2} \cdot 5 + \frac{6+3}{2} \cdot 3 + \frac{1}{2} \cdot 6 \cdot 3 = 20 + 13,5 + 9 = 42,5,$$

also fließen in diesem Zeitraum 42,5 Liter zu.

Die Fläche von $t = 11$ bis $t = 12$ liegt unterhalb der Abszissenachse, sie muss als Abfluss gezählt werden. Ihr Inhalt beträgt 1 FE, also fließt ein Liter ab. Die Gesamtbilanz ergibt:

10 Liter + 42,5 Liter − 1 Liter = 51,5 Liter befinden sich nach 12 Minuten im Gefäß.

Aufgabe 12

a) Ein möglicher Schätzwert ergibt sich, indem man z. B. durch die Punkte P(0; 0) und
Q(30; 19) eine lineare Funktion legt. Die Fläche A_1 unter diesem Graphen entspricht näherungsweise der Höhe; zusätzlich muss ein Schätzwert s ergänzt werden, da die lineare
Funktion vollständig unterhalb der Kurve liegt. Ein Kästchen im Koordinatensystem hat
eine Seitenlänge von 10 LE und deshalb einen Flächeninhalt von 100 FE. Dieser Flächeninhalt entspricht im gegebenen Sachverhalt einem Weg von 100 m. Man kann s daher mit
ungefähr 100 m abschätzen und erhält damit für die Höhe:

$$h \approx \frac{1}{2} \cdot 30 \text{ min} \cdot 19 \frac{m}{min} + s = 285 \text{ m} + 100 \text{ m} = \underline{\underline{385 \text{ m}}}$$

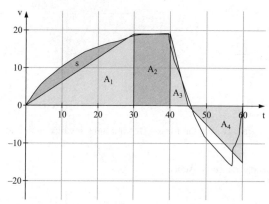

b) Der Ballon muss nach 60 s an einem höher gelegenen Ort landen, da die Fläche unter der
t-Achse offensichtlich kleiner ist als die in Teilaufgabe a berechnete Fläche.

c) Mit den Ergebnissen aus Teilaufgabe a ergibt sich, dass sich die gesuchte Höhe näherungsweise aus dem Wert h, den dargestellten Dreiecksflächen A_3 und A_4 sowie der Rechtecks-
fläche A_2 berechnen lässt:

$$385 \text{ m} + 10 \text{ min} \cdot 19 \frac{m}{min} + \frac{1}{2} \cdot 5 \text{ min} \cdot 19 \frac{m}{min} - \frac{1}{2} \cdot 15 \text{ min} \cdot 15 \frac{m}{min} \approx \underline{\underline{510 \text{ m}}}$$

Der Ballon landet an einem Ort, der ca. 500 m oberhalb des Startplatzes liegt.

Aufgabe 13

a) Der Graph von f ist eine fallende Gerade. Wegen $f(2) = \frac{10}{9} > 0$ liegt die Fläche komplett
oberhalb der x-Achse. Die Größe berechnet sich daher zu:

$$\int_1^2 \left(-\frac{4}{9}x + 2\right) dx = \left[-\frac{4}{9} \cdot \frac{1}{2} \cdot x^2 + 2x\right]_1^2 = \left(-\frac{4}{9} \cdot 2 + 4\right) - \left(-\frac{4}{9} \cdot \frac{1}{2} + 2\right) = \underline{\underline{\frac{4}{3}}}$$

b) a und b müssen punktsymmetrisch zur Nullstelle $x = \frac{9}{2} = 4,5$ auf der x-Achse liegen.
Eine mögliche Lösung ist also a = 4 und b = 5.

Die allgemeine Lösung lautet b = 9 − a für beliebiges a ∈ ℝ mit a < 4,5.

Aufgabe 14

a) Veranschaulichung siehe nebenstehende Abbildung.

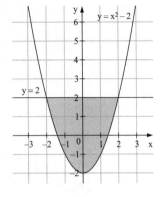

b) Die Schnittstellen der beiden Graphen sind zugleich die Integrationsgrenzen für die Bestimmung des Flächeninhalts:

$$x^2 - 2 = 2 \quad \Rightarrow \quad x_{1/2} = \pm 2$$

Unter Ausnutzung der Achsensymmetrie zur y-Achse ergibt sich als Flächeninhalt der zu zeigende Wert:

$$A = 2 \cdot \int_0^2 \left(2 - (x^2 - 2)\right) dx = 2 \cdot \int_0^2 (4 - x^2)\, dx$$

$$= 2 \cdot \left[4x - \frac{1}{3} \cdot x^3\right]_0^2 = 2 \cdot \left(8 - \frac{8}{3}\right) = \frac{32}{3}$$

Aufgabe 15

a) Die Nullstellen von g sind die Integrationsgrenzen für die Bestimmung des Flächeninhalts:

$$-x^2 + a = 0 \quad \Rightarrow \quad x_{1/2} = \pm\sqrt{a}$$

Unter Ausnutzung der Achsensymmetrie zur y-Achse ergibt sich für den Flächeninhalt:

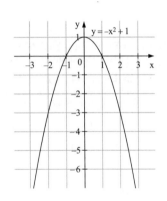

$$2 \cdot \int_0^{\sqrt{a}} (-x^2 + a)\, dx = \frac{4}{3} \quad \Rightarrow \quad 2 \cdot \left[-\frac{1}{3} \cdot x^3 + a \cdot x\right]_0^{\sqrt{a}} = \frac{4}{3}$$

$$2 \cdot \left[-\frac{1}{3} \cdot a^{\frac{3}{2}} + a^{\frac{3}{2}}\right] = \frac{4}{3}$$

$$\frac{4}{3} \cdot a^{\frac{3}{2}} = \frac{4}{3}$$

$$a = 1$$

Die Funktion g hat die Gleichung $\underline{\underline{g(x) = -x^2 + 1}}$.

b) Skizze siehe nebenstehende Abbildung.

Aufgabe 16

a) Aus der Funktionsgleichung von f_a lassen sich sofort die beiden einzigen Nullstellen $x_{01} = 0$ und $x_{02} = 2$, die zugleich die Integrationsgrenzen sind, ablesen.

Die Fläche kann oberhalb oder unterhalb der x-Achse liegen. Für ihren Inhalt A gilt dann:

$$A = \left| \int_0^2 f_a(x)\, dx \right| \quad \text{und} \quad A = \frac{4}{3}$$

Für die Integration ist es sinnvoll, den Funktionsterm auszumultiplizieren:

$$f_a(x) = a \cdot (x^3 - 2x^2)$$

Damit gilt:

$$\left| a \cdot \int_0^2 (x^3 - 2x^2)\,dx \right| = \frac{4}{3} \Rightarrow \left| a \cdot \left[\frac{1}{4} \cdot x^4 - 2 \cdot \frac{1}{3} \cdot x^3 \right]_0^2 \right| = \frac{4}{3}$$

$$\left| a \cdot \left[\frac{2^4}{4} - \frac{2 \cdot 2^3}{3} \right] \right| = \frac{4}{3}$$

$$\left| a \cdot \left(-\frac{4}{3} \right) \right| = \frac{4}{3}$$

$$|a| = 1$$

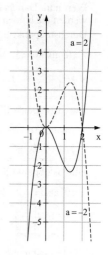

Für $\underline{\underline{a = 1}}$ oder $\underline{\underline{a = -1}}$ hat die Funktion f_a die in der Aufgabe verlangte Eigenschaft.

b) Skizze siehe nebenstehende Abbildung.

Aufgabe 17

a) Für $0 \le r \le 2$ beschreibt die Punktmenge eine Strecke, die vom Punkt A beginnend in Richtung des Vektors $\overrightarrow{AB}$ verläuft und doppelt so lang ist wie dieser Vektor.

Für $|r| \le 1$ beschreibt die Punktmenge eine Strecke, die durch die Punkte B und B' bestimmt wird, wobei B' der Spiegelpunkt von B bei der Punktspiegelung an A ist.

b) $\underline{\underline{\overrightarrow{OC} = \overrightarrow{OA} + \dfrac{1}{3}\overrightarrow{AB}}}$

Aufgabe 18

a) $\overrightarrow{AB} = \begin{pmatrix} 0 \\ 4 \\ 3 \end{pmatrix}$; $\overrightarrow{BC} = \begin{pmatrix} -5 \\ 0 \\ 0 \end{pmatrix}$; $\overrightarrow{CD} = \begin{pmatrix} 0 \\ -4 \\ -3 \end{pmatrix} \Rightarrow \overrightarrow{AB} = -\overrightarrow{CD}$; $|\overrightarrow{AB}| = 5$; $|\overrightarrow{BC}| = 5$ und $\overrightarrow{AB} \circ \overrightarrow{BC} = 0$

b) $M\left(\dfrac{5+0}{2}; \dfrac{4+0}{2}; \dfrac{3+0}{2} \right) = \underline{\underline{M(2,5; 2; 1,5)}}$

Aufgabe 19

a) Man bestimmt zunächst eine Gleichung der Geraden g, z. B. $\vec{x} = \overrightarrow{OA} + t \cdot \overrightarrow{AB}$ mit $t \in \mathbb{R}$:

$$\begin{pmatrix} x \\ y \\ z \end{pmatrix} = \begin{pmatrix} 1 \\ 2 \\ 3 \end{pmatrix} + t \cdot \begin{pmatrix} -2 \\ -1 \\ -4 \end{pmatrix}$$

Für den Durchstoßpunkt durch eine Koordinatenebene hat immer eine der Koordinaten den Wert null. Daraus kann der jeweilige Wert für den Parameter t bestimmt werden und damit werden die beiden anderen Koordinaten des Durchstoßpunktes ermittelt.

Durchstoßpunkt S_{xy} durch die xy-Ebene:

$$z = 0, \text{ also } 0 = 3 - 4t \Rightarrow t = \frac{3}{4} \Rightarrow \overrightarrow{OS_{xy}} = \begin{pmatrix} 1 \\ 2 \\ 3 \end{pmatrix} + \frac{3}{4} \cdot \begin{pmatrix} -2 \\ -1 \\ -4 \end{pmatrix} = \begin{pmatrix} -\frac{1}{2} \\ \frac{5}{4} \\ 0 \end{pmatrix}$$

$$S_{xy} = \left(-\frac{1}{2}; \frac{5}{4}; 0 \right)$$

Durchstoßpunkt S_{xz} durch die xz-Ebene:

$$y = 0, \text{ also } 0 = 2 - t \Rightarrow t = 2 \Rightarrow \overrightarrow{OS_{xz}} = \begin{pmatrix} 1 \\ 2 \\ 3 \end{pmatrix} + 2 \cdot \begin{pmatrix} -2 \\ -1 \\ -4 \end{pmatrix} = \begin{pmatrix} -3 \\ 0 \\ -5 \end{pmatrix}$$

$$S_{xz} = (-3; 0; -5)$$

Durchstoßpunkt S_{yz} durch die yz-Ebene:

$$x = 0, \text{ also } 0 = 1 - 2t \Rightarrow t = \frac{1}{2} \Rightarrow \overrightarrow{OS_{yz}} = \begin{pmatrix} 1 \\ 2 \\ 3 \end{pmatrix} + \frac{1}{2} \cdot \begin{pmatrix} -2 \\ -1 \\ -4 \end{pmatrix} = \begin{pmatrix} 0 \\ \frac{3}{2} \\ 1 \end{pmatrix}$$

$$S_{yz} = \left(0; \frac{3}{2}; 1 \right)$$

b) Die Gerade g und die x-Achse haben keinen gemeinsamen Schnittpunkt, da der Ansatz für „Schneiden" auf einen Widerspruch führt:

$$\begin{pmatrix} 1 \\ 2 \\ 3 \end{pmatrix} + t \cdot \begin{pmatrix} -2 \\ -1 \\ -4 \end{pmatrix} = \begin{pmatrix} x \\ 0 \\ 0 \end{pmatrix} \Rightarrow \begin{array}{l} t = 2 \\ t = \frac{3}{4} \end{array}$$

Alternativ kann man auch aus den Koordinaten der Durchstoßpunkte durch xz- bzw. xy-Ebene schließen, dass kein Schnittpunkt mit der x-Achse existiert. Ein Schnittpunkt mit der x-Achse hätte die y- und z-Koordinate null und würde in beiden Koordinatenebenen liegen. Dies ist offensichtlich nicht der Fall.

Aufgabe 20

Die untere linke Kante $\overline{AD}$ und die obere rechte Kante $\overline{FG}$ sind echt parallel und spannen deshalb eine Ebene auf, in der auch die beiden Transversalen liegen. Da die Transversalen nicht parallel zueinander sind, müssen sie sich schneiden.

Die Dreiecke ADS und GMS sind ähnlich zueinander mit dem Ähnlichkeitsfaktor $\frac{1}{2}$. Deshalb teilt S die beiden Strecken im Verhältnis 1 : 2 von M und G aus gesehen (siehe Zeichnung).

Rechnerischer Nachweis: Der Würfel habe dabei die Kantenlänge a. Dann kann man die Geraden g(AG) und h(DM) beschreiben durch:

$$g(AG): \vec{x} = \begin{pmatrix} a \\ 0 \\ 0 \end{pmatrix} + r \cdot \begin{pmatrix} -a \\ a \\ a \end{pmatrix} \quad \text{und} \quad h(DM): \vec{x} = s \cdot \begin{pmatrix} \frac{a}{2} \\ a \\ a \end{pmatrix}$$

Gleichsetzen und Lösen des Gleichungssystems führt auf:

$$r = s = \frac{2}{3}$$

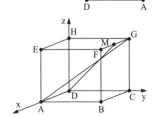

Das Gleichungssystem hat genau eine Lösung, d. h., es gibt einen Schnittpunkt S der beiden Geraden.
Der Schnittpunkt S teilt jede der Strecken im Verhältnis 2 : 1 von A bzw. D aus gesehen.

Aufgabe 21

Elementargeometrische Lösung:
Die Geraden g und h müssen einander schneiden, denn sie liegen beide
in der Ebene, die durch die Punkte A, B, G und H aufgespannt wird.
Der Punkt M liegt ebenfalls in dieser Ebene, weil er der Mittelpunkt der
Strecke $\overline{BG}$ ist.

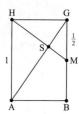

Lösung als Schnitt zweier Geraden:
Die Gerade g(AG) hat die Gleichung:

$$\vec{x} = \begin{pmatrix} 5 \\ 0 \\ 0 \end{pmatrix} + r \cdot \begin{pmatrix} -5 \\ 5 \\ 5 \end{pmatrix}$$

Der Punkt M hat die Koordinaten M(2,5; 5; 2,5) und somit kann die Gerade h(MH) durch die

Gleichung $\vec{x} = \begin{pmatrix} 0 \\ 0 \\ 5 \end{pmatrix} + s \cdot \begin{pmatrix} 2,5 \\ 5 \\ -2,5 \end{pmatrix}$ beschrieben werden.

Gleichsetzen beider Geradengleichungen führt auf das Gleichungssystem:
$5 - 5r = 2,5s$
$\quad 5r = 5s$
$\quad 5r = 5 - 2,5s$

Aus der zweiten Gleichung folgt r = s, dies eingesetzt in die erste bzw. dritte Gleichung ergibt
$r = s = \frac{2}{3}$. Da die Richtungsvektoren nicht parallel sind, schneiden sich die Geraden g und h.

Aufgabe 22

a) Die Gleichung $\vec{a} \circ \vec{b} = 0$ wird z. B. von dem Vektor $\vec{b} = \begin{pmatrix} 1 \\ -3 \\ 0 \end{pmatrix}$ erfüllt.

b) Für $\vec{c} = \begin{pmatrix} x \\ y \\ z \end{pmatrix}$ muss gelten:

$\vec{a} \circ \vec{c} = 0$ und $\vec{b} \circ \vec{c} = 0 \;\Rightarrow\; 3x + y + 2z = 0$ und $x - 3y = 0$

Aus der zweiten Gleichung folgt x = 3y, eingesetzt in die andere ergibt sich z = −5y.
Ein möglicher Vektor lautet also (wähle y = 1):

$$\vec{c} = \begin{pmatrix} 3 \\ 1 \\ -5 \end{pmatrix}$$

Mit dem Vektorprodukt kann ein möglicher Vektor direkt berechnet werden:

$$\vec{c} = \vec{a} \times \vec{b} = \begin{pmatrix} 3 \\ 1 \\ 2 \end{pmatrix} \times \begin{pmatrix} 1 \\ -3 \\ 0 \end{pmatrix} = \begin{pmatrix} 6 \\ 2 \\ -10 \end{pmatrix}$$

Aufgabe 23

a) Die Punkte A, B und C liegen in der gleichen Höhe $z = 1$, d. h., die Grundfläche der Pyramide liegt parallel zur xy-Ebene. Die Punkte A, B und C bilden ein gleichschenkliges Dreieck mit der Basis $\overline{AB} = 2$ LE.

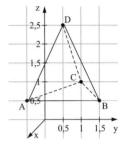

b) Der Mittelpunkt der Basis des Dreiecks ABC hat die Koordinaten M(1; 1; 1). Die Höhe der Grundfläche ABC ist durch $\overline{MC} = 1$ LE gegeben. Der Punkt D liegt senkrecht über M, somit kann $\overline{MD} = 2$ LE als Höhe der Pyramide gewählt werden. Für das Volumen der Pyramide ergibt sich:

$$V = \frac{1}{3} \cdot \frac{1}{2} \cdot 2 \cdot 1 \cdot 2 = \underline{\underline{\frac{2}{3}}} \text{ VE}$$

Aufgabe 24

a) Es gibt insgesamt 36 verschiedene Elementarereignisse (1; 1), (1; 2), …, (6; 5), (6; 6). Davon sind 6 sogenannte Pasche. Da die Elementarereignisse gleichwahrscheinlich sind, ist die Wahrscheinlichkeit für einen Pasch $\frac{1}{6}$.

b) Da die Wahrscheinlichkeit für einen Pasch $\frac{1}{6}$ beträgt, bedeutet dies für dreimal nacheinander auftretende Pasche also:

$$\left(\frac{1}{6}\right)^3 = \underline{\underline{\frac{1}{216}}}$$

c) Aufgrund der Unabhängigkeit beider Würfel spielt die Farbe keine Rolle.

Aufgabe 25

a) Es gibt bei drei Würfeln genau $6 \cdot 6 \cdot 6 = 216$ Elementarereignisse. Drei gleiche Zahlen treten genau sechsmal auf: (1; 1; 1), …, (6; 6; 6). Die Wahrscheinlichkeit beträgt also:

$$\frac{6}{6 \cdot 6 \cdot 6} = \frac{1}{6^2} = \underline{\underline{\frac{1}{36}}}$$

b) Für den ersten Würfel gibt es 6 mögliche Zahlen, für den zweiten nur 5 und für den dritten nur noch eine Zahl; zusätzlich kann man diese drei Zahlen nun auf drei Arten anordnen, da die Zahl, die nur einmal geworfen wird, an erster, zweiter oder dritter Stelle stehen kann. Damit erhält man als Wahrscheinlichkeit:

$$3 \cdot \frac{6 \cdot 5 \cdot 1}{6 \cdot 6 \cdot 6} = 3 \cdot \frac{5}{36} = \underline{\underline{\frac{5}{12}}}$$

c) Für den ersten Würfel gibt es 6 mögliche Zahlen, für den zweiten nur noch 5 und für den dritten nur noch 4:

$$\frac{6 \cdot 5 \cdot 4}{6 \cdot 6 \cdot 6} = \frac{20}{36} = \underline{\underline{\frac{5}{9}}}$$

Aufgabe 26

a) Der Term gibt für eine Bernoulli-Kette der Länge $n = 5$ mit der Trefferwahrscheinlichkeit $p = 0{,}6$ die Wahrscheinlichkeit an, genau drei Treffer zu haben.

b) Da für den Erwartungswert $E(X) = np$ gilt, muss dieser bei 8 liegen, dies trifft nur für die beiden rechten Abbildungen zu. Allerdings ist bei der unteren Abbildung zu erkennen, dass die Trefferzahl auch größer als 10 sein kann. Demzufolge ist die obere (rechte) Abbildung die gesuchte.

Aufgabe 27

$$P(E) = x \cdot 0{,}2 + (1 - x) \cdot \frac{x}{2} = 0{,}2 \cdot x + 0{,}5 \cdot x - 0{,}5 \cdot x^2 = 0{,}7 \cdot x - 0{,}5 \cdot x^2$$

Die Funktion f mit $f(x) = 0{,}7 \cdot x - 0{,}5 \cdot x^2$ ist zu maximieren. Für die Ableitungen von f gilt: $f'(x) = 0{,}7 - x$ und $f''(x) = -1$
Die Bedingungen $f'(x_E) = 0$ und $f''(x_E) < 0$ für ein lokales Maximum liefern $\underline{\underline{x_E = 0{,}7}}$.

Aufgabe 28

$$
\begin{aligned}
P(\text{genau ein Treffer}) &= P(T\overline{T}) + P(\overline{T}T) \\
&= 0{,}6 \cdot (1 - 0{,}66) + (1 - 0{,}6) \cdot 0{,}45 \\
&= 0{,}6 \cdot 0{,}34 + 0{,}4 \cdot 0{,}45 \\
&= 0{,}204 + 0{,}18 \\
&= \underline{\underline{0{,}384}}
\end{aligned}
$$

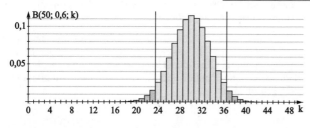

$P(\text{genau zwei Treffer}) = P(TT) = 0{,}6 \cdot 0{,}66 = \underline{\underline{0{,}396}}$

$P(\text{kein Treffer}) = P(\overline{T}\,\overline{T}) = 0{,}4 \cdot 0{,}55 = \underline{\underline{0{,}22}}$

Aufgabe 29

a) Für den Erwartungswert μ und die Standardabweichung σ erhält man:
$$\mu = n \cdot p = 50 \cdot 0{,}6 = \underline{\underline{30}} \quad \text{und} \quad \sigma = \sqrt{n \cdot p \cdot (1 - p)} = \sqrt{50 \cdot 0{,}6 \cdot 0{,}4} = \underline{\underline{\sqrt{12}}}$$

Da in etwa auf beiden Seiten die Hälfte des Verwerfungsbereiches (5 %) liegen sollte, kann man im Bild erkennen, dass für $k = 24$ schon $P(X = 24) \approx 0{,}025$ gilt. Man kann auch gut abschätzen, dass $P(X < 24) < 0{,}05$ gilt. Im rechten Bereich gilt $P(X > 36) < 0{,}05$. Damit erhält man als Verwerfungsbereich die Menge $\underline{\underline{\{0; \ldots; 23\} \cup \{37; \ldots; 50\}}}$.

b) Mit der Verkleinerung des Signifikanzniveaus verkleinert sich auch der Verwerfungsbereich, denn die inneren Grenzen des Verwerfungsbereiches rücken weiter nach außen.

Aufgabe 30

a) Der Graph der Standardnormalverteilung ist symmetrisch zum Erwartungswert $\mu = 0$.
Die Fläche unter dem Graphen hat den Flächeninhalt 1. Dieser Zahlenwert entspricht der
Wahrscheinlichkeit $\lim_{k \to \infty} P(-k < X < k)$. Deshalb hat die halbe Fläche den Inhalt 0,5.

b) Die Schätzwerte ergeben sich z. B., wenn man erkennt, dass 1 Kästchen 0,05 Einheiten
(5 „Prozentpunkte") der gesuchten Wahrscheinlichkeit entspricht:
$$P(X < 1) \approx 0,8; \quad P(-1 \le X \le 1) \approx 0,7; \quad P(X > -0,5) \approx 0,7 \text{ (oder auch } 0,75)$$

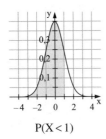 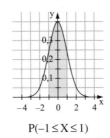 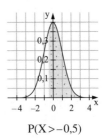

$P(X < 1)$ $\qquad$ $P(-1 \le X \le 1)$ $\qquad$ $P(X > -0,5)$

Aufgabe 31

A kann nicht zu einer Normalverteilung gehören, da die Fläche unter der Kurve größer als 1
ist.
B könnte zu einer Normalverteilung mit dem Mittelwert $\mu = 0$ und einer geschätzten Standardabweichung von ca. $\sigma = 2$ gehören.
C könnte zu einer Normalverteilung mit dem Mittelwert $\mu = 5$ und einer geschätzten Standardabweichung von ca. $\sigma = 1$ gehören.

Aufgabe 32

a) In beiden Fällen ist eine wichtige Grundannahme, die Unabhängigkeit der Trefferwahrscheinlichkeit in den Stufen der Bernoulli-Kette, nicht gewährleistet.
   (1) Durch das Ziehen ohne Zurücklegen ist die Unabhängigkeit der Trefferwahrscheinlichkeit beim aufeinanderfolgenden Ziehen nicht gegeben.
   (2) Hier werden Mitglieder ein und derselben Familie betrachtet. Da Blutgruppen vererbt
werden, ist die Unabhängigkeitsbedingung verletzt.

b) Der Erwartungswert einer binomialverteilten Zufallsgröße wird durch $\mu = np$ berechnet, die
Standardabweichung durch $\sigma = \sqrt{np(1-p)}$. Bei festem p und wachsendem n werden diese
Kenngrößen größer. Das Histogramm rückt mit dem Erwartungswert immer weiter nach
rechts und weil die Standardabweichung ebenfalls größer wird, wird das Histogramm fla-
cher, es fließt gewissermaßen auseinander.

Gegeben sei die Funktion f_t durch $f_t(x) = (x-t)^2 \cdot e^{-\frac{x}{2t}}$ mit $x, t \in \mathbb{R}$; $t > 0$.

1. Berechnen Sie die exakten Koordinaten der
   a) Schnittpunkte mit den Achsen   (2 BE)
   b) Extrempunkte   (5 BE)
   c) Wendepunkte   (4 BE)

   des Graphen von f_t in Abhängigkeit von t.

2. Ermitteln Sie den Inhalt der Fläche A_t, die der Graph von f_t mit den Koordinatenachsen vollständig einschließt.   (2 BE)

3. Untersuchen Sie, ob es einen Wert für den Parameter t gibt, für den die Wendetangenten orthogonal zueinander sind.   (2 BE)

Es sei nun bei den folgenden Teilaufgaben $t = 2$.

4. Die Punkte $P(2; f_2(2))$, $Q(u; 0)$ und $R(u; f_2(u))$ mit $u \in \mathbb{R}$; $u > 2$ sind die Eckpunkte des Dreiecks PQR.
   a) Begründen Sie, dass die Funktion $A(u) = \frac{1}{2} \cdot (u-2)^3 \cdot e^{-\frac{u}{4}}$ mit $u \in \mathbb{R}$; $u > 2$
      den Flächeninhalt des Dreiecks PQR beschreibt.   (3 BE)
   b) Geben Sie alle Näherungswerte von u an, für die $A(u) = 10$ ist.   (1 BE)
   c) Erläutern Sie, weshalb es keine Werte für u geben kann, für die $A(u) = 10e$
      gilt.   (3 BE)
   d) Begründen Sie, dass man u nicht so wählen kann, dass das Dreieck PQR gleichseitig ist.   (2 BE)
   e) Untersuchen Sie, ob man u so wählen kann, dass das Dreieck PQR gleichschenklig ist.   (4 BE)
   f) Bestimmen Sie denjenigen Wert von u, für den das Dreieck PQR maximalen Flächeninhalt hat.   (2 BE)

5. Die Funktion f_2 beschreibe modellhaft für $0 \le x \le 24$ die Wachstumsgeschwindigkeit einer Bakterienkultur. Die Variable x steht für die Zeit in Stunden. Der Zeitpunkt $x = 0$ beschreibt den Beobachtungsbeginn. Die Wachstumsgeschwindigkeit wird in Bakterienanzahl in Tausend pro Stunde angegeben. Es wird davon ausgegangen, dass zum Zeitpunkt $x = 0$ genau 1 000 Bakterien vorhanden waren und dass im Zeitraum $0 \le x \le 24$ keine Bakterien verloren gehen.

   Entscheiden Sie, ob die folgenden Aussagen im hier betrachteten Sachzusammenhang wahr oder falsch sind. Begründen Sie Ihre Entscheidung.

   A: Im Zeitraum von $0 \le x \le 2$ nimmt die Anzahl der Bakterien ab.   (2 BE)
   B: Zum Zeitpunkt $x = 2$ sind keine Bakterien mehr vorhanden.   (2 BE)
   C: Nach 10 Stunden sind ungefähr 28 500 Bakterien vorhanden.   (2 BE)

D: Wenn die Wachstumsgeschwindigkeit maximal ist, dann ist auch die Anzahl der vorhandenen Bakterien maximal. (2 BE)

E: Im Zeitraum von $x = 5$ bis $x = 10$ steigt die Bakterienanzahl um 100 %, weil
sich die Wachstumsgeschwindigkeit in diesem Zeitraum etwa verdoppelt. (2 BE)

(40 BE)

Hinweise und Tipps

Aufgabe 1
Schnittpunkte mit den Achsen

 Definieren Sie die Funktion f_t auf Ihrem Rechner.

 Schnittpunkte mit der x-Achse erhalten Sie durch Lösen der Gleichung $f_t(x) = 0$.

 Der Schnittpunkt mit der y-Achse ergibt sich für $x = 0$ und aus $f_t(0)$.

Extrem- und Wendepunkte

 Bilden Sie die 1., 2. und 3. Ableitung der Funktion f_t.

 Speichern Sie die Ableitungsfunktionen unter geeigneten Bezeichnungen ab.

 Extrempunkte:
- Berechnen Sie für die notwendige Bedingung die Nullstellen x_e der 1. Ableitungsfunktion.
- Stellen Sie für die Überprüfung der hinreichenden Bedingung die Vorzeichen der 2. Ableitung an den Stellen x_e fest.
- Berechnen Sie die Funktionswerte an den Stellen x_e und geben Sie die Koordinaten der Extrempunkte als geordnete Paare an.

 Wendepunkte:
- Berechnen Sie für die notwendige Bedingung die Nullstellen x_w der 2. Ableitungsfunktion.
- Stellen Sie für die Überprüfung der hinreichenden Bedingung die Vorzeichen der 3. Ableitung an den Stellen x_w fest.
- Berechnen Sie die Funktionswerte an den Stellen x_w und geben Sie die Koordinaten der Wendepunkte als geordnete Paare an.

 Achten Sie auf eine ausreichende Dokumentation des Lösungsweges.

Aufgabe 2
Flächeninhalt

 Veranschaulichen Sie die zu berechnende Fläche durch eine grafische Darstellung für einen speziellen Wert des Parameters t.

 Beachten Sie für die Festlegung der Integrationsgrenzen Ergebnisse der Teilaufgabe 1 a.

 Kontrollieren Sie für einen speziellen Wert von t das Ergebnis auf grafischem und rechnerischem Wege.

Aufgabe 3
Orthogonalität der Wendetangenten

 Zwei Geraden stehen aufeinander senkrecht, wenn das Produkt ihrer Anstiege den Wert -1 hat.

 Beachten Sie die Einschränkung $t > 0$ aus der Aufgabenstellung.

 Kontrollieren Sie rechnerische Ergebnisse auf grafischem Wege.

Aufgabe 4
Flächeninhalt des Dreiecks

 Der Flächeninhalt eines rechtwinkligen Dreiecks kann über die Längen seiner Katheten ermittelt werden.

 Die Länge einer der Katheten ist in diesem Falle die Differenz der x-Werte der Punkte P und Q, die Länge der anderen Kathete ergibt sich als Funktionswert an der Stelle u.

Näherungswert für vorgegebenen Flächeninhalt
/ Ermitteln Sie die Lösungen der Gleichung $A(u) = 10$.

vorgegebener Flächeninhalt wird nicht angenommen
/ Untersuchen Sie, wie groß der Flächeninhalt $A(u)$ maximal werden kann. Vergleichen Sie diesen Wert mit der Zahl 10e.

gleichseitiges Dreieck
/ Beachten Sie die Gleichheit der Innenwinkel eines gleichseitigen Dreiecks.

gleichschenkliges Dreieck
/ Beachten Sie, dass das Dreieck PQR rechtwinklig ist. Die dem rechten Winkel gegenüberliegende Seite kann also nicht als Kathete infrage kommen.

/ Setzen Sie die Terme für die beiden Kathetenlängen gleich. Vereinfachen Sie diese Gleichung und versuchen Sie, eine Lösung mit dem CAS zu finden.

/ Falls das CAS keine Lösung anzeigt, so überlegen Sie, was die mathematische Ursache dafür sein könnte.

/ Zeigen Sie, dass sich als vereinfachte Gleichung angeben lässt:
$$1 = (u - 2) \cdot e^{-\frac{u}{4}} \quad (u > 2)$$
Fassen Sie die linke und die rechte Seite dieser Gleichung als Funktionen auf. Untersuchen Sie die Funktion $h(u) = (u - 2) \cdot e^{-\frac{u}{4}}$ für $u > 2$ auf lokale Extrema und ihr Verhalten im Unendlichen.

maximaler Flächeninhalt
/ Geben Sie den Flächeninhalt des Dreiecks PQR in Abhängigkeit von u an.

/ Ermitteln Sie das Maximum dieses Terms im angegebenen Intervall mithilfe des CAS-Rechners.

Aufgabe 5
Wahrheitsgehalt von Aussagen beurteilen
/ Beachten Sie, dass f_2 die Wachstumsgeschwindigkeit, also die Änderungsrate des Wachstums, beschreibt. Die Funktion f_2 repräsentiert also die Ableitungsfunktion der Wachstumsfunktion.

/ Nutzen Sie den Zusammenhang zwischen den Vorzeichen von Werten der Ableitungsfunktion und dem Monotonieverhalten der zugehörigen Stammfunktion.

/ Unter Beachtung des Anfangswertes des Bakterienbestandes zum Beobachtungsbeginn können Sie eine Gleichung oder Werte der Stammfunktion herleiten.

/ Stellen Sie die Funktion f_2 und die zugehörige Stammfunktion grafisch dar.

/ Beachten Sie, dass Sie Ihre Entscheidungen begründen sollen.

1. a) Schnittpunkte mit der x-Achse ergeben sich
   für $f_t(x) = 0$. Lösung dieser Gleichung ist
   $x = t$:

   $\underline{S_x(t; 0)}$

   Der Schnittpunkt mit der y-Achse wird für
   $x = 0$ berechnet:

   $\underline{S_y(0; t^2)}$

   b) Für die Berechnung der Extrem- und Wendepunkte werden die ersten drei Ableitungen
   von f_t gebraucht.
   Sie werden mit dem CAS-Rechner bestimmt
   und unter geeigneten Variablen gespeichert.

   1. Ableitung:

   $$f_t'(x) = -\frac{1}{2t} \cdot (x - 5t) \cdot (x - t) \cdot e^{-\frac{x}{2t}}$$

   2. Ableitung:

   $$f_t''(x) = \frac{1}{4t^2} \cdot (x^2 - 10t \cdot x + 17t^2) \cdot e^{-\frac{x}{2t}}$$

   3. Ableitung:

   $$f_t'''(x) = -\frac{1}{8t^3} \cdot (x^2 - 14t \cdot x + 37t^2) \cdot e^{-\frac{x}{2t}}$$

   Extrempunkte
   Notwendige Bedingung:
   $f_t'(x) = 0$
   Lösungen dieser Gleichung und damit
   mögliche Extremstellen sind:

   $x_{e1} = 5t$ und $x_{e2} = t$

   Hinreichende Bedingung:
   $f_t''(x_e) \neq 0$

   $f_t''(5t) = -2 \cdot e^{-\frac{5}{2}} < 0 \quad \Rightarrow \quad$ lokales Maximum

   $f_t''(t) = 2 \cdot e^{-\frac{1}{2}} > 0 \quad \Rightarrow \quad$ lokales Minimum

   Koordinaten:

   Hochpunkt $\underline{\underline{H(5t; 16 \cdot e^{-\frac{5}{2}} \cdot t^2)}}$

   Tiefpunkt $\underline{\underline{T(t; 0)}}$

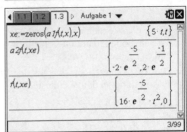

c) Wendepunkte

Notwendige Bedingung:
$$f_t''(x) = 0$$

Lösungen dieser Gleichung und damit mögliche Wendestellen sind:

$$x_{w1} = -(2 \cdot \sqrt{2} - 5) \cdot t \text{ und}$$

$$x_{w2} = (2 \cdot \sqrt{2} + 5) \cdot t$$

Hinreichende Bedingung:
$$f_t'''(x_w) \neq 0$$

$$f_t'''(x_{w1}) = -\frac{\sqrt{2}}{t} \cdot e^{\sqrt{2} - \frac{5}{2}} \neq 0$$

$$f_t'''(x_{w2}) = \frac{\sqrt{2}}{t} \cdot e^{-\sqrt{2} - \frac{5}{2}} \neq 0$$

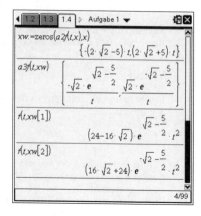

Koordinaten:

Wendepunkt $W_1\left(-(2 \cdot \sqrt{2} - 5) \cdot t; (24 - 16 \cdot \sqrt{2}) \cdot e^{\sqrt{2} - \frac{5}{2}} \cdot t^2\right)$

Wendepunkt $W_2\left((2 \cdot \sqrt{2} + 5) \cdot t; (24 + 16 \cdot \sqrt{2}) \cdot e^{-\sqrt{2} - \frac{5}{2}} \cdot t^2\right)$

---

2. Die zu berechnende Fläche liegt nach den Ergebnissen von Teilaufgabe 1 a im Intervall $0 \leq x \leq t$.
Ihr Inhalt wird durch $\displaystyle\int_0^t f_t(x)\, dx$ berechnet

und hat den Wert $(10 - 16 \cdot e^{-\frac{1}{2}}) \cdot t^3$ FE.

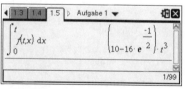

Eine grafische Kontrolle kann z. B. für $t = 2$ durchgeführt werden. Der berechnete Wert stimmt mit dem aus der Grafik ermittelten Wert (Graph analysieren – Integral) nahezu überein.

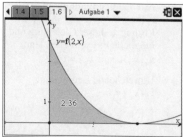

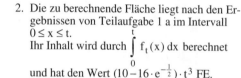

3. Wenn die Wendetangenten orthogonal zueinander sein sollen, dann muss für ihre Anstiege m_1 und m_2 gelten: $m_1 \cdot m_2 = -1$

Die Anstiege ergeben sich aus den Werten der 1. Ableitung an den Wendestellen:

$$m_1 = 4t \cdot (\sqrt{2} - 1) \cdot e^{\sqrt{2} - \frac{5}{2}}$$

$$m_2 = -4t \cdot (\sqrt{2} + 1) \cdot e^{-\sqrt{2} - \frac{5}{2}}$$

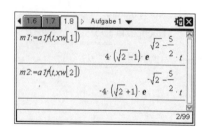

Die Gleichung $m_1 \cdot m_2 = -1$ hat für $t > 0$ die Lösung:

$$t = \frac{1}{4} \cdot e^{\frac{5}{2}} \approx 3,05$$

Für diesen Wert des Parameters t stehen die Wendetangenten senkrecht aufeinander.

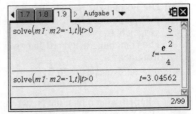

Die rechnerisch ermittelte Lösung kann geometrisch kontrolliert werden. Dazu werden die Wendetangenten für $t = \frac{1}{4} \cdot e^{\frac{5}{2}}$ eingezeichnet und ihr Schnittwinkel wird gemessen.

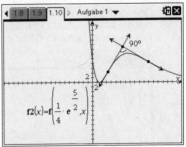

Alternativ kann die Untersuchung auch durch systematisches Probieren erfolgen. Dazu werden die Wendetangenten eingezeichnet und ihr Schnittwinkel wird gemessen.
Der Wert des Parameters t wird über einen Schieberegler so lange verändert (eventuell mit immer kleiner werdender Schrittweite), bis ein Schnittwinkel von (näherungsweise) 90° erreicht ist.

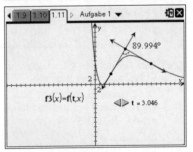

4. a) Dreieck PQR mit $P(2; f_2(2))$, $Q(u; 0)$ und $R(u; f_2(u))$ mit $u \in \mathbb{R}; u > 2$

Für $t = 2$ erhält man die Gleichung:

$$f_2(x) = (x-2)^2 \cdot e^{-\frac{x}{4}}$$

Das Dreieck PQR ist rechtwinklig mit den Katheten $\overline{PQ}$ und $\overline{QR}$. Sein Flächeninhalt A kann durch

$$A = \frac{1}{2} \cdot \overline{PQ} \cdot \overline{QR}$$

berechnet werden. Wegen $\overline{PQ} = u - 2$ und $\overline{QR} = f_2(u) = (u-2)^2 \cdot e^{-\frac{u}{4}}$ gilt

$$A = \frac{1}{2} \cdot (u-2) \cdot (u-2)^2 \cdot e^{-\frac{u}{4}},$$

also wie behauptet:

$$A = \frac{1}{2} \cdot (u-2)^3 \cdot e^{-\frac{u}{4}}$$

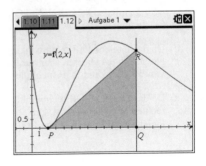

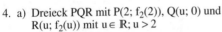

b) Die Formel zur Berechnung des Flächeninhaltes von Dreieck PQR wird als Funktion a(u) gespeichert.
Die Gleichung $a(u) = 10$ hat zwei Näherungslösungen:
$$u_1 \approx 6{,}77 \text{ und } u_2 \approx 26{,}31$$

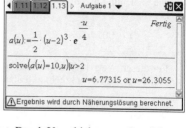

Alternativ kann man die Näherungslösungen auch geometrisch ermitteln, indem man das Dreieck PQR konstruiert, seine Fläche misst und die Koordinaten des Punktes Q anzeigen lässt. Durch Verschieben von Q auf der x-Achse bestimmt man die beiden Stellen, für die der Flächeninhalt ca. 10 FE beträgt.

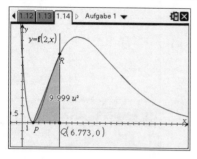

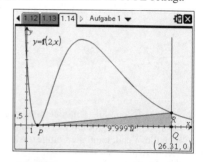

c) Der Versuch, die Gleichung $a(u) = 10e$ zu lösen, bringt kein Ergebnis.

Die Ursache liegt darin begründet, dass das Dreieck einen maximalen Flächeninhalt von
$a(14) \approx 26{,}09$ FE

hat und dass
$10e \approx 27{,}18 > 26{,}09$

ist. Es gibt also kein Dreieck PQR mit dem Flächeninhalt 10e.

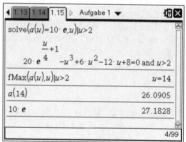

d) Da das Dreieck PQR rechtwinklig ist, ein gleichseitiges Dreieck aber nur Innenwinkel von 60° hat, kann PQR nicht gleichseitig sein.

e) Da das Dreieck PQR rechtwinklig mit dem rechten Winkel bei Q ist, kann es nur dann gleichschenklig sein, wenn $\overline{PQ} = \overline{QR}$ ist.

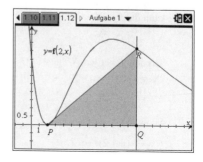

Ü-36

Wegen $\overline{PQ} = u - 2$ und $\overline{QR} = (u-2)^2 \cdot e^{-\frac{u}{4}}$ ist zu untersuchen, ob die Gleichung

$$u - 2 = (u-2)^2 \cdot e^{-\frac{u}{4}}$$

für $u > 2$ Lösungen besitzt. Nach Division durch $u - 2$ entsteht daraus die Gleichung:

$$1 = (u-2) \cdot e^{-\frac{u}{4}}$$

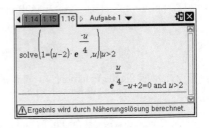

Das CAS löst die Gleichung nicht, obwohl angezeigt wird, dass eine Näherungslösung berechnet wird.

Ist das CAS „überfordert" oder besitzt diese Gleichung vielleicht prinzipiell keine Lösung?

Zur Beantwortung dieser Frage betrachtet man nun beide Seiten der Gleichung als die Funktionen

$g(x) = 1$ sowie $h(x) = (x-2) \cdot e^{-\frac{x}{4}}$

und prüft, ob sie sich für $x > 2$ schneiden.

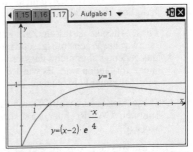

Eine erste Überprüfung erfolgt grafisch. Es sieht hier so aus, als verlaufe die Parallele $y = 1$ zur x-Achse immer oberhalb des Graphen von h. Aber da man nur einen Teil beider Graphen sehen kann, reicht das noch nicht aus.

Eine genaue Überprüfung ist erst durch eine analytische Untersuchung möglich. Dazu wird h auf lokale Extrema und das Verhalten im Unendlichen untersucht.

Die 1. Ableitung

$$h'(x) = \left(\frac{3}{2} - \frac{x}{4}\right) \cdot e^{-\frac{x}{4}}$$

besitzt nur für die Nullstelle $x = 6$ als mögliche Extremstelle.

$$h''(6) = -\frac{1}{4} \cdot e^{-\frac{3}{2}}$$

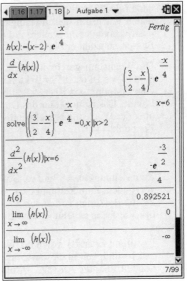

ist negativ, also ist bei $x = 6$ das einzige lokale Maximum der Funktion h.

Der Funktionswert $h(6) \approx 0{,}893$ ist kleiner als 1 und wegen

$$\lim_{x \to \infty} h(x) = 0 \text{ und } \lim_{x \to -\infty} h(x) = -\infty$$

schneiden sich die Graphen von $g(x) = 1$ und $h(x) = (x-2) \cdot e^{-\frac{x}{4}}$ nicht.

Die Gleichung $1 = (u-2) \cdot e^{-\frac{u}{4}}$ hat keine Lösung, also gibt es keinen Wert für u, sodass das Dreieck PQR gleichschenklig ist.

f) Für $u = 14$ hat das Dreieck PQR maximalen Flächeninhalt.

5. Zeichnen Sie die Funktion zu f_2 und verwenden Sie den Graphen zur Entscheidung und Begründung.

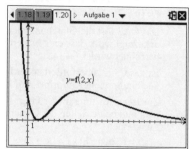

A: Diese Aussage ist **falsch**. Es sinkt zwar die Wachstumsgeschwindigkeit, da sie aber im Zeitraum $0 \le x \le 2$ niemals negativ ist, nimmt die Anzahl der Bakterien nicht ab, sondern lediglich immer langsamer zu.

B: Diese Aussage ist **falsch**. Zum Zeitpunkt $x = 2$ ist zwar die Wachstumsgeschwindigkeit null, das bedeutet aber nicht, dass keine Bakterien mehr vorhanden sind. Es wurden nur zu diesem Zeitpunkt keine neuen „produziert".

C: Diese Aussage ist **wahr**. Durch Berechnung (mit dem CAS-Rechner) lässt sich das nachweisen.

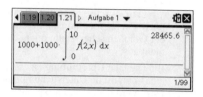

D: Diese Aussage ist in diesem Sachzusammenhang **falsch**. Auch nach Erreichen der maximalen Wachstumsgeschwindigkeit ist diese positiv, sodass eine weitere Zunahme der Bakterienanzahl erfolgt.

E: Die Wachstumsgeschwindigkeit zum Zeitpunkt $x = 5$ ist ca. 2 579 Bakterien pro Stunde, zum Zeitpunkt $x = 10$ ca. 5 253 Bakterien pro Stunde. Das ist ungefähr das Doppelte gegenüber der Wachstumsgeschwindigkeit zum Zeitpunkt $x = 5$.

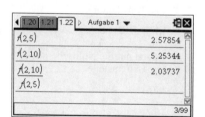

Zum Zeitpunkt $x = 5$ sind ca. 6 509 Bakterien vorhanden. Zum Zeitpunkt $x = 10$ sind ca. 28 466 Bakterien vorhanden. Das ist mehr als das Vierfache gegenüber dem Bestand für $x = 5$.

Es stimmt zwar, dass sich die Wachstumsgeschwindigkeit in diesem Zeitraum etwa verdoppelt, aber die Aussage ist **falsch**, denn die Bakterienanzahl würde sich mehr als vervierfachen, auf etwa 437% steigen.

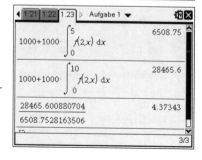

1. Wetterballon

Ein aufsteigender Wetterballon ermittelte u. a. folgende Daten über die Höhe h in Meter und den Luftdruck p in Hektopascal (hPa).

h in m	2 000	4 000	6 000	8 000	10 000	12 000
p in hPa	789	614	479	373	290	226

a) Begründen Sie anhand der Werte in der Tabelle, dass kein linearer, wohl aber ein exponentieller Zusammenhang zwischen der Höhe h und dem Luftdruck p zugrunde gelegt werden kann. (4 BE)

b) Erklären Sie, wie eine Gleichung der Form $p(h) = p_0 \cdot e^{-k \cdot h}$ für die Funktion h (in m) $\mapsto$ p (in hPa) ermittelt werden kann, und bestimmen Sie eine solche Gleichung.
Beschreiben Sie, welche Bedeutung die Variable p_0 im Zusammenhang mit der Aufgabenstellung hat. (5 BE)
Kontrollergebnis: $p(h) \approx 1\,013,14 \cdot e^{-0,000125 \cdot h}$

c) Zeigen Sie handschriftlich, dass für die Funktion $p(h) = p_0 \cdot e^{-k \cdot h}$ der Quotient aus der momentanen Änderungsrate des Luftdrucks und dem aktuellen Wert des Luftdrucks konstant ist.
Nennen Sie die dabei verwendeten Ableitungsregeln. (2 BE)

d) Berechnen Sie, um wie viel Prozent der Luftdruck jeweils sinkt, wenn die Höhe um 1 000 m zunimmt. (3 BE)

e) Zeigen Sie, dass die Höhendifferenz d für den Fall, dass der Luftdruck halbiert wird, immer denselben Wert hat, und ermitteln Sie diesen Wert. (2 BE)

f) Auf dem Brocken im Harz (1 141 m über NN) wurden in einem Wintermonat folgende Luftdruckwerte gemessen:

Tag	1	5	10	16	22	29
p in hPa	877	887	858	894	871	883

Berechnen Sie aus den gegebenen Daten den durchschnittlichen Luftdruck während des gesamten Monats.
Vergleichen Sie diesen Wert mit der Größe des Luftdrucks, der sich aus der Formel in Teilaufgabe b ergibt. (2 BE)

g) Erläutern Sie die grafische Darstellung im gegebenen Sachzusammenhang. (2 BE)

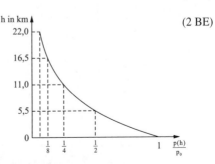

2. a) Finden Sie die Gleichung einer ganzrationalen Funktion 3. Grades, deren Graph im Punkt P(2; 0) den Anstieg $m = -6$, an der Stelle $x = -1$ einen lokalen Extrempunkt und auf der y-Achse einen Wendepunkt hat. (5 BE)

b) Die Graphen der Funktionen f mit $f(x) = -\frac{2}{3} \cdot (x - 2) \cdot (x + 1)^2$ und g mit $g(x) = \frac{1}{2} \cdot e^{-x}$ mit $x \in \mathbb{R}$ schließen einige Flächen vollständig ein. Berechnen Sie den Gesamtinhalt dieser Flächen. (5 BE)

c) Die Punkte P(–1; f(–1)), Q(u; 0) und R(u; f(u)) mit $-1 < u < 2$ und mit $f(x) = -\frac{2}{3} \cdot (x - 2) \cdot (x + 1)^2$ begrenzen ein Dreieck PQR.

Ermitteln Sie u so, dass der Inhalt des Dreiecks PQR maximal ist. (2 BE)

Gegeben sei nun die Funktion f_t mit $f_t(x) = -\frac{2}{3} \cdot (x + t^2) \cdot (x + 1)^2$ und $t \in \mathbb{R}$.

d) Untersuchen Sie die Funktion f_t auf die Anzahl und die Koordinaten ihrer Nullstellen in Abhängigkeit von t. (2 BE)

e) Untersuchen Sie die Funktion f_t auf lokale Extrema und geben Sie deren Koordinaten in Abhängigkeit von t an. (3 BE)

f) Begründen Sie, dass die Tangente, die man für $t \neq \pm 1$ in der Mitte zwischen den beiden Nullstellen an den Graphen der Funktion f_t legt, die x-Achse immer in einer der Nullstellen schneidet. (3 BE)

(40 BE)

Hinweise und Tipps

Aufgabe 1

Zusammenhang zwischen Höhe und Luftdruck

✓ Ein linearer Zusammenhang liegt vor, wenn die Differenzen der Druckwerte bei gleicher Differenz der Höhenwerte immer annähernd gleich groß sind.

✓ Ein exponentieller Zusammenhang liegt vor, wenn die Quotienten der Druckwerte bei gleicher Differenz der Höhenwerte immer annähernd gleich groß sind.

✓ Setzen Sie in die Gleichung $p(h) = p_0 \cdot e^{-k \cdot h}$ zwei Wertepaare (h; p) ein und lösen Sie dieses Gleichungssystem.

✓ Die Bedeutung von p_0 ergibt sich für $h = 0$ m.

✓ Beachten Sie, dass die momentane Änderungsrate einer Funktion $f(x)$ deren 1. Ableitung $f'(x)$ ist.

Luftdruckänderung

✓ Berechnen Sie den Quotienten $\frac{p(h+1\,000)}{p(h)}$, um die prozentuale Abnahme des Luftdrucks auf 1 000 m Höhenzunahme zu erhalten.

✓ Lösen Sie die Gleichung $\frac{1}{2} \cdot p(h) = p(h + d)$, um die Höhendifferenz d für die Halbierung des Luftdrucks zu bestimmen.

Monatswerte

✓ Der durchschnittliche Luftdruck ist das arithmetische Mittel der gegebenen Werte.

grafische Darstellung

✓ Beachten Sie die Bezeichnungen und Einheiten auf den Achsen des Koordinatensystems.

Aufgabe 2

Funktion mit vorgegebenen Eigenschaften

✓ Stellen Sie aus den gegebenen Zusammenhängen ein lineares Gleichungssystem für die Koeffizienten a, b, c und d in $f(x) = ax^3 + bx^2 + cx + d$ auf.

✓ Beachten Sie, dass sich der Anstieg einer Funktion an einer Stelle x_0 durch den Wert ihrer 1. Ableitung an dieser Stelle ergibt.

✓ Verwenden Sie die notwendigen Bedingungen für lokale Extrempunkte bzw. für Wendepunkte, um weitere Gleichungen für das System aus den gegebenen Bedingungen aufzustellen.

✓ Lösen Sie das Gleichungssystem.

✓ Überprüfen Sie, ob sich aus der gefundenen Gleichung für f die geforderten Eigenschaften der Funktion ableiten lassen. Untersuchen Sie dabei auch die hinreichenden Bedingungen für Extrem- und Wendepunkte.

Gesamtflächeninhalt

✓ Veranschaulichen Sie den Sachverhalt durch grafische Darstellung.

✓ Berechnen Sie die Schnittstellen der Graphen von f und g. Vergleichen Sie die rechnerischen Ergebnisse mit der grafischen Darstellung. Verändern Sie dazu ggf. die Fenstereinstellungen.

✓ Berechnen Sie die Inhalte der Teilflächen durch Integration. Beachten Sie dabei die gegenseitige Lage der Graphen von f und g.

✓ Ermitteln Sie die Summe der Flächeninhalte.

maximaler Flächeninhalt des Dreiecks

▸ Veranschaulichen Sie das Dreieck in einer Skizze.

▸ Überlegen Sie, wo der rechte Winkel des Dreiecks PQR liegt und wie Sie die Längen der Katheten mithilfe der Funktion f bzw. von u angeben können.

▸ Geben Sie eine Gleichung für den Flächeninhalt a(u) des Dreiecks PQR an.

▸ Bestimmen Sie das Maximum der Funktion $a(u) = \frac{1}{2} \cdot (u+1) \cdot f(u)$ im Intervall $-1 < u < 2$.

▸ Kontrollieren Sie das Ergebnis auf geometrischem Wege. Sie können dazu einen Schieberegler für u verwenden.

Nullstellen

▸ Da die Gleichung von f_t in faktorisierter Form gegeben ist, können Sie die Anzahl der Nullstellen durch Untersuchung der Faktoren bestimmen.

▸ Überlegen Sie, wann jeder der Faktoren $(x+t^2)$ bzw. $(x+1)^2$ null werden kann und für welche Werte von t diese Nullstellen zusammenfallen.

Koordinaten lokaler Extrema

▸ Beachten Sie die notwendige und hinreichende Bedingung für lokale Extrema von Funktionen.

▸ Beachten Sie notwendige Fallunterscheidungen für den Parameter t.

Tangente

▸ Bestimmen Sie den Mittelpunkt zwischen den beiden Nullstellen (für $t \neq \pm 1$).

▸ Ermitteln Sie die Tangentengleichung an dieser Stelle.

▸ Berechnen Sie die Nullstelle der Tangente und vergleichen Sie diese mit den Nullstellen der Funktion.

1. a) Würde ein **linearer Zusammenhang** vorliegen, so müssten die Werte für den Druck bei gleichem Abstand der Höhenwerte immer dieselbe Differenz aufweisen. Dies ist aber nicht der Fall, die Differenzen werden größer:

   $-175, -135, -106, -83, -64$

   (Die Differenzen wurden mithilfe der Tabellenkalkulation bestimmt.)

   Es liegt also kein linearer Zusammenhang vor.

   Auf einen **exponentiellen Charakter** kann man schließen, wenn die Quotienten aufeinanderfolgender Drücke (bei gleichem Abstand der Höhenwerte) gleich sind. Dies ist hier der Fall:

   Die Folge der Höhenwerte in der Tabelle wächst immer um 2 000 m.

   Die Quotienten aufeinanderfolgender Druckwerte sind näherungsweise:

   $0{,}778, \ 0{,}780, \ 0{,}779, \ 0{,}777, \ 0{,}779$

   Sie haben annähernd den Wert 0,78. Man kann deshalb von einem exponentiellen Zusammenhang ausgehen.

   b) *Variante 1:*

   Für die Funktion $p(h) = p_0 \cdot e^{-k \cdot h}$ wird das Gleichungssystem

   $p(2\,000) = 789$ und $p(12\,000) = 226$

   nach p_0 und k gelöst. Es ergibt sich
   $p_0 = 1\,013{,}14$ und $k = 0{,}000125$, also:

   $$\underline{\underline{p(h) = 1\,013{,}14 \cdot e^{-0{,}000125 \cdot h}}}$$

   Das Gleichungssystem kann auch mit anderen Wertepaaren der Tabelle aufgestellt und gelöst werden.

   Es ergeben sich geringfügig andere Werte für den Anfangswert p_0, also den Luftdruck in der Höhe 0 m.

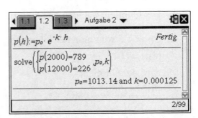

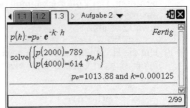

Variante 2:

Die Exponentialgleichung wird durch exponentielle Regression über alle Tabellenwerte bestimmt:

$p(h) = 1\,013{,}24 \cdot 0{,}999875^h$

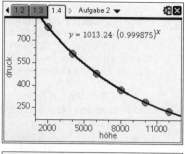

Dies ist aber noch nicht die verlangte Form einer Exponentialgleichung mit der Basis e. Um den Exponenten k in e^{-k} zu bestimmen, wird die Gleichung $0{,}999875 = e^{-k}$ gelöst, was $k = 0{,}000125$ ergibt. Ergebnis:

$$p(h) = 1\,013{,}24 \cdot e^{-0{,}000125 \cdot h}$$

Für $h = 0$ ergibt sich aus $p(h) = p_0 \cdot e^{-k \cdot h}$:

$p(0) = p_0 \cdot 1 = p_0$

Die Variable p_0 beschreibt also den Luftdruck in der Höhe von 0 m.

c) Die momentane Änderungsrate der Funktion p(h) ist die 1. Ableitung p'(h) dieser Funktion. Der aktuelle Wert des Luftdrucks wird durch p(h) angegeben.

Die Ableitung der Funktion $p(h) = p_0 \cdot e^{-k \cdot h}$ ist nach Faktor- und Kettenregel die Funktion:

$p'(h) = (-k) \cdot p_0 \cdot e^{-k \cdot h}$

Für den Quotienten aus Änderungsrate und Bestand gilt nach Kürzen wegen $p_0 \neq 0$:

$$\frac{p'(h)}{p(h)} = -k$$

Der Quotient hat also einen konstanten Wert.

d) Unter Verwendung der Gleichung

$p(h) = 1\,013{,}24 \cdot e^{-0{,}000125 \cdot h}$

wird der Quotient

$$\frac{p(h + 1\,000)}{p(h)} \approx 0{,}88$$

bestimmt. Der Luftdruck nimmt bei einem Höhenzuwachs von 1 000 m um etwa 12 % ab.

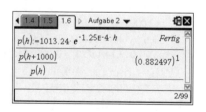

e) Um die Höhendifferenz d zu bestimmen, in der sich der Luftdruck jeweils halbiert, muss die Gleichung

$$\frac{1}{2} \cdot p(h) = p(h + d)$$

gelöst werden. Diese Gleichung hat die Lösung d = 5 545,18. Der Luftdruck halbiert sich nach einer Höhenzunahme von ca. 5 545 m.

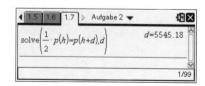

f) Das arithmetische Mittel ist der Quotient aus der Summe der Werte, dividiert durch ihre Anzahl. Man erhält ca. $878{,}33$ hPa.

Der Wert, der sich aus der Formel für p(h) mit $h = 1\,141$ m ergibt, ist $p \approx 878{,}56$ hPa.

Es liegt eine gute Übereinstimmung vor.

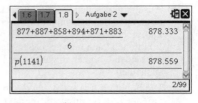

g) Die waagerechte Achse ist eingeteilt nach dem Verhältnis $\frac{p(h)}{p_0}$, also dem Quotienten aus dem Luftdruck in der Höhe h und Luftdruck in der Höhe null. Dieser Quotient hat den Wert 1, wenn $h = 0$ m beträgt.

Die senkrechte Achse gibt die Höhe in km an. Die Abbildung zeigt, dass der Druck bereits in einer Höhe von $5{,}5$ km auf die Hälfte des Drucks am Boden abgesunken ist. In 11 km Höhe beträgt er nur noch ein Viertel davon, in $16{,}5$ km nur noch ein Achtel. Er nimmt exponentiell ab.

2. a) Aus den in der Aufgabe gegebenen Bedingungen wird ein Gleichungssystem für eine ganzrationale Funktion
$f(x) = a \cdot x^3 + b \cdot x^2 + c \cdot x + d$
und ihre ersten beiden Ableitungsfunktionen
$f'(x) = 3a \cdot x^2 + 2b \cdot x + c$ sowie
$f''(x) = 6a \cdot x + 2b$
aufgestellt und nach a, b, c und d aufgelöst:
$f(2) = 0$, $f'(2) = -6$, $f'(-1) = 0$, $f''(0) = 0$

Man erhält:

$a = -\dfrac{2}{3}$, $b = 0$, $c = 2$, $d = \dfrac{4}{3}$

Die gesuchte Funktionsgleichung lautet:

$f(x) = -\dfrac{2}{3} \cdot x^3 + 2 \cdot x + \dfrac{4}{3}$

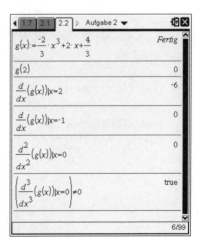

Anschließend wird überprüft, ob diese Funktion tatsächlich alle gegebenen Bedingungen erfüllt. Das kann rechnerisch (inklusive der hinreichenden Bedingung $f'''(0) \neq 0$ für Wendepunkte) oder analytisch-geometrisch (mittels Graph analysieren) erfolgen.

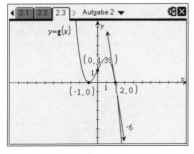

b) Aus der grafischen Darstellung beider Funktionen und den bekannten Eigenschaften kubischer Funktionen und von Exponentialfunktionen kann man schließen, dass sich die beiden Graphen in genau vier Punkten schneiden.

Die Funktion f(x) entspricht der in Teilaufgabe a zu bestimmenden Funktion.

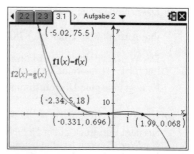

Die Schnittstellen der Kurven werden durch Lösen der Gleichung

$$\frac{1}{2} \cdot e^{-x} = -\frac{2}{3} \cdot (x - 2) \cdot (x + 1)^2$$

ermittelt. Die Lösungen lauten (gerundet):

$x_1 \approx -5{,}02; \quad x_2 \approx -2{,}34;$
$x_3 \approx -0{,}33; \quad x_4 \approx 1{,}99$

Die Warnmeldung „Weitere Lösungen möglich ..." ist hier nicht berechtigt.

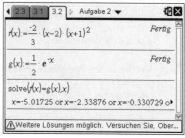

Es muss also drei Teilflächen geben, aber Achtung: Die ganz links liegende Teilfläche ist im Standardbildschirm kaum zu erkennen.

Unter Beachtung der gegenseitigen Lage werden nun die Inhalte der drei Teilflächen mithilfe der Integralrechnung bestimmt:

$$A_1 = \int_{x_1}^{x_2} (f(x) - g(x))\, dx \approx 14{,}18$$

$$A_2 = \int_{x_2}^{x_3} (g(x) - f(x))\, dx \approx 2{,}19$$

$$A_3 = \int_{x_3}^{x_4} (f(x) - g(x))\, dx \approx 3{,}71$$

Gesamtflächeninhalt:
$A_1 + A_2 + A_3 \approx \underline{\underline{20{,}07 \text{ FE.}}}$

c) Das Dreieck PQR ist rechtwinklig mit dem rechten Winkel bei Q.
Der Flächeninhalt kann berechnet werden durch:

$$A(u) = \frac{1}{2} \cdot \overline{PQ} \cdot \overline{QR} = -\frac{1}{3} \cdot (u-2) \cdot (u+1)^3$$

Mit fMax() wird die Maximalstelle $u = 1,25$ ermittelt.

Der maximale Flächeninhalt ist dann:

$$A\left(\frac{5}{4}\right) = \frac{729}{256} \approx 2,85 \text{ FE}$$

Wegen der Warnung „Zweifelhafte Genauigkeit" des CAS-Rechners sollte das Ergebnis auf einem zweiten Wege bestätigt werden, z. B. durch eine geometrische Konstruktion mit Schieberegler für u.

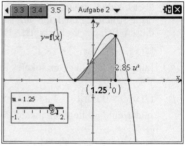

d) Die Funktion

$$f_t(x) = -\frac{2}{3} \cdot (x + t^2) \cdot (x+1)^2$$

hat immer eine Doppelnullstelle bei $x = -1$ und eine Nullstelle für $x = -t^2$. Für $t = 1$ und für $t = -1$ fallen beide Nullstellen zusammen, sodass es in diesen beiden Fällen genau eine Nullstelle $x = -1$, sonst zwei Nullstellen $x_1 = -1$ und $x_2 = -t^2$ gibt.

e) Zunächst werden die ersten drei Ableitungen der Funktion f_t gebildet und notiert:

$$f_t'(x) = -\frac{2}{3} \cdot (x+1) \cdot (3x + 2t^2 + 1), \quad f_t''(x) = -4x - \frac{4t^2}{3} - \frac{8}{3}, \quad f_t'''(x) = -4$$

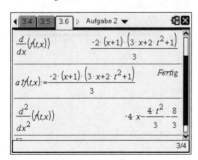 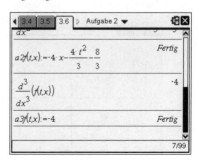

Notwendige Bedingung für lokale Extrema:
Die Nullstellen der Funktion f'_t sind mögliche Extremstellen. Man erhält:

$$x_{e1} = -\frac{1}{3} \cdot (2t^2 + 1); \quad x_{e2} = -1$$

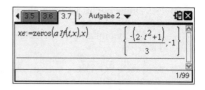

Hinreichende Bedingung für lokale Extrema:
Die Werte der Funktion f''_t müssen von null verschieden sein. Dabei sind die relevanten Intervalle für die Parameter zu beachten.

Für x_{e1} gilt dabei Folgendes:

$f''_t(x_{e1}) = 0$ für $t = -1$ und für $t = 1$

Es ist in diesem Falle keine Entscheidung über lokale Extrema möglich. Da aber die dritte Ableitung ungleich null ist, existiert in diesem Fall ein Wendepunkt.

$f''_t(x_{e1}) < 0$ für $-1 < t < 1$

In diesem Fall liegt ein lokales Maximum vor.

$f''_t(x_{e1}) > 0$ für $t < -1$ und für $t > 1$

In diesem Fall liegt ein lokales Minimum vor.

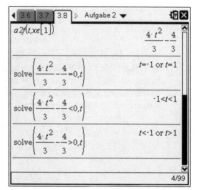

Die y-Koordinate der lokalen Extrempunkte an der Stelle x_{e1} ist:

$$y_{e1} = f_t(x_{e1}) = -\frac{8}{81} \cdot (t^2 + 1)^3$$

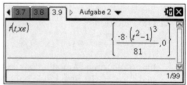

Für $x = -1$ liegt nach dem Ergebnis von Teilaufgabe d eine Doppelnullstelle vor, d. h., der Graph berührt hier für $t \neq \pm 1$ die x-Achse.

Durch Darstellung einiger Repräsentanten der Funktion ist zu sehen, dass für $t > 1$ und für $t < -1$ an der Stelle $x = -1$ ein lokales Maximum und für $-1 < t < 1$ ein lokales Minimum vorliegt.

Für $t = \pm 1$ existiert an der Stelle $x = -1$ ein Wendepunkt.

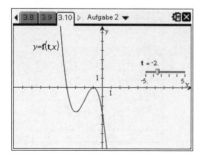

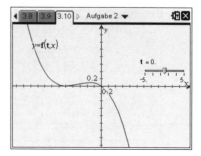

f) Der Mittelpunkt zwischen den beiden Nullstellen (hier für $t \neq \pm 1$) hat den Wert:

$$m = -\frac{t^2 + 1}{2}$$

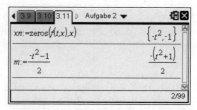

Die Tangente an dieser Stelle hat die Gleichung:

$$g(x) = \frac{(t^2 - 1)^2}{6} \cdot x + \frac{(t^2 - 1)^2}{6}$$

Die Nullstelle der Tangente für $t \neq \pm 1$ ist $x = -1$, also eine der beiden Nullstellen der Funktion f_t.

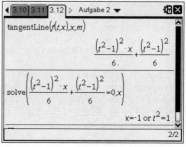

1. **Meerenge**
   Die Abbildung stellt das vereinfachte Modell
   einer Meerenge dar. Eine Einheit auf den Ach-
   sen entspricht 1 km. Auf dem unteren Teil der
   Halbinsel, die von einem Stück des Graphen der
   Funktion f mit

   $f(x) = \dfrac{x^2 + 3}{2x - 2}$ $(x \in \mathbb{R}, x > 1)$

   begrenzt wird, soll ein Tierreservat eingerichtet
   werden. Seine nördliche Grenze verläuft entlang
   des Graphen der Funktion k mit $k(x) = 7 + \ln(x)$.
   Die Küste des Festlandes verläuft in diesem Abschnitt entlang der Geraden $g(x) = 0{,}25x$.

   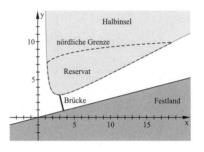

   a) Berechnen Sie den Flächeninhalt des Tierreservats. Geben Sie das Ergebnis
      in Hektar an.   (5 BE)

   b) Vom tiefsten Punkt der Halbinsel aus soll eine möglichst kurze Brücke zum
      Festland gebaut werden.
      Erläutern Sie, wie die Ingenieure die Koordinaten der Berührpunkte der
      Brücke an den Ufern der Halbinsel und des Festlandes sowie die Länge der
      Brücke berechnen können.
      Führen Sie diese Berechnungen durch.
      Nehmen Sie als Modell für die Brücke vereinfacht eine Strecke an.   (6 BE)

   c) Der Punkt P im Inneren des Reservates soll von den Punkten T(3; 3),
      S(1,33; 7,29) und U(18,62; 9,92) am Rande gleich weit entfernt sein.
      Berechnen Sie die Koordinaten von P und geben Sie die Entfernung von P
      zu den Punkten S, T und U an.   (3 BE)

2. Gegeben ist die Funktion f_t durch

   $f_t(x) = \dfrac{x^2 + t}{2x - 2}$ $(x, t \in \mathbb{R}, x \neq 1)$.

   a) Untersuchen Sie, für welche Werte des Parameters t die Graphen der Funk-
      tion f_t lokale Extrempunkte besitzen.
      Geben Sie die Koordinaten der lokalen Extrempunkte in Abhängigkeit von t
      an.
      Beschreiben Sie, wie man t wählen muss, damit die Koordinaten der loka-
      len Extrempunkte ganzzahlig sind.   (6 BE)

   b) Berechnen Sie den Abstand der lokalen Extrempunkte voneinander in Ab-
      hängigkeit von t.
      Geben Sie denjenigen Wert von t an, für den dieser Abstand 8 Längen-
      einheiten groß ist.   (3 BE)

   c) Ermitteln Sie die Gleichungen der Asymptoten an den Graphen von f_t. (2 BE)

   d) Skizzieren Sie den Graphen von f_4 und die zugehörigen Asymptoten im
      Intervall $-8 \leq x \leq 8$.   (2 BE)

e) Beurteilen Sie, ob die folgenden Aussagen wahr sind:
   (1) „Für $t = -1$ stimmt der Graph der Funktion f_t vollständig mit der
       Geraden $y = \frac{1}{2} \cdot (x + 1)$ mit $x \in \mathbb{R}$ überein." (2 BE)

   (2) „Für keinen reellen Wert des Parameters t haben die Graphen von f_t
       Wendepunkte." (3 BE)

f) Setzen Sie $t = 4$ und ermitteln Sie eine Gleichung der Tangente t_1 an den
   Graphen der Funktion f_4 an der Stelle $x = 2$.
   Es gibt genau eine weitere Tangente t_2 an den Graphen von f_4, die parallel
   zur Tangente t_1 ist.
   Bestimmen Sie eine Gleichung der Tangente t_2.
   Berechnen Sie den Abstand beider Tangenten. (6 BE)

g) Der Graph von f_{-2} erzeugt bei Rotation um die x-Achse im Intervall $2 \le x \le 6$
   einen Drehkörper.
   Berechnen Sie dessen Volumen. (2 BE)
   (40 BE)

Hinweise und Tipps

Aufgabe 1
Flächeninhalt des Tierreservats

/ Das Tierreservat wird von den Graphen der Funktionen f und k für x > 1 begrenzt.

/ Ermitteln Sie die Schnittstellen der Graphen beider Funktionen für dieses Intervall.

/ Verwenden Sie die Schnittstellen als Integrationsgrenzen bei der Flächenberechnung.

/ Rechnen Sie das Ergebnis der Flächenberechnung in Hektar um.

Brücke zum Festland

/ Ermitteln Sie die Koordinaten des Tiefpunktes von f für x > 1. Sie können dies mit der Anweisung fMin() oder über den Ableitungskalkül erreichen. Auch eine grafische Lösung mit *Graph analysieren – Minimum* kommt wegen des Operators „ermitteln" infrage.

/ Damit die Brücke möglichst kurz wird, muss sie im rechten Winkel auf das Festland auftreffen.

/ Die Brücke muss auf einer Normalen (mit der Gleichung y = mx + n) zur Geraden g liegen.

/ Das Produkt der Anstiege der Normalen und der Geraden g muss deshalb den Wert –1 haben.

/ Aus diesem Ansatz können Sie den Anstieg m der Normalen ermitteln.

/ Da außerdem die Normale durch den Tiefpunkt von f verlaufen muss, können Sie durch Einsetzen auch den Durchgang n der Normalen durch die y-Achse bestimmen.

/ Durch Gleichsetzen der Normalengleichung und der Gleichung für die Gerade g lässt sich der Schnittpunkt beider Graphen berechnen.

/ Mit dem Satz des Pythagoras wird die Länge der Brücke als der Abstand dieses Schnittpunktes vom Tiefpunkt der Funktion f berechnet.

/ Alternativ kann dieses Problem auch mithilfe eines aus der analytischen Geometrie bekannten Verfahrens zur Bestimmung des Abstandes eines Punktes von einer Geraden ermittelt werden. Dazu ist es sinnvoll, die Gleichung für g in die Parameterform umzuwandeln.

Punkt im Inneren

/ Die Entfernungen der Punkte T, S und U zum Punkt P lassen sich als Streckenlängen mit dem Satz des Pythagoras oder als Beträge der zugehörigen Vektoren bestimmen. Die Koordinaten des Punktes P gehen dabei als Unbekannte in ein Gleichungssystem ein, das aus den gegebenen Bedingungen aufzustellen ist.

Aufgabe 2
lokale Extrempunkte

/ Zur Untersuchung auf lokale Extrempunkte der Funktion f_t werden die 1. und die 2. Ableitungsfunktion von f_t benötigt.

/ Bestimmen Sie mögliche Extremstellen über die Nullstellen der 1. Ableitungsfunktion.

/ Überprüfen Sie, für welche Werte von t diese Extremstellen existieren und eventuell zusammenfallen.

/ Untersuchen Sie, ob für diese Werte von t auch die hinreichende Bedingung (Existenz und Vorzeichen der 2. Ableitungsfunktion an den möglichen Extremstellen) erfüllt ist.

/ Geben Sie die vollständigen Koordinaten und die Art der Extrempunkte an.

/ Diese Koordinaten werden ganzzahlig, wenn unter den auftretenden Quadratwurzeln Quadratzahlen stehen. Beschreiben Sie, für welche Eigenschaften des Parameters t dies der Fall ist.

Abstand der lokalen Extrempunkte

/ Bestimmen Sie den Betrag des Vektors, der beide Extrempunkte verbindet, oder bestimmen Sie diese Streckenlänge mit dem Satz des Pythagoras.

/ Setzen Sie die Streckenlänge gleich 8 und lösen Sie die Gleichung nach t auf. Beachten Sie die Einschränkung des Grundbereichs der Variablen.

Gleichungen der Asymptoten

/ Senkrechte Asymptoten können bei den Nullstellen der Nennerfunktion existieren.

/ Für den Nachweis schräger Asymptoten ist die Zerlegung des Funktionsterms in einen ganzrationalen und einen echt gebrochenen Term hilfreich. Lassen Sie sich eine solche Zerlegung vom CAS-Rechner anzeigen und überlegen Sie, wie sich die Funktionswerte für $x \to \pm\infty$ entwickeln.

Graph und Asymptoten zeichnen

/ Stellen Sie Graph und Asymptoten für $t = 4$ zunächst auf Ihrem Rechner dar. Übertragen Sie dann die Darstellungen sauber auf Papier. Nutzen Sie ggf. die Anzeige einer Wertetabelle.

Wahrheitsgehalt der Aussagen

/ Vergleichen Sie den Definitionsbereich der Funktion f_t für $t = -1$ mit dem Definitionsbereich der gegebenen Geraden.

/ Untersuchen Sie die notwendige Bedingung für Wendepunkte.

Tangenten

/ Tangentengleichungen lassen sich mit dem Befehl tangentLine(f(x),x,x0) bestimmen, wobei x_0 die Berührstelle von Graph und Tangente ist.

/ Ermitteln Sie eine Gleichung der Tangente t_1.

/ Die zu t_1 parallele Tangente t_2 muss denselben Anstieg wie t_1 haben. Außerdem entspricht der Tangentenanstieg an einer Stelle x_0 dem Wert der 1. Ableitungsfunktion an dieser Stelle. Aus diesen beiden Eigenschaften können Sie einen Ansatz zur Berechnung von x_0 gewinnen.

/ Die Gleichung der zweiten Tangente können Sie wieder mit tangentLine(f(x),x,x0) bestimmen.

/ Ermitteln Sie die Gleichung einer Normalen zu den beiden parallelen Tangenten. (Das Produkt der Anstiege der Normalen und der Tangenten muss den Wert -1 haben.)

/ Berechnen Sie die Schnittpunkte der Normalen mit beiden Tangenten.

/ Der Abstand der beiden Schnittpunkte kann mit dem Satz des Pythagoras berechnet werden. Er entspricht dem gesuchten Abstand der beiden parallelen Tangenten.

/ Zur Kontrolle können Sie die Graphen von f_4, t_1, t_2 und der Normalen mit Ihrem CAS-Rechner darstellen, die Schnittpunkte bestimmen und deren Abstand messen.

Volumen des Rotationskörpers

/ Rotationsvolumina können mithilfe des bestimmten Integrals berechnet werden.

Lösungen

1. a) Für $x > 1$ werden die Schnittpunkte der Graphen von $k(x) = 7 + \ln(x)$ und $f(x) = \frac{x^2+3}{2x-2}$ durch Lösen der Gleichung

$$7 + \ln(x) = \frac{x^2+3}{2x-2}$$

berechnet. Man erhält:

$x_1 \approx 1{,}327$ sowie $x_2 \approx 18{,}622$

Diese Werte werden als Integrationsgrenzen für die Flächenberechnung gebraucht.
Die Fläche des Tierreservates wird durch

$$\int_{x_1}^{x_2} (k(x) - f(x))\, dx$$

ermittelt. Sie beträgt ca. 54,98 km².
Da 1 km² einer Fläche von 100 ha entspricht, sind dies etwa 5 498 ha.

Die Umrechnung der Einheiten kann auch mit dem TI-Nspire vorgenommen werden.

b) Der Tiefpunkt von $f(x) = \frac{x^2+3}{2x-2}$ für $x > 1$ kann mit der Funktion fMin() ermittelt werden.
Der Tiefpunkt hat die Koordinaten:
$T(3; 3)$

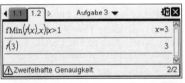

Alternativ und um die Warnung des Rechners („Zweifelhafte Genauigkeit") zu berücksichtigen, kann der Tiefpunkt auch mit dem Ableitungskalkül bestimmt werden.

Es werden die 1. und 2. Ableitung von f(x) gebildet:

$$f'(x) = \frac{x^2 - 2x - 3}{2 \cdot (x-1)^2}$$

$$f''(x) = \frac{4}{(x-1)^3}$$

Die notwendige Bedingung $f'(x) = 0$ führt auf die mögliche Extremstelle $x_e = 3$.
Die 2. Ableitung $f''(x_e) = \frac{1}{2} > 0$ bestätigt als hinreichendes Kriterium die Existenz eines lokalen Minimums.

Wegen $f(x_e) = 3$ ergibt sich auch hier der Tiefpunkt $T(3; 3)$.

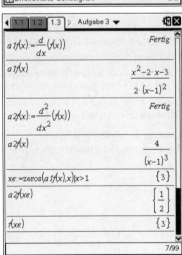

Auch eine grafische Lösung zur Bestimmung des Tiefpunktes ist möglich.

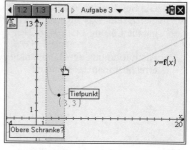

Damit eine möglichst kurze Brücke entsteht, muss sie im rechten Winkel auf das Ufer am Festland treffen. Die Strecke, die als Modell für die Brücke angenommen wird, liegt also auf der Normalen h zur Geraden

$$g(x) = 0,25x$$

und verläuft durch den Punkt T. Für die Anstiege m_g bzw. m_h von g bzw. h gilt deshalb:

$$m_h \cdot m_g = -1$$

Wegen $m_g = 0,25$ ist also $m_h = -4$.

Da der Punkt T(3; 3) auf h liegen muss, kann aus dem Ansatz $h(x) = m_h \cdot x + n$ mit $3 = -4 \cdot 3 + n$ auf $n = 15$ geschlossen werden. Damit ist die Gleichung der Normalen bekannt:

$$h(x) = -4x + 15$$

Der Schnittpunkt der Geraden g und h liefert die Koordinaten des Punktes G, bei dem die Brücke am Ufer des Festlandes ankommt.

Die Lösung der Gleichung $g(x) = h(x)$ führt auf:

$$\underline{\underline{G\left(\frac{60}{17}; \frac{15}{17}\right) \approx G(3,529; 0,882)}}$$

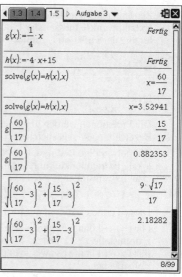

Die Länge d der Brücke kann mithilfe des Satzes des Pythagoras berechnet werden:

$$d = \sqrt{\left(\frac{60}{17} - 3\right)^2 + \left(\frac{15}{17} - 3\right)^2} \approx \underline{\underline{2,183 \text{ km}}}$$

Alternative Lösung:
Der Abstand des Tiefpunktes T(3; 3) von der Geraden g wird mithilfe eines aus der analytischen Geometrie bekannten Verfahrens berechnet. Dazu wird die Gleichung von g in vektorieller Form angegeben:

$$\vec{x} = g(s) = s \cdot \binom{1}{0,25} \quad \text{mit } s \in \mathbb{R}$$

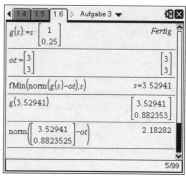

Der Betrag des Differenzvektors $g(s) - \overrightarrow{OT}$ beschreibt dann den Abstand d(s) eines beliebigen Punktes der Geraden g vom Punkt T in Abhängigkeit vom Parameter s.

Es wird das Minimum dieses Betrages bestimmt. Es liegt bei $s \approx 3,529$. Damit ergeben sich über g(s) die Koordinaten von G mit

$$\underline{\underline{G(3,529; 0,882)}}$$

sowie die Länge d der Brücke mit:

$$\underline{\underline{d \approx 2,183 \text{ km}}}$$

c) Die Beträge der Vektoren $\overrightarrow{PU}$, $\overrightarrow{PS}$, $\overrightarrow{PT}$ müssen gleich sein. Das zugehörige Gleichungssystem hat die Lösung $P(10,04; 8,21)$.

Als Entfernung der Randpunkte zum Punkt P errechnet man ca. $8,75$ km.

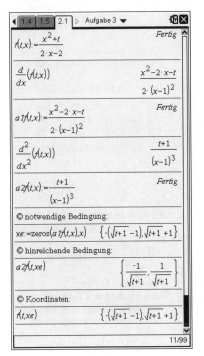

2. a) Zur Untersuchung der **Existenz lokaler Extrempunkte** müssen die 1. und 2. Ableitung der Funktion f_t gebildet werden:

$$f_t'(x) = \frac{x^2 - 2x - t}{2 \cdot (x-1)^2}$$

$$f_t''(x) = \frac{t+1}{(x-1)^3}$$

Die Funktionen werden unter geeigneten Bezeichnungen abgespeichert.

Die notwendige Bedingung $f_t'(x) = 0$ für lokale Extrempunkte führt auf die möglichen Extremstellen:

$$x_{e1} = 1 - \sqrt{t+1} \quad \text{und} \quad x_{e2} = 1 + \sqrt{t+1}$$

Diese Terme existieren nur für $t+1 \geq 0$.

Für $t = -1$ könnte es genau eine lokale Extremstelle $x_e = 1$ geben.

Für $t > -1$ könnte es zwei lokale Extremstellen geben.

Die Untersuchung der hinreichenden Bedingung $f_t''(x_e) \neq 0$ ergibt:

$$f_t''(x_{e1}) = -\frac{1}{\sqrt{t+1}} \quad \text{und} \quad f_t''(x_{e2}) = \frac{1}{\sqrt{t+1}}$$

Beide Funktionsterme sind nur definiert, wenn $t > -1$ ist. Für $t = -1$ existiert also kein lokaler Extrempunkt.

Für $t > -1$ ist $f_t''(x_{e1}) < 0$, es liegt ein lokaler Hochpunkt vor.

Für $t > -1$ ist $f_t''(x_{e2}) > 0$, es liegt ein lokaler Tiefpunkt vor.

Die Berechnung der Funktionswerte an den Stellen x_e ermöglicht die Angabe der vollständigen **Koordinaten der lokalen Extrempunkte:**

Hochpunkt $H(1 - \sqrt{t+1}; 1 - \sqrt{t+1})$ für $t > -1$

Tiefpunkt $T(1 + \sqrt{t+1}; 1 + \sqrt{t+1})$ für $t > -1$

In der grafischen Darstellung kann man diese Überlegungen noch verifizieren.

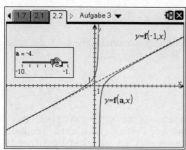 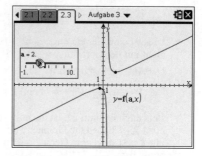

Die **Koordinaten** werden **ganzzahlig**, wenn unter der Wurzel eine Quadratzahl steht. Wenn t also eine um 1 verminderte Quadratzahl ist, haben die lokalen Extrempunkte ganzzahlige Koordinaten.

b) Aus den Koordinaten von Hoch- und Tiefpunkt (Teilaufgabe a) lässt sich der Verbindungsvektor bestimmen:

$$\overrightarrow{HT} = \begin{pmatrix} 2 \cdot \sqrt{t+1} \\ 2 \cdot \sqrt{t+1} \end{pmatrix}$$

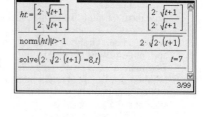

Der Abstand d der beiden Extrempunkte wird als Betrag dieses Vektors bestimmt und ist:

$$d = 2 \cdot \sqrt{2 \cdot (t+1)} \text{ für } t > -1$$

Die Gleichung $d = 8$ hat die Lösung $\underline{t = 7}$.

c) Mit dem Befehl propFrac() lässt sich der Funktionsterm zerlegen. Es gilt:

$$f_t(x) = \frac{x}{2} + \frac{1}{2} + \frac{t+1}{2 \cdot (x-1)}$$

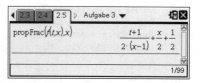

Für $x \to \pm\infty$ geht der letzte Bruch gegen null, sodass sich die Funktionswerte immer weniger von denen der Geraden $y = \frac{x}{2} + \frac{1}{2}$ unterscheiden. Diese Gerade ist schräge Asymptote. Der Nenner des Funktionsterms hat für $x = 1$ den Wert null. Die Gerade $x = 1$ ist senkrechte Asymptote.

d) Die zu skizzierende Funktion hat die Gleichung:

$$f_4(x) = \frac{x^2 + 4}{2x - 2}$$

Die Asymptoten wurden in der vorangehenden Teilaufgabe ermittelt.

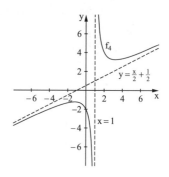

Ü-57

e) Die Aussage (1) ist **falsch**. Für t = −1 gilt:

$$f_{-1}(x) = \frac{x^2 - 1}{2x - 2} = \frac{(x+1) \cdot (x-1)}{2 \cdot (x-1)} = \frac{1}{2} \cdot (x+1) \quad \text{mit } x \in \mathbb{R};\ x \neq 1$$

Dies ist eine Gerade mit einem „Loch", einer Definitionslücke bei x = 1, die deshalb nicht mit der Geraden $y = \frac{1}{2} \cdot (x+1)$ mit $x \in \mathbb{R}$ übereinstimmt.

Die Aussage (2) ist **wahr**. Da

$$f_t''(x) = \frac{t+1}{(x-1)^3} \quad \text{für } t \neq -1 \text{ und } x \neq 1$$

stets ungleich null ist, ist die notwendige Bedingung für Wendepunkte nicht erfüllt. Für t ≠ −1 haben die Graphen von f_t bei x = 1 eine Polstelle, also keine Wendestelle. Für t = −1 liegt eine Gerade mit einer Lücke bei x = 1 vor, die ebenfalls keinen Wendepunkt hat.

f) Die Gleichung der Tangente t_1 an den Graphen von f_4 kann mithilfe des Befehls tangentLine() ermittelt werden:

$$\underline{\underline{t_1(x) = -2x + 8}}$$

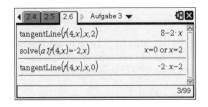

Eine dazu parallele Tangente muss denselben Anstieg m = −2 haben. Der Anstieg der Tangenten an den Graphen einer Funktion entspricht dem Wert der 1. Ableitung an den Berührstellen. Es ist also die Gleichung $f_4'(x) = -2$ zu lösen, um alle Berührstellen zu erhalten. Im Ergebnis erhält man neben der bekannten Berührstelle x = 2 genau eine weitere Berührstelle x = 0. Für diese Stelle wird nun die Gleichung der Tangente t_2 bestimmt: $\underline{\underline{t_2(x) = -2x - 2}}$

Um den Abstand beider Tangenten zu berechnen, werden die Schnittpunkte der beiden Tangenten mit einer zu ihnen orthogonalen Geraden s ermittelt. Das Produkt der Anstiege orthogonaler Geraden muss −1 sein, also muss s den Anstieg $\frac{1}{2}$ haben. Möglich ist daher die Verwendung von:

$$s(x) = \frac{1}{2}x$$

Für den Schnittpunkt S_1 von t_1 und s ergibt sich:

$$S_1\left(\frac{16}{5}; \frac{8}{5}\right)$$

Für den Schnittpunkt S_2 von t_2 und s ergibt sich:

$$S_2\left(-\frac{4}{5}; -\frac{2}{5}\right)$$

Der Abstand d der beiden Punkte S_1 und S_2 wird mit dem Satz des Pythagoras berechnet:

$$d = \sqrt{\left(\frac{16}{5} - \left(-\frac{4}{5}\right)\right)^2 + \left(\frac{8}{5} - \left(-\frac{2}{5}\right)\right)^2}$$
$$= 2\sqrt{5} \approx 4{,}47 \text{ LE}$$

Zur Kontrolle werden die Graphen der Funktionen f_4, t_1, t_2 und s gezeichnet. Der Abstand d wird gemessen.
Es ergibt sich eine gute Übereinstimmung mit dem berechneten Wert.

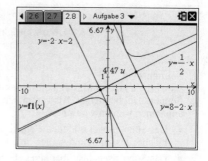

g) Mit dem Ansatz

$$V = \pi \cdot \int_2^6 \left(f_{-2}(x)\right)^2 dx$$

erhält man ein Volumen von ca. 72 VE.

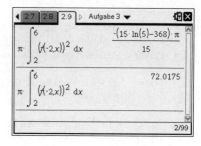

1. **Sonnensegel**
   Es wird ein an drei Masten befestigtes dreieckiges
   Sonnensegel betrachtet. Als vereinfachende Modell-
   annahmen werden vereinbart:

   - Das Sonnensegel bildet eine ebene dreieckige
     Fläche, dessen Seiten gerade Strecken sind.
   - Das Sonnensegel ist über einer ebenen Fläche
     errichtet.
   - Die Eck- und Befestigungspunkte sind A(0; 0; 6),
     B(7; 0; 3) und C(0; 8; 2) (Angaben in Meter).
   - Parallele Sonnenstrahlen fallen aus der Richtung

   © Galleria / dreamstime.com

   $$\vec{v}(t) = \begin{pmatrix} 12-t \\ 12-t \\ \sqrt{200-t^2} \end{pmatrix} \text{ mit } t \in \mathbb{R}; 0 \le t \le 10 \text{ ein.}$$

   a) Stellen Sie die Lage des an den Punkten A, B und C befestigten Sonnen-
      segels mit Koordinatensystem in einem Schrägbild dar. (2 BE)

   b) Geben Sie die Gleichung der Geraden durch die Eckpunkte A und B in
      Parameterform an. (2 BE)

   c) Ermitteln Sie eine Gleichung der Ebene durch die Punkte A, B und C in
      Parameter- und in Koordinatenform. (4 BE)

   d) Berechnen Sie die Seitenlängen und den Flächeninhalt des Sonnensegels. (4 BE)

   e) Ermitteln Sie die Größe des Winkels, den die Ebene, in der das Sonnensegel
      liegt, mit dem Boden (der xy-Ebene) bildet. (4 BE)

   f) Berechnen Sie für t = 10 die Koordinaten der Eckpunkte A', B', C' des
      Schattenbildes des Sonnensegels in der xy-Ebene.
      Zeichnen Sie die Punkte A', B' und C' in das Schrägbild von Teilaufgabe a
      ein. (4 BE)

   g) Untersuchen Sie, um wie viel Prozent der Flächeninhalt des Schattens vom
      Flächeninhalt des Sonnensegels abweicht. (2 BE)

   h) Beschreiben Sie, wie die Entfernung des Schwerpunktes S des Sonnensegels
      vom Erdboden berechnet werden kann, und geben Sie diese Entfernung an. (3 BE)

2. **Sicherheitsabstand**
   An einem Autobahnabschnitt, den täglich im Durchschnitt etwa 50 000 Pkws
   und 10 000 Lkws passieren, wurde durch Kontrollen festgestellt, dass ca. 10 %
   der Pkw-Fahrer und 20 % der Lkw-Fahrer nicht den notwendigen Sicherheitsabstand einhalten.
   Die Kontrollen erfolgen für beide Fahrzeugtypen mit einer Wahrscheinlichkeit
   von 0,01.

   a) Ermitteln Sie die Wahrscheinlichkeiten folgender Ereignisse.
      A: Unter 75 kontrollierten Pkw-Fahrern gibt es genau 70, die den Sicher-
         heitsabstand einhalten. (1 BE)

B: Von 80 kontrollierten Lkw-Fahrern halten mindestens zehn den Sicherheitsabstand nicht ein. (1 BE)

C: Von zehn aufeinanderfolgenden Fahrzeugen (Pkw und Lkw) wird genau
das zehnte kontrolliert. (1 BE)

b) Bestimmen Sie, wie viele Lkws mindestens kontrolliert werden müssen, um
mit einer Wahrscheinlichkeit von mehr als 90 % mindestens drei Lkw-Fahrer zu finden, die den Sicherheitsabstand nicht einhalten. (3 BE)

c) Wer hat recht, wer hat unrecht? Argumentieren Sie.

Herr K.: „Im Durchschnitt halten 15 % aller Pkw- und Lkw-Fahrer den
Sicherheitsabstand nicht ein."

Frau S.: „Knapp 12 % aller Pkw- und Lkw-Fahrer insgesamt halten den
Sicherheitsabstand nicht ein." (4 BE)

d) Herr K. behauptet, dass der Anteil von 20 % der Lkw-Fahrer, die den
Sicherheitsabstand nicht einhalten, sich verändert hat. Diese Behauptung
soll durch Kontrollen bei 300 Lkw-Fahrern getestet werden.
Ermitteln Sie den Verwerfungsbereich für die Nullhypothese H_0: „Der An-
teil der Lkw-Fahrer, die den Sicherheitsabstand nicht einhalten, liegt noch
immer bei 20 %." für ein Signifikanzniveau von $\alpha = 0,05$.
Beschreiben Sie, was im Zusammenhang mit dem hier zugrunde liegenden
Sachverhalt unter dem Fehler 1. Art und dem Fehler 2. Art zu verstehen ist.
Berechnen Sie das Risiko für den Fehler 2. Art, falls der Anteil der Fahrer,
die den Sicherheitsabstand nicht einhalten, auf 30 % gestiegen ist. (5 BE)

(40 BE)

Hinweise und Tipps

Aufgabe 1

Schrägbild

🖊 Zeichnen Sie zunächst das Schrägbild des xyz-Koordinatensystems.

🖊 Tragen Sie die gegebenen Punkte ein.

🖊 Zeichnen Sie das Dreieck.

Geradengleichung

🖊 Wählen Sie einen der Ortsvektoren von A oder B als Vektor für den Aufpunkt.

🖊 Die Differenz der Ortsvektoren von A und B ergibt einen Richtungsvektor der Geraden.

Ebenengleichungen

🖊 Wählen Sie einen der Ortsvektoren von A, B oder C als Vektor für den festen Punkt der Ebene.

🖊 Die Differenzen von je zwei der Ortsvektoren von A, B und C ergeben zwei Richtungsvektoren der Ebene. Beachten Sie, dass die Richtungsvektoren linear unabhängig sein müssen.

🖊 Aus den bisher bestimmten bzw. ausgewählten Vektoren lässt sich eine Parametergleichung der Ebene aufstellen.

🖊 Für eine Koordinatengleichung der Ebene müssen die Parameter eliminiert werden. Lösen Sie dazu das entsprechende lineare Gleichungssystem.

🖊 Alternativ können Sie auch zunächst eine Normalengleichung der Ebene aufstellen und daraus die Koordinatenform ableiten.

Seitenlängen und Flächeninhalt

🖊 Die Seitenlängen lassen sich über die Beträge der zugehörigen Vektoren berechnen.

🖊 Für die Berechnung des Flächeninhaltes braucht man noch einen Innenwinkel. Dessen Größe können Sie über den Kosinussatz berechnen.

🖊 Alternativ lässt sich der Flächeninhalt auch über das Vektorprodukt ermitteln.

Winkel zwischen Sonnensegel-Ebene und xy-Ebene

🖊 Der Winkel zwischen zwei Ebenen kann über den Winkel, den ihre Normalenvektoren bilden, bestimmt werden.

🖊 Ermitteln Sie die Normalenvektoren der Ebene E_{ABC} (siehe Teilaufgabe c) und der xy-Ebene und berechnen Sie den Winkel, den diese beiden Vektoren einschließen.

Eckpunkte des Schattens

🖊 Die Richtung der Sonnenstrahlen und die Eckpunkte des Sonnensegels lassen sich für Gleichungen von Geraden verwenden, deren Durchstoßpunkte durch die xy-Ebene die gesuchten Eckpunkte des Schattenbildes ergeben. Zeichnen Sie dann die Punkte A', B' und C' in das Schrägbild von Teilaufgabe a ein.

Abweichungen der Flächeninhalte

🖊 Den Flächeninhalt des Sonnensegels können Sie Ihren Berechnungen zur Teilaufgabe d entnehmen. In analoger Weise wie dort kann der Flächeninhalt des Schattens bestimmt werden.

🖊 Aus dem Verhältnis beider Flächeninhalte lässt sich die prozentuale Veränderung bestimmen.

Entfernung des Schwerpunktes S des Sonnensegels vom Erdboden
▸ Der Schwerpunkt eines Dreiecks ist der Schnittpunkt seiner Seitenhalbierenden.
▸ Stellen Sie die Gleichungen zweier Seitenhalbierender auf.
▸ Berechnen Sie die Koordinaten ihres Schnittpunktes.
▸ Die z-Koordinate des Schnittpunktes gibt die gesuchte Höhe an.

Aufgabe 2

Wahrscheinlichkeiten der Ereignisse
▸ Es handelt sich bei den Ereignissen A und B um Ereignisse, die jeweils einer binomialverteilten Zufallsgröße zugeordnet werden können. Entnehmen Sie dem Text die zugehörigen Parameter n und p für jedes der Ereignisse.
▸ Berechnen Sie P(A) als Einzelwahrscheinlichkeit und P(B) als Intervallwahrscheinlichkeit.
▸ Sie können einen Ansatz zur Berechnung von P(C) mithilfe einer Pfadregel aufstellen.

Dreifach-mindestens-Aufgabe
▸ Es ist der Parameter n einer binomialverteilten Zufallsgröße $Z_{n;p}$ zu bestimmen, sodass $P(Z_{n;p} > 2) > 0{,}9$ gilt.
▸ Entnehmen Sie den Wert für p dem Aufgabentext.
▸ Sie können den Wert für n durch systematisches Probieren finden (z. B. Schieberegler oder Tabellenkalkulation).

korrekte Argumentation
▸ Zeichnen Sie ein zweistufiges Baumdiagramm mit dem Anteil der Pkw- bzw. Lkw-Fahrer in Stufe 1 und den Anteilen, die die Einhaltung des Sicherheitsabstandes repräsentieren, in Stufe 2.
▸ Wenden Sie die Pfadregeln an.

Verwerfungsbereich sowie Fehler 1. und 2. Art
▸ Formulieren Sie die Gegenhypothese.
▸ Bedenken Sie, dass der Verwerfungsbereich sowohl links als auch rechts vom Erwartungswert liegt. Teilen Sie die Wahrscheinlichkeit für das Signifikanzniveau hälftig auf beide Seiten auf.
▸ Ermitteln Sie die Grenze des Verwerfungsbereichs durch systematisches Probieren (bzw. mit Schieberegler oder Tabellenkalkulation).
▸ Geben Sie den Verwerfungsbereich an.
▸ Ein Fehler 1. Art liegt vor, wenn die Nullhypothese aufgrund des zufälligen Stichprobenergebnisses abgelehnt wird, obwohl sie in Wirklichkeit zutrifft.
▸ Ein Fehler 2. Art liegt vor, wenn die Nullhypothese aufgrund des zufälligen Stichprobenergebnisses nicht abgelehnt wird, obwohl sie in Wirklichkeit falsch ist, also die Gegenhypothese richtig ist.
▸ Verwenden Sie für die Berechnung der Wahrscheinlichkeit für den Fehler 2. Art die Wahrscheinlichkeit $p = 0{,}3$.

Lösungen

1. a) Schrägbild:

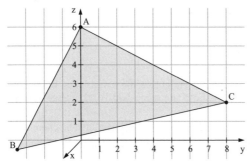

b) Die Gleichung der Geraden durch die Punkte A und B kann z. B. angegeben werden durch

$$\vec{x} = \overrightarrow{OA} + t \cdot \overrightarrow{AB} = \begin{pmatrix} 0 \\ 0 \\ 6 \end{pmatrix} + t \cdot \begin{pmatrix} 7 \\ 0 \\ -3 \end{pmatrix}; t \in \mathbb{R}$$

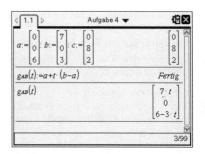

c) Eine Gleichung der Ebene E_{ABC} in Parameterform ist:

$$E_{ABC}: \vec{x} = \overrightarrow{OA} + r \cdot \overrightarrow{AB} + s \cdot \overrightarrow{AC}$$

$$= \begin{pmatrix} 0 \\ 0 \\ 6 \end{pmatrix} + r \cdot \begin{pmatrix} 7 \\ 0 \\ -3 \end{pmatrix} + s \cdot \begin{pmatrix} 0 \\ 8 \\ -4 \end{pmatrix}; r, s \in \mathbb{R}$$

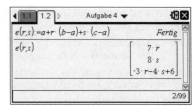

Durch Lösen des Gleichungssystems

$$\begin{pmatrix} 0 \\ 0 \\ 6 \end{pmatrix} + r \cdot \begin{pmatrix} 7 \\ 0 \\ -3 \end{pmatrix} + s \cdot \begin{pmatrix} 0 \\ 8 \\ -4 \end{pmatrix} = \begin{pmatrix} x \\ y \\ z \end{pmatrix}$$

lässt sich daraus eine Koordinatengleichung der Ebene bestimmen:

$$E_{ABC}: 6x + 7y + 14z = 84$$

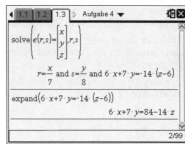

d) Die Seitenlängen werden als Beträge der zugehörigen Vektoren bestimmt:

$$|\overrightarrow{AB}| \approx 7,6 \text{ m}, \quad |\overrightarrow{AC}| \approx 8,9 \text{ m}, \quad |\overrightarrow{BC}| \approx 10,7 \text{ m}$$

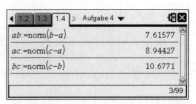

Mit Kosinussatz und Flächeninhaltsformel ergibt sich der Flächeninhalt:

$$\cos(\alpha) = \frac{|\overrightarrow{AB}|^2 + |\overrightarrow{AC}|^2 - |\overrightarrow{BC}|^2}{2 \cdot |\overrightarrow{AB}| \cdot |\overrightarrow{AC}|}$$

$$\Rightarrow \quad \alpha \approx 79,9°$$

$$\Rightarrow \quad A = \frac{1}{2} \cdot |\overrightarrow{AB}| \cdot |\overrightarrow{AC}| \cdot \sin(\alpha) \approx 33,5 \text{ m}^2$$

Alternative Lösung mit dem Vektorprodukt:

$$A = \frac{1}{2} \cdot |\overrightarrow{AB} \times \overrightarrow{AC}| = \frac{1}{2} \cdot \left| \begin{pmatrix} 24 \\ 28 \\ 56 \end{pmatrix} \right| \approx 33,5 \text{ m}^2$$

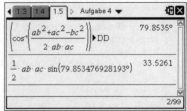

e) Einen Normalenvektor der Ebene E_{ABC} erhält man mit dem Vektorprodukt:

$$\overrightarrow{AB} \times \overrightarrow{AC} = \begin{pmatrix} 24 \\ 28 \\ 56 \end{pmatrix}$$

Mit dem Normalenvektor $\vec{n}_{xy} = \begin{pmatrix} 0 \\ 0 \\ 1 \end{pmatrix}$ der xy-Ebene folgt:

$$\cos(\alpha) = \frac{\vec{n} \circ \vec{n}_{xy}}{|\vec{n}| \cdot |\vec{n}_{xy}|} \quad \Rightarrow \quad \alpha \approx 33,4°$$

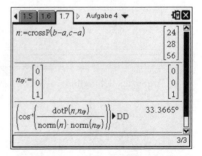

f) Der Richtungsvektor für die drei „Schattengeraden" ist jeweils:

$$\vec{v}(10) = \begin{pmatrix} 12 - 10 \\ 12 - 10 \\ \sqrt{200 - 100} \end{pmatrix} = \begin{pmatrix} 2 \\ 2 \\ 10 \end{pmatrix} = 2 \cdot \begin{pmatrix} 1 \\ 1 \\ 5 \end{pmatrix}$$

Durch die Punkte A, B und C sind die Aufpunkte dieser Geraden gegeben.

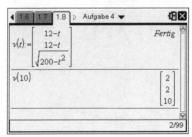

Die Geradengleichungen sind:

$$g_A: \vec{x} = \begin{pmatrix} 0 \\ 0 \\ 6 \end{pmatrix} + t \cdot \begin{pmatrix} 1 \\ 1 \\ 5 \end{pmatrix}, \quad g_B: \vec{x} = \begin{pmatrix} 7 \\ 0 \\ 3 \end{pmatrix} + t \cdot \begin{pmatrix} 1 \\ 1 \\ 5 \end{pmatrix}, \quad g_C: \vec{x} = \begin{pmatrix} 0 \\ 8 \\ 2 \end{pmatrix} + t \cdot \begin{pmatrix} 1 \\ 1 \\ 5 \end{pmatrix}$$

Die Gleichung der xy-Ebene in Parameterform lautet:

$$E_{xy}: \vec{x} = r \cdot \begin{pmatrix} 1 \\ 0 \\ 0 \end{pmatrix} + s \cdot \begin{pmatrix} 0 \\ 1 \\ 0 \end{pmatrix}$$

Durch Gleichsetzen von jeder Geradengleichung mit der Ebenengleichung ergeben sich zunächst die zugehörigen Werte der Parameter t, r und s und daraus als Durchstoßpunkte:

A'$(-1,2; -1,2; 0)$

B'$(6,4; -0,6; 0)$

C'$(-0,4; 7,6; 0)$

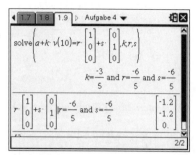

Ergänztes Schrägbild:

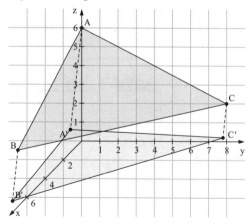

g) Der Flächeninhalt des Schattens wird analog zum Vorgehen bei Teilaufgabe d bestimmt. Der Bildschirmabdruck zeigt die Variante mit dem Vektorprodukt.

Das Schattenbild hat einen Flächeninhalt von 33,2 m², das Sonnensegel von etwa

33,5 m². Der Flächeninhalt des Schattens ist etwa 1 % kleiner als der des Sonnensegels.

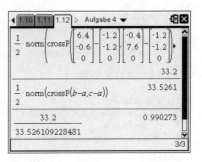

h) *Beschreibung:* Der Schwerpunkt eines Dreiecks ist der Schnittpunkt seiner Seitenhalbierenden. Es genügt, die Gleichungen zweier Seitenhalbierenden als Geradengleichungen zu ermitteln und deren Schnittpunkt zu berechnen.

Eine Seitenhalbierende verläuft immer vom Mittelpunkt einer Dreiecksseite zum gegenüberliegenden Eckpunkt. Der Mittelpunkt der Seite $\overline{AB}$ hat die Koordinaten (3,5; 0; 4,5). Somit ergibt sich für die Seitenhalbierende folgende Gleichung:

$$s_{AB}: \vec{x} = r \cdot \begin{pmatrix} 3,5 \\ 0 \\ 4,5 \end{pmatrix} + r \cdot \begin{pmatrix} -3,5 \\ 8 \\ -2,5 \end{pmatrix}$$

Für eine andere Seitenhalbierende ergibt sich beispielsweise:

$$s_{AC}: \vec{x} = r \cdot \begin{pmatrix} 0 \\ 4 \\ 4 \end{pmatrix} + k \cdot \begin{pmatrix} 7 \\ -4 \\ -1 \end{pmatrix}$$

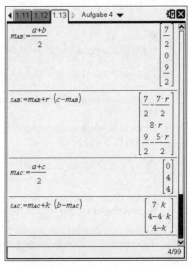

Gleichsetzen und Lösen des Gleichungssystems führt auf die Parameterwerte $r = \frac{1}{3}$ und $k = \frac{1}{3}$.

Diese Werte in die Geradengleichung eingesetzt ergibt die Koordinaten des Schwerpunktes:

$$S\left(\frac{7}{3}; \frac{8}{3}; \frac{11}{3}\right)$$

Die z-Koordinate dieses Schwerpunktes gibt die Entfernung zum Erdboden an.

Der Schwerpunkt S des Sonnensegels befindet sich $\frac{11}{3} \approx 3,67$ m über dem Erdboden.

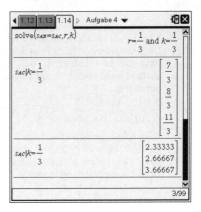

2. a) *Ereignis A:*
X: Pkw-Fahrer hält den Sicherheitsabstand
ein.
X ist binomialverteilt mit $n = 75$ und $p = 0,9$.

$$P(A) = P(X = 70) = \binom{75}{70} \cdot 0,9^{70} \cdot 0,1^5 \approx \underline{\underline{0,108}}$$

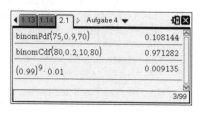

Ereignis B:
Y: Lkw-Fahrer hält den Sicherheitsabstand
nicht ein.
Y ist binomialverteilt mit $n = 80$ und $p = 0,2$.

$$P(B) = P(Y \geq 10) = \sum_{k=10}^{80} \binom{80}{k} \cdot 0,2^k \cdot 0,8^{80-k} \approx \underline{\underline{0,971}}$$

Ereignis C:
Nach Pfadregel gilt: $P(C) = 0,99^9 \cdot 0,01 \approx \underline{\underline{0,009}}$

b) Z: Lkw-Fahrer hält den Sicherheitsabstand
nicht ein.
Z ist binomialverteilt mit unbekanntem n
und $p = 0,2$.

Gesucht ist die kleinste natürliche Zahl n,
sodass $P(Z \geq 3) > 0,90$ gilt:

$$\sum_{k=3}^{n} \binom{n}{k} \cdot 0,2^k \cdot 0,8^{n-k} > 0,90$$

Durch systematisches Probieren mit einem
Schieberegler wird $\underline{n = 25}$ ermittelt.

Alternativ kann die Lösung auch mit einer
Tabellenkalkulation bestimmt werden.

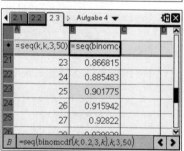

c) Nur Frau S hat recht, denn – etwa über ein
Baumdiagramm – kann man den Anteil aller
Pkw- und Lkw-Fahrer, die den Sicherheitsabstand nicht einhalten, folgendermaßen
ermitteln:

$$\frac{5}{6} \cdot \frac{1}{10} + \frac{1}{6} \cdot \frac{2}{10} = \frac{7}{60} \approx 0,117 \approx 0,12$$

Herr K hat den Mittelwert aus 0,1 und 0,2
gebildet, ohne zu bedenken, dass fünfmal
mehr Pkw-Fahrer als Lkw-Fahrer in die
Berechnung einbezogen wurden.

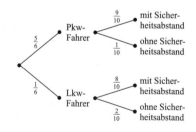

d) Nullhypothese H_0: $p_0 = 0,2$
„Der Anteil der Lkw-Fahrer, die den Sicherheitsabstand nicht einhalten, liegt noch immer bei 20 %."

Gegenhypothese H_1: $p_1 \neq 0,2$

Signifikanzniveau von $\alpha = 0,05$

Das Signifikanzniveau beschreibt das maximale Risiko für einen Fehler 1. Art, der darin besteht, die Nullhypothese abzulehnen, obwohl sie wahr ist. Die Nullhypothese wird irrtümlich abgelehnt, wenn sich in der Stichprobe zufällig sehr viele oder sehr wenige Lkw-Fahrer befinden, die den Sicherheitsabstand nicht einhalten, obwohl ihr Anteil immer noch bei 20 % liegt.

Die Irrtumswahrscheinlichkeit soll höchstens 5 % betragen. Die Anzahl der Lkw-Fahrer, die den Sicherheitsabstand nicht einhalten, ist binomialverteilt mit $n = 300$ und $p = p_0$ für den Fehler 1. Art.

Es ist zu untersuchen, wie groß
- die obere Grenze g_o zu wählen ist, damit erstmals

$$\sum_{k=g_o}^{300} \binom{300}{k} \cdot 0,2^k \cdot 0,8^{300-k} \leq \frac{\alpha}{2} = 0,025,$$

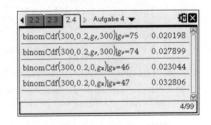

- die untere Grenze g_u zu wählen ist, damit erstmals

$$\sum_{k=0}^{g_u} \binom{300}{k} \cdot 0,2^k \cdot 0,8^{300-k} \leq \frac{\alpha}{2} = 0,025$$

gilt. Durch systematisches Probieren mit dem CAS-Rechner ergaben sich $g_o = 75$ und $g_u = 46$.

Die Nullhypothese wird also verworfen, wenn in der Stichprobe höchstens 46 oder mindestens 75 Lkw-Fahrer gefunden werden, die den Sicherheitsabstand nicht einhalten. Der Verwerfungsbereich ist:

$V = \{0; 1; 2; \ldots; 46\} \cup \{75; 76; \ldots; 300\}$

Der Fehler 2. Art beschreibt hier das Risiko, die Nullhypothese nicht zu verwerfen, obwohl sie falsch ist. Bei dem soeben bestimmten Verwerfungsbereich ist das der Fall, wenn in der Stichprobe zufällig mehr als 46 und weniger als 75 Lkw-Fahrer mit zu geringem Sicherheitsabstand erwischt werden, obwohl sich ihr Anteil in Wirklichkeit auf 30 % erhöht hat.

Die Wahrscheinlichkeit dafür wird angegeben durch:

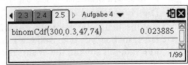

$$\sum_{k=47}^{74} \binom{300}{k} \cdot 0,3^k \cdot 0,7^{300-k} \approx \underline{\underline{0,024}}$$

1. **Biosprit E10**

„Nur jeder siebte Autofahrer tankt Bio-
sprit E10", lautete eine Schlagzeile im
Sommer 2011.
Lösen Sie unter der Annahme, dass
diese Aussage wahr ist, die folgenden
Aufgaben.

© maho – Fotolia.com

a) Berechnen Sie die Wahrschein-
lichkeiten folgender Ereignisse.
A: Von 562 Tageskunden einer
Tankstelle tanken mehr als 50
und weniger als 100 Kunden
Biosprit E10.   (2 BE)
B: Von fünf Kunden tankt frühestens der vierte Kunde, aber mindestens
einer, Biosprit E10.   (2 BE)
C: Der fünfte Kunde ist der zweite E10 tankende Kunde.   (2 BE)

b) Formulieren Sie im Zusammenhang mit dem hier betrachteten Sachverhalt
ein Ereignis D, für dessen Wahrscheinlichkeit gilt:

$$P(D) = 1 - \left(\frac{6}{7}\right)^3$$ (1 BE)

c) Für eine Zufallsgröße X in diesem Zusammenhang gilt:

$$EX = 420 \cdot \frac{6}{7}$$

Interpretieren Sie X und $EX = 360$ im gegebenen Sachzusammenhang.
Ermitteln Sie ein zu EX symmetrisches Intervall, in dem X mit einer Wahrscheinlichkeit von ca. 92 % liegt.   (3 BE)

Nach neueren Untersuchungen an einigen Tankstellen wird die Behauptung
vertreten, dass der Anteil der Autofahrer, die Biosprit E10 tanken, auf 20 %
gestiegen ist.

d) Es soll getestet werden, ob für die Wahrscheinlichkeit des Ereignisses
E: „Ein Autofahrer tankt Biosprit E10" entweder $p = \frac{1}{7}$ oder $p = 0,2$ gilt.
Die Hypothese $p = \frac{1}{7}$ soll genau dann abgelehnt werden, wenn in der
Zufallsstichprobe mehr als 50-mal das Ereignis E eingetreten ist.
Untersuchen Sie, wie groß der Umfang dieser Stichprobe mindestens sein
muss, damit sowohl die Wahrscheinlichkeit für einen Fehler 1. Art als auch
die Wahrscheinlichkeit für einen Fehler 2. Art höchstens 0,1 beträgt.   (4 BE)

e) Für einige Pkws derselben Marke wurde der Spritverbrauch getestet. Der
Normverbrauch war mit 6,2 Liter auf 100 km angegeben. Die Tests ergaben
folgende Verbrauchswerte (Angaben in Liter pro 100 km):
6,1; 6,2; 6,5; 7,2; 7,7; 6; 5,9; 5,7; 5,5

   (1) Berechnen Sie das arithmetische Mittel $\overline{x}$ und die Standardabweichung s
   des Spritverbrauchs.   (2 BE)

Nehmen Sie für die folgenden Teilaufgaben an, der Spritverbrauch sei normalverteilt mit $\mu = 6,3 \frac{\text{Liter}}{100\,\text{km}}$ und $\sigma = 0,7 \frac{\text{Liter}}{100\,\text{km}}$.

(2) Ermitteln Sie die Wahrscheinlichkeiten folgender Ereignisse:
D: Der Spritverbrauch liegt um mindestens 0,2 Liter pro 100 km über dem Erwartungswert μ.
E: Der Spritverbrauch weicht um mehr als 0,2 Liter pro 100 km vom Erwartungswert ab. (4 BE)

(3) Erläutern Sie, wie man das Intervall bestimmen kann, in dem mit 95 %-iger Wahrscheinlichkeit der Spritverbrauch dieser Pkw-Marke liegt, und geben Sie dieses Intervall an. (2 BE)

(4) Beschreiben Sie eine Simulation für den Spritverbrauch von 500 Pkws dieser Marke. Erläutern Sie, wie anhand der Simulationsergebnisse ein Schätzwert für die Wahrscheinlichkeit bestimmt werden kann, dass der Spritverbrauch höchstens 6,4 Liter auf 100 km beträgt. (3 BE)

2. Geraden

Gegeben sind die Geraden g_a mit der Gleichung

$$\vec{x} = \begin{pmatrix} 0 \\ 0 \\ a \end{pmatrix} + t \cdot \begin{pmatrix} 1 \\ a \\ 1 \end{pmatrix} \text{ mit } a, t \in \mathbb{R}.$$

Setzen Sie in den folgenden Teilaufgaben a und b zunächst $a = 1$.

a) Untersuchen Sie, in welchen Punkten und unter welchem Winkel die Gerade g_1 die Koordinatenachsen schneidet. (2 BE)

b) Ermitteln Sie die Koordinaten der Schnittpunkte von g_1 mit den Koordinatenebenen. (2 BE)

In den folgenden Teilaufgaben von Aufgabe 2 sei der Parameter a eine beliebige reelle Zahl.

c) Begründen Sie, dass die Schnittpunkte der Geraden g_a mit der xy-Ebene auf einer Parabel mit der Gleichung $y = -x^2$ liegen. (2 BE)

d) Untersuchen Sie, für welche Werte von a sich die Geraden g_a mit der Geraden h: $\vec{x} = \begin{pmatrix} -1 \\ -2 \\ 1 \end{pmatrix} + r \cdot \begin{pmatrix} 3 \\ 2 \\ 1 \end{pmatrix}$ ($r \in \mathbb{R}$) schneiden.

Geben Sie, sofern vorhanden, die Koordinaten der Schnittpunkte an. Berechnen Sie jeweils die Größe des Schnittwinkels der Geraden. (4 BE)

e) Begründen Sie, dass für den Abstand d(a) der Geraden g_a zum Punkt $Q_a(1; 1; a)$ mit $a \in \mathbb{R}$ gilt:

$$d(a) = \frac{\sqrt{a^2 - 2a + 3}}{\sqrt{a^2 + 2}}$$ (3 BE)

f) Untersuchen Sie, an welchen Stellen der kleinste und der größte Wert des Abstandes d(a) angenommen wird, und geben Sie diese Abstände an. (2 BE)

(40 BE)

Aufgabe 1

Wahrscheinlichkeiten der Ereignisse

Prüfen Sie, für welches der Ereignisse A, B und C die Binomialverteilung als mathematisches Modell geeignet ist.

Wenn von fünf Kunden frühestens der vierte, aber mindestens einer, Biosprit tankt, dann kann man zwei Fälle unterscheiden. Berechnen Sie die zugehörigen Wahrscheinlichkeiten mit den Pfadregeln.

Wenn der fünfte Kunde der zweite E10 tankende Kunde ist, dann muss von den ersten vier Kunden genau einer bereits E10 getankt haben. Auf die Wahrscheinlichkeit für Letzteres passt die Binomialverteilung als Modell.

Beschreibung des Ereignisses D

Den Term $\left(\frac{6}{7}\right)^3$ kann man im Sachzusammenhang interpretieren als die Wahrscheinlichkeit, dass von drei Kunden keiner E10 tankt. Der Term $1-\left(\frac{6}{7}\right)^3$ kann dann als Gegenwahrscheinlichkeit aufgefasst werden.

Beschreiben Sie das Gegenereignis zu „keiner von drei Kunden tankt E10" mit Worten.

Zufallsgröße X

Der Term $\frac{6}{7}$ kann im Kontext der Aufgabenstellung als Wahrscheinlichkeit dafür aufgefasst werden, dass ein Kunde kein E10 tankt.

Beschreiben Sie die Zufallsgröße X und den Erwartungswert EX im Sachzusammenhang mit Worten.

Entnehmen Sie die Parameter n und p der Zufallsgröße X der Aufgabenstellung.

Ein zu EX symmetrisches Intervall kann z. B. durch $I = [360 - c; 360 + c]$ mit $c > 0$ beschrieben werden.

Ermitteln Sie durch systematisches Probieren einen Wert für c, sodass $P(I) \approx 0{,}92$ ist (z. B. Schieberegler oder Tabellenkalkulation).

Stichprobenumfang

Es ist sinnvoll, H: $p = \frac{1}{7}$ als Nullhypothese aufzufassen, weil für diese Hypothese der Ablehnungsbereich beschrieben wird.

Die untere Grenze des Ablehnungsbereichs ist $g_u = 51$, die obere Grenze n des Ablehnungsbereichs ist zu ermitteln.

Der Fehler 1. Art entsteht dadurch, dass das Stichprobenergebnis zufällig im Ablehnungsbereich für die Nullhypothese liegt, obwohl die Nullhypothese wahr ist, also $p = \frac{1}{7}$ gilt.

Der Fehler 2. Art entsteht dadurch, dass das Stichprobenergebnis zufällig im Annahmebereich für die Nullhypothese liegt, obwohl sie falsch ist, d. h., dass in Wirklichkeit $p = 0{,}2$ gilt.

Beschreiben Sie die Wahrscheinlichkeiten für die Fehler 1. und 2. Art durch geeignete Summen in Abhängigkeit vom unbekannten Stichprobenumfang n.

Ermitteln Sie z. B. durch systematisches Probieren (z. B. Schieberegler oder Tabellenkalkulation) denjenigen Wert für n, für den beide Wahrscheinlichkeiten gleichzeitig höchstens gleich 0,1 sind.

arithmetisches Mittel und Standardabweichung
✓ Geben Sie die Verbrauchswerte als Liste in Ihren CAS-Rechner ein und berechnen Sie die gesuchten Kenngrößen mit den Werkzeugen des CAS-Rechners.

Wahrscheinlichkeiten berechnen
✓ Bezeichnen Sie die normalverteilte Zufallsgröße für den Spritverbrauch mit X und verwenden Sie für die Parameter dieser Normalverteilung die im Aufgabentext beschriebenen Werte.

✓ Zu bestimmen sind die Wahrscheinlichkeiten $P(D) = P(X \geq \mu + 0,2)$ und $P(E) = P(|X - \mu| > 0,2)$.

Intervall bestimmen
✓ Das Intervall lässt sich beschreiben durch $P(|X - \mu| \leq c) = 0,95$ bzw. $P(\mu - c \leq X \leq \mu + c) = 0,95$. Probieren Sie systematisch verschiedene Werte für c aus, bis diese Gleichung möglichst genau erfüllt ist.

Simulation beschreiben
✓ Ihr CAS-Rechner enthält einen Befehl zum Erzeugen von normalverteilten Zufallszahlen mit gegebenem Erwartungswert und gegebener Standardabweichung. Mit diesem Befehl werden 500 normalverteilte Zufallszahlen mit den gegebenen Parametern erzeugt. Dann wird für jede dieser Zufallszahlen entschieden, ob sie die gegebene Bedingung erfüllt. Die Anzahl der Zahlen, auf die diese Entscheidung zutrifft, wird ins Verhältnis zu allen 500 Zufallszahlen gesetzt. Der Quotient ist ein Schätzwert für die gesuchte Wahrscheinlichkeit.

Aufgabe 2
Schnitt mit den Koordinatenachsen
✓ Setzen Sie $a = 1$ in die Gleichung für g_a ein.

✓ Bei Schnittpunkten einer Geraden mit den Koordinatenachsen haben immer mindestens zwei der drei Koordinaten des Schnittpunktes den Wert null.

✓ Verwenden Sie diese Überlegung, um einen Ansatz für die Berechnung der Schnittpunkte zu finden.

✓ Lösen Sie die entsprechenden Gleichungssysteme und interpretieren Sie die Ergebnisse mit Blick auf die Existenz bzw. die Koordinaten der Schnittpunkte.

✓ Um einen Schnittwinkel der Geraden mit einer Achse zu berechnen, können Sie den Winkel zwischen dem Richtungsvektor der Geraden und einem Richtungsvektor der Achse berechnen. Schließen Sie gegebenenfalls auf den Nebenwinkel, falls die Rechnung einen stumpfen Winkel ergibt.

✓ Alternativ können Sie wegen der besonderen Lage der Geraden die Ergebnisse auch durch elementare inhaltliche Überlegungen erhalten.

Schnitt mit den Koordinatenebenen
✓ Den Schnittpunkt von g_1 mit zwei der drei Koordinatenebenen können Sie ohne aufwendige Rechnung aus dem Ergebnis der Teilaufgabe 2 a ableiten.

✓ Bei Schnittpunkten einer Geraden mit einer Koordinatenebene hat mindestens eine der Koordinaten des Schnittpunktes den Wert null.

✓ Verwenden Sie diese Überlegung, um einen Ansatz für die Berechnung des dritten Schnittpunktes zu finden.

✓ Lösen Sie das Gleichungssystem und verwenden Sie das Ergebnis zur Berechnung der Koordinaten des Schnittpunktes.

Parabelgleichung

▸ Im Prinzip können Sie Hinweise aus der vorigen Teilaufgabe hier wieder berücksichtigen.

▸ Wenn eine Gerade die xy-Ebene schneidet, so muss $z = 0$ sein.

▸ Bestimmen Sie den Wert des Parameters t in Abhängigkeit von a durch Gleichsetzen von $z = 0$ mit der dritten Koordinate des Vektors, der die Geradengleichung beschreibt.

▸ Ermitteln Sie damit die restlichen Koordinaten des Schnittpunktes und weisen Sie den Zusammenhang $y = -x^2$ zwischen seiner y- und seiner x-Koordinate nach.

Schnitt zweier Geraden

▸ Setzen Sie die beiden Geradengleichungen gleich und lösen Sie dieses Gleichungssystem.

▸ Aus der Lösungsmenge können Sie die gesuchten Werte von a ablesen.

▸ Berechnen Sie zur Kontrolle die Koordinaten der Schnittpunkte mit beiden Geradengleichungen durch Einsetzen von geeigneten Elementen der Lösungsmenge des Gleichungssystems.

▸ Die Größe des Schnittwinkels zweier Geraden kann über den Winkel, den ihre Richtungsvektoren miteinander bilden, bestimmt werden. Im Allgemeinen wird der kleinere der beiden Winkel als Schnittwinkel angegeben.

Abstand der Geraden zu einem Punkt

▸ Sie können den Abstand d(a) z. B. über das Funktionsminimum des Betrages der Differenz der Ortsvektoren des Punktes Q_a und eines beliebigen Punktes der Geraden g_a ermitteln.

▸ Sie erhalten denjenigen Wert t_{Min} des Parameters t in Abhängigkeit von a, für den dieses Minimum angenommen wird.

▸ Drücken Sie den Betrag der Differenz der Ortsvektoren des Punktes Q_a und des Punktes $g_a(t_{Min})$ der Geraden g_a in Abhängigkeit von a aus. Vergleichen Sie das Ergebnis mit dem in der Aufgabenstellung gegebenen Funktionsterm für d(a).

kleinster und größter Wert des Abstandes

▸ Untersuchen Sie den Term von d(a) auf das Funktionsminimum und das Funktionsmaximum.

▸ Sie können das grafisch oder mit den speziellen Befehlen des CAS tun oder den Ableitungskalkül verwenden.

▸ Berechnen Sie die Abstände d(a) für die ermittelten Werte von a.

Lösungen

1. a) *Ereignis A:*
X sei die Zufallsgröße, die die Anzahl der Kunden beschreibt, die E10 tanken. Dann ist X binomialverteilt mit $n = 562$ und $p = \frac{1}{7}$.

$$P(A) = P(50 < X < 100)$$
$$= \sum_{k=51}^{99} \binom{562}{k} \cdot \left(\frac{1}{7}\right)^k \cdot \left(\frac{6}{7}\right)^{562-k} \approx \underline{0{,}988}$$

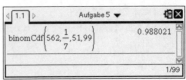

Es ist also fast sicher, dass Ereignis A eintritt.

Ereignis B:
Wenn frühestens der vierte von fünf Kunden E10 tankt, dann heißt das, dass entweder die ersten drei Kunden keinen Biosprit tanken, der vierte Kunde E10 nimmt und es vom fünften Kunden offenbleibt, was er tankt, oder die ersten vier Kunden tanken keinen Biosprit, aber der fünfte Kunde entscheidet sich als Erster für E10.
Dazu gehört die folgende Wahrscheinlichkeit:

$$P(B) = \left(\frac{6}{7}\right)^3 \cdot \left(\frac{1}{7}\right)^1 \cdot 1 + \left(\frac{6}{7}\right)^4 \cdot \left(\frac{1}{7}\right)^1 \approx \underline{0{,}167}$$

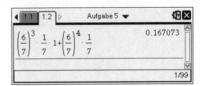

Ereignis C:
Unter den ersten vier Kunden ist genau ein E10 tankender Kunde und der fünfte Kunde tankt E10.

$$P(C) = \binom{4}{1} \cdot \left(\frac{1}{7}\right)^1 \cdot \left(\frac{6}{7}\right)^3 \cdot \frac{1}{7} \approx \underline{0{,}051}$$

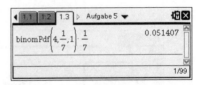

b) $1 - P(D) = \left(\frac{6}{7}\right)^3$ beschreibt die Wahrscheinlichkeit, dass von drei Kunden keiner Biosprit E10 tankt. Das Ereignis könnte also lauten: „Mindestens einer von drei Kunden tankt Biosprit E10."

c) X kann hier als die Zufallsgröße betrachtet werden, die die Anzahl der Kunden beschreibt, die **keinen** Biosprit E10 tanken.
X ist binomialverteilt mit $n = 420$ und $p = \frac{6}{7}$. $EX = 360$ beschreibt dann den Erwartungswert von X.

Zu berechnen ist c mit:
$$P(360 - c \le X \le 360 + c) \approx 0{,}92$$

Der Wert für c kann z. B. durch systematisches Probieren gefunden werden. Es ergibt sich $c = 12$, sodass das gesuchte Intervall lautet: [348; 372]

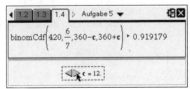

d) Der Verwerfungsbereich ist gegeben durch:
$V = \{51, 52, \ldots, n\}$

Das Risiko für den Fehler 1. Art ist dann

$$\sum_{k=51}^{n} \binom{n}{k} \cdot \left(\frac{1}{7}\right)^{k} \cdot \left(\frac{6}{7}\right)^{n-k}$$

und das für den Fehler 2. Art beträgt:

$$\sum_{k=0}^{50} \binom{n}{k} \cdot 0{,}2^{k} \cdot 0{,}8^{n-k}$$

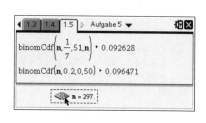

Durch systematisches Probieren über einen Schieberegler lässt sich $\underline{\underline{n = 297}}$ bestimmen.

Alternativen:
Grafische oder tabellarische Darstellung der Wahrscheinlichkeitssummenfunktionen:

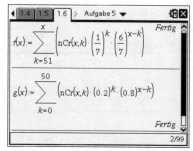

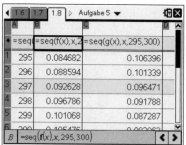

e) (1) Die Angaben zum Kraftstoffverbrauch
werden als Liste eingegeben, das arithmetische Mittel und die Standardabweichung
mit den Befehlen des CAS-Rechners berechnet. Es ergeben sich:

$$\overline{x} \approx 6{,}3 \, \frac{\text{Liter}}{100 \text{ km}} \quad \text{und} \quad s \approx 0{,}7 \, \frac{\text{Liter}}{100 \text{ km}}$$

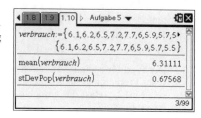

(2) X sei die normalverteilte Zufallsgröße für den Spritverbrauch mit $\mu = 6,3 \frac{\text{Liter}}{100\,\text{km}}$ und $\sigma = 0,7 \frac{\text{Liter}}{100\,\text{km}}$. Dann gilt:

$$P(D) = P(X \geq 6,5) \approx \underline{\underline{0,39}}$$

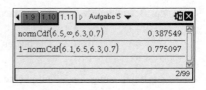

$$P(E) = P(|X - 6,3| > 0,2)$$
$$= 1 - P(6,1 \leq X \leq 6,5) \approx \underline{\underline{0,78}}$$

(3) Durch systematisches Probieren erhält man als Intervallgrenzen (in Liter pro 100 km):
$$[6,3 - 1,37; 6,3 + 1,37] = \underline{\underline{[4,93; 7,67]}}$$

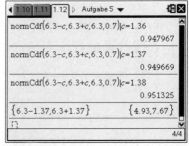

Alternativ kann man auch die von den Sigma-Regeln her bekannte Abschätzung für das 95 %-Prognoseintervall verwenden:
$$P(\mu - 1,96 \cdot \sigma \leq X \leq \mu + 1,96 \cdot \sigma) \approx 0,95$$

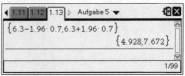

(4) Mit dem Befehl randNorm(6.3, 0.7, 500) werden 500 normalverteilte Zufallszahlen mit den gegebenen Parametern erzeugt. Diese Zahlen werden als Liste z. B. unter der Variablen „sprit" gespeichert. Dann wird für jede dieser Zufallszahlen entschieden, ob sie kleiner oder gleich 6,4 ist, z. B. mit dem Befehl countIf(sprit, ? ≤ 6.4). Die Anzahl der Zahlen, auf die diese Entscheidung zutrifft, wird ins Verhältnis zu allen 500 Zufallszahlen gesetzt. Der Quotient ist ein Schätzwert für die gesuchte Wahrscheinlichkeit.

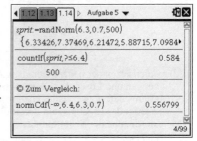

2. a) Für a = 1 ist:

$$g_1 : \vec{x} = \begin{pmatrix} 0 \\ 0 \\ 1 \end{pmatrix} + t \cdot \begin{pmatrix} 1 \\ 1 \\ 1 \end{pmatrix}$$

Die Gerade g_1 schneidet die **z-Achse** im Punkt $\underline{\underline{P_z(0; 0; 1)}}$, dem festen Punkt dieser Geraden.
Da der Richtungsvektor die Raumdiagonale eines Einheitswürfels beschreibt, wird die z-Achse unter einem Winkel von ca. 54,74° geschnitten:

$$\tan(\alpha) = \sqrt{2} \implies \underline{\underline{\alpha \approx 54,74°}} \quad \text{bzw.} \quad \cos(\alpha) = \frac{1}{\sqrt{3}} \implies \underline{\underline{\alpha \approx 54,74°}}$$

Zur Berechnung von Schnittpunkten mit der **x-Achse** wird $y = z = 0$ gesetzt:

$$\left.\begin{array}{ll} x = 0 + t & x = t \\ 0 = 0 + t \quad \Rightarrow & 0 = t \\ 0 = 1 + t & -1 = t \end{array}\right\} \text{ Die beiden letzten Zeilen ergeben einen Widerspruch.}$$

Zur Berechnung von Schnittpunkten mit der **y-Achse** wird $x = z = 0$ gesetzt:

$$\left.\begin{array}{ll} 0 = 0 + t & 0 = t \\ y = 0 + t \quad \Rightarrow & y = t \\ 0 = 1 + t & -1 = t \end{array}\right\} \text{ Die erste und letzte Zeile widersprechen einander.}$$

Es existieren keine weiteren Schnittpunkte bzw. Schnittwinkel mit den Achsen.

b) Die xz- und die yz-Ebene werden im Punkt $\underline{P_z(0; 0; 1)}$ geschnitten (Teilaufgabe 2 a).

Der Schnittpunkt mit der xy-Ebene wird für $z = 0$ erreicht:

$$\left.\begin{array}{l} x = 0 + t \\ y = 0 + t \\ 0 = 1 + t \quad \Rightarrow \quad t = -1 \end{array}\right\} \Rightarrow \underline{\underline{S_{xy}(-1; -1; 0)}}$$

c) Der Schnittpunkt mit der xy-Ebene wird für $z = 0$ erreicht:

$$\left.\begin{array}{l} x = 0 + t \\ y = 0 + a \cdot t \\ 0 = a + t \quad \Rightarrow \quad t = -a \end{array}\right\} \Rightarrow S_{xy}(-a; -a^2; 0)$$

Mit $x = -a$ und $y = -a^2$ folgt $y = -x^2$.

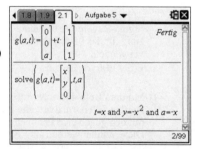

d) Gleichsetzen der beiden Geradengleichungen und Lösen des Gleichungssystems liefert zwei Fälle. Die Probe
bestätigt das Ergebnis und liefert die
Koordinaten der Schnittpunkte.

Die Geraden schneiden einander für
$\underline{a = 2}$ im Schnittpunkt $\underline{\underline{S_2(-1; -2; 1)}}$ und

für $\underline{a = 0}$ im Schnittpunkt $\underline{\underline{S_0(2; 0; 2)}}$.

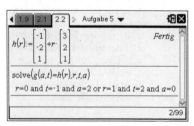

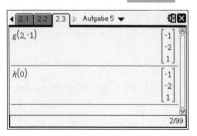

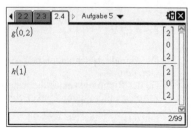

Die Größe des Schnittwinkels der Geraden wird jeweils mithilfe ihrer Richtungsvektoren ermittelt:

$$\cos(\alpha) = \frac{\begin{pmatrix}1\\a\\1\end{pmatrix} \circ \begin{pmatrix}3\\2\\1\end{pmatrix}}{\left|\begin{pmatrix}1\\a\\1\end{pmatrix}\right| \cdot \left|\begin{pmatrix}3\\2\\1\end{pmatrix}\right|}$$

ergibt für $a = 2$ einen Schnittwinkel von ca. 29,2° und für $a = 0$ einen Schnittwinkel von ca. 40,9°.

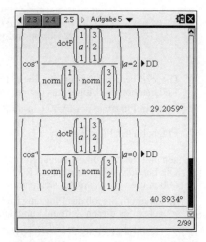

e) Der Abstand d(a) der Geraden $\vec{x} = g_a(t)$ zum Punkt Q_a wird als Funktionsminimum des Betrages der Differenz der zugehörigen Ortsvektoren bestimmt:

$$|\vec{q}_a - g_a(t)| \to \text{Minimum}$$

Mit dem hieraus berechneten Wert für t_{Min} wird der Betrag d(a) der Differenz der Ortsvektoren in Abhängigkeit von a ermittelt. Es ergibt sich der behauptete Term.

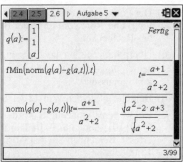

f) Die lokalen Extrempunkte der Funktion d werden mit den speziellen Befehlen des CAS-Rechners gewonnen:

Hochpunkt $H(-1; \sqrt{2})$

Tiefpunkt $T\left(2; \frac{1}{2}\sqrt{2}\right)$

Der größte Abstandswert wird an der Stelle $a = -1$ angenommen. Der Abstand ist dort $d(-1) = \sqrt{2}$. Der kleinste Abstandswert ist an der Stelle $a = 2$ und beträgt $d(2) = \frac{1}{2}\sqrt{2}$.

1. Die xy-Ebene beschreibt eine ebene Landschaft, in der ein Flughafen liegt. Die Radarstation des Flughafens befindet sich im Punkt R(6|20|0). Das Radar erfasst ein Flugzeug um 13.00 Uhr im Punkt $U\left(12 \mid 17 \mid \frac{3}{2}\right)$. Man ermittelt als

   Flugbahn des Flugzeuges A: $\vec{x} = \begin{pmatrix} 12 \\ 17 \\ \frac{3}{2} \end{pmatrix} + t \cdot \begin{pmatrix} 3 \\ -2 \\ 1 \end{pmatrix}$, dabei wird t in Minuten gemessen und die Koordinatenangaben sind in Kilometer angegeben.

   Die Landebahn kann durch ein Rechteck beschrieben werden (5 km Länge, 400 m breit) und befindet sich parallel zur Flugrichtung des Flugzeuges A.

   a) Erläutern Sie, ob das Flugzeug im Landeanflug oder gerade gestartet ist, und geben Sie diesen Zeitpunkt und den Ort P des Lande-bzw. Startpunktes an.

      (Kontrollergebnis $P\left(\frac{15}{2} \mid 20 \mid 0\right)$) (3 BE)

   b) Der Punkt P befindet sich genau in der Mitte der Landebahn (Längsrichtung) und 1 km vom Ende der Bahn entfernt. Ermitteln Sie die Koordinaten des Rechteckes. (4 BE)

   c) Überprüfen Sie, ob das Flugzeug A die geforderte Start- bzw. Landegeschwindigkeit von ca. $230\ \frac{km}{h}$ einhält, wenn man konstante Geschwindigkeit voraussetzt. (2 BE)

   d) Berechnen Sie den Winkel des Start- bzw. Landeanfluges. (3 BE)

   e) Ein weiteres Flugzeug B wurde ebenfalls um 13.00 Uhr im Punkt F(10|10|3) und um 13.01 Uhr im Punkt H(20|10|3) von der Radarstation erfasst. Berechnen Sie den Abstand beider Flugzeuge zum Zeitpunkt 13.00 Uhr. (2 BE)

   f) Untersuchen Sie, ob der geforderte Mindestabstand der Flugbahnen von 600 m eingehalten wird. (3 BE)

   g) Ermitteln Sie den minimalen Abstand des Flugzeuges B von der Radarstation. (3 BE)

   h) Das Flugzeug A verschwindet um 13.03 Uhr in einer sich parallel zur Erdoberfläche bewegenden, als Ebene angenommenen Wolkendecke. Welchen Abstand hat das Flugzeug zu diesem Zeitpunkt von der Radarstation? (2 BE)

   i) Geben Sie eine Ebenengleichung für die Wolkendecke an und berechnen Sie deren Entfernung von der Radarstation. (3 BE)

2. Eine Billigfluggesellschaft nutzt auf einer bestimmten Strecke Flugzeuge mit 240 Plätzen, die immer vorab ausgebucht sind. In der Regel werden aber 8 % der Flüge vorab storniert.

   Die Fluggesellschaft ist an der wirklichen Passagierzahl bei Schließung der Passagierliste interessiert. Interpretieren Sie im Weiteren diese relativen Häufigkeiten als Wahrscheinlichkeiten.

   a) Erläutern Sie, warum die Anzahl der Passagiere als binomialverteilt angesehen werden kann. (2 BE)

b) Bestimmen Sie, unter der Voraussetzung, dass die Anzahl der Passagiere binomialverteilt ist, die Wahrscheinlichkeiten der folgenden Ereignisse:
A: Genau 220 Plätze werden genutzt.
B: Mindestens 210 Plätze werden genutzt.
C: Alle Plätze werden genutzt. (3 BE)

c) Um die Flüge besser auszunutzen, verkauft die Fluggesellschaft 5 % mehr Plätze pro Flugzeug; damit könnte es zu Überbuchungen kommen. Berechnen Sie die Wahrscheinlichkeit, dass es zu Überbuchungen kommt. (4 BE)

d) Nach einer Werbeaktion möchte die Leitung der Fluggesellschaft ermitteln, ob sich das Stornierungsverhalten geändert hat. Entwickeln Sie einen zweiseitigen Hypothesentest mit $n = 100$ und dem Signifikanzniveau $\alpha = 5$ %. Ermitteln Sie für Ihren Test den Verwerfungsbereich und beschreiben Sie den Fehler 1. Art. (4 BE)

e) Die Masse der Gepäckstücke, die die Passagiere aufgeben, kann als normalverteilt angesehen werden. Sie beträgt durchschnittlich 16 kg bei einer Standardabweichung von 2,5 kg. Ermitteln Sie die Wahrscheinlichkeit, dass ein Gepäckstück eine Masse von mindestens 13 und höchstens 19 kg hat. (2 BE)
(40 BE)

Hinweise und Tipps

Aufgabe 1

Teilaufgabe a

✎ Die z-Koordinate des Richtungsvektors der Flugbahn trifft eine Aussage darüber, ob es sich um einen Start- oder Landevorgang handelt.

✎ Der Punkt P kann als Schnittpunkt der Flugbahn mit der xy-Ebene ermittelt werden.

Teilaufgabe b

✎ Veranschaulichen Sie sich die Situation in einem zweidimensionalen Koordinatensystem und berücksichtigen Sie, dass das Flugzeug parallel zur Landebahn landet / startet. Beachten Sie auch die xy-Richtung der Flugbahn.

✎ Der Operator „Ermitteln" lässt auch eine zeichnerische Lösung zu.

Teilaufgabe c

✎ Beachten Sie die Einheiten des Parameters t und der Koordinatenangaben.

Teilaufgabe d

✎ Es muss der Winkel zwischen einer Geraden und einer Ebene bestimmt werden.

✎ Stellen Sie den Normalenvektor der Ebene auf.

Teilaufgabe e

✎ Beachten Sie, dass es sich hier um einen Abstand zu ein und demselben Zeitpunkt t handelt. Für beide Flugzeuge kann somit der gleiche Parameter „t" verwendet werden.

Teilaufgabe f

✎ Es soll der Abstand der Flugbahnen bestimmt werden, d. h., man muss die Lagebeziehung der beiden Geraden zueinander untersuchen und dann ggf. den Abstand ermitteln.

Teilaufgabe g

✎ Es muss der Abstand eines Punktes (R) von einer Geraden ermittelt werden. Dieser Abstand kann z. B. als Minimum des Betrages des Differenzvektors aus dem Ortsvektor von R und dem Ortsvektor eines Punktes der Geraden bestimmt werden.

Teilaufgabe h

✎ Ermitteln Sie zunächst die Lage des Durchstoßpunktes des Flugzeuges durch die Wolkendecke und danach den Abstand zweier Punkte voneinander.

Teilaufgabe i

✎ Berücksichtigen Sie, dass sich die Wolkendecke in einer zur Erdoberfläche parallelen Ebene befindet.

Aufgabe 2

Teilaufgabe a

✎ Das Modell der Binomialverteilung verlangt bestimmte Voraussetzungen, z. B. die Unabhängigkeit der Entscheidung einzelner Kunden.

Teilaufgabe b

✎ Betrachten Sie nun den Vorgang als Bernoulli-Experiment mit der Erfolgswahrscheinlichkeit p und der Kettenlänge n.

Teilaufgabe c

Beachten Sie, dass es im Unterschied zu Teilaufgabe b zu einer Änderung bei der Länge der Bernoulli-Kette kommt.

Teilaufgabe d

Stellen Sie die Nullhypothese und die Alternativhypothese auf und berechnen Sie hiermit den Verwerfungsbereich.

Der Fehler 1. Art wird gemacht, wenn die Nullhypothese verworfen wird, obwohl diese zutrifft.

Teilaufgabe e

Nutzen Sie hier die entsprechenden Rechnerbefehle zur Normalverteilung.

Lösungen

1. a) Da die z-Koordinate $z = 1$ des Richtungsvektors $\begin{pmatrix} 3 \\ -2 \\ 1 \end{pmatrix}$ positiv ist, befindet sich das Flug-

zeug in der Startphase. Gleichsetzen der Geradengleichung mit der Ebenengleichung $\begin{pmatrix} x \\ y \\ 0 \end{pmatrix}$ der xy-Ebene liefert:

$$\begin{pmatrix} x \\ y \\ 0 \end{pmatrix} = \begin{pmatrix} 12 \\ 17 \\ \frac{3}{2} \end{pmatrix} + t \cdot \begin{pmatrix} 3 \\ -2 \\ 1 \end{pmatrix}$$

Dies führt zu einem linearen Gleichungssystem:

$x = 12 + 3t$

$y = 17 - 2t$

$0 = \dfrac{3}{2} + t$

Dies liefert als Startpunkt $P\left(\frac{15}{2} \mid 20 \mid 0\right)$.

Der Parameter $t = -\dfrac{3}{2}$ bedeutet, dass das Flugzeug 1,5 Minuten vor 13.00 Uhr gestartet ist, also um 12.58' 30" Uhr.

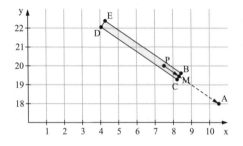

b) *Zeichnerische Lösung:*
Trägt man in ein zweidimensionales Koordinatensystem den Startpunkt P sowie die Flugrichtung, projiziert in xy-Richtung ein, so kann man zeichnerisch die Lage der rechteckigen Startbahn ermitteln.

Eine Lösungsidee besteht darin, den Vektor $\vec{a} = \begin{pmatrix} 3 \\ -2 \end{pmatrix}$, der die xy-Richtung der Flugbahn beschreibt, auf die Länge 1 zu kürzen (dies kann in einfacher Weise mit einem Zirkel mit r = 1 cm erfolgen).

Damit kann man die Bedingung, dass der Startpunkt 1 km vor dem Ende der Startbahn liegt, erfüllen, um zunächst die Mitte der einen Endseite (in der Abbildung ist dies der Punkt M) der rechteckigen Startbahn zu bestimmen.

Um die vier Eckpunkte des Rechtecks zu ermitteln, muss man noch beachten, dass die Startbahn 400 m breit ist. Dies bedeutet, dass man ausgehend vom Mittelpunkt M der einen Rechtecksseite im rechten Winkel jeweils 0,2 cm abträgt und so die Eckpunkte B und C ermittelt. Die beiden fehlenden Eckpunkte des Rechtecks bekommt man, indem man ausgehend von B und C diesen Vektor fünfmal in entgegengesetzte Richtung abträgt.

Rechnerische Lösung:
Rechnerisch geschieht dies am einfachsten, indem man den Einheitsvektor nutzt. Es ergibt sich dabei $\vec{a}_e = \begin{pmatrix} \frac{3\sqrt{13}}{13} \\ \frac{-2\sqrt{13}}{13} \end{pmatrix}$ als Einheitsvektor zum Vektor $\vec{a}$. Zusätzlich benötigt man nun noch einen Einheitsvektor, der senkrecht auf $\vec{a}_e$ steht, um vom Mittelpunkt der Seite $\overline{BC}$ die Eckpunkte B und C zu bestimmen. Dieser Vektor $\vec{r}_a = \begin{pmatrix} \frac{2\sqrt{13}}{13} \\ \frac{3\sqrt{13}}{13} \end{pmatrix}$ lässt sich aus dem Vektor $\vec{a}_e$ ableiten.

Ein Einheitsvektor ist ein Vektor der Länge 1 und gleicher Richtung wie der vorgegebene Vektor – für solch einen Vektor existiert der Befehl unitv().

So erhält man für die Koordinaten des Rechtecks:

B(8,4 | 19,6),

C(8,2 | 19,3),

D(4,1 | 22,1),

E(4,3 | 22,4)

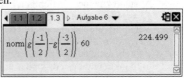

c) Da in der Geradengleichung die Koordinaten in km und der Parameter t in Minuten angegeben ist, braucht man z. B. nur die in der 1. Minute nach dem Start zurückgelegte Strecke zu berechnen und mit 60 zu multiplizieren.

Man erhält eine Startgeschwindigkeit $v \approx 224,5 \frac{\text{km}}{\text{h}}$. Damit wird die geforderte Geschwindigkeit in etwa eingehalten.

$$\text{norm}\left(g\begin{pmatrix} -1 \\ 2 \end{pmatrix} - g\begin{pmatrix} -3 \\ 2 \end{pmatrix}\right) \cdot 60 \qquad 224.499$$

d) Der gesuchte Winkel lässt sich mithilfe des Skalarproduktes bestimmen. Man nutzt dazu den Richtungsvektor $\begin{pmatrix} 3 \\ -2 \\ 1 \end{pmatrix}$ der Geraden sowie den Normalenvektor $\begin{pmatrix} 0 \\ 0 \\ 1 \end{pmatrix}$ der xy-Ebene und ermittelt als Winkel beim Startvorgang $\alpha \approx 15,5°$.

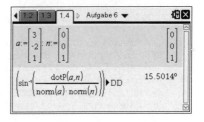

e) Der Abstand beider Flugzeuge um 13 Uhr kann mithilfe des Betrags des Verbindungsvektors, der sich aus den Ortsvektoren beider Flugzeuge um 13 Uhr ergibt, berechnet werden.

Flugzeug A befindet sich um 13 Uhr im Punkt $U(12 \mid 17 \mid \frac{3}{2})$ und Flugzeug B im Punkt $F(10 \mid 10 \mid 3)$. Damit lässt sich der Abstand als Betrag des Vektors $\overrightarrow{UF}$ bestimmen, dieser beträgt ca. $7,43$ km.

f) Es muss in dieser Aufgabe der Abstand zweier windschiefer Geraden bestimmt werden, üblicherweise wird dies unter Verwendung des Skalarproduktes durchgeführt.

Man definiert den Verbindungsvektor $\overrightarrow{PQ}$ zweier beliebiger Punkte $P = g(s)$ auf g und $Q = g2(t)$ auf $g2 = g(FH)$. Dieser Vektor muss orthogonal zu den Richtungsvektoren beider Geraden sein, wenn diese Punkte den minimalen Abstand der beiden Geraden annehmen sollen.

Man kann die Werte der Parameter mit einem Gleichungssystem mit zwei Variablen ermitteln. Daraus erhält man die relevanten Punkte P und Q und den gesuchten Abstand von ca. $1,79$ km. Der Mindestabstand wird also eingehalten.

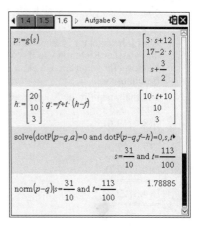

Variante: Es gibt auch einen Weg, der ohne das Skalarprodukt auskommt.

Zuerst wird der Parameter s bestimmt, für den g(s) jeweils den Punkt mit minimalem Abstand zu einem beliebigen Punkt g2(t) auf $g2 = g(FH)$ angibt. Danach wird unter Verwendung dieses Parameterwertes s der Parameterwert t den absolut kleinsten Abstand berechnet. Die Berechnung der Lotfußpunkte und des Abstandes erfolgt danach unter Verwendung der gefundenen Parameterwerte. Man erhält für den Abstand etwa $1,79$ km, also mehr als den Mindestabstand.

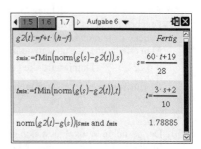

g) Der Abstand des Flugzeuges B zu einem beliebigen Zeitpunkt t zur Radarstation entspricht der Länge des Vektors zwischen der Radarstation R und dem Punkt g2(t) auf der Geraden $g2 = g(FH)$. Den Wert des Parameters t, für den der Abstand minimal ist, erhält man mit dem Befehl fMin. Es ergibt sich ein minimaler Abstand von ca. $10,4$ km.

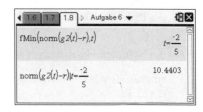

h) Der Abstand des Flugzeuges A um 13.03 Uhr
zur Radarstation entspricht der Länge des
Vektors zwischen der Radarstation R und dem
Ort des Flugzeuges um 13.03 Uhr. Dieser Ort
wird berechnet, indem t = 3 in die Geradengleichung des Flugzeuges A eingesetzt wird.
Es ergibt sich ein Abstand von ca. 18,1 km.

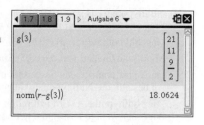

i) Man kann die Ebenengleichung ermitteln, indem man den Ort des Flugzeuges um
13.03 Uhr als Ortsvektor und zwei zur xy-Ebene, aber nicht zueinander parallele
Vektoren als Spannvektoren nutzt. Damit erhält man als Ebenengleichung:

$$\vec{x} = \begin{pmatrix} 21 \\ 11 \\ 9 \\ 2 \end{pmatrix} + t \cdot \begin{pmatrix} 1 \\ 0 \\ 0 \end{pmatrix} + s \cdot \begin{pmatrix} 0 \\ 1 \\ 0 \end{pmatrix}$$

Da diese Ebene parallel zur xy-Ebene verläuft, ist der Abstand der Wolkendecke zur
Radarstation gleich der z-Koordinate der Ebene, also 4,5 km.

2. a) Für das Modell der Binomialverteilung könnte sprechen:
   • Die Stornierungen erfolgen durch die Passagiere unabhängig voneinander (z. B. keine
     Familien- bzw. Gruppenstornierungen) und mit gleicher Wahrscheinlichkeit.
   • Es gibt keine Gründe (Katastrophen oder Terroranschläge), die das Stornierungs-
     verhalten momentan beeinflussen.

b) Die Zufallsgröße X beschreibe die Anzahl der Fluggäste unter 240 Buchungen, die
   ihren Platz nutzen. X ist binomialverteilt mit n = 240 und p = 1 – 0,08 = 0,92.

Ereignis A

$$P(A) = P(X = 220) = \binom{240}{220} \cdot 0,92^{220} \cdot (1 - 0,92)^{20} \approx 0,0911$$

Ereignis B

$$P(B) = P(X \geq 210)$$

$$= \sum_{k=210}^{240} \binom{240}{k} \cdot 0,92^k \cdot (1 - 0,92)^{240-k}$$

$$\approx 0,9942$$

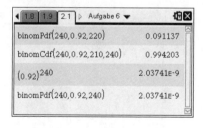

Ereignis C

$$P(C) = P(X = 240) = 0,92^{240} \approx 0$$

c) Die Zufallsgröße X beschreibe die Anzahl der Fluggäste unter 252 Buchungen (5 %
   mehr als 240), die ihren Platz nutzen. X ist binomialverteilt mit n = 252 und p = 0,92.

$$P(D) = P(X \geq 241)$$

$$= \sum_{k=241}^{252} \binom{252}{k} \cdot 0,92^k \cdot (1 - 0,92)^{252-k}$$

$$\approx 0,0163$$

d) Nullhypothese H_0: $p_0 = 0{,}92$; „Der Anteil der Passagiere, die gebucht haben und zum Flug erscheinen, liegt immer noch bei 92 %."

Gegenhypothese H_1: $p_1 \neq 0{,}92$

Signifikanzniveau von $\alpha = 0{,}05$; Stichprobengröße n = 100

Das Signifikanzniveau beschreibt das maximale Risiko für einen Fehler 1. Art, der darin besteht, die Nullhypothese abzulehnen, obwohl sie wahr ist.

Die Nullhypothese wird irrtümlich abgelehnt, wenn sich in der Stichprobe sehr viele oder sehr wenige Passagiere befinden, die stornieren, obwohl ihr Anteil immer noch bei 8 % liegt.

Die Irrtumswahrscheinlichkeit soll höchstens 5 % betragen. Durch systematisches Probieren ermittelt man für den Verwerfungsbereich:

$V = \{0; 1; \ldots; 85\} \cup \{98; \ldots; 100\}$

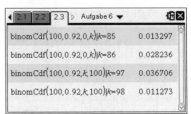

Die Nullhypothese kann also nur verworfen werden, wenn entweder höchstens 85 oder mindestens 98 Passagiere den Flug antreten.

e) Die gesuchte Wahrscheinlichkeit kann direkt mit dem Befehl normcdf( ) berechnet werden. Ob man als Grenzen 13 kg und 19 kg bzw. 12,5 kg und 19,5 kg nutzt, sollte sich aus dem im Unterricht vereinbarten Vorgehen ergeben. Man ermittelt demzufolge eine Wahrscheinlichkeit von ca. 77,0 % bzw. 83,8 %.

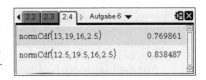

Alternative Lösung:
Eine grafische Lösung kann man mithilfe des Befehls normpdf(x, μ, σ) (stellt die Dichte der Normalverteilung dar) erhalten, indem man im Grafikfenster das bestimmte Integral der Dichtefunktion im gesuchten Intervall ermittelt.

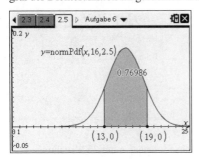
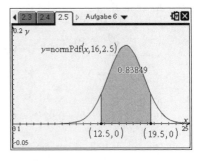

1. Die Arbeitsgemeinschaft „Wirtschaft und Recht" des Elisabeth-Gymnasiums ist an bestimmten Tagen der Woche mit der Pausenversorgung beauftragt. Max, der für die Getränke zuständig ist, hat im letzten Jahr ermittelt, dass 60 % der Schüler Biolimo und die weiteren Schüler andere Getränke kaufen. Im Mittel wurden pro Tag 250 Getränke verkauft. Interpretieren Sie im Weiteren diese relativen Häufigkeiten als Wahrscheinlichkeiten.

   a) Begründen Sie, unter welchen Voraussetzungen man den Anteil der „Biolimo-Käufer" durch eine binomialverteilte Zufallsgröße X beschreiben kann, und geben Sie hierfür den Erwartungswert µ und die Standardabweichung σ an. (4 BE)

   b) Berechnen Sie mit dieser Zufallsgröße die Wahrscheinlichkeiten der folgenden Ereignisse:
   A: Es werden mindestens 150 Flaschen Biolimo verkauft.
   B: Es werden höchstens 140 Flaschen Biolimo verkauft.
   C: Von den nächsten 4 Kunden kauft spätestens der dritte Biolimo. (4 BE)

   c) Beschreiben Sie in diesem Sachzusammenhang einen Sachverhalt, dessen Wahrscheinlichkeit sich durch $P(D) = 0,6^4$ berechnen lässt, wenn man 10 Schüler betrachtet. (2 BE)

   d) Da sich in letzter Zeit einige Schüler beschwert haben, dass die Flaschen nicht richtig gefüllt wären, hat sich Max bei der Herstellerfirma von Biolimo folgende Daten besorgt: Der Mittelwert für den Getränkeinhalt ist $0,33\ \ell$ bei einer Standardabweichung von $3\ m\ell$. Ermitteln Sie die Wahrscheinlichkeiten für die folgenden Ereignisse unter der Annahme, dass sich der Flascheninhalt durch eine normalverteilte Zufallsgröße X beschreiben lässt:
   E: Der Inhalt ist 5 % geringer als der Mittelwert.
   F: Der Inhalt weicht um mehr als $4\ m\ell$ vom Mittelwert ab. (4 BE)

   e) Bestimmen Sie ein Intervall, in dem mit einer Wahrscheinlichkeit von mindestens 95 % die gemessenen Inhaltswerte liegen. (2 BE)

   f) Berechnen Sie, wie viele Flaschen man testen müsste, um mit einer Wahrscheinlichkeit von mindestens 95 % mindestens 4 Flaschen zu finden, deren Inhalt um mehr als 10 % vom Erwartungswert abweicht. (4 BE)

   g) Tina glaubt, dass der Anteil der Biolimo-Käufer noch größer geworden ist. Sie möchte dies auf dem 5 %-Signifikanzniveau testen und dazu 50 Schüler befragen. Konstruieren Sie mit diesen Angaben einen Signifikanztest und ermitteln Sie den Verwerfungsbereich für Tinas Nullhypothese. Beschreiben Sie die inhaltliche Bedeutung des Fehlers 1. Art. (5 BE)

2. Das quaderförmige Gebäude des Elisabeth-Gymnasiums soll einen Anbau erhalten. Die Eckpunkte des Quaders lassen sich modellhaft mit A(0|0|0), E(0|0|9), F(7|0|9), G(7|8|9) beschreiben (Koordinateneinheiten in Meter). Als Anbau ist ein Dachgeschoss geplant, welches die Form einer geraden Pyramide haben soll, deren Höhe 5 m betragen soll.

   a) Zeichnen Sie das Gebäude und den Anbau in ein Koordinatensystem ein und geben Sie die Koordinaten aller Eckpunkte an. (3 BE)

b) Geben Sie eine Gleichung der Ebene an, in der die Dachseite FGS liegt. (2 BE)

c) Berechnen Sie die Mantelfläche der Pyramide und das gesamte Volumen des Gebäudes. (3 BE)

d) Vor dem Gebäude steht an der Stelle T(15 | 6 | 0) ein 17 m hoher Baum. Bestimmen Sie den Abstand der Baumspitze R von der Dachfläche FGS. Untersuchen Sie, ob der Durchstoßpunkt L der Abstandsgeraden g(RL) auf der Dachfläche FGS liegt. Bestimmen Sie den Abstand der Baumspitze R von der Hauskante $\overline{FG}$. (5 BE)

e) Zu einem bestimmten Zeitpunkt verläuft ein Lichtstrahl von der Baumspitze über die Dachspitze zum Erdboden. Berechnen Sie den Schattenpunkt der Baumspitze. (2 BE)

(40 BE)

Hinweise und Tipps

Aufgabe 1

Teilaufgabe a

- Das Modell der Binomialverteilung verlangt bestimmte Voraussetzungen, z. B. die Unabhängigkeit bei der Entscheidung des einzelnen Schülers bei der Wahl des Getränkes.

- Erwartungswert und Standardabweichung lassen sich für eine Binomialverteilung nach einfachen Formeln berechnen.

Teilaufgabe b

- Es handelt sich bei den Ereignissen A und B um Ereignisse, die jeweils einer binomialverteilten Zufallsgröße zugeordnet werden können. Entnehmen Sie dem Text die zugehörigen Parameter n und p für jedes der Ereignisse.

- Nutzen Sie zur Bestimmung von P(C) ein geeignetes Baumdiagramm.

Teilaufgabe c

- Berücksichtigen Sie, welche Wahrscheinlichkeit im Term genutzt wird und dass nur über $k = 4$ bei $n = 10$ etwas ausgesagt wird.

Teilaufgabe d

- Nutzen Sie zur Berechnung der Wahrscheinlichkeiten E und F z. B. den Rechnerbefehl normCdf( ) zur Berechnung einer Intervallwahrscheinlichkeit für eine normalverteilte Zufallsgröße oder wenden Sie eine grafische Lösungsmethode an.

Teilaufgabe e

- Das Intervall lässt sich durch $P(|X - \mu| \leq c) = 0{,}95$ bzw. $P(\mu - c \leq X \leq \mu + c) = 0{,}95$ beschreiben. Probieren Sie systematisch verschiedene Werte für c aus, bis diese Gleichung möglichst genau erfüllt ist, bzw. nutzen Sie den Befehl invNorm( ).

- Auch die Sigma-Regeln können genutzt werden.

Teilaufgabe f

- Berechnen Sie zunächst die Intervallwahrscheinlichkeit für das gesuchte Intervall und nutzen Sie dann diese Wahrscheinlichkeit unter Berücksichtigung des Sachverhaltes, die Aufgabe nun als Bernoulli-Kette zu betrachten.

- Denken Sie an das Vorgehen zur Lösung der „Dreifach-mindestens-Aufgaben".

Teilaufgabe g

- Die Nullhypothese sollte die Wahrscheinlichkeit beinhalten, die man verwerfen möchte. Tina möchte widerlegen, dass $p \leq 0{,}6$ ist.

- Fehler 1. Art bedeutet: Man lehnt die Nullhypothese ab, obwohl diese wahr ist.

Aufgabe 2

Teilaufgabe a

- Zeichnen Sie zunächst das Schrägbild des x-y-z-Koordinatensystems und tragen Sie dann die gegebenen Punkte ein. Ermitteln Sie hiermit die fehlenden Punkte.

- Beachten Sie, dass sich der Punkt S direkt über dem Mittelpunkt der rechteckigen Quaderfläche EFGH befindet.

Teilaufgabe b

✓ Wählen Sie einen der Ortsvektoren von F, G oder S als Vektor für den festen Punkt der Ebene.

✓ Bestimmen Sie nun die Richtungsvektoren der Ebene und hiermit eine Parametergleichung der Ebene ε_{FGS}.

✓ Für eine Koordinatengleichung der Ebene müssen die Parameter eliminiert werden. Lösen Sie dazu das entsprechende lineare Gleichungssystem.

✓ Alternativ können Sie auch zunächst eine Normalengleichung der Ebene aufstellen und daraus die Koordinatenform ableiten.

Teilaufgabe c

✓ Die Berechnung des Flächeninhaltes kann elementar mittels Kosinussatz erfolgen. Man kann auch die besondere Art der Dreiecksfläche berücksichtigen.

✓ Alternativ lässt sich der Flächeninhalt auch über das Vektorprodukt ermitteln.

Teilaufgabe d

✓ Abstand Punkt – Ebene: Nutzen Sie den Normalenvektor der Ebene, um eine Geradengleichung zu erstellen.

✓ Ob der Durchstoßpunkt innerhalb bzw. außerhalb der Dachfläche liegt, kann man anhand der Parameter in der Parametergleichung der Ebene erkennen.

✓ Abstand Punkt – Gerade: Es muss der Abstand eines Punktes von einer Geraden ermittelt werden. Dieser Abstand kann z. B. als Minimum des Betrages des Differenzvektors aus dem Ortsvektor des Punktes und dem Ortsvektor eines Punktes der Geraden bestimmt werden.

Teilaufgabe e

✓ Stellen Sie eine Geradengleichung auf und berechnen Sie den Durchstoßpunkt dieser Geraden mit der xy-Ebene.

Lösungen

1. a) Damit man den Anteil der „Biolimo-Käufer" mit dem Modell der Binomialverteilung beschreiben kann, muss man z. B. voraussetzen, dass

   - dieser Anteil annähernd konstant bleibt, dass also z. B. keine neuen Getränke angeboten werden,

   - es keine Beeinflussung der Schüler untereinander bei der Wahl der Getränke gibt oder

   - es nicht zu Engpässen bei einzelnen Getränkesorten kommt.

   Weitere Gründe sind denkbar.

   b) Die Zufallsgröße X beschreibe die Anzahl der Schüler, die Biolimo kaufen, wenn 250 Getränke verkauft werden. X ist binomialverteilt mit $n = 250$ und $p = 0,6$.
   $$P(A) = P(X \geq 150)$$

   $$= \sum_{k=150}^{250} \binom{250}{k} \cdot 0,6^k \cdot (1 - 0,6)^{250-k}$$

   $$\approx 0,5274$$

   $$P(B) = P(X \leq 140)$$

   $$= \sum_{k=0}^{140} \binom{250}{k} \cdot 0,6^k \cdot (1 - 0,6)^{250-k}$$

   $$\approx 0,1104$$

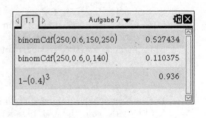

   Die Wahrscheinlichkeit C lässt sich über das Gegenereignis berechnen, dass unter den ersten drei Schülern kein Schüler Biolimo kauft:

   $$P(C) = 1 - 0,4^3 = 0,936$$

   Dies kann man sich am Baumdiagramm verdeutlichen.

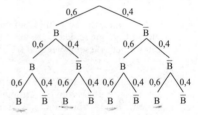

   c) Da im Term nur ein Pfad betrachtet wird und dieser die Länge 4 hat, wäre eine denkbare Beschreibung: Von den nächsten 10 Schülern kauft frühestens der fünfte Schüler keine Biolimo.

   d) X sei die normalverteilte Zufallsgröße für das Volumen des Flascheninhalts mit $\mu = 0,33\ \ell$ und $\sigma = 0,03\ \ell$:
   $$P(E) = P(X \leq 0,95 \cdot \mu) = P(X \leq 0,3135)$$

   $$\approx 0,2912$$

   $$P(F) = 1 - P(\overline{F}) = 1 - P(0,29 \leq X \leq 0,37)$$

   $$\approx 0,1824$$

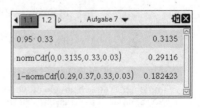

   Mithilfe des Befehls normCdf( ) erhält man die gesuchten Wahrscheinlichkeiten.

Alternative Lösung:
Eine grafische Lösung kann man mithilfe des Befehls normPdf(x, μ, σ) (stellt die Dichte der Normalverteilung dar) erhalten, indem man im Grafikfenster das bestimmte Integral der Dichtefunktion im gesuchten Intervall ermittelt.

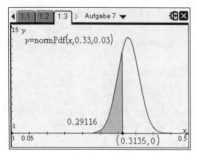 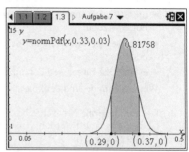

e) Das gesuchte Intervall, für das
$P(\mu - c \leq X \leq \mu + c) = 0,95$ gilt, kann durch systematisches Probieren ermittelt werden. Man findet so $c = 0,06$. Das gesuchte Intervall ist also:

$$\mu - 0,06 \leq X \leq \mu + 0,06$$

Dieses Ergebnis bestätigen auch die sogenannten Sigma-Regeln, die z. B. besagen, dass mindestens 95,5 % der Werte in der doppelten Sigma-Umgebung des Mittelwertes liegen.

Variante:
Die Nutzung des invNorm( )-Befehls liefert genauere Ergebnisse. Das gesuchte Intervall ergibt sich auf diesem Wege zu $(0,271; 0,389)$.

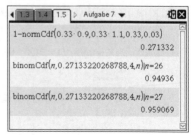

f) Zunächst wird die Intervallwahrscheinlichkeit für das gesuchte Intervall (Abweichung um mehr als 10 % vom Erwartungswert) mit $p_0 = 1 - P(0,9 \cdot \mu \leq X \leq 1,1 \cdot \mu) \approx 0,2713$ ermittelt. Diese Wahrscheinlichkeit wird nun genutzt, um mithilfe der binomialverteilten Zufallsgröße Y: „Das Volumen des Flascheninhalts weicht um mehr als 10 % vom Mittelwert ab." eine sogenannte „Dreifach-mindestens-Aufgabe" durch systematisches Probieren zu lösen.
Y ist dann binomialverteilt mit unbekanntem n und $p = p_0$.

$$P(Y \geq 4) \geq 0,95$$

$$\Rightarrow \sum_{k=4}^{n} \binom{n}{k} \cdot p_0^k \cdot (1 - p_0)^{n-k} \geq 0,95$$

Man muss mindestens 27 Flaschen testen, um mit einer Wahrscheinlichkeit von mindestens 95 % mindestens 4 Flaschen zu finden, deren Inhalt um mehr als 10 % vom Erwartungswert abweicht.

g) Um ihre Vermutung statistisch absichern zu können, muss Tina folgenden einseitigen Test durchführen:

H_0: $p \leq 0,6$

H_1: $p > 0,6$

Signifikanzniveau von $\alpha = 0,05$; Stichprobengröße $n = 50$

Dies bedeutet, dass große Werte gegen Tinas Nullhypothese (die sie verwerfen möchte) sprechen, und damit ein rechtsseitiger Test durchgeführt werden muss.

Durch systematisches Probieren ermittelt man den Verwerfungsbereich und erhält:

$V = \{37; 38; \ldots; 50\}$

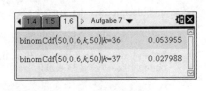

Ab einer Anzahl von 37 Biolimo-Käufern bei 50 Käufern wird H_0 verworfen. Ist die Anzahl kleiner als 37, wird weiterhin davon ausgegangen, dass der Anteil der Biolimo-Käufer 60 % beträgt.

Bedeutung des Fehlers 1. Art:

Die Wahrscheinlichkeit, mehr Biolimo-Käufer zu erwarten, obwohl es weiterhin 60 % sind (Fehler 1. Art: Verwerfe H_0, obwohl H_0 richtig ist), beträgt dann 2,8 %.

Tina geht davon aus, dass es mehr Biolimo-Käufer geworden sind, obwohl dies nicht so ist. Tina könnte aufgrund des Ergebnisses zur Entscheidung kommen, beim Einkauf mehr Biolimo zu kaufen, und daraufhin bei den anderen Getränken Engpässe haben.

2. a) Für die fehlenden Eckpunkte des Gebäudes ergeben sich durch elementare Überlegungen:

$B(7 | 0 | 0)$,

$C(7 | 8 | 0)$,

$D(0 | 8 | 0)$,

$H(0 | 8 | 9)$,

$S(3,5 | 4 | 14)$

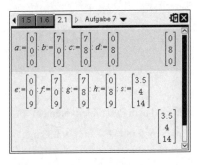

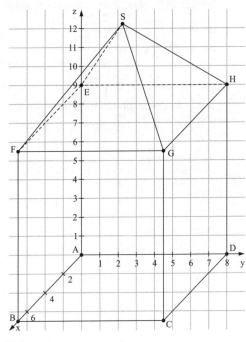

Ü-95

b) Parameterfreie Ebenengleichung:

$$\varepsilon(\text{FGS}): \vec{x} = \overrightarrow{OF} + u \cdot \overrightarrow{FG} + v \cdot \overrightarrow{FS} = \begin{pmatrix} 7 \\ 0 \\ 9 \end{pmatrix} + u \cdot \begin{pmatrix} 0 \\ 8 \\ 0 \end{pmatrix} + v \cdot \begin{pmatrix} -3,5 \\ 4 \\ 5 \end{pmatrix} \text{ mit } u, v \in \mathbb{R}$$

Eine Koordinatengleichung der Ebene kann man ermitteln, indem man zunächst einen Normalenvektor $\vec{n} = \overrightarrow{FG} \times \overrightarrow{FS} = \begin{pmatrix} 40 \\ 0 \\ 28 \end{pmatrix}$ bestimmt und hiermit über den Ansatz $ax + by + cz = d$ mit $\vec{n} = \begin{pmatrix} a \\ b \\ c \end{pmatrix}$ unter Verwendung eines gegebenen Punktes der Ebene, z. B. F, die Gleichung $\underline{10x + 7z = 133}$ erhält.

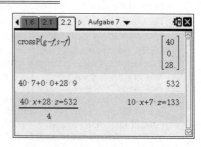

c) Die **Mantelfläche** der geraden Pyramide besteht aus jeweils 2 zueinander kongruenten gleichschenkligen Dreiecken. Mithilfe der Formel $A = \frac{1}{2} g \cdot h$ kann die Fläche der Dreiecke berechnet werden. Hierzu benötigt man noch die Höhe dieser gleichschenkligen Dreiecke. So kann die Höhe im gleichschenkligen Dreieck FGS mithilfe des Satzes von Pythagoras zu $h = \sqrt{\overrightarrow{FS}^2 - \left(\frac{1}{2}\overrightarrow{FG}\right)^2} = \frac{1}{2}\sqrt{149}$ berechnet werden. Die Höhe im gleichschenkligen Dreieck EFS wird ebenfalls mithilfe des Satzes von Pythagoras zu $h = \sqrt{\overrightarrow{FS}^2 - \left(\frac{1}{2}\overrightarrow{EF}\right)^2} = \sqrt{41}$ bestimmt. Damit gilt für die Mantelfläche:

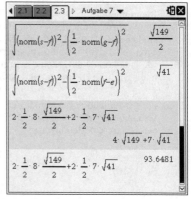

$$A_M = 2 \cdot \frac{1}{2} \cdot 8 \cdot \frac{1}{2}\sqrt{149} + 2 \cdot \frac{1}{2} \cdot 7 \cdot \sqrt{41} = 4 \cdot \sqrt{149} + 7 \cdot \sqrt{41} \approx \underline{93,65 \text{ m}^2}$$

Alternative Lösung: Man nutzt das Kreuzprodukt zur Berechnung der Flächeninhalte der Dreiecke FGS bzw. EFS:

$$A_{\text{FGS}} = \frac{1}{2} \cdot |\overrightarrow{FG} \times \overrightarrow{FS}|, \quad A_{\text{EFS}} = \frac{1}{2} \cdot |\overrightarrow{EF} \times \overrightarrow{ES}|$$

Die Mantelfläche ist dann die Summe:

$$A_M = 2 \cdot A_{\text{FGS}} + 2 \cdot A_{\text{EFS}} \approx \underline{93,65 \text{ m}^2}$$

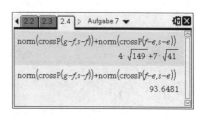

Volumen V des gesamten Gebäudes

Das Volumen setzt sich zusammen aus dem Quader- und dem Pyramidenvolumen:

$$V_q = \ell \cdot b \cdot h = 7 \text{ m} \cdot 8 \text{ m} \cdot 9 \text{ m} = 504 \text{ m}^3, \quad V_p = \frac{1}{3} \cdot 7 \text{ m} \cdot 8 \text{ m} \cdot 5 \text{ m} = \frac{280}{3} \text{ m}^3 \approx 93,33 \text{ m}^3$$

Das Gebäude hat also ein Gesamtvolumen von $V = V_q + V_p \approx 597,33 \text{ m}^3$.

d) **Abstand der Baumspitze von der Dachfläche FGS**

Da man bereits den Normalenvektor der Ebene FGS in Teilaufgabe b berechnet hat, nutzt man dies aus, um den Abstand des Punktes R von dieser Ebene zu berechnen. Man definiert eine Geradengleichung mit $\overrightarrow{OR}$ als Stützvektor und $\vec{n}_1 = \begin{pmatrix} 10 \\ 0 \\ 7 \end{pmatrix}$ als Richtungsvektor. Diese

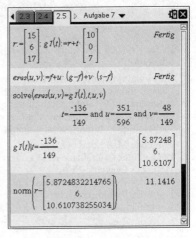

Gerade bringt man mit der Ebene FGS zum Schnitt und erhält den Durchstoßpunkt L durch diese Ebene. Man muss also das lineare Gleichungssystem $\overrightarrow{OR} + t \cdot \vec{n}_1 = \overrightarrow{OF} + u \cdot \overrightarrow{FG} + v \cdot \overrightarrow{FS}$ nach den drei Parametern u, t und v lösen. Der gesuchte Abstand ist dann die Strecke $\overline{RL}$.

Man ermittelt für den Punkt L(5,87 | 6 | 10,61)

und für den Abstand $\overline{RL} \approx 11,14$ m.

Lage des Durchstoßpunktes L

Da für beide Parameter u und v der Ebenengleichung gilt, dass diese größer als 0, aber kleiner als 1 sind, ist gezeigt, dass der Durchstoßpunkt innerhalb der Dachfläche liegt.

Auch eine Begründung geeigneter anderer Art ist denkbar.

Abstand der Baumspitze von der Kante $\overline{FG}$

Die Gleichung der Geraden g(FG) ist $\vec{x} = \overrightarrow{OF} + t \cdot \overrightarrow{FG}$ mit $t \in \mathbb{R}$. Alle Vektoren, die einen Punkt P von g(FG) mit dem Punkt R verbinden, lassen sich beschreiben durch:

$$\overrightarrow{PR} = \overrightarrow{OR} - (\overrightarrow{OF} + t \cdot \overrightarrow{FG})$$

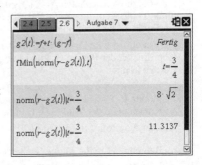

Mit fMin wird derjenige Wert des Parameters t bestimmt, für den $|\overrightarrow{PR}|$ ein Minimum ist. Es ergibt sich $t = \frac{3}{4}$ und damit ist

$$|\overrightarrow{PR}| = 8\sqrt{2} \approx 11,31 \text{ m}$$

der Abstand von R zur Geraden g(FG).

e) Es muss der Durchstoßpunkt der Geraden g(RS): $\vec{x} = \overrightarrow{OR} + t \cdot \overrightarrow{RS}$ durch die xy-Ebene mit der Gleichung $\vec{x} = \begin{pmatrix} x \\ y \\ 0 \end{pmatrix}$ bestimmt werden.

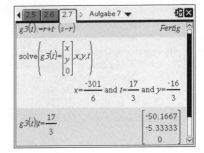

Das zugehörige Gleichungssystem

$$15 - 11,5t = x$$
$$6 - 2t = y$$
$$17 - 3t = 0$$

wird nach x, y, t gelöst. Man ermittelt als Schattenpunkt der Spitze (−50,17 | −5,33 | 0).

1. In der Kurstadt Bad Langensalza steht der Klageturm.

   Im Modell kann dieser Turm durch einen Quader mit quadratischer Grundfläche und aufgesetztem Pyramidenstumpf mit gleicher Grundfläche, auf dem eine gerade reguläre sechsseitige Pyramide steht, aufgefasst werden.

   Folgende Maße sind bekannt:
   Länge einer Grundkante des Quaders: 6 m
   Höhe des Quaders: 18 m
   Höhe des Pyramidenstumpfes: 2 m
   Höhe der Pyramide: 10 m
   Kantenlänge des regelmäßigen Sechsecks: 2 m

   In einer grafischen Darstellung hat der Punkt A die Koordinaten A($-2\,|\,0\,|\,20$), der Punkt D die Koordinaten D($2\,|\,0\,|\,20$) und der Punkt G die Koordinaten G($-3\,|\,-3\,|\,18$).

   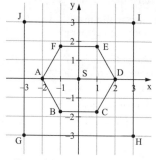

   Dargestellt ist eine Draufsicht, aus der die Koordinaten der Punkte H, I und J abgelesen werden können.

   a) Berechnen Sie die Koordinaten der Punkte B, C, E, F, und geben Sie die Koordinaten der Punkte H, I, J und S an.
   (Zur Kontrolle: B($-1\,|\,-\sqrt{3}\,|\,20$)) (3 BE)

   b) Berechnen Sie die Mantelfläche der gesamten Pyramide. (4 BE)

   c) Berechnen Sie das Volumen der Pyramide. (3 BE)

   d) Berechnen Sie die Größe der Fläche GHCB. (3 BE)

   e) Berechnen Sie den Winkel, unter dem die Flächen SBC und GHCB aufeinandertreffen. (4 BE)

   f) Von der Spitze S hängt senkrecht in die Pyramide hinein ein straff gespanntes Seil, der andere Endpunkt des Seils sei mit L bezeichnet.
   Berechnen Sie die Länge des Seils, wenn das Seilende L von allen Eckpunkten der Pyramide gleich weit entfernt ist.
   (Zur Kontrolle: L($0\,|\,0\,|\,24{,}8$)) (4 BE)

   g) Berechnen Sie den Abstand des Punktes L von den Seitenflächen der Pyramide. (4 BE)

2. In der dortigen Rehaklinik erholen sich viele Patienten nach einer Hüftoperation. Erfahrungswerte aus statistischen Erhebungen sagen aus, dass ca. 0,5 % der Patienten nach der Operation Probleme mit Infektionen und unabhängig davon ca. 4 % mit dem Sitz der Prothese haben. Interpretieren Sie im Weiteren diese relativen Häufigkeiten als Wahrscheinlichkeiten.
Pro Jahr kommen ca. 1 000 Patienten nach einer Hüftoperation in die Klinik.

a) Geben Sie Gründe dafür an, dass man die Zufallsvariable X: „Anzahl der Patienten mit mindestens einem Problem" als näherungsweise binomialverteilt ansehen kann. (2 BE)

b) Geben Sie auch eine Möglichkeit an, die gegen das Modell der Binomialverteilung sprechen könnte. (1 BE)

c) Berechnen Sie die Wahrscheinlichkeit P(C), dass bei einem Patienten keinerlei Probleme auftreten. (2 BE)

d) Berechnen Sie die Wahrscheinlichkeit P(D), dass bei einem Patienten mindestens eines der Probleme auftritt.
(Zur Kontrolle: (P(D) = 0,0448)) (1 BE)

e) Berechnen Sie die Wahrscheinlichkeiten der Ereignisse A und B sowohl unter Annahme der Binomialverteilung als auch durch Näherung mithilfe der Normalverteilung. Alle 1 000 Patienten werden befragt.
A: = Mindestens 10, aber höchstens 20 Patienten haben ein Problem mit Infektionen. (2 BE)
B: = Mindestens 50 Patienten haben ein Problem mit dem Sitz der Prothese. (2 BE)

f) Erläutern Sie, warum beim Ereignis A (Teilaufgabe e) die Ergebnisse so stark differieren. (2 BE)

g) Man vermutet, dass sich durch den Einsatz eines neuen Operationsverfahrens die Probleme mit dem Sitz der Hüftprothese verändert haben. Entwickeln Sie einen zweiseitigen Signifikanztest, der diese Hypothese auf dem Signifikanzniveau von 5 % und dem Stichprobenumfang n = 100 testen soll, und geben Sie den Verwerfungsbereich an. (3 BE)
(40 BE)

Hinweise und Tipps

Aufgabe 1

Teilaufgabe a

/ Ein regelmäßiges Sechseck kann man in sechs gleichseitige Dreiecke einteilen. Damit kann man z. B. die Koordinaten des Punktes B berechnen, die Koordinaten der anderen Punkte ergeben sich dann hieraus.

Teilaufgabe b

/ Die Mantelfläche besteht aus sechs gleichschenkligen Dreiecken.

/ Berechnen Sie z. B. die Höhe eines dieser Dreiecke.

Teilaufgabe c

/ Das Pyramidenvolumen kann mit der Formel $V = \frac{1}{3} A_g h$ berechnet werden.

Teilaufgabe d

/ Die gesuchte Fläche stellt ein gleichschenkliges Trapez dar. Nutzen Sie zur Berechnung der Fläche die entsprechende Formel.

Teilaufgabe e

/ Nutzen Sie zur Berechnung des gesuchten Winkels die Normalenvektoren der beiden Ebenen bzw. trigonometrische Überlegungen.

Teilaufgabe f

/ Der gesuchte Punkt L liegt auf einer Geraden durch den Ursprung und den Punkt S. Nutzen Sie dies und berechnen Sie L z. B. mithilfe der Gleichung $\overrightarrow{SL} = \overrightarrow{AL}$.

Teilaufgabe g

/ Es muss der Abstand eines Punktes von einer Ebene ermittelt werden. Nutzen Sie hierzu einen Normalenvektor einer der Dreiecksflächen der Pyramide.

Aufgabe 2

Teilaufgabe a

/ Eine Zufallsgröße kann als binomialverteilt aufgefasst werden, wenn es nur zwei Ergebnisse beim betrachteten Zufallsversuch gibt (bzw. zwei Ergebnisse konstruiert werden können), wenn die Wahrscheinlichkeiten für die beiden Ergebnisse konstant sind (z. B. beim Ziehen mit Zurücklegen) bzw. wenn beim Ziehen ohne Zurücklegen das Verhältnis aus Anzahl gezogener Elemente zur Gesamtzahl aller Elemente klein ist.

/ Die Unabhängigkeit einzelner Ergebnisse voneinander muss gesichert sein.

Teilaufgabe b

/ Gegen die Anwendung des Modells könnte insbesondere die Annahme der Unabhängigkeit sprechen.

Teilaufgabe c

/ Erstellen Sie ein zweistufiges Baumdiagramm.

Teilaufgabe d

/ Nutzen Sie das Baumdiagramm aus Teilaufgabe c bzw. berechnen Sie die gesuchte Wahrscheinlichkeit über das Gegenereignis und berücksichtigen Sie die Beziehung $P(A) = 1 - P(\overline{A})$.

Teilaufgabe e

/ Bestimmen Sie für die vorliegenden Ereignisse jeweils die Länge n der Bernoulli-Kette sowie die jeweilige Trefferwahrscheinlichkeit.

/ Bestimmen Sie bei der Näherung mittels Normalverteilung zunächst den Erwartungswert μ und die Standardabweichung σ. Nutzen Sie die Befehle, die das CAS bietet.

Teilaufgabe f

/ Erinnern Sie sich an die Laplace-Bedingung $n \cdot p \cdot (1 - p) > 9$.

Teilaufgabe g

/ Stellen Sie die Nullhypothese H_0 und die Gegenhypothese H_1 auf.

/ Berücksichtigen Sie, dass der Verwerfungsbereich zu beiden Seiten des Erwartungswertes liegt. Teilen Sie die Wahrscheinlichkeit für das Signifikanzniveau gleichmäßig auf beide Seiten auf.

/ Ermitteln Sie die Grenzen des Verwerfungsbereiches durch systematisches Probieren und geben Sie diesen an.

Lösungen

1. a) Die Berechnung der Koordinaten des Punktes B kann über Betrachtungen im gleichseitigen Dreieck ABS' (S' ist die Projektion von S in die Draufsichtebene) und Nutzung des Satzes von Pythagoras erfolgen. Da das Dreieck ABS' gleichseitig ist, ergibt sich $x = -1$ für die x-Koordinate von B und für die y-Koordinate $y = -\sqrt{2^2 - 1^2} = -\sqrt{3}$. Damit gilt $B(-1 \mid -\sqrt{3} \mid 20)$.

Hiermit lassen sich die anderen Koordinaten des regelmäßigen Sechsecks bestimmen:

$C(1 \mid -\sqrt{3} \mid 20)$, $E(1 \mid \sqrt{3} \mid 20)$, $F(-1 \mid \sqrt{3} \mid 20)$

Für die anderen Koordinaten ergibt sich:

$H(3 \mid -3 \mid 18)$, $I(3 \mid 3 \mid 18)$, $J(-3 \mid 3 \mid 18)$, $S(0 \mid 0 \mid 30)$

b) Die Mantelfläche der sechsseitigen Pyramide besteht aus sechs kongruenten gleichschenkligen Dreiecken. Mithilfe der Formel $A = \frac{1}{2} g \cdot h$ kann die Fläche der Dreiecke berechnet werden. Hierzu benötigt man noch die Höhe eines dieser gleichschenkligen Dreiecke. So kann die Höhe im gleichschenkligen Dreieck ABS mithilfe des Satzes von Pythagoras zu

$$h = \sqrt{\overline{AS}^2 - \left(\tfrac{1}{2}\overline{AB}\right)^2} = \sqrt{103}$$

berechnet werden. Damit gilt für die Mantelfläche:

$$A_M = 6 \cdot \frac{1}{2} \cdot 2 \cdot \sqrt{103} = 6 \cdot \sqrt{103} \approx 60{,}89 \text{ m}^2$$

Alternative Lösung: Man nutzt das Kreuzprodukt zur Berechnung des Flächeninhaltes des Dreiecks ABS:

$$A_{ABS} = \frac{1}{2} \cdot \left| \overrightarrow{AB} \times \overrightarrow{AS} \right|$$

Die Mantelfläche ist dann:

$$A_M = 6 \cdot A_{ABS} \approx 60{,}89 \text{ m}^2$$

c) Zur Berechnung des Volumens der Pyramide nach der Formel $V = \frac{1}{3} A_g \cdot h$ muss man zunächst die Größe der sechseckigen Grundfläche berechnen:

$$A_g = 6 \cdot \frac{1}{2} \cdot 2 \cdot \sqrt{3} = 6 \cdot \sqrt{3}$$

Damit ergibt sich für das Volumen:

$$V = \frac{1}{3} \cdot 6 \cdot \sqrt{3} \cdot 10 = 20 \cdot \sqrt{3} \approx 34{,}64 \text{ m}^3$$

d) Die gesuchte Fläche stellt ein gleichschenkliges Trapez dar. Um mit der bekannten Formel $A = \frac{a+c}{2} \cdot h$ für den Flächeninhalt eines Trapezes arbeiten zu können, benötigt man noch die Höhe des Trapezes; diese entspricht z. B. dem Abstand der beiden Geraden g(BC) und g(GH). Dies kann man auf die Abstandsberechnung eines Punktes von einer Geraden, z. B. B von g(GH), zurückführen, da die beiden betrachteten Geraden parallel zueinander sind. Diese Höhe beträgt $h \approx 2{,}37$ m. Man erhält damit das Resultat:

$A \approx 9{,}47 \text{ m}^2$

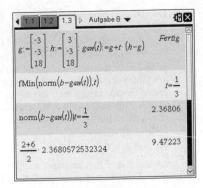

Alternative Lösung: Man kann diese Fläche wieder mit dem Kreuzprodukt berechnen, indem man die Fläche in zwei Dreiecke teilt:

$$A = \frac{1}{2} \cdot |\overrightarrow{GH} \times \overrightarrow{GB}| + \frac{1}{2} \cdot |\overrightarrow{BH} \times \overrightarrow{BC}|$$

Man ermittelt mit dem CAS-Rechner:

$A \approx 9{,}47 \text{ m}^2$

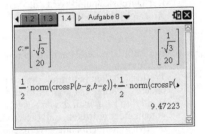

e) Der gesuchte Winkel kann mithilfe der Formel $\cos(\alpha) = \frac{\vec{n}_1 \circ \vec{n}_2}{|\vec{n}_1| \cdot |\vec{n}_2|}$ berechnet werden,

wobei $\vec{n}_1 = \begin{pmatrix} 0 \\ -20 \\ 2\sqrt{3} \end{pmatrix}$ und $\vec{n}_2 = \begin{pmatrix} 0 \\ 12 \\ 6(\sqrt{3}-3) \end{pmatrix}$ Normalenvektoren der betrachteten Ebenen sind.

Der gesuchte Winkel hat die Größe:

$\alpha \approx 157{,}45°$

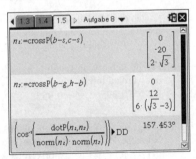

f) Um die Koordinaten des Punktes L zu bestimmen, nutzt man aus, dass der Punkt L ein Punkt ist, der auf der Geraden SO liegt, wobei O(0|0|0) ist. Damit kann man z. B. die Gleichung $|\overrightarrow{SL}| = |\overrightarrow{AL}|$ aufstellen und hiermit die Koordinaten von L bestimmen.

Man ermittelt L(0|0|24,8) und damit für die Seillänge $\ell = 5{,}2$ m.

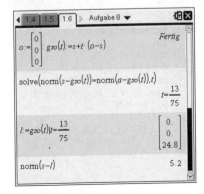

g) Da man den Normalenvektor der Ebene SBC bereits in Teilaufgabe e berechnet hat, nutzt man dies aus, um den Abstand des Punktes L von dieser Ebene zu berechnen.

Man definiert eine Geradengleichung mit $\overrightarrow{OL}$ als Stützvektor und $\vec{n}_1$ als Richtungsvektor. Diese Gerade bringt man mit der Ebene SBC zum Schnitt und erhält den Durchstoßpunkt P durch diese Ebene. Man muss also das lineare Gleichungssystem

$$\overrightarrow{OL} + t \cdot \vec{n}_1 = \overrightarrow{OS} + u \cdot \overrightarrow{SB} + v \cdot \overrightarrow{SC}$$

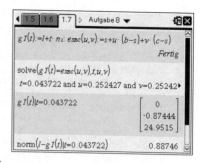

nach den drei Parametern t, u und v lösen. Der gesuchte Abstand ist dann die Strecke $\overline{LP}$.

Der Durchstoßpunkt wird mit P(0 | −0,87 | 24,95) ermittelt. Hiermit ergibt sich für den Abstand $\overline{LP} \approx 0,89$ m.

2. a) Die Zufallsgröße X kann als binomialverteilt aufgefasst werden, da man zwei Ergebnisse betrachten kann:
Treffer: Patient hat mindestens ein Problem.
Niete: Patient hat kein Problem.
Weiterhin kann man davon ausgehen, dass die beiden genannten Probleme unabhängig voneinander auftreten, und die große Anzahl von Patienten rechtfertigt den Ansatz, von in etwa gleichbleibenden Wahrscheinlichkeiten ausgehen zu können.

b) Gegen das Modell der Binomialverteilung könnte z. B. sprechen, dass vorrangig Patienten einer bestimmten Operationsklinik nach Bad Langensalza kommen und in dieser Klinik unverhältnismäßig viele Probleme auftreten.

c) Die gesuchte Wahrscheinlichkeit kann (auch mithilfe eines Baumdiagrammes) berechnet werden durch:
$$P(C) = 0,995 \cdot 0,96 = \underline{\underline{0,9552}}$$

d) Die gesuchte Wahrscheinlichkeit kann (mithilfe eines Baumdiagrammes) oder unter Nutzung des Gegenereignisses berechnet werden durch:
$$P(D) = 1 - P(\overline{D}) = 1 - 0,995 \cdot 0,96 = \underline{\underline{0,0448}}$$

e) **Berechnungen mit dem Modell der Binomialverteilung**
Ereignis A:
Die Zufallsgröße X beschreibe die Anzahl der Patienten, die ein Problem mit Infektionen haben, wenn 1 000 Personen befragt werden. X ist binomialverteilt mit n = 1 000 und p = 0,005.

$$P(A) = P(10 \le X \le 20) = \sum_{k=10}^{20} \binom{1\,000}{k} \cdot 0,005^k \cdot (1 - 0,005)^{1\,000 - k} \approx \underline{\underline{0,0315}}$$

Ereignis B:
Die Zufallsgröße X beschreibe die Anzahl
der Patienten, die ein Problem mit dem Sitz
der Prothese haben, wenn 1 000 Personen
befragt werden. X ist binomialverteilt mit
$n = 1\,000$ und $p = 0,04$.

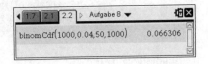

$$P(B) = P(X \geq 50) = \sum_{k=50}^{1\,000} \binom{1\,000}{k} \cdot 0,04^k \cdot (1 - 0,04)^{1\,000-k} \approx \underline{\underline{0,0663}}$$

Berechnungen mit dem Modell der Normalverteilung

Ereignis A:
X ist normalverteilt mit $n = 1\,000$ und $p = 0,005$.
Damit ergibt sich $\mu = 1\,000 \cdot 0,005 = 5$ und
$\sigma = \sqrt{1\,000 \cdot 0,005 \cdot 0,995} \approx 2,23$. Der entspre-
chende Rechnerbefehl liefert für die gesuchte
Wahrscheinlichkeit:
$P(A) \approx 0,0125$

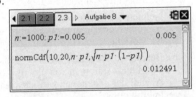

Ereignis B:
X ist normalverteilt mit $n = 1\,000$ und $p = 0,04$.
Damit ergibt sich $\mu = 1\,000 \cdot 0,04 = 40$ und
$\sigma = \sqrt{1\,000 \cdot 0,04 \cdot 0,96} \approx 6,197$. Der entspre-
chende Rechnerbefehl liefert für die gesuchte
Wahrscheinlichkeit:
$P(B) \approx 0,0533$

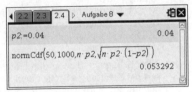

f) Die Laplace-Bedingung $(n \cdot p \cdot (1-p) > 9)$ ist beim Ereignis A nicht zutreffend:
$1\,000 \cdot 0,005 \cdot 0,995 = 4,975 < 9$
Daher darf man zur Näherung die Normalverteilung nicht verwenden.

g) Nullhypothese H_0: $p_0 = 0,04$; „Der Anteil der Patienten, die Probleme mit dem Sitz der
Prothese haben, liegt noch immer bei 4 %."
Gegenhypothese H_1: $p_1 \neq 0,04$
Signifikanzniveau von $\alpha = 0,05$; Stichprobengröße $n = 100$
Das Signifikanzniveau beschreibt das maximale Risiko für einen Fehler 1. Art, der da-
rin besteht, die Nullhypothese abzulehnen, obwohl sie wahr ist.

Die Nullhypothese wird irrtümlich abgelehnt, wenn sich in der Stichprobe sehr viele
oder sehr wenige Patienten befinden, die Probleme mit dem Sitz der Prothese haben,
obwohl ihr Anteil immer noch bei 4 % liegt. Die Irrtumswahrscheinlichkeit soll höchstens 5 % betragen, welche in etwa gleichmäßig auf beide Seiten des Erwartungswertes
aufgeteilt werden müssen.
Durch systematisches Probieren ermittelt man
für den Verwerfungsbereich:
$V = \{0\} \cup \{9; 10; \dots; 100\}$

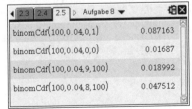

Die Nullhypothese kann also nur verworfen
werden, wenn entweder 0 oder mehr als 8
(mindestens 9) Patienten der Stichprobe Probleme haben.

1. **Bundesligaaufstieg**

   Der SV Moosbach hat überraschend den Aufstieg in die 1. Fußballbundesliga geschafft. Insbesondere auf der Torwartposition muss man sich verstärken; so hat der jetzige Torwart nur 2 von 12 Elfmetern gehalten.

   Es stehen die beiden Kandidaten Alter und Kuhn zur Auswahl, deren Haltequote bei Elfmetern im Mittel in den letzten Jahren bei 25 % bzw. 35 % lag. Die genannten relativen Häufigkeiten sollen im Weiteren als Schätzwerte für zu berechnende Wahrscheinlichkeiten genutzt werden.

   a) Nennen Sie mindestens je einen Grund, der für oder gegen das Modell der Binomialverteilung für die Zufallsgröße X: „Anzahl der gehaltenen Elfmeter" spricht. (2 BE)

   b) Berechnen Sie die Wahrscheinlichkeiten für folgende Ereignisse für beide Torhüter, wenn man von einem Probetraining mit 40 Elfmetern ausgeht, die Anzahl der gehaltenen Elfmeter betrachtet und das Modell der Binomialverteilung nutzt.

   A: Der Torhüter hält weniger als 10 Elfmeter.

   B: Der Torhüter hält mindestens 20 Elfmeter.

   C: Die Anzahl der gehaltenen Elfmeter weicht um mehr als 5 vom Erwartungswert ab. (4 BE)

   c) Alter behauptet, dass er durch intensives Training seine Haltequote verbessert habe. Entwickeln Sie einen Test mit dem Signifikanzniveau von 5 % und der Stichprobengröße n = 50, der aus Sicht des Torwarts den Beleg für seinen Trainingserfolg bringen soll. Berechnen Sie den Verwerfungsbereich. Beschreiben Sie die Bedeutung des Fehlers 1. Art. (6 BE)

   d) Im Mittel fielen bei Spielen des SV in den letzten Jahren drei Tore. Ein Fan kommt zehn Minuten nach dem Anstoß. Beschreiben und realisieren Sie eine Simulation mit Zufallszahlen, mit der die Wahrscheinlichkeit, dass er schon mindestens ein Tor verpasst hat, ermittelt werden kann. Geben Sie ein Simulationsergebnis an.

   Nehmen Sie als vereinfachende Voraussetzungen an:
   - Die Spielzeit beträgt genau 90 Minuten.
   - Jede der 90 Spielminuten ist als Zeitpunkt für einen Torerfolg gleich wahrscheinlich.
   - Es können auch zwei oder drei Tore in ein und derselben Spielminute fallen. (2 BE)

   e) Bei Heimspielen, in denen drei Tore fielen, konnten in einer Statistik der letzten Jahre folgende Chancen für das Erzielen von Toren ermittelt werden: Zu Beginn stand das Verhältnis 60:40 für den SV Moosbach. Nach jedem Treffer vergrößerte sich diese Wahrscheinlichkeit um 10 Prozentpunkte für die Mannschaft, die das Tor erzielte, und verringerte sich entsprechend um 10 Prozentpunkte für den Gegner. Mit welcher Wahrscheinlichkeit gewann der SV Moosbach seine Heimspiele? (3 BE)

f) Kuhn behauptet, dass Alter dopt, und verlangt einen Dopingtest. Man weiß, dass im Mittel 10 % aller Fußballer Dopingmittel nehmen. Der Test zeigt zu 90 % ein positives Resultat (gedopt), wenn der Spieler wirklich gedopt ist (Sensitivität), und zeigt zu 95 % auch das richtige Ergebnis an, wenn der Spieler nicht gedopt hat (Spezifität). Mit welcher Wahrscheinlichkeit hat Alter nicht gedopt, obwohl der Test bei ihm ein positives Ergebnis zeigt? (4 BE)

g) Das neue Stadion fasst 25 000 Zuschauer. Man rechnet im Schnitt mit 20 000 Zuschauern, von denen im Durchschnitt jeder vierte eine Bratwurst kauft. Berechnen Sie einmal mit dem Modell der Binomial- und einmal mit dem Modell der Normalverteilung, wie viele Würste mindestens vorhanden sein sollten, damit diese mit 95 % Sicherheit ausreichen. (4 BE)

2. **Neue Tribüne**
Damit man in der Bundesliga spielen kann, muss für die 60 m lange, recht-eckige Tribüne eine ebenfalls rechteckige Überdachung gebaut werden. In der Skizze sieht diese im Querschnitt so aus:

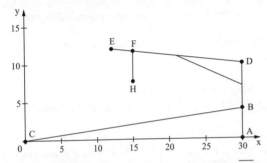

Im Querschnitt erscheint die Tribüne als Strecke $\overline{BC}$ mit B(30|4) und C(0|0) und die geplante Überdachung als Strecke $\overline{ED}$ mit E(12|12) und D(30|10).

a) Berechnen Sie die Fläche der Überdachung. (2 BE)

b) In der Mitte der Überdachung und in der Mitte des Trägermastes $\overline{BD}$ muss eine Trägerschiene eingebaut werden. Berechnen Sie den Anbringungsort und die Länge dieser Trägerschiene. (3 BE)

c) Eine Beobachtungskamera im Punkt H soll so angebracht werden, dass sie direkt über der Mitte der Tribüne hängt und genau 4 m vom senkrecht dar-überliegenden Punkt der Überdachung entfernt ist. Berechnen Sie die Koor-dinaten von H. (4 BE)

d) Bestimmen Sie die geringste Entfernung der Kamera von der Tribüne $\overline{BC}$. (3 BE)

e) Die Sonne beeinträchtigt die Zuschauer auf der Tribüne oft, dies wird auch nach dem Bau der Überdachung so sein. Ab welchem Winkel der Sonnen-strahlen (bezogen auf die Gerade AC) liegt die letzte Reihe der Tribüne (die bei B liegt) im Schatten? Berechnen Sie diesen Grenzwinkel. (3 BE)

(40 BE)

Hinweise und Tipps

Aufgabe 1

Teilaufgabe a

✐ Eine Zufallsgröße kann als binomialverteilt aufgefasst werden, wenn es nur zwei Ergebnisse beim betrachteten Zufallsversuch gibt (bzw. zwei Ergebnisse konstruiert werden können), wenn die Wahrscheinlichkeiten für die beiden Ergebnisse konstant sind (z. B. beim Ziehen mit Zurücklegen) bzw. wenn beim Ziehen ohne Zurücklegen das Verhältnis aus Anzahl gezogener Elemente zur Gesamtzahl aller Elemente klein ist.

✐ Die Unabhängigkeit einzelner Ergebnisse voneinander muss gesichert sein.

Teilaufgabe b

✐ Bestimmen Sie für die vorliegenden Beispiele jeweils die Länge n der Bernoulli-Kette sowie die jeweilige Trefferwahrscheinlichkeit.

Teilaufgabe c

✐ Stellen Sie die Nullhypothese H_0 und die Gegenhypothese H_1 auf. Berücksichtigen Sie dabei, dass dies aus Sicht des Torwarts Alter erfolgen soll und nur eine verworfene Nullhypothese einen statistischen Wert hat.

✐ Ermitteln Sie die Grenzen des Verwerfungsbereiches durch systematisches Probieren und geben Sie diesen an.

Teilaufgabe d

✐ Stellen Sie sich die Situation in einem Urnenmodell vor.

✐ Die Urne könnte z. B. mit 90 gleichen Kugeln gefüllt sein, die von 1 bis 90 durchnummeriert sind.

✐ Das Entnehmen einer Kugel beschreibt dann die Spielminute, in der ein Tor fällt.

✐ Übertragen Sie dieses Gedankenmodell auf den angegebenen Sachverhalt und realisieren Sie ihn als Zufallsversuch mit ganzzahligen Zufallszahlen.

Teilaufgabe e

✐ Erstellen Sie zur Beantwortung der Frage ein dreistufiges Baumdiagramm.

Teilaufgabe f

✐ Erstellen Sie zur Beantwortung der Frage ein zweistufiges Baumdiagramm bzw. eine Vierfeldertafel.

Teilaufgabe g

✐ Bestimmen Sie die Länge n der Bernoulli-Kette sowie die Trefferwahrscheinlichkeit.

✐ Bestimmen Sie bei der Näherung mittels Normalverteilung zunächst den Erwartungswert μ und die Standardabweichung σ. Nutzen Sie die Befehle, die das CAS bietet.

Aufgabe 2

Teilaufgabe a

✐ Berechnen Sie zuerst die Länge der Strecke $\overline{ED}$.

Teilaufgabe b

✔ Die Koordinaten des Mittelpunktes einer Strecke sind das arithmetische Mittel der entsprechenden Koordinaten der Endpunkte der Strecke.

✔ Alternativ kann der Mittelpunkt M einer Strecke $\overline{ED}$ auch über die Vektorgleichung $\overrightarrow{OM} = \overrightarrow{OE} + \frac{1}{2}\overrightarrow{ED}$ bestimmt werden.

Teilaufgabe c

✔ Zunächst bestimmt man den Mittelpunkt der Strecke $\overline{BC}$ (vergleiche Teilaufgabe b). Hiermit lässt sich der Aufhängepunkt F der Beobachtungskamera bestimmen.

✔ Um die Koordinaten von H zu ermitteln, muss die Länge von 4 m berücksichtigt werden.

Teilaufgabe d

✔ Es wird nach dem Abstand eines Punktes von einer Geraden gefragt. Wenden Sie hierzu ein Ihnen bekanntes Lösungsverfahren an.

✔ Beispiel: Der Abstand kann als betragskleinster Vektor bestimmt werden, der den Punkt H mit einem Punkt der Geraden g(BC) verbindet. Verwenden Sie dazu den Befehl fMin( ).

Teilaufgabe e

✔ Stellen Sie eine Geradengleichung durch die Punkte E und B auf und berücksichtigen Sie, dass nach dem Winkel dieser Geraden zur Geraden durch A und C gefragt ist.

✔ Nutzen Sie zur Berechnung des gesuchten Winkels das Skalarprodukt.

Lösungen

1. a) Für das Modell könnte sprechen, dass über einen längeren Zeitraum eine Statistik erfasst wurde, die diesen relativ stabilen Wert für die relative Häufigkeit der gehaltenen Elfmeter ergab. Gegen die Annahme des Modells der Binomialverteilung sprechen z. B. Gründe wie: Die Haltewahrscheinlichkeit hängt vom Zeitpunkt im Spiel, vom Schützen, vom positiven Feedback nach einem gehaltenen Elfmeter und vom Fitnesszustand des Torwartes ab (und von weiteren Faktoren); all diese Faktoren sind selten als konstant anzusehen.

   b) Die Zufallsgröße X beschreibe die Anzahl der gehaltenen Elfmeter, wenn 40 Elfmeter geschossen werden.

   Torwart Alter
   X ist binomialverteilt mit $n = 40$ und $p = 0,25$.
   Der Erwartungswert ist $\mu = n \cdot p = 10$.
   $P(A) = P(X < 10) = P(X \leq 9)$

   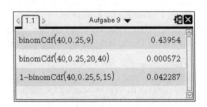

   $$= \sum_{k=0}^{9} \binom{40}{k} \cdot 0,25^k \cdot (1-0,25)^{40-k}$$

   $$\approx \underline{\underline{0,4395}}$$

   $$P(B) = P(X \geq 20) = \sum_{k=20}^{40} \binom{40}{k} \cdot 0,25^k \cdot (1-0,25)^{40-k} \approx \underline{\underline{0,0006}}$$

   $$P(C) = 1 - P(5 \leq X \leq 15) = 1 - \sum_{k=5}^{15} \binom{40}{k} \cdot 0,25^k \cdot (1-0,25)^{40-k} \approx \underline{\underline{0,0423}}$$

   Torwart Kuhn
   X ist binomialverteilt mit $n = 40$ und $p = 0,35$.
   Der Erwartungswert ist $\mu = n \cdot p = 14$.
   $P(A) = P(X < 10) = P(X \leq 9)$

   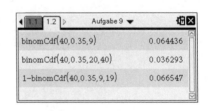

   $$= \sum_{k=0}^{9} \binom{40}{k} \cdot 0,35^k \cdot (1-0,35)^{40-k}$$

   $$\approx \underline{\underline{0,0644}}$$

   $$P(B) = P(X \geq 20) = \sum_{k=20}^{40} \binom{40}{k} \cdot 0,35^k \cdot (1-0,35)^{40-k} \approx \underline{\underline{0,0363}}$$

   $$P(C) = 1 - P(9 \leq X \leq 19) = 1 - \sum_{k=9}^{19} \binom{40}{k} \cdot 0,35^k \cdot (1-0,35)^{40-k} \approx \underline{\underline{0,0665}}$$

   c) Um seine Aussage statistisch absichern zu können, muss Torwart Alter folgenden einseitigen Test durchführen:
   H_0: $p < 0,25$; H_1: $p \geq 0,25$; $n = 50$; $\alpha = 5\%$

   Dies bedeutet, dass große Werte gegen Alters Nullhypothese sprechen und damit ein rechtsseitiger Test durchgeführt werden muss.

Durch systematisches Probieren ermittelt man den Verwerfungsbereich:

$$V = \{19; 20; \ldots; 50\}$$

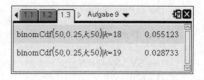

Ab einer Anzahl von 19 gehaltenen Elfmetern bei 50 Versuchen wird H_0 verworfen. Ist die gehaltene Anzahl kleiner als 19, wird weiterhin davon ausgegangen, dass Alter nicht besser geworden ist.

Bedeutung des Fehlers 1. Art: Die Wahrscheinlichkeit, Alter für besser zu halten, obwohl er noch die alte Haltequote von 25 % besitzt (Fehler 1. Art: Verwerfe H_0, obwohl H_0 richtig ist), beträgt dann ca. 2,9 %.

d) Beschreibung einer möglichen Simulation:
Man erstellt eine Liste aus den Zufallszahlen 1 bis 90, für jede Minute des Spiels, zieht aus dieser Liste mit randSamp drei Elemente (es kann wegen der vereinfachenden dritten Voraussetzung mit Zurücklegen gezogen werden), kontrolliert dann (< 11), ob einer der gezogenen Werte in den ersten 10 Minuten liegt, und wertet dieses Ergebnis dann aus. Ein mögliches Simulationsergebnis ist 0,2977.

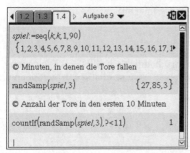 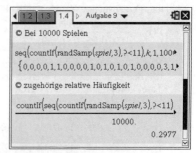

Alternative Simulation unter Verwendung der Tabellenkalkulation
A1, B1 und C1: randInt(1, 90) – dreimal Simulation Torerfolg in der Spielminute k
($1 \leq k \leq 90$)
D1: when(a1 ≤ 10, 1, 0) – Wert 1 setzen, wenn Torerfolg in der 1. bis 10. Spielminute
E1: when(b1 ≤ 10, 1, 0) – Wert 1 setzen, wenn Torerfolg in der 1. bis 10. Spielminute
F1: when(c1 ≤ 10, 1, 0) – Wert 1 setzen, wenn Torerfolg in der 1. bis 10. Spielminute
G1: d1 + e1 + f1 – Anzahl der Torerfolge in der 1. bis 10. Spielminute
H1: when(g1 > 0, 1, 0) – Wert 1 setzen, wenn mindestens ein Torerfolg in der 1. bis 10. Spielminute, sonst 0

Die Befehle aus den Zellen A1 bis H1 nach unten kopieren, z. B. bis in die Zeile 500.
I1: sum(h1 : h500)) / (500.) – Anteil der simulierten Spiele mit mindestens einem Torerfolg in den ersten zehn Spielminuten
Ein mögliches Simulationsergebnis: 0,338

	A	B	C	D	E	F	G	H	I
1	34	67	31	0	0	0	0	0	0.338
2	9	28	46	1	0	0	1	1	
3	12	61	77	0	0	0	0	0	
4	28	80	58	0	0	0	0	0	

I1 = sum(h1:h500)
500.

e) Die Lösung kann man direkt dem nebenstehenden dreistufigen Baumdiagramm entnehmen. Dabei steht M für ein Tor für Moosbach, G für ein Tor des Gegners.

Der SV Moosbach gewinnt das Spiel, wenn er mehr Tore als der Gegner, also 2 oder 3, erzielt. Hierfür gibt es insgesamt vier Pfade.

Für die gesuchte Wahrscheinlichkeit ergibt sich:

$$P(E) = 0,6 \cdot 0,7 \cdot 0,8 + 0,6 \cdot 0,7 \cdot 0,2 + 0,6 \cdot 0,3 \cdot 0,6 + 0,4 \cdot 0,5 \cdot 0,6 = \underline{\underline{0,648}}$$

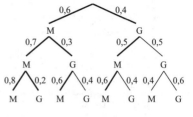

f) Die Lösung der Aufgabe kann mittels Baumdiagramm oder Vierfeldertafel erfolgen. Für die Bezeichnungen gilt:

D: gedopt $\qquad$ $\overline{D}$: nicht gedopt

T^+: positiver Dopingtest $\qquad$ T^-: negativer Dopingtest

Das gesuchte Ereignis beschreibt die Wahrscheinlichkeit, ein positives Testresultat zu bekommen, obwohl man nicht gedopt hat. Die gesuchte Wahrscheinlichkeit ergibt sich dann aus:

$$P(F) = \frac{0,9 \cdot 0,05}{0,9 \cdot 0,05 + 0,1 \cdot 0,9} = \underline{\underline{\frac{1}{3}}}$$

In der Vierfeldertafel wird die gegebene Wahrscheinlichkeit ($P(D) = 0,1$) eingetragen. Mit den beiden anderen Werten ergeben sich zwei weitere Einträge, womit dann die Tafel komplett ausgefüllt werden kann:

	T^+	T^-	Summe
D	$0,9 \cdot 0,1 = 0,09$	$0,1 - 0,09 = 0,01$	0,1
$\overline{D}$	$0,9 - 0,855 = 0,045$	$0,95 \cdot 0,9 = 0,855$	0,9
Summe	0,135	0,865	1

Die in der Vierfeldertafel grau markierten Werte müssen ins Verhältnis gesetzt werden, um die gesuchte Wahrscheinlichkeit zu berechnen:

$$P(F) = \frac{0,045}{0,135} = \underline{\underline{\frac{1}{3}}}$$

Alternative Lösung: In einer Vierfeldertafel kann auch mit absoluten Zahlen gerechnet werden. Hier wird von 100 000 Personen ausgegangen.

	T^+	T^-	Summe
D	$0,9 \cdot 10\,000 = 9\,000$	$10\,000 - 9\,000 = 1\,000$	10 000
$\overline{D}$	$90\,000 - 85\,500 = 4\,500$	$0,95 \cdot 90\,000 = 85\,500$	90 000
Summe	13 500	86 500	100 000

Die in der Vierfeldertafel grau markierten Werte müssen ins Verhältnis gesetzt werden, um die gesuchte Wahrscheinlichkeit zu berechnen:

$$P(F) = \frac{4\,500}{13\,500} = \underline{\underline{\frac{1}{3}}}$$

g) X sei binomialverteilt mit $n = 20\,000$ und $p = 0{,}25$. Der Erwartungswert ist dann $\mu = n \cdot p = 5\,000$ und die Standardabweichung $\sigma = \sqrt{n \cdot p \cdot (1-p)} \approx 61{,}24$.

Man sucht in beiden Fällen die kleinste Zahl $k \in \mathbb{N}$, ab der die Wahrscheinlichkeit größer als 95 % wird, also $P(X \leq k) \geq 0{,}95$ gilt.

Man ermittelt mit beiden Modellen, dass <u>5101</u> Bratwürste mit einer Sicherheit von 95 % reichen.

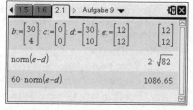

2. a) Die Fläche der 60 m langen rechteckigen Überdachung beträgt:

$$A = 60 \cdot \overline{ED} = 60 \cdot 2 \cdot \sqrt{82} \approx 1\,087 \text{ m}^2$$

b) Zunächst werden die Koordinaten der beiden Mittelpunkte berechnet: $\underline{\underline{I(21|11)}}, \quad \underline{\underline{J(30|7)}}$

Der Abstand dieser Punkte entspricht der Länge der Trägerschiene. Für diese ermittelt man:

$$m = \overline{IJ} = \sqrt{97} \approx \underline{\underline{9{,}85 \text{ m}}}$$

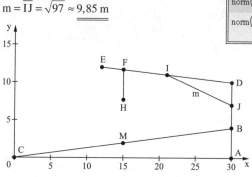

c) Man berechnet zunächst den Mittelpunkt der Strecke $\overline{BC}$ mit M(15|2), kann damit den Punkt F auf der Geraden g durch die Punkte E und D ermitteln, der die gleiche x-Koordinate hat, indem man in der Geradengleichung g(ED) den y-Wert sucht, für den x = 15 gilt:

$$\begin{pmatrix} 15 \\ y \end{pmatrix} = \begin{pmatrix} 12+18t \\ 12-2t \end{pmatrix}$$

Man ermittelt $F\left(15 \mid \frac{35}{3}\right)$.

Der Punkt H mit $H\left(15 \mid \frac{23}{3}\right)$ ergibt sich hier-

aus, da dessen y-Koordinate um 4 Einheiten geringer ist als die des Punktes F.

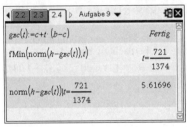

d) Die Gleichung der Geraden g(BC) ist:

$\vec{x} = \overrightarrow{OC} + t \cdot \overrightarrow{CB}$ mit $t \in \mathbb{R}$

Alle Vektoren, die einen Punkt P von g(BC) mit dem Punkt H verbinden, lassen sich beschreiben durch:

$\overrightarrow{PH} = \overrightarrow{OH} - (\overrightarrow{OC} + t \cdot \overrightarrow{CB})$

Mit fMin( ) wird derjenige Wert des Parameters t bestimmt, für den $\left|\overrightarrow{PH}\right|$ ein Minimum ist. Es ergibt sich $t = \frac{721}{1374}$ und damit ist $\left|\overrightarrow{PH}\right| \approx 5{,}62$ m der Abstand von H zu g.

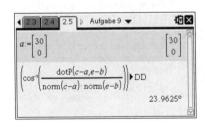

e) Zur Berechnung des gesuchten Winkels wird das Skalarprodukt genutzt. Dazu muss man vorher noch die Vektoren $\overrightarrow{AC} = \begin{pmatrix} -30 \\ 0 \end{pmatrix}$ und $\overrightarrow{BE} = \begin{pmatrix} -18 \\ 8 \end{pmatrix}$ aufstellen und erhält hiermit:

$\cos(\alpha) = \dfrac{\overrightarrow{AC} \circ \overrightarrow{BE}}{\left|\overrightarrow{AC}\right| \cdot \left|\overrightarrow{BE}\right|} \quad \Rightarrow \quad \alpha \approx 23{,}96°$

1. Gegeben ist eine Funktion f durch $f(x) = x^3 + 4x^2$ ($x \in \mathbb{R}$). An der Stelle $x = 1$ wird eine Tangente an den Graphen der Funktion f gelegt. Bestimmen Sie eine Gleichung dieser Tangente. (3 BE)

2. Die Funktion f ist eine ganzrationale Funktion 4. Grades. Dargestellt ist der Graph ihrer Ableitungsfunktion f'.

   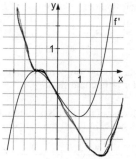

   a) Geben Sie das Monotonieverhalten der Funktion f an. (1 BE)

   b) Begründen Sie, dass der Graph der Funktion f an der Stelle $x = -1$ einen Wendepunkt besitzt. (1 BE)

3. Einem Rechteck mit den Seitenlängen 6 cm und 2 cm ist ein Teil des Graphen einer Funktion f mit $f(x) = a \cdot x^2 + b$ (a, b, $x \in \mathbb{R}$) einbeschrieben (siehe Skizze). Bestimmen Sie eine Gleichung der Funktion f. (2 BE)

   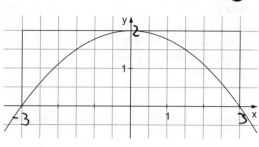

4. Gegeben ist die Funktion f durch $f(x) = (x-2)^3$ ($x \in \mathbb{R}$).

   a) Skizzieren Sie den Graphen von f. (1 BE)

   b) Geben Sie je einen Wert für a und b so an, dass die Gleichung

   $$\int_a^b f(x)\, dx = 0 \quad (a < b;\ a, b \in \mathbb{R}) \text{ erfüllt ist.} \quad \text{(1 BE)}$$

   c) Für eine lineare Funktion g soll $\int_{-5}^{1} g(x)\, dx = 0$ ($x \in \mathbb{R}$) gelten.

   Geben Sie eine Funktionsgleichung von g an. (1 BE)

5. Gegeben ist die Gerade

$$g: \vec{x} = \begin{pmatrix} 1 \\ 3 \\ 2 \end{pmatrix} + r \cdot \begin{pmatrix} -1 \\ 1 \\ 2 \end{pmatrix} \quad (r \in \mathbb{R}).$$

a) Zeigen Sie, dass der Punkt A(0|4|4) auf der Geraden g liegt. (1 BE)

b) Ermitteln Sie die Koordinaten von zwei verschiedenen Punkten, die auf g liegen und den gleichen Abstand zum Punkt A besitzen. (2 BE)

6. Gegeben sind die Vektoren

$$\vec{a} = \begin{pmatrix} u \\ -6 \\ -2u \end{pmatrix} \text{ und } \vec{b} = \begin{pmatrix} u+4 \\ 0 \\ \frac{3}{2}u \end{pmatrix} \quad (u \in \mathbb{R}).$$

Untersuchen Sie, ob es reelle Zahlen u gibt, so dass die Vektoren $\vec{a}$ und $\vec{b}$ zueinander orthogonal sind. (3 BE)

7. Ein Glücksrad mit vier Sektoren wird gedreht. Gegeben ist die Wahrscheinlichkeitsverteilung bei einmaligem Drehen.

Sektorfarbe	rot	gelb	blau	schwarz
Wahrscheinlichkeit	0,2	0,4	p	0,3

a) Geben Sie die Wahrscheinlichkeit p an.
Bestimmen Sie die Größe des Mittelpunktswinkels des roten Sektors. (2 BE)

b) Das Glücksrad wird mehrfach gedreht.
Beschreiben Sie ein Ereignis, dessen Wahrscheinlichkeit durch den Term $\binom{10}{3} \cdot 0,4^3 \cdot 0,6^7$ berechnet werden kann. (2 BE)

(20 BE)

Hinweise und Tipps

Aufgabe 1

✔ Die Tangente t an den Graphen einer Funktion f ist eine Gerade mit der Gleichung
$y = t(x) = m \cdot x + n$.

✔ Die Tangente t hat mit dem Graphen von f den Berührpunkt gemeinsam.

✔ Der Anstieg der Tangente und der Anstieg der Funktion stimmen im Berührpunkt überein.

Aufgabe 2

Teilaufgabe a

✔ Das Monotonieverhalten einer Funktion f kann über die 1. Ableitung f' bestimmt werden.

✔ Wenn $f'(x) > 0$ auf einem Intervall I ist, dann ist f auf I streng monoton steigend.

✔ Wenn $f'(x) < 0$ auf einem Intervall I ist, dann ist f auf I streng monoton fallend.

Teilaufgabe b

✔ Eine Funktion f besitzt Wendepunkte an den Stellen, an denen ihre 1. Ableitung f' ein lokales Extremum hat.

✔ Argumentieren Sie, dass aus der Skizze von f' sowohl die notwendige als auch die hinreichende Bedingung für einen Wendepunkt von f zu entnehmen sind.

Aufgabe 3

✔ Der Parameter b in der Gleichung $f(x) = ax^2 + b$ trifft eine Aussage über den Durchgang des Graphen von f durch die y-Achse.

✔ Der Parameter a hat Auswirkungen auf die Streckung/Stauchung der Parabel.

✔ Aus den gegebenen Abmessungen des Rechtecks können Sie die Koordinaten einiger Punkte der Parabel entnehmen.

✔ Stellen Sie damit ein Gleichungssystem für a und b auf und berechnen Sie diese Werte.

Aufgabe 4

Teilaufgabe a

✔ Der Graph einer Funktion $y = f(x + d)$ geht aus dem Graphen von $y = f(x)$ durch eine Verschiebung um $-d$ Einheiten in Richtung der x-Achse hervor.

✔ Überlegen Sie, wie der Graph von $y = f(x) = (x - 2)^3$ aus dem Graphen von $y = x^3$ hervorgeht.

Teilaufgabe b

✔ Beachten Sie die Punktsymmetrie des Graphen von f(x).

✔ Bestimmte Integrale in einem Intervall [a; b] sind positiv, wenn der Graph von f in diesem Intervall oberhalb der x-Achse verläuft. Sie sind negativ, wenn $f(x) < 0$ für alle $x \in$ [a; b].

Teilaufgabe c

✔ Diese Aufgabe ist in gewissem Sinne eine Umkehrfragestellung zu Teil b.

✔ Man sucht eine lineare Funktion, sodass diese im Intervall [−5; 1] gleich große Teilflächen unter- und oberhalb der x-Achse einschließt.

Aufgabe 5

Teilaufgabe a

✔ Setzen Sie den Ortsvektor des Punktes A in die linke Seite der Geradengleichung ein.

◢ Überprüfen Sie, ob alle drei Gleichungen des so entstandenen Gleichungssystems ein und dieselbe Lösung für den Parameter r haben.

Teilaufgabe b

◢ Fertigen Sie sich eine Skizze der Geraden g und des Punktes A an.

◢ Punkte P, die auf g liegen, müssen die Geradengleichung von g erfüllen.

◢ Da in Aufgabenteil a der Parameterwert r für den Ortsvektor $\overrightarrow{OA}$ ermittelt wurde, kann dieser genutzt werden, um Punkte zu finden, die auf der Geraden liegen und vom Punkt A gleich weit entfernt sind.

Alternative zu Teilaufgabe b

◢ Punkte P, die auf g liegen, müssen die Geradengleichung von g erfüllen.

◢ Es muss also Ortsvektoren $\overrightarrow{OP}$ geben, die für gewisse Werte des Parameters r die Geradengleichung zu einer wahren Aussage machen.

◢ Der Abstand beider Punkte P und Q zu A soll gleich sein, also müssen die Strecken $\overline{AP}$ und $\overline{AQ}$ gleiche Länge a haben.

◢ Geben Sie die Länge a als Betrag des Vektors $\overrightarrow{AP}$ an.

◢ Da kein Wert für diese Länge a gegeben ist, können Sie selbst einen solchen Wert wählen. Er muss aber von null verschieden sein, weil P und Q zwei verschiedene Punkte sein sollen.

◢ Wählen Sie einen Wert für den Abstand a, mit dem sich leicht rechnen lässt.

◢ Sie erhalten zwei Werte für den Parameter r, die Sie in die Gleichung für g einsetzen können.

◢ Damit sind dann die Ortsvektoren $\overrightarrow{OP}$ der gesuchten Punkte gefunden.

◢ Geben Sie diese Punkte mit ihren Koordinaten an.

Aufgabe 6

◢ Für zwei Vektoren, die zueinander orthogonal (senkrecht) sind, ist das Skalarprodukt null.

◢ Bilden Sie das Skalarprodukt der beiden Vektoren.

◢ Untersuchen Sie, ob die entstandene Gleichung Lösungen hat.

◢ Geben Sie diese Lösungen an.

Aufgabe 7

Teilaufgabe a: Wert für p

◢ Beachten Sie, dass die Gesamtwahrscheinlichkeit einer Wahrscheinlichkeitsverteilung die Summe 1 hat.

Teilaufgabe a: Größe des Mittelpunktswinkels

◢ Bestimmen Sie die Anteile der Farben anhand der Einzelwahrscheinlichkeiten.

◢ Übertragen Sie diese Anteile auf die Einteilung der Sektoren für die verschiedenen Farben des Glücksrades.

◢ Bestimmen Sie die Größe des Mittelpunktswinkels für genau einen Anteil.

◢ Geben Sie den daraus resultierenden Mittelpunktswinkel für den Sektor mit der Farbe Rot an.

Teilaufgabe b

◢ Vergleichen Sie den gegebenen Term mit der Formel für die Berechnung von Wahrscheinlichkeiten binomialverteilter Zufallsgrößen.

◢ Leiten Sie aus diesem Vergleich ab, welches Ereignis durch den gegebenen Term beschrieben werden kann.

Lösungen

1. Tangente t: $y = t(x) = m \cdot x + n$

   Funktion f: $y = f(x) = x^3 + 4x^2$

   Die Tangente t hat mit dem Graphen von f den Berührpunkt $P(1; f(1))$ gemeinsam:

   $f(1) = 1^3 + 4 \cdot 1^2 = 1 + 4 = 5$, also $P(1; 5)$

   Die Koordinaten von P werden in die Tangentengleichung eingesetzt:

   $5 = m \cdot 1 + n \Rightarrow n = 5 - m$ (*)

   Der Anstieg der Tangente und der Anstieg der Funktion stimmen im Punkt $P(1; 5)$ überein.

   Anstieg der Tangente: $t'(x) = m \Rightarrow t'(1) = m$

   Anstieg der Funktion: $f'(x) = 3x^2 + 8x \Rightarrow f'(1) = 3 \cdot 1^2 + 8 \cdot 1 = 3 + 8 = 11$

   Es gilt also $m = 11$ und damit wegen (*):

   $n = 5 - 11 = -6$

   Die Gleichung der Tangente ist:

   $\underline{\underline{y = 11x - 6}}$

2. a) Das Monotonieverhalten einer Funktion f kann über das Vorzeichen der 1. Ableitung f'
   bestimmt werden:

   Da $f'(x) > 0$ für $x > 2$ ist, ist f für $x > 2$ streng monoton steigend.

   Da $f'(x) \leq 0$ für $x \leq 2$ ist, ist f für $x \leq 2$ monoton fallend.

   b) Da der Graph von f' an der Stelle $x = -1$ ein lokales Maximum besitzt, liegt an dieser
   Stelle ein Wendepunkt der Funktion f vor.

   Alternative Lösung:
   Die Tangente an den Graphen von f' an der Stelle $x = -1$ hat den Anstieg null, es gilt
   also $f''(-1) = 0$. Außerdem liegt an der Stelle $x = -1$ ein Monotoniewechsel der Funktion f' vor, also hat die Funktion f für $x = -1$ einen Wendepunkt.

3. Weil $f(0) = 2$ ist, gilt wegen $f(0) = a \cdot 0^2 + b$ also $2 = a \cdot 0^2 + b$. Damit ist $b = 2$.

   Die Nullstellen der Parabel liegen bei $x = 3$ bzw. $x = -3$, also ist z. B. $0 = a \cdot 3^2 + b$. Setzt
   man $b = 2$ in diese Gleichung ein, so ergibt sich $0 = a \cdot 3^2 + 2$. Daraus wird a berechnet:

   $a = -\dfrac{2}{9}$

   Die Gleichung der Parabel lautet:

   $\underline{\underline{y = f(x) = -\dfrac{2}{9} \cdot x^2 + 2}}$

4. a) Skizzieren Sie zuerst den Graphen von $f(x) = x^3$, beachten Sie dabei die Funktionswerte
   für $x = 1$ und für $x = -1$. Skizzieren Sie dann den Graphen von $f(x) = (x - 2)^3$ durch Verschiebung des ersten Graphen um 2 Einheiten in x-Richtung.

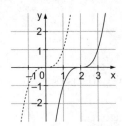

b) Der Graph von $y = (x-2)^3$ ist punktsymmetrisch zu P(2; 0). Er verläuft für alle $x < 2$ unterhalb und für alle $x > 2$ oberhalb der x-Achse. Deshalb gilt:

$$\int_{2-k}^{2+k} (x-2)^3 \, dx = 0 \text{ für alle reellen Zahlen } k > 0$$

Sie brauchen aber nur eine spezielle Lösung anzugeben.

Für k = 1 ergeben sich z. B. die untere Integrationsgrenze $\underline{\underline{a = 1}}$ und die obere Integrationsgrenze $\underline{\underline{b = 3}}$ mit der Eigenschaft:

$$\int_{a}^{b} f(x) \, dx = 0$$

c) Eine lineare Funktion, die im Intervall $[-5; 1]$ gleich große Teilflächen unter- und oberhalb der x-Achse einschließt, muss durch den Mittelpunkt dieses Intervalls verlaufen. Der Punkt Q(-2; 0) muss also auf der Geraden $y = mx + n$ liegen. Setzt man die Koordinaten von Q in diese Gleichung ein, so erhält man:

$$0 = m \cdot (-2) + n \;\Rightarrow\; n = 2m$$

Alle Geraden $\underline{\underline{y = mx + 2m}}$ mit $m \in \mathbb{R}$ haben diese verlangte Eigenschaft.

Es genügt aber, dass Sie für einen speziellen Wert von m eine solche lineare Funktion angeben.

Beispiele:

m = 0:
$$\int_{-5}^{1} 0 \, dx = 0$$

m = 1:
$$\int_{-5}^{1} (x+2) \, dx = 0$$

m = -1:
$$\int_{-5}^{1} (-x-2) \, dx = 0$$

Alternative Lösung:
Damit für das bestimmte Integral $\int_{-1}^{5} g(x) \, dx = 0$ gilt, muss die lineare Funktion im

Intervall $[-5; 1]$ gleich große Teilflächen unter- und oberhalb der x-Achse einschließen.

Dafür spielt die Steigung m keine Rolle. Setzt man z. B. m = 1, so erhält man:

$$\int_{-5}^{1} (x + n)\, dx = 0 \;\Rightarrow\; \left[\tfrac{1}{2}x^2 + n \cdot x\right]_{-5}^{1} = 0 \;\Rightarrow\; \left(\tfrac{1}{2} + n\right) - \left(\tfrac{25}{2} - 5n\right) = 0 \;\Rightarrow\; n = 2$$

Es ist also z. B. die lineare Funktion mit der Gleichung $y = x + 2$ eine Funktion mit der verlangten Eigenschaft.

5. a) $A(0\,|\,4\,|\,4)$ einsetzen in $\vec{x} = \begin{pmatrix} 1 \\ 3 \\ 2 \end{pmatrix} + r \cdot \begin{pmatrix} -1 \\ 1 \\ 2 \end{pmatrix}$:

$$\begin{pmatrix} 0 \\ 4 \\ 4 \end{pmatrix} = \begin{pmatrix} 1 \\ 3 \\ 2 \end{pmatrix} + r \cdot \begin{pmatrix} -1 \\ 1 \\ 2 \end{pmatrix} \;\Rightarrow\; \begin{cases} 0 = 1 - r & \Rightarrow\; r = 1 \\ 4 = 3 + r & \Rightarrow\; r = 1 \\ 4 = 2 + 2r & \Rightarrow\; r = 1 \end{cases}$$

Da für jede der drei Gleichungen der Parameterwert $r = 1$ zu einer wahren Aussage führt, liegt A auf g.

b) Für den Punkt A wurde in Teil a der Parameter $r = 1$ ermittelt. Für die Parameter r_1 und r_2 mit $r_1 \neq r_2$ von Punkten, die denselben Abstand von A haben, muss also $|r - r_1| = |r - r_2|$ gelten. Mögliche Lösungspaare $(r_1;\ r_2)$ sind dann $(0; 2)$, $(0,5; 1,5)$, $(-1; 3)$, …

So erhält man dann z. B. für $r_1 = 0$ den Punkt $P_1(1\,|\,3\,|\,2)$ und für $r_2 = 2$ den Punkt $P_2(-1\,|\,5\,|\,6)$, die beide vom Punkt A denselben Abstand haben.

Alternative Lösung:
Die gesuchten Punkte erfüllen die Geradengleichung, für ihre Ortsvektoren gilt:

$$\overrightarrow{OP} = \begin{pmatrix} 1 \\ 3 \\ 2 \end{pmatrix} + r \cdot \begin{pmatrix} -1 \\ 1 \\ 2 \end{pmatrix}$$

Der Abstand beider Punkte zu $A(0\,|\,4\,|\,4)$ soll gleich sein, deshalb setzt man $|\overrightarrow{AP}| = a$:

$$\overrightarrow{AP} = \left[\begin{pmatrix} 1 \\ 3 \\ 2 \end{pmatrix} + r \cdot \begin{pmatrix} -1 \\ 1 \\ 2 \end{pmatrix}\right] - \begin{pmatrix} 0 \\ 4 \\ 4 \end{pmatrix} = \begin{pmatrix} 1 \\ -1 \\ -2 \end{pmatrix} + r \cdot \begin{pmatrix} -1 \\ 1 \\ 2 \end{pmatrix}$$

$$\Rightarrow\; |\overrightarrow{AP}| = \sqrt{(1-r)^2 + (-1+r)^2 + (-2+2r)^2} = a \qquad | \text{ quadrieren}$$

$$(1-r)^2 + (-1+r)^2 + (-2+2r)^2 = a^2 \qquad | \text{ ausmultiplizieren}$$

$$1 - 2r + r^2 + 1 - 2r + r^2 + 4 - 8r + 4r^2 = a^2 \qquad | \text{ zusammenfassen}$$

$$6 - 12r + 6r^2 = a^2$$

Für den Abstand der beiden Punkte von A setzt man z. B. den Wert $a = \sqrt{6}$ ein.

Statt $a = \sqrt{6}$ kann man jeden anderen reellen Wert $a > 0$ einsetzen, aber mit diesem Wert vereinfacht sich die nachfolgende Rechnung stark.

Es ergibt sich:

$$6 - 12r + 6r^2 = \sqrt{6}^{\,2} \qquad | -6$$

$$-12r + 6r^2 = 0 \qquad | \text{ 6r ausklammern}$$

$$6r \cdot (r - 2) = 0 \qquad | \text{ Ein Produkt wird null, wenn ein Faktor null ist.}$$

$$r_1 = 0;\ r_2 = 2$$

Diese beiden Werte werden in die Gleichung für $\overrightarrow{OP}$ eingesetzt:

$$\overrightarrow{OP_1} = \begin{pmatrix} 1 \\ 3 \\ 2 \end{pmatrix} + 0 \cdot \begin{pmatrix} -1 \\ 1 \\ 2 \end{pmatrix} = \begin{pmatrix} 1 \\ 3 \\ 2 \end{pmatrix}; \quad \overrightarrow{OP_2} = \begin{pmatrix} 1 \\ 3 \\ 2 \end{pmatrix} + 2 \cdot \begin{pmatrix} -1 \\ 1 \\ 2 \end{pmatrix} = \begin{pmatrix} -1 \\ 5 \\ 6 \end{pmatrix}$$

Zwei Punkte, die denselben Abstand von A haben und die auf g liegen, sind z. B.
$P_1(1\,|\,3\,|\,2)$ und $P_2(-1\,|\,5\,|\,6)$.

6. Es wird das Skalarprodukt beider Vektoren gebildet und null gesetzt:

$$\begin{pmatrix} u \\ -6 \\ -2u \end{pmatrix} \circ \begin{pmatrix} u+4 \\ 0 \\ \frac{3}{2}u \end{pmatrix} = 0$$

$$u \cdot (u+4) + (-6) \cdot 0 + (-2u) \cdot \left(\frac{3}{2}u\right) = 0 \qquad | \text{ ausmultiplizieren}$$

$$u^2 + 4u - 3u^2 = 0 \qquad | \text{ zusammenfassen}$$

$$4u - 2u^2 = 0 \qquad | \text{ faktorisieren}$$

$$2u \cdot (2-u) = 0 \qquad | \text{ Ein Produkt wird null, wenn ein Faktor null ist.}$$

$$u_1 = 0; \quad u_2 = 2$$

Für die beiden Zahlen $u_1 = 0$ und $u_2 = 2$ sind die gegebenen Vektoren orthogonal zueinander.

7. a) **Wert für p**

Die Summe der Einzelwahrscheinlichkeiten muss 1 sein. Man kann deshalb p aus der folgenden Gleichung bestimmen:

$$0,2 + 0,4 + p + 0,3 = 1 \quad \Rightarrow \quad p = 0,1$$

Größe des Mittelpunktswinkels
Anteile der Farben am Ganzen:

Rot	Gelb	Blau	Schwarz
$\dfrac{2}{10}$	$\dfrac{4}{10}$	$\dfrac{1}{10}$	$\dfrac{3}{10}$

Es sind insgesamt zehn Teile. Ein Zehntel des Vollkreises von 360° sind 36°. Für einen Anteil wird also ein Mittelpunktswinkel von 36° gebraucht. Da der rote Sektor zwei Anteile haben muss, braucht er einen Mittelpunktswinkel von 72°.

b) Die Einzelwahrscheinlichkeiten $P(X=k)$ binomialverteilter Zufallsgrößen X mit den Parametern n und p werden berechnet durch:

$$P(X=k) = \binom{n}{k} \cdot p^k \cdot (1-p)^{n-k}$$

Vergleicht man den gegebenen Term $\binom{10}{3} \cdot 0,4^3 \cdot 0,6^7$ und die Wahrscheinlichkeitsverteilung damit, so ergibt sich:
n = 10, k = 3, p = 0,4 (Gelb)

Der Term kann also die Wahrscheinlichkeit des Ereignisses beschreiben, dass beim zehnmaligen Drehen des Glücksrades genau dreimal die Farbe Gelb erscheint.

Gegeben ist die Funktion f durch

$$f(x) = 3 \cdot e^{-\frac{1}{2}x^2} \quad (x \in \mathbb{R}).$$

a) Untersuchen Sie den Graphen von f auf Schnittpunkte mit den Koordinatenachsen.
Begründen Sie die Koordinaten des Punktes, in dem der Anstieg des Graphen
von f maximal ist.
Skizzieren Sie die Graphen von f und der Ableitungsfunktion f' in ein Koordinatensystem. (5 BE)

b) Die Graphen der Funktionen f und f' schneiden einander im Punkt Q.
Berechnen Sie die Größe des Schnittwinkels beider Graphen in diesem
Punkt Q.
Die Graphen von f und f' begrenzen mit der y-Achse eine Fläche vollständig.
Berechnen Sie diesen Flächeninhalt. (3 BE)

c) An den Graphen von f wird an der Stelle $x = -2$ die Tangente t_1 gelegt. Die
Tangente t_2 ist eine zu t_1 parallele Tangente an den Graphen von f. Beide Tan-
genten begrenzen mit den Koordinatenachsen ein Trapez.
Berechnen Sie den Flächeninhalt dieses Trapezes. (4 BE)

d) Die Gleichungen der Tangenten an den Graphen von f haben die Form
$t(x) = m \cdot x + n$.
Geben Sie die Anzahl der Tangenten in Abhängigkeit von m an. (2 BE)

e) Der Graph von f soll im Intervall $-2 \leq x \leq 2$ durch eine ganzrationale Funktion
angenähert werden.
Erläutern Sie einen Ansatz zur Ermittlung einer geeigneten Funktion.
Geben Sie die Gleichung einer solchen Funktion an. (3 BE)

f) Gegeben ist für jede reelle Zahl a $(a \neq 0)$ eine Funktion f_a durch

$$f_a(x) = 3 \cdot e^{-\frac{1}{2}x^2 + a} \quad (x \in \mathbb{R}).$$

Begründen Sie, dass $f_a(x) = e^a \cdot f(x)$ gilt.
Beschreiben Sie, wie die Graphen von f_a aus dem Graphen von f hervorgehen. (3 BE)
(20 BE)

Hinweise und Tipps

Aufgabe a

Schnittpunkte mit den Koordinatenachsen

✿ Schnittpunkte mit der x-Achse ergeben sich für $f(x) = 0$.

✿ Schnittpunkte mit der y-Achse ergeben sich mit dem Ansatz $f(0)$.

Maximaler Anstieg des Graphen

✿ Betrachten Sie das Änderungsverhalten der Funktion f.

✿ Bestimmen Sie dazu die 1. Ableitungsfunktion.

✿ Berechnen Sie die Maximumstelle von f' und den zugehörigen Funktionswert.

Skizze

✿ Achten Sie darauf, die Achsen und die Graphen zu beschriften.

Aufgabe b

Schnittwinkel im Punkt Q

✿ Unter dem Schnittwinkel zweier Graphen versteht man den nicht stumpfen Schnittwinkel ihrer Tangenten im Schnittpunkt der beiden Graphen.

✿ Bestimmen Sie zuerst den Schnittpunkt $Q(x_s; y_s)$.

✿ Welcher Punkt ist das?

✿ Der Schnittwinkel lässt sich berechnen, wenn man die Anstiege m_1 und m_2 der beiden Tangenten kennt.

✿ Die Anstiege erhält man mit $m_1 = f'(x_s)$ bzw. $m_2 = f''(x_s)$.

✿ Für den Schnittwinkel α einer Tangente mit der x-Achse gilt $\tan(\alpha) = m$.

✿ Verwenden Sie diese Beziehung, um die beiden Schnittwinkel mit den Achsen zu bestimmen, und skizzieren Sie sich diesen Sachverhalt, um damit den gesuchten Winkel zu bestimmen.

Fläche

✿ Machen Sie sich anhand der Graphen deutlich, welche Fläche gesucht ist.

✿ Bestimmen Sie die Integrationsgrenzen und berechnen Sie die Fläche zwischen beiden Graphen.

Aufgabe c

Tangentengleichungen bestimmen

✿ Die Gleichung der Tangente t_1 ist eine Geradengleichung der Form $t_1(x) = m \cdot x + n$.

✿ Der Tangentenanstieg m ist gleich dem Anstieg des Graphen an der Stelle $x = -2$.

✿ Um n zu bestimmen, muss man beachten, dass $t_1(-2) = f(-2)$ gilt.

✿ *Alternative:* Nutzen Sie den Befehl tangentLine().

Parallele zur 1. Tangente

✿ Zwei Tangenten sind genau dann parallel zueinander, wenn sie den gleichen Anstieg haben.

✿ Bestimmen Sie alle Stellen der Ableitungsfunktion f', für die $f'(x) = m$ gilt.

✿ Bestimmen Sie dann die zweite Tangentengleichung.

Fläche des Trapezes

🖋 Veranschaulichen Sie sich den Sachverhalt im Grafikfenster.

🖋 Wählen Sie einen geeigneten Weg, z. B. über die Differenz zweier Dreiecksflächen, zur Bestimmung des gesuchten Flächeninhaltes aus. Da das Trapez durch die beiden Tangenten begrenzt wird, kann der Flächeninhalt ohne Integralrechnung bestimmt werden.

🖋 Berücksichtigen Sie mögliche Flächenzerlegungen.

Aufgabe d

Anzahl der Tangenten

🖋 Nutzen Sie die Skizze von f'.

🖋 Der Wertebereich der ersten Ableitungsfunktion gibt alle möglichen Werte für m an.

🖋 Betrachten Sie die Ableitungsfunktion: Welche Werte für m kommen nicht, einmal, zweimal, … vor?

Aufgabe e

Ganzrationale Näherungsfunktion

🖋 Der Graph von f kann wegen seiner Symmetrie zur y-Achse im Intervall durch eine ganzrationale Funktion mit geradem Grad angenähert werden.

🖋 Die einfachste Form wäre dann eine quadratische Funktion der Form $p(x) = ax^2 + b$.

🖋 Bestimmen Sie auf geeignete Weise die Parameter a und b.

🖋 *Alternative:* Nutzen Sie die Möglichkeiten, mittels Regression eine Näherungsfunktion zu f zu finden.

Aufgabe f

Begründung

🖋 Begründen Sie die Gleichheit mithilfe von Potenzgesetzen.

Beschreibung

🖋 Setzen Sie verschiedene Werte für a ein und beobachten Sie die Veränderung des Graphen.

🖋 Da $f_a(x) = e^a f(x)$ gilt, hängt die Veränderung nur vom Faktor e^a ab. Begründen Sie, wann $e^a > 1$ bzw. wann $e^a < 1$ wird.

Lösungen

Die benötigten Funktionsterme werden mit dem Taschencomputer ermittelt und unter geeigneten Namen gespeichert.

Die Terme der Ableitungen sind:

$$f'(x) = -3x \cdot e^{\frac{-x^2}{2}}$$

$$f''(x) = (3x^2 - 3) \cdot e^{\frac{-x^2}{2}}$$

$$f'''(x) = -3x \cdot (x^2 - 3) \cdot e^{\frac{-x^2}{2}}$$

Mit dem Taschencomputer kann man sich einen ersten Überblick über den Verlauf des Graphen G_f verschaffen.

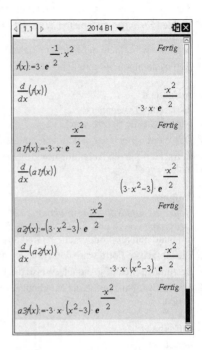

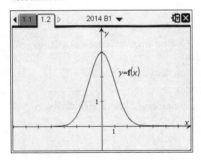

a) Schnittpunkte mit den Achsen

Der Schnittpunkt mit der x-Achse wird durch Lösen der Gleichung $f(x) = 0$ bestimmt.

Man erhält mit dem Taschencomputer, dass keine Lösung existiert.

Alternative:
Betrachtet man die Gleichung $3 \cdot e^{-\frac{1}{2}x^2} = 0$, so kann man begründen, dass diese Gleichung keine Lösung hat, da $e^z = 0$ für jedes reelle z keine Lösung besitzt.

Den Schnittpunkt mit der y-Achse erhält man durch Berechnen von $f(0)$.

Der Schnittpunkt mit der y-Achse ist somit $S_y(0|3)$.

Maximaler Anstieg des Graphen

Gesucht ist der Punkt, für den der Anstieg des Graphen dem Betrage nach am größten ist. Steigung bzw. Gefälle werden durch die 1. Ableitung einer differenzierbaren Funktion beschrieben.

Der Punkt mit maximalem Anstieg ist der in der Grafik erkennbare Wendepunkt im II. Quadranten, da bis zu diesem Punkt der Anstieg größer wird und sich dann wieder verkleinert. Man muss also den Wendepunkt bestimmen.

$W(x_w \mid f(x_w))$ ist ein Wendepunkt von G_f, wenn sowohl das notwendige Kriterium $f''(x_w) = 0$ als auch ein hinreichendes Kriterium, z. B. $f'''(x_w) \neq 0$, gelten.

Vollständigerweise müsste man noch kontrollieren, ob es keine globalen Extremstellen von f' gibt, dies kann mit einer Grenzwertbetrachtung erfolgen.

Der Punkt $W\left(-1 \mid 3 \cdot e^{-\frac{1}{2}}\right)$ ist der gesuchte Punkt mit maximalem Anstieg.

Alternative:
Man kann die x-Koordinate des Wendepunktes auch mit dem Befehl **fMax()** ermitteln. Auch hier erhält man als x-Koordinate $x = -1$.

Skizze beider Graphen

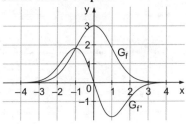

b) **Schnittwinkel im Punkt Q**

Zunächst berechnet man mit der Gleichung $f(x) = f'(x)$ den Schnittpunkt der beiden Graphen. Der gesuchte Punkt Q hat die Koordinaten $Q\left(-1 \mid 3 \cdot e^{-\frac{1}{2}}\right)$ und stimmt mit dem Wendepunkt W überein.

Um den Schnittwinkel zwischen beiden Graphen in diesem Punkt berechnen zu können, benötigt man die Anstiege der Graphen in diesem Punkt, d. h., $f'(-1)$ liefert den Anstieg des Graphen von f an der Stelle $x = -1$ und $f''(-1)$ liefert den Anstieg des Graphen von f' an der gleichen Stelle.

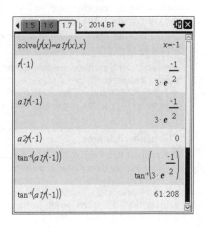

Da der Anstieg des Graphen der Ableitungsfunktion in diesem Punkt 0 ist (Wendepunkt), reduziert sich die Aufgabe darauf, den Anstieg des Graphen von f bzgl. der x-Achse zu ermitteln. Für den gesuchten Winkel α gilt damit: $\tan(\alpha) = f'(-1)$

Anmerkung: Sollten Sie nur ein symbolisches Ergebnis bekommen, so müssen Sie den Term noch einmal näherungsweise berechnen lassen.

Für den gesuchten Winkel ergibt sich $\alpha \approx 61{,}2°$.

Flächenbestimmung

Die notwendigen Integrationsgrenzen erkennt man in der Skizze beider Graphen sowie aus den bisherigen Überlegungen und Ergebnissen: Die untere Grenze ist die Wendestelle $x=-1$ und die obere Grenze ist $x=0$.

Damit kann die gesuchte Fläche mittels Berechnung des bestimmten Integrals sofort ermittelt werden, da die gesuchte Fläche vollständig oberhalb der x-Achse liegt.

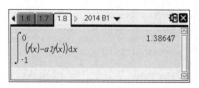

Der gesuchte Flächeninhalt beträgt:

$A \approx 1,39 \ \text{FE}$

c) Die gesuchte Tangente t_1 ermittelt man z. B. mit dem Befehl tangentLine():

$t_1(x)=6e^{-2}x+15e^{-2}$

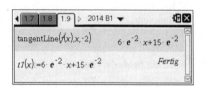

Alternative Lösung:
Um die Gleichung der Tangente, die eine Gerade ist, zu bestimmen, muss man in der Geradengleichung $y=m \cdot x+n$ die Parameter m und n ermitteln. Es gilt $m=f'(-2)$. Man erhält $m=6e^{-2}$. Da die Tangente den Graphen im Punkt $P(-2|f(-2))$ berührt, hat sie dort die gleichen x- und y-Koordinaten wie der Graph von f. Es gilt also:

$f(-2)=6e^{-2} \cdot (-2)+n$

Man erhält damit $n=15e^{-2}$.

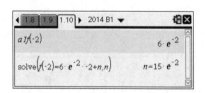

Um die Gleichung der zweiten Tangente zu ermitteln, muss man eine weitere Stelle finden, die den gleichen Anstieg hat wie t_1.

Für die zweite Tangente erhält man die Gleichung $t_2(x) \approx 6e^{-2}x+3{,}112$.

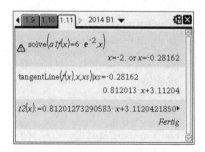

Beachte: Der Taschencomputer liefert für die zweite Tangente für den Anstieg einen Näherungswert, da bei der Berechnung der Näherungswert für die Stelle genutzt wird.

Flächenberechnung

Am einfachsten kann die Fläche berechnet werden, indem man den Flächeninhalt des kleinen Dreiecks D_2 vom Flächeninhalt des großen Dreiecks D_1 subtrahiert (siehe Bildschirmabdruck). Dazu benötigt man noch die Nullstellen der Tangenten.

Im Grafikfenster kann man zunächst einen Kontrollwert $(5{,}96-2{,}54=3{,}42)$ ermitteln.

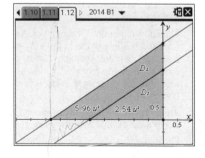

Um diese Flächen berechnen zu können, benötigt man noch die Nullstellen von t_1 und t_2.
$t_1(x) = 0$ liefert $x_0 = -\frac{5}{2}$ und $t_2(x) = 0$ ergibt $x_0 \approx -3{,}833$.

Die Flächeninhaltsberechnung der beiden rechtwinkligen Dreiecke liefert:

$$A = \frac{1}{2} \cdot \left(3{,}112 \cdot 3{,}833 - 15e^{-2} \cdot \frac{5}{2} \right) \approx 3{,}43 \, [\text{FE}]$$

Die Dreiecksberechnung ergibt $A \approx 3{,}43$ FE.

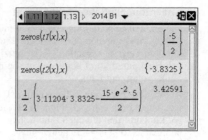

Alternative Lösung:
Die Flächenberechnung erfolgt mittels Berechnung der zugehörigen bestimmten Integrale.

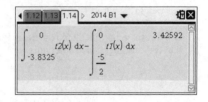

d) Die Anzahl der Tangenten in Abhängigkeit vom Anstieg m kann mit der folgenden Überlegung bestimmt werden: Der Anstieg der Tangenten ergibt sich aus $m = f'(x)$.

Um die Anzahl der Tangenten in Abhängigkeit von m zu bestimmen, betrachtet man den Graphen von $f'(x)$ und betrachtet für jedes m (entspricht einer Parallelen zur x-Achse) die Anzahl der Schnittpunkte mit $f'(x)$. Gleichzeitig sollte man den Wertebereich von f' beachten. So gibt es z. B. für $m = 1$ genau zwei Tangenten.

Man erkennt auch am Graphen von f, dass es drei Stellen mit **genau einer Tangente** gibt:
$\underline{\underline{m = 0}}$ (Hochpunkt des Graphen von f)

$\underline{\underline{m = \pm 3e^{-\frac{1}{2}}}}$ (Wendepunkte des Graphen von f)

Zwei Tangenten erhält man für:
$\underline{\underline{-3e^{-\frac{1}{2}} < m < 0}}$ oder $\underline{\underline{0 < m < 3e^{-\frac{1}{2}}}}$

Ansonsten, außerhalb des Wertebereichs von f', gibt es **keine Tangenten**:
$\underline{\underline{m < -3e^{-\frac{1}{2}}}}$ oder $\underline{\underline{m > 3e^{-\frac{1}{2}}}}$

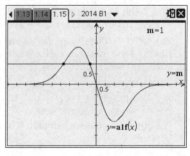

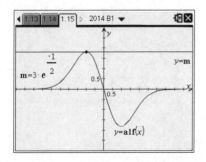

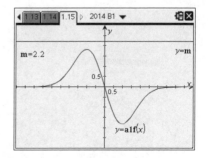

e) **Ganzrationale Näherungsfunktion**

Die einfachste Näherung erhält man mit dem Ansatz einer geraden quadratischen Funktion mit dem Term $p(x) = ax^2 + 3$. Hier nutzt man den Hochpunkt von f bereits als gemeinsamen Punkt von p und f aus.

Als weitere Eigenschaft kann man z. B. verwenden, dass p und f in einem der Wendepunkte von f den gleichen Funktionswert annehmen, also $p(1) = f(1)$ gelten muss.

Man erhält damit als Lösung:

$$p(x) = (3e^{-\frac{1}{2}} - 3) \cdot x^2 + 3$$

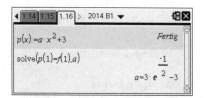

Die Grafik zeigt eine gute Näherung im größten Teil des gegebenen Intervalls.

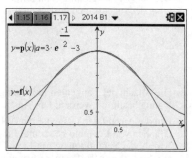

Alternative 1:
Man wählt als Ansatz eine gerade Funktion vierten Grades aus, $p(x) = ax^4 + bx^2 + 3$.

Zusätzlich zu den Eigenschaften aus der ersten Lösung kann man jetzt z. B. fordern, dass auch noch $p(2) = f(2)$ gelten muss.

Als Term ergibt sich:

$$p(x) \approx 0{,}177x^4 - 1{,}358x^2 + 3$$

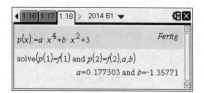

Die erhaltene Näherungsfunktion ist etwas besser.

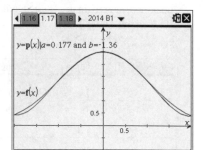

Alternative 2:
Mittels Regression kann man z. B. einen ähnlichen Term ermitteln.

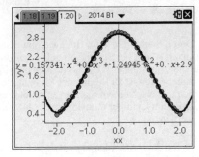

f) Begründung

Es soll gezeigt werden, dass für $f_a(x) = 3 \cdot e^{-\frac{1}{2}x^2 + a}$ $(x \in \mathbb{R})$ die Gleichheit $f_a(x) = e^a \cdot f(x)$ gilt.

Nach dem Potenzgesetz, dass Potenzen mit gleicher Basis (hier e) multipliziert werden können, indem die Basis beibehalten wird und die Exponenten addiert werden, ergibt sich die zu zeigende Gleichheit:

$$e^a \cdot 3 \cdot e^{-\frac{1}{2}x^2} = 3 \cdot e^a \cdot e^{-\frac{1}{2}x^2} = 3 \cdot e^{a - \frac{1}{2}x^2} = 3 \cdot e^{-\frac{1}{2}x^2 + a}$$

Beschreibung

Bei der Darstellung verschiedener Repräsentanten der Kurvenschar f_a (z. B. mit $a = -2; -1; 1; 2$) erkennt man, dass für $a < 0$ eine Stauchung und für $a > 0$ eine Streckung des Graphen von f entlang der y-Achse erfolgt.

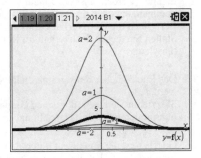

Durch Starkregen kann Hochwasser entstehen. Zum Schutz davor wird ein Rückhaltebecken angelegt, das bei Starkregen gefüllt wird. Im Zulauf wird ein Messgerät installiert, das für die Zeit x (in Stunden) den momentanen Zulauf z (in Kubikmeter pro Stunde) erfasst. Das Rückhaltebecken ist zu Beginn der Messung leer und hat ein Fassungsvermögen von 2,5 Millionen m³. Nach einem Starkregen fließt drei Tage Wasser in das Rückhaltebecken. Für diesen Zeitraum kann der momentane Zulauf z durch die Gleichung $z(x) = x \cdot (x - 72)^2$ beschrieben werden.

a) Skizzieren Sie den zugehörigen Graphen für diesen Zeitraum in ein geeignetes Koordinatensystem.
Berechnen Sie den Zeitpunkt, an dem der momentane Zulauf am größten ist.
Geben Sie den maximalen Zulauf an.
Berechnen Sie den Zeitpunkt, an dem sich der Zulauf am stärksten verringert. (7 BE)

b) Es wird angenommen, dass kein Wasser abläuft.
Untersuchen Sie, ob das Fassungsvermögen des Rückhaltebeckens ausreicht, um die zufließende Wassermenge vollständig aufzunehmen. (2 BE)

c) Das Rückhaltebecken ist leer. Beim vollständigen Befüllen soll der Zufluss so reguliert werden, dass der Zulauf über drei Tage konstant ist. Es wird angenommen, dass dabei kein Wasser abläuft.
Berechnen Sie den Wert des konstanten Zulaufs.
Stellen Sie diesen Sachverhalt im Koordinatensystem aus Teilaufgabe a graphisch dar. (2 BE)

d) Das Rückhaltebecken soll innerhalb von sieben Tagen vollständig entleert werden.
Skizzieren Sie einen möglichen Graphen, der diesen Vorgang beschreibt, und interpretieren Sie Ihre Darstellung. (2 BE)

e) Gegeben ist die Funktion f durch $f(x) = x \cdot (x - 72)^2$ ($x \in \mathbb{R}$).
Eine Parabel p_1 hat die gleichen Nullstellen wie die Funktion f. Der Hochpunkt der Parabel hat die gleiche y-Koordinate wie der Hochpunkt des Graphen von f. Ermitteln Sie eine Gleichung für die Parabel p_1.
Eine weitere Parabel p_2 ist gegeben durch $p_2(x) = -36x \cdot (x - 72)$.
Zeigen Sie, dass der Flächeninhalt, den die Parabel p_2 und die x-Achse vollständig einschließen, genau so groß ist wie der Flächeninhalt, den der Graph von f und die x-Achse vollständig einschließen.
Untersuchen Sie, ob Stellen u so existieren, dass der Unterschied der Funktionswerte f(u) und $p_2(u)$ maximal wird. Geben Sie gegebenenfalls diese Stellen u an. (7 BE)
(20 BE)

Hinweise und Tipps

✓ Entnehmen und notieren Sie die im Aufgabentext gegebenen Größen.

✓ Prüfen Sie die Verträglichkeit der Einheiten.

Aufgabe a

Skizze des Graphen von z

✓ Erstellen Sie eine Wertetabelle für die Funktion z in einem sinnvollen Intervall.

✓ Schon damit können Sie die verlangte Skizze erstellen. Aber es ist z. B. aus Kontrollgründen sinnvoll, sich zunächst den Kurvenverlauf auf dem CAS-Rechner anzusehen.

✓ Lassen Sie sich den Graphen der Funktion z im angegebenen Intervall vom CAS-Rechner anzeigen.

✓ Achten Sie dabei auf eine zweckmäßige Einteilung des Darstellungsfensters.

✓ Skizzieren Sie den Graphen auf Papier.

Zeitpunkt für den größten momentanen Zulauf

✓ Da eine Berechnung für den größten Wert des momentanen Zulaufs verlangt ist, sollten Sie die notwendige und die hinreichende Bedingung für lokale Extrema mithilfe der 1. bzw. 2. Ableitung der Funktion z untersuchen.

Wert des maximalen Zulaufs

✓ Berechnen Sie den Funktionswert von z an der Extremstelle.

✓ Kontrollieren Sie das rechnerische Ergebnis auf einem anderen Lösungsweg.

Zeitpunkt, an dem sich der Zulauf am stärksten verringert

✓ Für den Zeitpunkt, an dem sich der Zulauf am stärksten verringert, müssen Sie das Änderungsverhalten der Ableitungsfunktion z' von z untersuchen.

✓ Es ist die Stelle für das Minimum von z' zu berechnen. Lassen Sie sich den Graphen von z' zur Kontrolle anzeigen und berechnen Sie dann das lokale Minimum mithilfe der 1. und 2. Ableitung von z'.

Alternative: Zeitpunkt, an dem sich der Zulauf am stärksten verringert

✓ Die Suche nach dem Minimum des Änderungsverhaltens der Funktion z entspricht der Bestimmung des Wendepunktes. („Der Zulauf nimmt immer stärker ab, nach Erreichen des Wendepunktes verlangsamt sich die Abnahme wieder.")

✓ Ermitteln Sie den Wendepunkt rechnerisch.

✓ Kontrollieren Sie das Ergebnis auf einem anderen Weg, z. B. grafisch.

Aufgabe b

✓ Da die Funktion z den Zulauf, also das Änderungsverhalten des Volumens beschreibt, kann das Volumen durch Integration bestimmt werden. (Interpretation des bestimmten Integrals als aus Änderungen rekonstruierter Bestand.)

✓ Vergleichen Sie den durch Integration erhaltenen Wert des Wasservolumens mit dem Fassungsvermögen des Rückhaltebeckens.

Aufgabe c

/ Bei konstantem Zufluss von a $\frac{m^3}{h}$ muss für das vollständige Befüllen des Rückhaltebeckens über drei Tage a $\cdot$ 72 = 2,5 $\cdot$ 10^6 gelten.

/ Die grafische Darstellung eines konstanten Zuflusses kann durch eine Parallele zur x-Achse realisiert werden.

Aufgabe d

Skizze

/ Der einfachste Fall wäre eine lineare „Entladekurve".

/ Überlegen Sie, welche Achsenbezeichnungen für eine solche Kurve sinnvoll sind.

/ Im Aufgabentext steht nicht, welcher Zusammenhang dargestellt werden soll. Denkbar sind ein z(t)-t-Diagramm oder ein V(t)-t-Diagramm.

Interpretation

/ Die Darstellung soll interpretiert werden. Der Operator „Interpretieren" wird beschrieben durch „Sachverhalte / Zusammenhänge / Fakten oder Daten analysieren, sie deuten bzw. erklären".

/ Sie können z. B. aufschreiben, welche sachbezogenen Gedanken Sie bei der Anfertigung Ihrer Skizze hatten.

Aufgabe e

Parabel p_1

/ Die Gleichungen der Funktionen z und f stimmen überein. Sie können also ggf. auf Ergebnisse voriger Überlegungen oder Berechnungen zur Funktion z zurückgreifen.

/ Stellen Sie mit den Koordinaten der Schnittpunkte von f mit der x-Achse und des Hochpunktes von z ein Gleichungssystem zur Berechnung der Parameter in der Gleichung $y = p_1(x) = a \cdot x^2 + b \cdot x + c$ auf.

/ Beachten Sie, dass die Hochpunkte von f und p_1 zwar dieselbe y-Koordinate haben sollen, aber nicht zwangsläufig auch dieselbe x-Koordinate aufweisen müssen.

/ Ermitteln Sie die Lösungen für a, b und c dieses Gleichungssystems und geben Sie die Gleichung der Parabel p_1 an.

Alternativen: Parabel p_1

/ Wegen der Übereinstimmung der Nullstellen kann man für die Parabel sofort den Ansatz $y = p_1(x) = a \cdot x \cdot (x - 72)$ wählen.

/ Wegen der Symmetrie der Parabel muss der Scheitelpunkt mittig zwischen den Nullstellen liegen.

/ Damit und mit der y-Koordinate des Hochpunktes von z kann dann der Streckungsfaktor a bestimmt werden.

/ *Oder:* Überlegen Sie, wie die Koordinaten der Schnittpunkte der Parabel mit der x-Achse sowie ihres Scheitelpunktes lauten, und bestimmen Sie die Gleichung durch quadratische Regression.

Flächeninhalte

✓ In Teilaufgabe b haben Sie bereits einen der gesuchten Flächeninhalte berechnet.

✓ Überlegen Sie, wie Sie den Flächeninhalt, den die Parabel p_2 mit der x-Achse einschließt, mithilfe der Integralrechnung ermitteln können.

✓ Vergleichen Sie beide Flächeninhalte.

Maximaler Unterschied von Funktionswerten

✓ Machen Sie sich anhand der Funktionsgraphen klar, wo solche Stellen maximaler Differenz etwa liegen können.

✓ Beachten Sie, dass sich beide Graphen im Intervall $0 < x < 72$ schneiden, sodass einmal f oberhalb von p_2 und andermal unterhalb von p_2 verläuft.

✓ Definieren Sie die Differenzfunktion d(u) und stellen Sie den Graphen dar.

✓ Durch den Operator „Untersuchen Sie" ist Ihnen die Wahl der Mittel freigestellt.

✓ Achten Sie aber auf eventuelle Warnungen des CAS-Rechners.

✓ Überprüfen Sie ggf. das Ergebnis auf einem anderen Weg, z. B. grafisch.

Lösungen

Dem Aufgabentext lassen sich folgende gegebene Größen entnehmen:

- x: Zeit für den Zulauf, gemessen in Stunden (h), betrachtet wird eine Zeitspanne von drei Tagen, also gilt $0 \leq x \leq 72$.

- z: momentaner Zulauf, angegeben in Kubikmeter pro Stunde ($\frac{m^3}{h}$), mit dem zeitlichen Verlauf $z(x) = x \cdot (x-72)^2$ im Intervall $0 \leq x \leq 72$.

- Fassungsvermögen (Gesamtvolumen) von $2{,}5 \cdot 10^6$ m³.

a) **Skizze des Graphen von z**

Ermitteln Sie im Intervall $0 \leq x \leq 72$ einige Funktionswerte für eine Wertetabelle.

x	0	10	20	30	40	50	60	70	72
z(x)	0	38 440	54 080	52 920	40 960	24 200	8 640	280	0

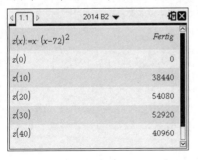

- Lassen Sie den Graphen von z durch den CAS-Rechner darstellen, um den typischen Funktionsverlauf zu erkennen. Achten Sie auf geeignete Fenstereinstellungen. Berücksichtigen Sie dafür die Wertetabelle.
- Wegen des Intervalls $0 \leq x \leq 72$ könnte für die x-Achse z. B. der Bereich von –20 bis 100 (Schrittweite 10) eingestellt werden.
- Man könnte für die y-Achse z. B. eine Einstellung von –10 000 bis 80 000 mit Schrittweite 10 000 wählen.
- Übertragen Sie den Graphen von z auf Papier.
- Bezeichnen Sie die Achsen und die Einheiten entsprechend dem vorliegenden Sachverhalt.

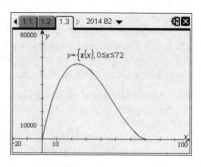

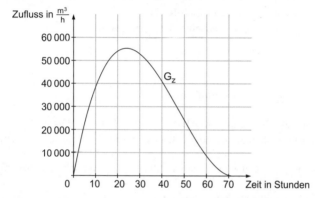

Zeitpunkt für den größten momentanen Zulauf

Mit dem CAS-Rechner werden die Ableitungen bestimmt, gespeichert und notiert:

$z'(x) = 3 \cdot (x - 72) \cdot (x - 24)$

$z''(x) = 6x - 288$

$z'''(x) = 6$

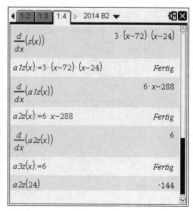

Die notwendige Bedingung für lokale Extrema ist $z'(x) = 0$.

Die Nullstellen von z' kann man sofort der faktorisierten Darstellung entnehmen.

Mögliche Extremstellen sind danach $x_{e1} = 72$ und $x_{e2} = 24$. Den Wert $x_{e1} = 72$ kann man sofort verwerfen, da aus der grafischen Darstellung bekannt ist, dass dort mit $z(72) = 0$ ein Randminimum vorliegt.

Für die hinreichende Bedingung wird noch $z''(24) = 6 \cdot 24 - 288 = -144$

bestimmt. Da $z''(24) < 0$ ist, liegt an der Stelle $x = 24$ ein lokales Maximum vor.

Ergebnis: Nach 24 Stunden ist der momentane Zufluss am größten.

Alternativ können die Ableitungen auch ohne CAS bestimmt werden:

$z(x) = x \cdot (x-72)^2$ \qquad | Produktregel

$z'(x) = 1 \cdot (x-72)^2 + x \cdot 2 \cdot (x-72) \cdot 1$ \qquad | ausklammern

$z'(x) = (x-72) \cdot (x-72+2x)$ \qquad | zusammenfassen

$z'(x) = 3 \cdot (x-72) \cdot (x-24)$ \qquad | Produktregel

$z''(x) = 3 \cdot [1 \cdot (x-24) + (x-72) \cdot 1]$ \qquad | zusammenfassen

$z''(x) = 3 \cdot (2x-96)$

$z'''(x) = 6$

Wert des maximalen Zulaufs

Der maximale Zulauf ist $z(24) = 55\,296\ \frac{m^3}{h}$.

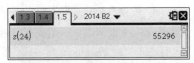

Zur Kontrolle sollten Sie das Ergebnis auf
einem anderen Wege überprüfen, z. B. durch
die grafische Ermittlung des maximalen
Zulaufs.

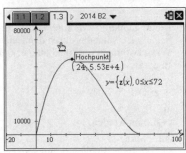

Zeitpunkt, an dem sich der Zulauf am stärksten verringert

Der Zulauf verringert sich für $24 < x < 72$, wie man dem Graphen von z entnehmen kann.
Gesucht ist in diesem Intervall die Stelle, für die das Gefälle des Graphen dem Betrage
nach am größten ist. Steigung bzw. Gefälle werden durch die 1. Ableitung einer differenzierbaren Funktion beschrieben. Es muss also für die notwendige Bedingung die 1. Ableitung von z' auf Nullstellen untersucht werden:

$(z')' = z'' = 0$, also $6x - 288 = 0$, und dies führt auf $x = 48$.

Die hinreichende Bedingung für ein lokales Minimum ist erfüllt, denn $z'''(x) = 6$ ist für alle
x positiv, also gilt auch $z'''(48) > 0$.

Kontrollüberlegungen:

- Die Steigung von z' an der Stelle 48 ist:
  $z'(48) = 3 \cdot (48-72) \cdot (48-24) = -1\,728$

  Die Steigung ist negativ, also liegt ein
  Gefälle vor.

- Wir betrachten noch den Verlauf der Funktion z' und finden die rechnerischen Überlegungen bestätigt.

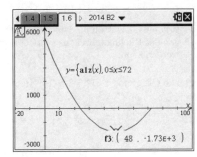

Alternativer Lösungsweg:
Auch eine Interpretation der Fragestellung durch
die Suche nach dem Wendepunkt von z im Intervall $24 < x < 72$ führt zum gleichen Ergebnis.
Der Wendepunkt trennt Kurvenabschnitte bezüglich ihres Krümmungsverhaltens. Im Intervall $24 < x < 48$ nimmt das Gefälle immer mehr
ab (der Graph ist rechtsgekrümmt), während es
dann wieder größer wird (der Graph ist linksge-
krümmt). Der Wendepunkt muss also der Punkt
sein, an dem sich der Zulauf am stärksten verringert. Die rechnerische Bestimmung des Wendepunktes von z erfolgt so, wie oben bereits
angegeben.

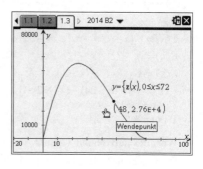

Eine Kontrolle ist wieder auf grafischem Wege möglich.

Ergebnis: Der Zeitpunkt, an dem sich der Zulauf am stärksten verringert, ist $x = 48$ h.

b) Da die Funktion z im Intervall $0 \leq x \leq 72$ nicht
negativ ist, kann das durch den Zulauf erzeugte
Wasservolumen im Rückhaltebecken durch das
Integral

$$\int_0^{72} z(x)\,dx = 2\,239\,488\,[\text{m}^3]$$

bestimmt werden.

Alternative 1:
Der Wert des Integrals kann auch aus der grafischen Darstellung gewonnen werden.

Alternative 2:
Berechnung des Integrals ohne CAS:

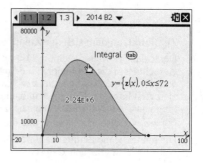

$$\int_0^{72} z(x)\,dx = \int_0^{72} (x^3 - 144x^2 + 5184x)\,dx$$

$$= \left[\frac{1}{4}x^4 - \frac{144}{3}x^3 + \frac{5184}{2}x^2\right]_0^{72}$$

$$= 2\,239\,488\,[\text{m}^3]$$

Ergebnis: Das Volumen der zugelaufenen Wassermenge ist kleiner als das Fassungsvermögen des Rückhaltebeckens von $2\,500\,000$ m³, sodass der Zulauf vollständig aufgenommen
werden kann.

c) Die Gleichung $a \cdot 72 = 2,5 \cdot 10^6$ führt auf:

$$\underline{\underline{a \approx 34\,722,2\,\tfrac{\text{m}^3}{\text{h}}}}$$

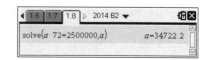

Die grafische Darstellung der Funktion $y = 34\,722{,}2$ für $0 \leq x \leq 72$ ist eine Strecke parallel zur x-Achse in diesem Intervall durch den Punkt $P(0;\ 34\,722{,}2)$.

Das Gesamtvolumen der zugeflossenen Wassermenge kann als Flächeninhalt des Rechtecks interpretiert werden, das diese Strecke mit der x-Achse im Intervall $0 \leq x \leq 72$ bildet. Dieses Rechteck wird in der grafischen Darstellung eingezeichnet.

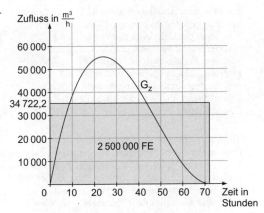

d) Skizze

Die Aufgabe lässt offen, mit und in welchen Einheiten die Achsen zu bezeichnen sind. Sinnvoll ist es z. B., die Ordinatenachse für das Volumen in m^3 (oder in Millionen m^3) und die Abszissenachse für die Zeit in Tagen (oder Stunden) zu wählen. Entsprechend müssen dann die Achseneinteilungen vorgenommen werden.

Vergessen Sie nicht, diese Aspekte in Ihrer Zeichnung zu berücksichtigen.

Es wird außerdem vorausgesetzt, dass das Rückhaltebecken zu Entleerungsbeginn vollständig gefüllt ist.

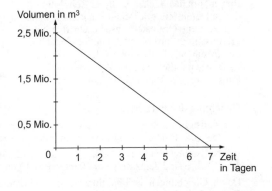

Für eine lineare Abnahme des Entleervorganges zeichnet man dann ein monoton fallendes Geradenstück durch die Punkte $P(0;\ 2{,}5 \cdot 10^6)$ und $Q(7;\ 0)$, falls die y-Achse in der Einheit „m^3" und die x-Achse in der Einheit „Tage" eingeteilt wurde.

Interpretation

Die Entleerung des Rückhaltebeckens erfolgt linear. Dabei fließen täglich

$$\frac{2{,}5 \cdot 10^6\ m^3}{7} \approx 357\,143\ m^3$$

Wasser ab.

Der Vorgang beginnt zum Zeitpunkt $x = 0$ beim Punkt $P(0;\ 2{,}5 \cdot 10^6)$, der das anfangs vorhandene Gesamtvolumen repräsentiert, er endet beim Punkt $Q(7;\ 0)$, der für das Ende des vollständigen Entleerens nach 7 Tagen steht.

Hinweis: Die Abnahme muss nicht linear angenommen werden. Es ist z. B. auch denkbar, eine Kurve zu skizzieren, die zunächst etwas stärker und dann weniger stark fällt. Ein Beispiel ist nebenstehend aufgeführt. Hier sind auch die Achsen anders eingeteilt als in der obigen Darstellung.

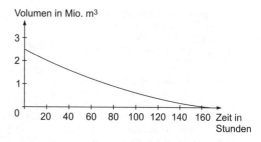

Alternative für die Skizze:
Denkbar ist auch, für diesen Vorgang ein Diagramm zu skizzieren, das den Zusammenhang zwischen der Volumenänderung pro Zeiteinheit und der Zeit, also dem Abfluss (negativer Zufluss) pro Zeiteinheit und der Zeit, wiedergibt.

Setzt man einen konstanten Abfluss voraus und wählt als Zeiteinheit „Minuten", so müssen pro Minute $\frac{2{,}5 \cdot 10^6}{7 \cdot 24 \cdot 60} \approx 248$ m³ Wasser abfließen, um das Becken in dieser Zeit vollständig zu leeren. Zur grafischen Darstellung kann man z. B. die Ordinatenachse beschriften mit „Zufluss in m³ pro Minute" und die Zeitachse mit „Minuten". Der Graph ist dann eine zur Zeitachse parallele Strecke $\overline{PQ}$ durch die Punkte $P(0; -248)$ und $Q(10\,080; -248)$.

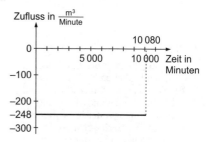

e) Gleichung der Parabel p_1

Die Nullstellen von $f(x) = x(x - 72)^2$ können dieser faktorisierten Form sofort entnommen werden. (Ein Produkt ist null, wenn einer der Faktoren null ist.)

Die Nullstellen von f sind also $x_1 = 0$ und $x_2 = 72$. Die Schnittpunkte des Graphen von f mit der x-Achse sind demzufolge die Punkte $P(0; 0)$ und $Q(72; 0)$.

Da die Gleichungen der Funktionen z und f übereinstimmen und der Hochpunkt von z in Teil a bereits bestimmt wurde, hat auch die Funktion f den Hochpunkt $H(24; 55\,296)$.

Der Hochpunkt der Parabel p_1 hat einen y-Wert wie H, allerdings nicht an derselben Stelle. Wegen der Achsensymmetrie der Parabel muss der Hochpunkt der Parabel in der Mitte zwischen den beiden Nullstellen, also bei $\frac{0 + 72}{2} = 36$, liegen. Der Hochpunkt H* von p_1 ist H*(36; 55 296).

Die allgemeine Gleichung für eine Parabel ist $y = f(x) = a \cdot x^2 + b \cdot x + c$. Dies gilt auch für die Parabel p_1. Die Koordinaten von P, Q sowie H* werden eingesetzt und das so entstandene Gleichungssystem wird gelöst.

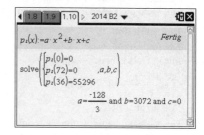

$$0 = a \cdot 0^2 + b \cdot 0 + c$$

$$0 = a \cdot 72^2 + b \cdot 72 + c$$

$$55\,296 = a \cdot 36^2 + b \cdot 36 + c$$

Die Parabel p_1 hat die Gleichung:

$$y = p_1(x) = -\frac{128}{3} \cdot x^2 + 3\,072 \cdot x$$

Alternative 1:
Da die Nullstellen von p_1 mit denen der Funktion f übereinstimmen sollen, kann man für p_1 sofort den folgenden Ansatz aufstellen:

$$y = p_1(x) = a \cdot x \cdot (x - 72)$$

Man überlegt wie oben, dass der Scheitelpunkt von p_1 an der Stelle $x = 36$ liegen muss und die y-Koordinate $y = 55\,296$ haben soll.
Beide Werte setzt man in die Gleichung ein und bestimmt den Wert des Parameters a:

$$55\,296 = a \cdot 36 \cdot (36 - 72)$$

$$a = -\frac{55\,296}{36^2} = -\frac{128}{3}$$

Damit kann die Gleichung für p_1 angegeben werden:

$$y = p_1(x) = -\frac{128}{3} \cdot x \cdot (x - 72)$$

Alternative 2:
Man ermittelt mithilfe der Punkte $P(0; 0)$, $Q(72; 0)$ und $H^*(36; 55\,296)$ eine Gleichung durch quadratische Regression.

Es ergibt sich die Gleichung:

$$y = p_1(x) \approx -42{,}67 \cdot x^2 + 3\,072 \cdot x$$

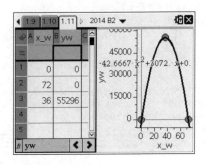

Beachten Sie die Anmerkungen zum CAS-Rechner auf Seite XV.

Flächeninhalte

Da die Funktionen f und z übereinstimmen, kann man den in Teilaufgabe b bestimmten Wert für die gesamte zufließende Wassermenge als Flächeninhalt A_1 verwenden, den die Funktion f mit der x-Achse einschließt:

$$A_1 = \int_0^{72} z(x)\,dx = \int_0^{72} f(x)\,dx = 2\,239\,488$$

Der Gleichung für die Parabel $p_2(x) = -36x \cdot (x - 72)$ kann man entnehmen:
(1) Wegen $a = -36$ ist die Parabel nach unten geöffnet.
(2) Die Nullstellen sind $x = 0$ und $x = 72$.
(3) Wegen (1) und (2) liegt der Graph von p_2 im Intervall $0 < x < 72$ oberhalb der x-Achse.

Die Fläche A_2, die die Parabel p_2 mit der x-Achse einschließt, kann folglich berechnet werden durch:

$$A_2 = \int_0^{72} (-36x \cdot (x - 72))\,dx = 2\,239\,488$$

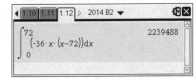

Ein Vergleich beider Flächeninhalte zeigt, dass $A_1 = A_2$ ist.
Damit ist der verlangte Nachweis erbracht.

Alternativen:
Wenn man die Übereinstimmung von f und z nicht erkennt, lassen sich beide Flächeninhalte natürlich auch anders vergleichen. Man muss sich aber davon überzeugen, dass die beiden Flächen oberhalb der x-Achse liegen, damit bei der Berechnung der Integrale nichts schiefgeht. Das kann man z. B. durch eine grafische Darstellung beider Funktionen f und p_2 realisieren.

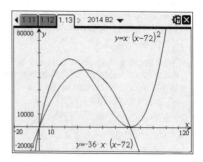

Die beiden Flächeninhalte lassen sich auch vergleichen, ohne dass man ihre Werte explizit berechnet.

Für die Gleichung

$$\int_0^{72} x \cdot (x - 72)^2 \, dx = \int_0^{72} -36x \cdot (x - 72) \, dx$$

gibt der CAS-Rechner „true" („wahr") zurück.

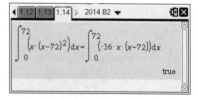

Schließlich ließen sich die Flächeninhalte auch über die grafische Darstellung ermitteln und vergleichen. Dieses Verfahren ist aber wegen der hierbei auftretenden Näherungswerte eher kritisch zu sehen.

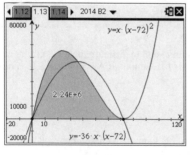

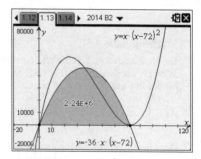

Maximaler Unterschied von Funktionswerten

Die Graphen von f und p_2 schneiden einander an der Stelle $x = 36$.

Im Intervall $0 < u < 36$ liegt der Graph von f oberhalb des Graphen von p_2. Die Differenz zwischen den Funktionswerten kann im Intervall $0 < u < 36$ angegeben werden durch:

$d_1(u) = f(u) - p_2(u)$

Im Intervall $36 < u < 72$ liegt der Graph von f unterhalb des Graphen von p_2.

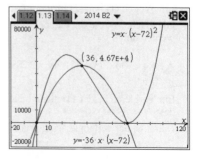

Die Differenz zwischen den Funktionswerten kann im Intervall $36 < u < 72$ angegeben werden durch:

$d_2(u) = p_2(u) - f(u)$

Die Stellen für das Maximum beider Differenzen können z. B. mithilfe der Anweisung **fMax** bestimmt werden.

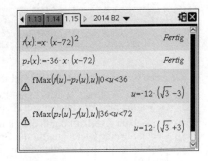

Aber Achtung: Der Rechner gibt eine Warnung wegen zweifelhafter Genauigkeit aus. Deshalb werden die Berechnungen durch einen anderen Lösungsweg überprüft.

Es wird dafür das Ableitungskalkül verwendet:

$d_1(u) = f(u) - p_2(u)$ $\qquad\qquad$ $d_2(u) = p_2(u) - f(u)$

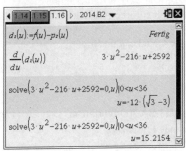 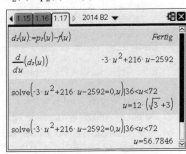

Beide Stellen werden als Extremstellen bestätigt.

Eine Überprüfung kann auch auf grafischem Wege erfolgen:

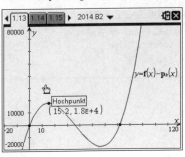 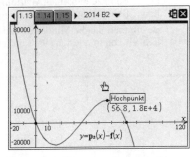

Ergebnis: Es gibt im Intervall $[0; 72]$ zwei Stellen, für die die Differenz zwischen beiden Funktionswerten lokale Maxima annimmt:

$u_1 = -12 \cdot (\sqrt{3} - 3) \approx 15,2$ und $u_2 = 12 \cdot (\sqrt{3} + 3) \approx 56,8$

Der Wert der Maxima muss laut Aufgabenstellung nicht angegeben werden.

Denkbar wäre es auch, mit dem Betrag der Differenzen, also mit $|f(u) - p_2(u)|$, zu arbeiten. Dies empfiehlt sich deshalb nicht, weil die auftretenden Ausdrücke auch mit dem CAS z. T. nicht auswertbar sind.

1. Gegeben ist der Würfel ABCDEFGH mit A(8|2|0), B(8|8|0) und G(2|8|6).

   a) Zeichnen Sie diesen Würfel in ein Koordinatensystem.
      Geben Sie die Koordinaten von H an. (2 BE)

   b) Die Gerade g verläuft durch die Punkte A und G.
      Geben Sie eine Gleichung für die Gerade g an.
      Berechnen Sie die Koordinaten des Schnittpunktes der Geraden g mit der
      y-z-Ebene. (3 BE)

   c) Bestimmen Sie die Koordinaten des Punktes K(x|4|z) so, dass K auf der
      Geraden g liegt.
      Ermitteln Sie das Verhältnis, in dem der Punkt K die Strecke $\overline{AG}$ teilt. (2 BE)

   d) Die Gerade h verläuft durch die Punkte H und K.
      Bestimmen Sie die Größe des Schnittwinkels der Geraden g und h.
      Berechnen Sie den Abstand des Punktes H von der Geraden g.
      Berechnen Sie den Flächeninhalt des Dreiecks AGH. (5 BE)

2. Ein idealer Würfel wird geworfen.

   a) Geben Sie die zu erwartende Anzahl von Sechsen bei 1 200 Würfen an. (1 BE)

   b) Berechnen Sie die Wahrscheinlichkeit für folgende Ereignisse:
      A: = „Beim zweimaligen Würfeln fällt zweimal die gleiche Zahl."
      B: = „Beim zweimaligen Würfeln ist die Summe der geworfenen
            Augenzahlen durch 3 teilbar."
      C: = „Beim zehnmaligen Würfeln fällt immer die 6."
      D: = „Beim zehnmaligen Würfeln fällt nie die 6."
      E: = „Beim zehnmaligen Würfeln fällt höchstens zweimal die 6." (5 BE)

   c) Bestimmen Sie die Mindestanzahl der Würfe, damit mit einer Wahrschein-
      lichkeit von mindestens 95 % mindestens zwei Sechsen fallen. (2 BE)
      (20 BE)

Hinweise und Tipps

Aufgabe 1 a

✎ Skizzieren Sie das Schrägbild eines Würfels ABCDEFGH.

✎ Überlegen Sie anhand der gegebenen Punkte, welche Kantenlänge der Würfel hat.

✎ Machen Sie sich klar, wie mithilfe von Vektoren aus den gegebenen Punkten und diesen Punkten selbst die Ortsvektoren der fehlenden Eckpunkte des Würfels bestimmt werden können.

✎ Zeichnen Sie ein Schrägbild des Würfels in ein Koordinatensystem.

✎ Geben Sie die Koordinaten von H an.

Aufgabe 1 b

Geradengleichung

✎ Wählen Sie den Ortsvektor eines der beiden Punkte A und G als Stützvektor der Geraden g.

✎ Als Richtungsvektor kann z. B. $\overrightarrow{AG}$ verwendet werden.

Schnittpunkt

✎ Schneidet die Gerade g die y-z-Ebene, so muss die x-Koordinate des Schnittpunktes null sein.

✎ Mit dieser Tatsache können Sie den Wert des Parameters der Geradengleichung bestimmen und damit die restlichen Koordinaten berechnen.

Aufgabe 1 c

Punkt K

✎ Die y-Koordinate von K ist bekannt ($y = 4$).

✎ Setzen Sie $y = 4$ in die zugehörige Gleichung von g(AG) ein, berechnen Sie den zugehörigen Parameterwert und bestimmen Sie damit die fehlenden Koordinaten.

Teilverhältnis

✎ Vergleichen Sie die Parameterwerte der Geraden g(AG), die zu den Punkten A, K und G gehören.

✎ Schließen Sie daraus auf das Teilverhältnis.

Alternativen: Teilverhältnis

✎ Berechnen Sie die Längen der Strecken $\overline{AK}$ und $\overline{KG}$.

✎ Ermitteln Sie das Verhältnis dieser beiden Streckenlängen.

✎ *Oder:* Denken Sie sich einen ebenen Schnitt durch den Würfel ABCDEFGH durch die Kanten $\overline{AB}$ und $\overline{GH}$. Die Schnittfläche ist das Rechteck ABGH, das mit der Diagonale $\overline{AG}$ auch ein Stück der Geraden g enthält. Überlegen Sie, wo in diesem Rechteck die senkrechte Projektion von K auf die Kante $\overline{AB}$ liegen muss. Sie erhalten damit eine Strahlensatzfigur, sodass mit dem Strahlensatz das Teilverhältnis bestimmt werden kann.

Aufgabe 1 d

Schnittwinkel von g und h

✎ Der Schnittwinkel zweier Geraden wird über den Winkel ihrer Richtungsvektoren gebildet. Ermitteln Sie die Koordinaten eines Richtungsvektors der Geraden h(HK).

✎ Berechnen Sie mithilfe des Skalarprodukts den Winkel zwischen den Richtungsvektoren von g und h.

🖋 Sollte sich bei der Berechnung des Winkels zwischen den Richtungsvektoren ein stumpfer Winkel ergeben, so geben Sie seinen Nebenwinkel als Schnittwinkel der zugehörigen Geraden an.

Alternative: Schnittwinkel von g und h
🖋 Sie können den gesuchten Winkel auch über den Kosinussatz im Dreieck KGH bestimmen.

Abstand Punkt H von der Geraden g
🖋 Sie können das Abstandsproblem z. B. als Extremalproblem auffassen und lösen.
🖋 Bilden Sie die Differenz des Ortsvektors eines beliebigen Punktes der Geraden g und des Ortsvektors von H.
🖋 Das Minimum des Betrages dieses Differenzvektors ist der gesuchte Abstand.

Alternativen: Abstand Punkt H von der Geraden g
🖋 Bilden Sie die Differenz des Ortsvektors eines beliebigen Punktes der Geraden g und des Ortsvektors von H.
🖋 Wenn dieser Differenzvektor orthogonal zum Richtungsvektor der Geraden g ist, so repräsentiert sein Betrag den Abstand von H zu g.
🖋 Sie können diesen Sachverhalt mit dem Skalarprodukt untersuchen.
🖋 *Oder:* Betrachten Sie die rechteckige Schnittfläche ABGH des Würfels, die mit der Diagonale AG auch ein Stück der Geraden g enthält. Sie können den Abstand mithilfe trigonometrischer Rechnungen in rechtwinkligen Teilfiguren des Rechtecks ABGH bestimmen.

Flächeninhalt Dreieck AGH
🖋 Sie können den soeben berechneten Abstand als eine Dreieckshöhe verwenden.
🖋 Überlegen Sie, welche Dreiecksseite die zu dieser Höhe gehörende Dreiecksseite ist.
🖋 Berechnen Sie die Länge dieser Dreiecksseite.
🖋 Berechnen Sie den Flächeninhalt des Dreiecks mit diesen Größen.

Alternative: Flächeninhalt Dreieck AGH
🖋 Wenn Ihnen das Vektorprodukt bekannt ist, können Sie mit dessen Hilfe den gesuchten Flächeninhalt bestimmen.

Aufgabe 2 a
🖋 Begründen Sie, dass die Anzahl der Sechsen beim Werfen eines Würfels eine binomialverteilte Zufallsgröße ist.
🖋 Berechnen Sie den Erwartungswert dieser binomialverteilten Zufallsgröße.

Aufgabe 2 b
🖋 Ereignis A: Pfadregel anwenden.
🖋 Ereignis B: Alle möglichen Summen beim zweimaligen Werfen auflisten und auf Teilbarkeit durch 3 untersuchen.
🖋 Ereignis C: Verkürztes Baumdiagramm und Pfadregel anwenden.
🖋 Ereignis D: Analoges Vorgehen wie bei Ereignis C.
🖋 Ereignis E: Bernoulli-Formel anwenden.

Aufgabe 2 c

✐ Übersetzen Sie die Aspekte der Aufgabe mithilfe der Verteilungsfunktion der Binomialverteilung in eine adäquate Ungleichung für $P(X \geq 2)$.

✐ Ermitteln Sie die Lösung dieser Ungleichung z. B. durch systematisches Probieren.

✐ *Oder:* Betrachten Sie das Gegenereignis $P(X \leq 1)$. Die sich daraus ergebende Ungleichung bzw. die zugehörige Gleichung lässt sich mit dem CAS-Rechner direkt lösen.

Lösungen

1. a) Üblicherweise wird das Quadrat ABCD als Grundfläche und das Quadrat EFGH als Deckfläche eines Würfels angesehen.

Aus den Koordinaten von $A(8\,|\,2\,|\,0)$ und $B(8\,|\,8\,|\,0)$ kann man entnehmen, dass die Kantenlänge des Würfels 6 LE beträgt.

Das kann man sich inhaltlich klarmachen, denn beide Punkte liegen wegen $z = 0$ in der x-y-Ebene, parallel zur y-Achse (wegen $x = 8$) und die y-Koordinaten haben den Abstand 6 voneinander. Dasselbe Ergebnis erhält man über die Vektorsubtraktion:

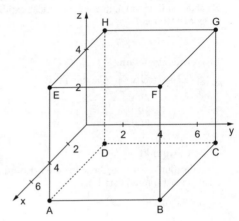

$$\overrightarrow{AB} = \overrightarrow{OB} - \overrightarrow{OA} = \begin{pmatrix} 8 \\ 8 \\ 0 \end{pmatrix} - \begin{pmatrix} 8 \\ 2 \\ 0 \end{pmatrix} = \begin{pmatrix} 0 \\ 6 \\ 0 \end{pmatrix} \quad \Rightarrow \quad |\overrightarrow{AB}| = 6$$

Aus der Tatsache, dass A und B in der x-y-Ebene liegen, sowie wegen der Kantenlänge 6 schließt man, dass C direkt unter $G(2\,|\,8\,|\,6)$ ebenfalls in der x-y-Ebene liegen muss und demzufolge die Koordinaten von C lauten: $C(2\,|\,8\,|\,0)$

Die Koordinaten der anderen Eckpunkte lassen sich nun z. B. durch Vektoraddition erschließen.

$$\overrightarrow{OD} = \overrightarrow{OA} + \overrightarrow{BC} \quad \Rightarrow \quad \overrightarrow{OD} = \begin{pmatrix} 8 \\ 2 \\ 0 \end{pmatrix} + \begin{pmatrix} 2-8 \\ 8-8 \\ 0-0 \end{pmatrix} = \begin{pmatrix} 2 \\ 2 \\ 0 \end{pmatrix} \quad \Rightarrow \quad D(2\,|\,2\,|\,0)$$

$$\overrightarrow{OE} = \overrightarrow{OA} + \overrightarrow{CG} \quad \Rightarrow \quad \overrightarrow{OE} = \begin{pmatrix} 8 \\ 2 \\ 0 \end{pmatrix} + \begin{pmatrix} 2-2 \\ 8-8 \\ 6-0 \end{pmatrix} = \begin{pmatrix} 8 \\ 2 \\ 6 \end{pmatrix} \quad \Rightarrow \quad E(8\,|\,2\,|\,6)$$

$$\overrightarrow{OF} = \overrightarrow{OE} + \overrightarrow{AB} \quad \Rightarrow \quad \overrightarrow{OF} = \begin{pmatrix} 8 \\ 2 \\ 6 \end{pmatrix} + \begin{pmatrix} 8-8 \\ 8-2 \\ 0-0 \end{pmatrix} = \begin{pmatrix} 8 \\ 8 \\ 6 \end{pmatrix} \quad \Rightarrow \quad F(8\,|\,8\,|\,6)$$

$$\overrightarrow{OH} = \overrightarrow{OG} + \overrightarrow{BA} \quad \Rightarrow \quad \overrightarrow{OH} = \begin{pmatrix} 2 \\ 8 \\ 6 \end{pmatrix} + \begin{pmatrix} 8-8 \\ 2-8 \\ 0-0 \end{pmatrix} = \begin{pmatrix} 2 \\ 2 \\ 6 \end{pmatrix} \quad \Rightarrow \quad \underline{\underline{H(2\,|\,2\,|\,6)}}$$

Mithilfe der Koordinaten der Eckpunkte lässt sich nun leicht ein Schrägbild des Würfels in ein Koordinatensystem zeichnen.

Alternativ kann man z. B. auch eine Zwei- oder Dreitafelprojektion zeichnen.

Mit gutem räumlichen Vorstellungsvermögen kann man sich die Koordinaten der fehlenden Eckpunkte auch ohne diese vektoriellen Überlegungen erschließen und den Würfel im Schrägbild oder in einer Tafelprojektion zeichnen. Es ist zudem nur verlangt, die Koordinaten von H anzugeben. Die Koordinaten der anderen Eckpunkte müssen also nicht explizit angegeben werden.

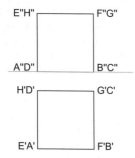

b) **Geradengleichung**

$g(AG)$: $\vec{x} = \overrightarrow{OA} + t \cdot \overrightarrow{AG}$ mit $t \in \mathbb{R}$

$$g(AG): \vec{x} = \begin{pmatrix} 8 \\ 2 \\ 0 \end{pmatrix} + t \cdot \begin{pmatrix} 2-8 \\ 8-2 \\ 6-0 \end{pmatrix} = \begin{pmatrix} 8 \\ 2 \\ 0 \end{pmatrix} + t \cdot \begin{pmatrix} -6 \\ 6 \\ 6 \end{pmatrix} \text{ mit } t \in \mathbb{R}$$

Schnittpunkt

Jeder Punkt der y-z-Ebene hat die x-Koordinate null, so auch der gesuchte Schnittpunkt von $g(AG)$ mit dieser Ebene:

$$0 = 8 - 6t \quad \Rightarrow \quad t = \frac{8}{6} = \frac{4}{3}$$

Einsetzen von $t = \frac{4}{3}$ in die Geradengleichung ergibt:

$$\begin{pmatrix} 8 \\ 2 \\ 0 \end{pmatrix} + \frac{4}{3} \cdot \begin{pmatrix} -6 \\ 6 \\ 6 \end{pmatrix} = \begin{pmatrix} 0 \\ 10 \\ 8 \end{pmatrix}$$

Der gesuchte Schnittpunkt S hat die Koordinaten $S(0 \,|\, 10 \,|\, 8)$.

c) **Punkt K**

Einsetzen von $y = 4$ in die zugehörige Zeile der Geradengleichung ergibt $4 = 2 + 6t$, also gilt:

$$t = \frac{2}{6} = \frac{1}{3}$$

Diesen Wert muss man nun in die Geradengleichung einsetzen:

$$\begin{pmatrix} 8 \\ 2 \\ 0 \end{pmatrix} + \frac{1}{3} \cdot \begin{pmatrix} -6 \\ 6 \\ 6 \end{pmatrix} = \begin{pmatrix} 6 \\ 4 \\ 2 \end{pmatrix}$$

Der Punkt K hat die Koordinaten $K(6 \,|\, 4 \,|\, 2)$.

Teilverhältnis

Anhand der berechneten Parameterwerte und mithilfe von $g(AG)$: $\vec{x} = \begin{pmatrix} 8 \\ 2 \\ 0 \end{pmatrix} + t \cdot \begin{pmatrix} -6 \\ 6 \\ 6 \end{pmatrix}$ erkennt man:

Der Punkt $G(2\,|\,8\,|\,6)$ wird vom Punkt $A(8\,|\,2\,|\,0)$ aus mit dem Parameterwert $t = 1$ erreicht. Der Punkt $K(6\,|\,4\,|\,2)$ wird von $A(8\,|\,2\,|\,0)$ aus mit $t = \frac{1}{3}$ erreicht.

- Wegen $0 < \frac{1}{3} < 1$ liegt K im Inneren der Strecke $\overline{AG}$.

- Wegen $t = \frac{1}{3}$ gilt:

$$\overline{AK} = \frac{1}{3} \cdot \overline{AG} \quad \text{und} \quad \overline{KG} = \left(1 - \frac{1}{3}\right) \cdot \overline{AG} = \frac{2}{3} \cdot \overline{AG}$$

- Setzt man diese Streckenlängen ins Verhältnis, so ergibt sich, dass K die Strecke $\overline{AG}$ von A aus im Verhältnis $\underline{\underline{1:2}}$ teilt.

Alternative 1:

$$|\overrightarrow{AK}| = \left| \begin{pmatrix} 6-8 \\ 4-2 \\ 2-0 \end{pmatrix} \right| = \left| \begin{pmatrix} -2 \\ 2 \\ 2 \end{pmatrix} \right| = \sqrt{(-2)^2 + 2^2 + 2^2} = \sqrt{12} = \sqrt{4 \cdot 3} = 2 \cdot \sqrt{3}$$

$$|\overrightarrow{KG}| = \left| \begin{pmatrix} 2-6 \\ 8-4 \\ 6-2 \end{pmatrix} \right| = \left| \begin{pmatrix} -4 \\ 4 \\ 4 \end{pmatrix} \right| = \sqrt{(-4)^2 + 4^2 + 4^2} = \sqrt{48} = \sqrt{16 \cdot 3} = 4 \cdot \sqrt{3}$$

$$\Rightarrow \frac{|\overrightarrow{AK}|}{|\overrightarrow{KG}|} = \frac{2 \cdot \sqrt{3}}{4 \cdot \sqrt{3}} = \underline{\underline{\frac{1}{2}}}$$

Alternative 2:

Die Fragestellung lässt sich elementargeometrisch bearbeiten. Man denkt sich einen ebenen Schnitt durch den Würfel ABCDEFGH durch die Kanten $\overline{AB}$ und $\overline{GH}$. Die Schnittfläche ist das Rechteck ABGH, das mit der Diagonale $\overline{AG}$ auch ein Stück der Geraden g enthält. Der Punkt $F(8\,|\,4\,|\,0)$ liegt dann auf der Kante $\overline{AB}$ und teilt diese im Verhältnis $1:2$ (von A aus), wie man durch Vergleich der Koordinaten von $A(8\,|\,2\,|\,0)$, $B(8\,|\,8\,|\,0)$ und $F(8\,|\,4\,|\,0)$ leicht sieht.

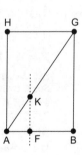

Die Senkrechte durch F zu $\overline{AB}$ schneidet die Diagonale $\overline{AG}$ im Punkt K, denn K und F haben dieselbe y-Koordinate $y = 4$. Die Strecken $\overline{FK}$ und $\overline{BG}$ sind parallel. Sie bilden zusammen mit $\overline{AB}$ und $\overline{AG}$ eine Strahlensatzfigur. Aus dem Strahlensatz lässt sich nun schließen, dass wegen $\overline{AF} : \overline{FB} = 1:2$ auch $\overline{AK} : \overline{KG} = \underline{\underline{1:2}}$ gelten muss.

d) **Schnittwinkel von g und h**

Als Richtungsvektor der Geraden h kann z. B. der Vektor

$$\overrightarrow{HK} = \begin{pmatrix} 6-2 \\ 4-2 \\ 2-6 \end{pmatrix} = \begin{pmatrix} 4 \\ 2 \\ -4 \end{pmatrix}$$

verwendet werden. Als Richtungsvektor der Geraden g wird der Vektor $\begin{pmatrix} -6 \\ 6 \\ 6 \end{pmatrix}$ aus Teilaufgabe b verwendet.

Die Größe α des Winkels zwischen beiden Vektoren kann durch

$$\cos(\alpha) = \frac{\begin{pmatrix} 4 \\ 2 \\ -4 \end{pmatrix} \circ \begin{pmatrix} -6 \\ 6 \\ 6 \end{pmatrix}}{\left| \begin{pmatrix} 4 \\ 2 \\ -4 \end{pmatrix} \right| \cdot \left| \begin{pmatrix} -6 \\ 6 \\ 6 \end{pmatrix} \right|}$$

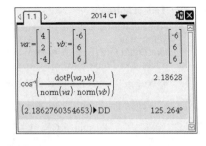

bestimmt werden.
Der Winkel zwischen den Richtungsvektoren beider Geraden hat eine Größe von $\alpha \approx 125{,}26°$.
Als Schnittwinkel zwischen den Geraden wird der zugehörige spitze Nebenwinkel angegeben. Er hat eine Größe von $180° - 125{,}26° = 54{,}74°$.

Vergleichen Sie die Bemerkungen zum CAS auf Seite XVII.

Alternative:
Die Größe des Schnittwinkels HKG kann mithilfe des Kosinussatzes bestimmt werden. Dazu werden über die Koordinaten der Punkte H(2|2|6), K(6|4|2) und G(2|8|6) die Seitenlängen des Dreiecks HKG bestimmt:

$|\overrightarrow{HK}| = \sqrt{(6-2)^2 + (4-2)^2 + (2-6)^2} = \sqrt{16+4+16} = \sqrt{36} = 6$

$|\overrightarrow{GK}| = \sqrt{(6-2)^2 + (4-8)^2 + (2-6)^2} = \sqrt{16+16+16} = \sqrt{3 \cdot 16}$

$\qquad = 4 \cdot \sqrt{3}$

$|\overrightarrow{HG}| = 6$ (Kantenlänge des Würfels)

$|\overrightarrow{HG}|^2 = |\overrightarrow{HK}|^2 + |\overrightarrow{GK}|^2 - 2 \cdot |\overrightarrow{HK}| \cdot |\overrightarrow{GK}| \cdot \cos(\varepsilon)$

$36 = 36 + 48 - 2 \cdot 6 \cdot 4 \cdot \sqrt{3} \cdot \cos(\varepsilon)$

Aus dieser Gleichung wird die Größe des Schnittwinkels bestimmt:
$\varepsilon \approx 54{,}74°$

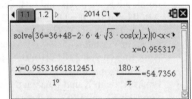

Abstand Punkt H von der Geraden g

Der Ortsvektor eines beliebigen Punktes P_t auf der Geraden g lässt sich angeben durch:

$$\overrightarrow{OP_t} = \begin{pmatrix} 8 \\ 2 \\ 0 \end{pmatrix} + t \cdot \begin{pmatrix} -6 \\ 6 \\ 6 \end{pmatrix}$$

Der Ortsvektor des Punktes H ist:

$$\overrightarrow{OH} = \begin{pmatrix} 2 \\ 2 \\ 6 \end{pmatrix}$$

Der Differenzvektor $\overrightarrow{P_t H}$ ist dann:

$$\begin{pmatrix} 2 \\ 2 \\ 6 \end{pmatrix} - \left[\begin{pmatrix} 8 \\ 2 \\ 0 \end{pmatrix} + t \cdot \begin{pmatrix} -6 \\ 6 \\ 6 \end{pmatrix} \right] = \begin{pmatrix} -6 \\ 0 \\ 6 \end{pmatrix} - t \cdot \begin{pmatrix} -6 \\ 6 \\ 6 \end{pmatrix}$$

Der Betrag dieses Vektors wird beschrieben durch:

$$a(t) = 6 \cdot \sqrt{3t^2 - 4t + 2}$$

Dieser Term nimmt für $t = \frac{2}{3}$ sein Minimum an.

Der Wert des Minimums und damit der Abstand von H zu g ist:

$$a\left(\frac{2}{3}\right) = 2 \cdot \sqrt{6} \approx 4{,}9 \text{ LE}$$

Vergleichen Sie die Bemerkungen zum CAS-Rechner auf Seite XVII.

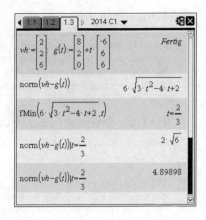

Alternative 1:
Der Abstand kann auch mithilfe des Skalarprodukts bestimmt werden.
Der Differenzvektor $\overrightarrow{P_tH}$ ist:

$$\begin{pmatrix} 2 \\ 2 \\ 6 \end{pmatrix} - \left[\begin{pmatrix} 8 \\ 2 \\ 0 \end{pmatrix} + t \cdot \begin{pmatrix} -6 \\ 6 \\ 6 \end{pmatrix} \right] = \begin{pmatrix} -6 \\ 0 \\ 6 \end{pmatrix} - t \cdot \begin{pmatrix} -6 \\ 6 \\ 6 \end{pmatrix}$$

Er muss im Falle minimalen Abstands senkrecht zum Richtungsvektor $\begin{pmatrix} -6 \\ 6 \\ 6 \end{pmatrix}$ der Geraden sein.

Das Skalarprodukt beider Vektoren muss null ergeben:

$$\left[\begin{pmatrix} -6 \\ 0 \\ 6 \end{pmatrix} - t \cdot \begin{pmatrix} -6 \\ 6 \\ 6 \end{pmatrix} \right] \circ \begin{pmatrix} -6 \\ 6 \\ 6 \end{pmatrix} = 0$$

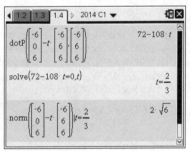

Dies ist für $t = \frac{2}{3}$ der Fall.
Der Betrag des Differenzvektors $\overrightarrow{PH}$ ist mit diesem Wert gerade $2 \cdot \sqrt{6}$ groß.

Das ist der gesuchte Abstand.

Alternative 2:
Der Abstand von H zu g(AG) kann auch elementargeometrisch berechnet werden. Die Punkte A, G und H liegen auf der rechteckigen Schnittfläche ABGH durch den Würfel ABCDEFGH.

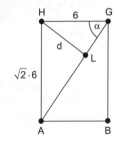

L sei der Lotfußpunkt von H auf $\overline{AG}$. Dann ist $d = \overline{HL}$ der gesuchte Abstand. Die Strecke $\overline{HG}$ hat die Länge 6 LE (Kante des Würfels). Die Strecke $\overline{AH}$ hat die Länge $\sqrt{2} \cdot 6$ LE (Diagonale der quadratischen Seitenfläche). Damit lässt sich im rechtwinkligen Dreieck AGH die Größe α des Winkels AGH berechnen:

$$\tan(\alpha) = \frac{\sqrt{2} \cdot 6}{6} = \sqrt{2} \quad \Rightarrow \quad \alpha \approx 54{,}74°$$

Nun kann im rechtwinkligen Dreieck GHL die Strecke d berechnet werden:

$$\sin(54{,}74°) \approx \frac{d}{6} \quad \Rightarrow \quad d \approx 4{,}9 \text{ LE}$$

Flächeninhalt Dreieck AGH

Der Flächeninhalt eines Dreiecks kann als das halbe Produkt aus der Länge einer Dreiecksseite und der Länge der zugehörigen Höhe berechnet werden. In der vorigen Teilaufgabe wurde der Abstand von H zu g bestimmt. Die Dreiecksseite $\overline{AG}$ liegt auf g, somit ist der Abstand $2 \cdot \sqrt{6}$ von H zu g die Höhe auf der Seite $\overline{AG}$. Diese Seite ist gleichzeitig eine Raumdiagonale im Würfel ABCDEFGH, für deren Länge gilt:

$$|\overline{AG}| = \sqrt{3} \cdot |\overline{AB}| = \sqrt{3} \cdot 6$$

Der Flächeninhalt des Dreiecks AGH ist:

$$\frac{1}{2} \cdot \sqrt{3} \cdot 6 \cdot 2 \cdot \sqrt{6} = 6 \cdot \sqrt{18} = 6 \cdot \sqrt{9 \cdot 2} = \underline{\underline{18 \cdot \sqrt{2}}} \approx 25{,}5 \text{ FE}$$

Alternative:
Wenn das Vektorprodukt bekannt ist, kann der gesuchte Flächeninhalt auch als das halbe Produkt des Betrages des Vektorprodukts zweier das Dreieck aufspannender Vektoren berechnet werden:

$$A = \frac{1}{2} \cdot |\overline{HG} \times \overline{HA}|$$

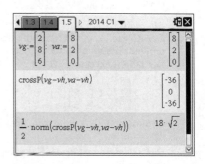

$$= \frac{1}{2} \cdot \left| \begin{pmatrix} 0 \\ 6 \\ 0 \end{pmatrix} \times \begin{pmatrix} 6 \\ 0 \\ -6 \end{pmatrix} \right| = \frac{1}{2} \cdot \left| \begin{pmatrix} -36 \\ 0 \\ -36 \end{pmatrix} \right| = \underline{\underline{18 \cdot \sqrt{2}}}$$

2. a) Die Anzahl der Sechsen beim Werfen eines Würfels kann als binomialverteilte Zufallsgröße X aufgefasst werden, denn es wird das gleiche Bernoulli-Experiment (einmaliges Werfen eines Würfels) n-mal unabhängig voneinander wiederholt. Die Wahrscheinlichkeit für das Werfen einer Sechs ist $p = \frac{1}{6}$. Der Erwartungswert für die Anzahl der Sechsen bei 1 200 Würfen ist:

$$E(X) = 1\,200 \cdot \frac{1}{6} = \underline{\underline{200}}$$

b) **Ereignis A**

Zweistufiges Zufallsexperiment; beim ersten Wurf fällt irgendeine der sechs Zahlen mit der Wahrscheinlichkeit 1, beim zweiten Wurf fällt dieselbe Zahl wie beim ersten mit der Wahrscheinlichkeit $\frac{1}{6}$. Nach der 1. Pfadregel gilt dann:

$$P(A) = 1 \cdot \frac{1}{6} = \underline{\underline{\frac{1}{6}}}$$

Alternative Lösung: Es gibt 36 mögliche Versuchsausgänge beim zweimaligen Werfen eines Würfels, davon sind genau sechs „günstige" Ergebnisse („Pasch"). Damit gilt:

$$P(A) = \frac{6}{36} = \underline{\underline{\frac{1}{6}}}$$

Ereignis B

Es wird eine Übersicht über die möglichen Summen der Augenzahlen (grau eingefärbte Zellen) beim zweimaligen Werfen eines Würfels erstellt.

Die dunkelgrau eingefärbten Zellen markieren die durch 3 teilbaren Summen. Es sind 12 von 36 Zellen dunkelgrau eingefärbt:

$$P(B) = \frac{12}{36} = \underline{\underline{\frac{1}{3}}}$$

	1	2	3	4	5	6
1	2	3	4	5	6	7
2	3	4	5	6	7	8
3	4	5	6	7	8	9
4	5	6	7	8	9	10
5	6	7	8	9	10	11
6	7	8	9	10	11	12

Ereignis C

Bei jedem Wurf werden die Ergebnisse „Sechs geworfen" ($p = \frac{1}{6}$) und „keine Sechs geworfen" ($p = \frac{5}{6}$) unterschieden. Nach der 1. Pfadregel gilt dann:

$$P(C) = \left(\frac{1}{6}\right)^{10} \approx \underline{\underline{0}}$$

Alternativ kann man auch mit der Binomialverteilung argumentieren:

$$P(X_{10;\,\frac{1}{6}} = 10) = \binom{10}{10} \cdot \left(\frac{1}{6}\right)^{10} \cdot \left(\frac{5}{6}\right)^{0} \approx \underline{\underline{0}}$$

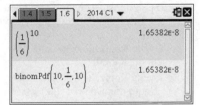

Ereignis D

Bei jedem Wurf werden die Ergebnisse „Sechs geworfen" ($p = \frac{1}{6}$) und „keine Sechs geworfen" ($p = \frac{5}{6}$) unterschieden. Nach der 1. Pfadregel gilt dann:

$$P(D) = \left(\frac{5}{6}\right)^{10} \approx \underline{\underline{0{,}1615}}$$

Alternativ kann man auch mit der Binomialverteilung argumentieren:

$$P(X_{10;\,\frac{5}{6}} = 10) = \binom{10}{10} \cdot \left(\frac{5}{6}\right)^{10} \cdot \left(\frac{1}{6}\right)^{0} \approx \underline{\underline{0{,}1615}}$$

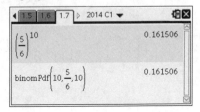

Ereignis E

Die Zufallsgröße X beschreibe die Anzahl der Sechsen beim zehnmaligen Werfen eines Würfels. X ist binomialverteilt mit $n = 10$ und $p = \frac{1}{6}$.

$$P(E) = P(X \leq 2)$$

$$= \sum_{k=0}^{2} \binom{10}{k} \cdot \left(\frac{1}{6}\right)^{k} \cdot \left(\frac{5}{6}\right)^{10-k} \approx \underline{\underline{0{,}7752}}$$

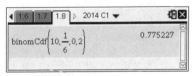

Vergleichen Sie die Bemerkungen zum CAS-Rechner auf Seite XV.

c) Die Zufallsgröße X beschreibe die Anzahl der Sechsen beim n-maligen Werfen eines Würfels. X ist binomialverteilt mit unbekanntem n und $p = \frac{1}{6}$.

$$P(X \geq 2) \geq 0,95 \quad \Rightarrow \quad \sum_{k=2}^{n} \binom{n}{k} \cdot \left(\frac{1}{6}\right)^k \cdot \left(\frac{5}{6}\right)^{n-k} \geq 0,95$$

Systematisches Probieren mit dem CAS-Rechner:

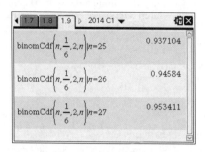

n	$\sum_{k=2}^{n} \binom{n}{k} \cdot \left(\frac{1}{6}\right)^k \cdot \left(\frac{5}{6}\right)^{n-k}$
25	0,937
26	0,946
27	0,953

Man muss mindestens 27-mal werfen.

Alternative 1:
Das systematische Probieren kann auch mit der Tabellenkalkulation durchgeführt werden.

Zweite Kopfzeile der Spalte A:
= seq(k,k,2,30)

Zweite Kopfzeile der Spalte B:
= seq(binomCdf(k, $\frac{1}{6}$, 2,k),k,2,30)

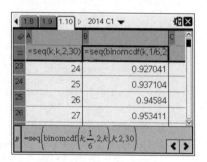

Alternative 2:
$$P(X \geq 2) \geq 0,95 \quad \Rightarrow \quad P(X \leq 1) \leq 0,05$$

$$\sum_{k=0}^{1} \binom{n}{k} \cdot \left(\frac{1}{6}\right)^k \cdot \left(\frac{5}{6}\right)^{n-k} \leq 0,05$$

$$\binom{n}{0} \cdot \left(\frac{1}{6}\right)^0 \cdot \left(\frac{5}{6}\right)^{n} + \binom{n}{1} \cdot \left(\frac{1}{6}\right)^1 \cdot \left(\frac{5}{6}\right)^{n-1} \leq 0,05$$

$$\left(\frac{5}{6}\right)^{n} + n \cdot \frac{1}{6} \cdot \left(\frac{5}{6}\right)^{n-1} \leq 0,05$$

Diese Ungleichung lässt sich nicht mit dem CAS-Rechner lösen, wohl aber die zugehörige Gleichung:

$$\left(\frac{5}{6}\right)^{n} + n \cdot \frac{1}{6} \cdot \left(\frac{5}{6}\right)^{n-1} = 0,05$$

Die negative Lösung entfällt. Da gefragt ist, wie groß n *mindestens* sein muss, wird die nächstgrößere natürliche Zahl n = 27 gewählt. Man muss mindestens 27-mal werfen.

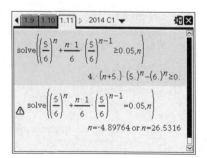

Vergleichen Sie die Bemerkungen zum CAS-Rechner auf Seite XX.

1. Herr Meyer möchte das Dach seines Einfamilienhauses neu eindecken. Bei einem Angebot sichert der Verkäufer zu, dass nur etwa ein Prozent der Ziegel unbrauchbar ist. Die Ziegel werden auf Paletten geliefert. Auf einer Palette sind 8 Pakete mit je 36 Ziegeln.

   a) Herr Meyer öffnet das erste Paket Ziegel.
   Berechnen Sie die Wahrscheinlichkeit folgender Ereignisse:
   A: = „Kein Ziegel ist unbrauchbar."
   B: = „Nur der erste Ziegel ist unbrauchbar."
   C: = „Genau ein Ziegel ist unbrauchbar."   (3 BE)

   b) Berechnen Sie die zu erwartende Anzahl unbrauchbarer Ziegel pro Palette. Geben Sie die Wahrscheinlichkeit dafür an, dass diese Anzahl nicht überschritten wird.   (2 BE)

   c) Ermitteln Sie die Mindestanzahl der Ziegel, die geprüft werden müssen, damit mit einer Wahrscheinlichkeit von mindestens 95 % mindestens zwei unbrauchbare Ziegel dabei sind.   (3 BE)

   Herr Meyer findet bereits im ersten Paket zwei unbrauchbare Ziegel und vermutet deshalb, dass die Fehlerquote etwa 5 % beträgt. Der Verkäufer ist sich sicher, dass 1 % der Ziegel unbrauchbar ist. Deshalb bietet er einen Preisnachlass an, wenn bei der Überprüfung der ersten Palette mindestens sieben unbrauchbare Ziegel gefunden werden.

   d) Berechnen Sie die Wahrscheinlichkeit dafür, dass der Verkäufer einen Preisnachlass gewähren muss, obwohl tatsächlich nur 1 % der Produktion unbrauchbar ist.
   Bestimmen Sie die Wahrscheinlichkeit dafür, dass Herr Meyer keinen Preisnachlass erhält, obwohl er mit seiner Vermutung Recht hat.   (4 BE)

2. Gegeben ist die Gerade g durch die Punkte $A(2|3|4)$ und $B(8|13|8)$. Für jede reelle Zahl z ist eine Gerade

   $$h: \vec{x} = \begin{pmatrix} 2 \\ 3 \\ 5 \end{pmatrix} + r \cdot \begin{pmatrix} 3 \\ 5 \\ z \end{pmatrix} \quad (r \in \mathbb{R})$$

   gegeben.

   a) Ermitteln Sie den Wert von z so, dass die Geraden g und h parallel zueinander sind.   (2 BE)

   b) Berechnen Sie einen Wert für z so, dass die Geraden g und h senkrecht aufeinander stehen.
   Bestimmen Sie für diesen Fall den Schnittpunkt der Geraden.   (4 BE)

   c) Untersuchen Sie, ob ein Wert für z existiert, so dass die Geraden g und h windschief sind.   (2 BE)
   (20 BE)

Hinweise und Tipps

Aufgabe 1 a

Entscheiden Sie, unter welchen Voraussetzungen die Anzahl der brauchbaren bzw. unbrauchbaren Ziegel durch eine binomialverteilte Zufallsgröße X beschrieben werden kann.

Nutzen Sie in den Fällen, bei denen die Binomialverteilung zutrifft, die Befehle binomPdf() bzw. binomCdf().

Bestimmen Sie die Länge der Bernoullikette und die Trefferwahrscheinlichkeit.

Ereignis A: Binomialverteilung anwenden.

Ereignis B: Zeichnen Sie ein verkürztes Baumdiagramm, da die Binomialverteilung hier nicht anwendbar ist.

Ereignis C: Binomialverteilung anwenden.

Aufgabe 1 b

Um die zu erwartende Anzahl unbrauchbarer Ziegel zu bestimmen, nutzen Sie aus, dass es sich um eine binomialverteilte Zufallsgröße handelt. Bestimmen Sie n und p für diesen Fall und berechnen Sie den Erwartungswert.

Schließen Sie aus dem Erwartungswert auf die ganzzahlige Anzahl unbrauchbarer Ziegel.

Berechnen Sie die gesuchte Wahrscheinlichkeit mithilfe der Verteilungsfunktion der Binomialverteilung.

Aufgabe 1 c

Beschreiben Sie die gesuchte Wahrscheinlichkeit mit der in Teilaufgabe a definierten Zufallsgröße.

Es ist der Parameter n der binomialverteilten Zufallsgröße $X_{n;\,0,01}$ zu bestimmen.

Gesucht ist die Wahrscheinlichkeit $P(X_{n;\,0,01} \geq 2) \geq 95\,\%$.

Sie können den Wert durch systematisches Probieren finden.

Aufgabe 1 d

Es handelt sich um einen Alternativtest mit vorgegebener Entscheidungsregel.

Die beiden Alternativen sind: $p_1 = 1\,\%$ unbrauchbare Ziegel bzw. $p_2 = 5\,\%$ unbrauchbare Ziegel.

Es werden $n = 288$ Ziegel getestet. (Man kann auch mit $n = 252$ arbeiten, da das erste Paket nicht mehr in den Test einbezogen werden sollte.)

Teil 1: „Annahme p_1 gilt und es muss ein Preisnachlass gewährt werden" heißt, man findet 7 oder mehr unbrauchbare Ziegel.

Teil 2: „Annahme p_2 gilt und es muss kein Preisnachlass gewährt werden" heißt, man findet 6 oder weniger unbrauchbare Ziegel.

Nutzen Sie für die Bestimmung dieser beiden Wahrscheinlichkeiten die Summenfunktion der Binomialverteilung.

Aufgabe 2 a

✓ Zwei Geraden sind genau dann zueinander parallel, wenn die Richtungsvektoren $\vec{a}$ und $\vec{b}$ Vielfache voneinander sind.

✓ Zwei Vektoren $\vec{a}$ und $\vec{b}$ sind Vielfache voneinander, wenn man in der Gleichung $\vec{a} = s \cdot \vec{b}$ genau eine Lösung für $s \neq 0$ findet.

Aufgabe 2 b

✓ Zwei Geraden stehen genau dann senkrecht aufeinander, wenn die beiden Richtungsvektoren $\vec{a}$ und $\vec{b}$ senkrecht aufeinander stehen.

✓ Ob zwei Vektoren senkrecht aufeinander stehen, kann man mit dem Skalarprodukt überprüfen.

✓ Untersuchen Sie, ob sich die Geraden g und h schneiden, indem Sie das Gleichungssystem $g(t) = h(r)$ lösen. Bestimmen Sie dann den Schnittpunkt.

Aufgabe 2 c

✓ Zwei Geraden sind genau dann windschief zueinander, wenn sie keinen Schnittpunkt besitzen und gleichzeitig nicht parallel zueinander sind.

✓ Untersuchen Sie, wann das Gleichungssystem $g(t) = h(r, z)$ keine Lösung besitzt, und bestimmen Sie hierfür den Wert für z. Was lässt sich hieraus schlussfolgern?

✓ Berücksichtigen Sie Ihre Lösung aus Teilaufgabe a.

Lösungen

1. Die Lösung der Aufgabe setzt voraus, dass man von einer binomialverteilten Zufallsgröße ausgehen kann.

   Modellannahme: Die Ziegel sind mit einer Wahrscheinlichkeit von $p = 0,01$ unbrauchbar und das Öffnen der Pakete kann als stochastisch unabhängig angenommen werden.

   Die Zufallsgröße X gibt die Anzahl unbrauchbarer Ziegel unter den untersuchten an. Damit ist X binomialverteilt mit den Parametern $p = 0,01$ und n. Der Parameter n muss in jeder Teilaufgabe entsprechend den Gegebenheiten gewählt werden.

   a) $P(A) = P(\text{„kein Ziegel unbrauchbar"})$
      $P(A) = B_{36;\,0,01}(X = 0) \approx 0,6964$

   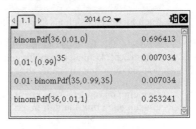

      $P(B) = P(\text{„nur der erste Ziegel unbrauchbar"})$
      $P(B) = 0,01 \cdot 0,99^{35} \approx \underline{0,0070}$

      Alternative Lösung:
      $P(B) = 0,01 \cdot B_{35;\,0,99}(X = 35) \approx \underline{0,0070}$

      $P(C) = P(\text{„genau ein Ziegel unbrauchbar"})$
      $P(C) = B_{36;\,0,01}(X = 1) \approx \underline{0,2532}$

   b) Ausgehend vom Modell einer binomialverteilten Zufallsgröße gilt für die Berechnung des Erwartungswertes $E(X) = n \cdot p$ mit $n = 288$ und $p = 0,01$:
      $E(X) = 288 \cdot 0,01 = \underline{2,88} \approx 3$

      Pro Palette kann man von zwei bis drei unbrauchbaren Ziegeln ausgehen. Je nach Interpretation dieses Ergebnisses ergeben sich die folgenden beiden Lösungsmöglichkeiten.

Lösungsweg 1: Optimistischerer Ansatz

$B_{288;\,0,01}(X \le 2) \approx \underline{\underline{0,4496}}$

Lösungsweg 2: Pessimistischerer Ansatz

$B_{288;\,0,01}(X \le 3) \approx \underline{\underline{0,6742}}$

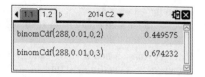

c) **Dreimal-mindestens-Aufgabe**

Die Zufallsgröße X ist binomialverteilt mit $p = 0,01$ und unbekanntem n.

Die Wahrscheinlichkeit, dass sich unter mindestens n entnommenen Ziegeln mindestens zwei unbrauchbare befinden, soll mindestens 95 % betragen. Diese Summenwahrscheinlichkeit $B_{n;\,0,01}(X \ge 2) \ge 0,95$ kann z. B. mittels systematischen Probierens gefunden werden.

Es müssen mindestens $\underline{\underline{473}}$ Ziegel getestet werden.

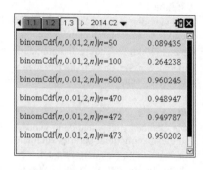

Alternative Lösung:

Unter Verwendung des Gegenereignisses kann man die gesuchte Zahl auch direkt berechnen:

$$B_{n;\,0,01}(X \ge 2) = 1 - \left(B_{n;\,0,01}(X = 0) + B_{n;\,0,01}(X = 1) \right) \ge 0,95$$

$$1 - \left(\binom{n}{0} \cdot 0,01^0 \cdot 0,99^n + \binom{n}{1} \cdot 0,01^1 \cdot 0,99^{n-1} \right) \ge 0,95$$

Die Umsetzung dieser Ungleichung in den Taschencomputer gelingt nur durch das Lösen der entsprechenden Gleichung.

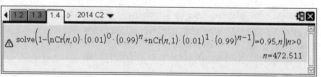

Auch hier ergibt sich als Lösung, dass mindestens $\underline{\underline{473}}$ Ziegel getestet werden müssen.

Hinweis: Die Befehle binomPdf() bzw. binomCdf() können hier nicht genutzt werden, da diese nur für ganzzahlige Werte für n definiert sind und anscheinend Näherungsformeln verwenden. Man könnte sich aber eine eigene Funktion definieren.

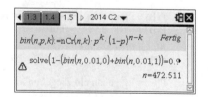

d) **Alternativtest**

Modellannahme: Die getesteten Ziegel sind eine Zufallsstichprobe aus der Gesamtlieferung.

Testgröße Y: Zufällige Anzahl der unbrauchbaren Ziegel unter allen geprüften.

Die beiden Alternativen sind: $p_1 = 1\ \%$ unbrauchbare Ziegel bzw. $p_2 = 5\ \%$ unbrauchbare Ziegel. Es werden $n = 288$ Ziegel getestet.

Man sollte allerdings mit $n = 252$ arbeiten, da das erste Paket nicht mehr zum eigentlichen Test gehört, der sich nur auf einen in der Zukunft liegenden Sachverhalt beziehen kann.

Variante 1: $n = 288$

Nullhypothese H_0: $p = 0{,}01$;   Alternativhypothese H_1: $p_1 = 0{,}05$

Annahmebereich: $A = \{0;\ 1;\ \ldots;\ 6\}$

Ablehnungsbereich: $\overline{A} = \{7;\ 8;\ \ldots;\ 288\}$

Der Verkäufer muss einen Preisnachlass gewähren, wenn mindestens 7 unbrauchbare Ziegel gefunden werden. Wenn dies aber zufällig geschieht, obwohl doch H_0 gilt, kann man dieses Risiko berechnen:

$B_{288;\ 0{,}01}(Y \geq 7) \approx 0{,}0271$

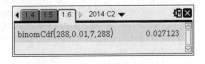

Umgekehrt erhält Herr Meyer keinen Preisnachlass, wenn weniger als 7 unbrauchbare Ziegel gefunden werden. Wenn dies aber zufällig geschieht, obwohl H_1 gilt, kann man auch dieses Risiko berechnen:

$B_{288;\ 0{,}01}(Y < 7) \approx 0{,}0097$

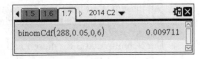

Variante 2: $n = 252$

Nullhypothese H_0: $p = 0{,}01$;   Alternativhypothese H_1: $p_1 = 0{,}05$

Annahmebereich: $A = \{0;\ 1;\ \ldots;\ 4\}$

Ablehnungsbereich: $\overline{A} = \{5;\ 6;\ \ldots;\ 252\}$

Der Verkäufer muss einen Preisnachlass gewähren, wenn in den restlichen 7 Paketen noch mindestens 5 unbrauchbare Ziegel gefunden werden. Wenn dies aber zufällig geschieht, obwohl doch H_0 gilt, kann man dieses Risiko berechnen:

$B_{252;\ 0{,}01}(Y \geq 5) \approx 0{,}1105$

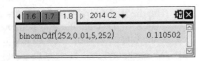

Umgekehrt erhält Herr Meyer keinen Preisnachlass, wenn weniger als 5 unbrauchbare Ziegel gefunden werden. Wenn dies aber zufällig geschieht, obwohl H_1 gilt, kann man auch dieses Risiko berechnen:

$B_{252;\ 0{,}05}(Y < 5) \approx 0{,}0042$

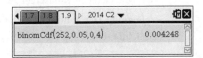

2. Bei Bearbeitung mit dem Taschencomputer sollten die benötigten Objekte zunächst definiert werden. Auch die Gerade g, die durch die Punkte A und B verläuft, wird aufgestellt:

$$g(AB):\ \vec{x} = \begin{pmatrix} 2 \\ 3 \\ 4 \end{pmatrix} + t \cdot \begin{pmatrix} 6 \\ 10 \\ 4 \end{pmatrix} \quad (t \in \mathbb{R})$$

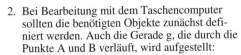

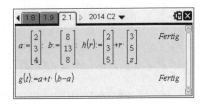

a) Die Untersuchung der Parallelität der Richtungsvektoren beider Geraden erfolgt durch Lösen des Gleichungssystems $\vec{a} = s \cdot \vec{b}$, wobei $\vec{a}$ und $\vec{b}$ die jeweiligen Richtungsvektoren sind.

Für $\underline{\underline{z = 2}}$ sind g und h parallel zueinander.

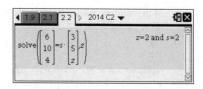

b) Die beiden Geraden g und h stehen genau dann orthogonal aufeinander, wenn sie einen Schnittpunkt haben und gleichzeitig für die Richtungsvektoren $\vec{a} \circ \vec{b} = 0$ gilt:

$$\begin{pmatrix} 6 \\ 10 \\ 4 \end{pmatrix} \circ \begin{pmatrix} 3 \\ 5 \\ z \end{pmatrix} = 0 \;\Rightarrow\; \underline{\underline{z = -17}}$$

Mit diesem Wert für $z = -17$ wird nun untersucht, für welche Werte das Gleichungssystem $g(t) = h(r)$ eine Lösung hat.
Der Schnittpunkt S für diesen Fall ist:

$$\underline{\underline{S\left(\frac{41}{19} \;\middle|\; \frac{62}{19} \;\middle|\; \frac{78}{19} \right)}}$$

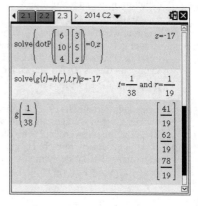

c) Zwei Geraden sind genau dann windschief zueinander, wenn sie
A: nicht parallel zueinander sind und
B: keinen Schnittpunkt besitzen.

Um Bedingung A zu erfüllen, muss $z \neq 2$ sein (vgl. Teilaufgabe a).

Um die Bedingung B zu überprüfen, versucht man z. B. das Gleichungssystem $g(t) = h(r)$ ohne Einschränkung für z zu lösen.

Man erkennt, dass dieses Gleichungssystem keine Lösung besitzt, wenn $z = 2$ ist.

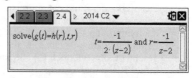

Da sich nun Bedingung A und Bedingung B widersprechen, gibt es keinen Wert für z, sodass die Geraden windschief zueinander sind.

Ergänzung: Darstellung im 3D-Fenster

Parallelität für $z = 2$ Orthogonalität und Schnittpunkt für $z = -17$

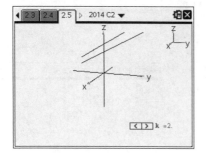
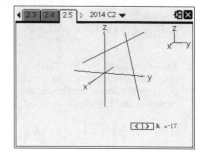

1. Gegeben ist die Funktion f durch $f(x) = x^3 - 3x + 2$ $(x \in \mathbb{R})$.

   a) Zeigen Sie, dass $t(x) = -3x + 2$ eine Gleichung der Tangente an den Graphen von f im Punkt $P(0 \mid f(0))$ ist. (2 BE)

   b) Geben Sie eine Gleichung der Normalen an den Graphen von f im Punkt $P(0 \mid f(0))$ an. (1 BE)

2. Dargestellt sind die Graphen einer Funktion f und ihrer Ableitungsfunktion f'.
   Ordnen Sie den Funktionen die abgebildeten Graphen **A** und **B** zu.
   Begründen Sie Ihre Zuordnung.

   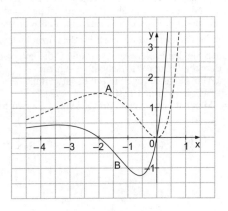

   (2 BE)

3. Für jede reelle Zahl a ist eine Funktion f_a in ihrem größtmöglichen Definitionsbereich durch $f_a(x) = \dfrac{x^2 - 2}{x + a}$ gegeben.

   a) Geben Sie den Wert für a so an, dass der Graph von f_a eine Asymptote mit der Gleichung $x = 3$ besitzt. (1 BE)

   b) Begründen Sie, dass der Graph von f_a für $a = 0$ eine schräge Asymptote hat. (1 BE)

4. Gegeben ist die Funktion f durch $f(x) = -2x + 2$ $(x \in \mathbb{R})$.

   a) Bestimmen Sie alle Stammfunktionen von f, die nur negative Funktionswerte besitzen. (2 BE)

   b) Der Graph der Funktion f schließt mit den Koordinatenachsen die Fläche A vollständig ein.
   Geben Sie den Flächeninhalt von A an. (1 BE)

5. Gegeben ist die Strecke $\overline{AB}$ durch die Punkte $A(1 \mid -2 \mid 3)$ und $B(4 \mid 4 \mid 9)$.

   a) Berechnen Sie die Länge der Strecke $\overline{AB}$. (1 BE)

   b) Prüfen Sie, ob der Punkt $C(0 \mid -4 \mid 1)$ auf der Strecke $\overline{AB}$ liegt. (2 BE)

6. In einem Würfel sind die Vektoren $\vec{a} = \overrightarrow{AB}$, $\vec{b} = \overrightarrow{AD}$ und $\vec{c} = \overrightarrow{AE}$ gegeben.
   Der Punkt S ist der Schnittpunkt der Diagonalen der Seitenfläche ADHE.
   Geben Sie die Vektoren $\overrightarrow{AC}$ und $\overrightarrow{SB}$ mithilfe der Vektoren $\vec{a}$, $\vec{b}$ und $\vec{c}$ an.

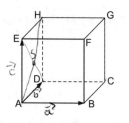

(2 BE)

7. Für einen Multiple-Choice-Test werden zu 32 Fragen je vier mögliche Antworten vorgegeben, von denen genau eine richtig ist. Der Test gilt als bestanden, wenn ein Teilnehmer mehr als 30 Fragen richtig beantwortet. Max kreuzt zufällig und ohne Kenntnisse pro Frage eine Antwort an.

   a) Geben Sie den Erwartungswert für die Anzahl der richtigen Antworten an. (1 BE)

   b) Ordnen Sie den Ereignissen A, B und C die entsprechenden Gleichungen zur Berechnung der Wahrscheinlichkeit zu.
      A := „Max hat alle Fragen falsch beantwortet."
      B := „Max besteht den Test."
      C := „Max hat nur die erste Frage richtig beantwortet."

$$p_2 = \left(\frac{1}{4}\right)^1 \cdot \left(\frac{3}{4}\right)^{31}$$

$$p_1 = \left(\frac{3}{4}\right)^{32}$$

$$p_3 = 32 \cdot \left(\frac{1}{4}\right)^{31} \cdot \left(\frac{3}{4}\right)^1 + \left(\frac{1}{4}\right)^{32}$$

(2 BE)

8. In einer Schule sind 20 % der Schüler Linkshänder. 10 % der Linkshänder spielen Volleyball. Von den Rechtshändern spielen 30 % Volleyball. Ein Schüler der Schule wird zufällig ausgewählt.
   Ermitteln Sie die Wahrscheinlichkeit folgender Ereignisse:
   A := „Der ausgewählte Schüler ist ein Rechtshänder und spielt Volleyball."
   B := „Der ausgewählte Schüler spielt nicht Volleyball."

   (2 BE)
   (20 BE)

Hinweise und Tipps

Aufgabe 1

Teilaufgabe a

✔ Die Tangente t an den Graphen einer Funktion f ist eine Gerade mit der Gleichung
$y = t(x) = m \cdot x + n$.

✔ Die Tangente t hat mit dem Graphen von f den Berührpunkt gemeinsam.

✔ Der Anstieg der Tangente und der Anstieg der Funktion stimmen im Berührpunkt überein.

Teilaufgabe b

✔ Die Normale n an den Graphen einer Funktion f ist eine Gerade mit der Gleichung
$y = n(x) = a \cdot x + b$.

✔ Die Normale n hat mit dem Graphen von f den Schnittpunkt P gemeinsam.

✔ Der Anstieg a der Normalen ist das negative Reziproke des Tangentenanstiegs m im selben Punkt P.

Aufgabe 2

✔ Für die Zuordnung der Graphen von Funktion f und Ableitungsfunktion f' lässt sich z. B. verwenden, dass die Nullstellen von f' mögliche Extremstellen von f sind.

Aufgabe 3

Teilaufgabe a

✔ Die Asymptote mit der Gleichung $x = 3$ ist eine Parallele zur y-Achse. Solche Asymptoten entstehen, wenn die Nennerfunktion einer gebrochenrationalen Funktion den Wert null annehmen kann.

Teilaufgabe b

✔ Der Parameterwert $a = 0$ wird in die Gleichung der Funktion f_a eingesetzt.

✔ Durch Zerlegung des Bruchterms in zwei Summanden und Betrachtung der Funktionswerte für $x \to \pm\infty$ kann erkannt werden, welche lineare Funktion als schräge Asymptote infrage kommt.

✔ Alternativ kann eine Entscheidung auch über die Betrachtung des Grades von Zähler- und Nennerpolynom getroffen werden.

Aufgabe 4

Teilaufgabe a

✔ Die Menge aller Stammfunktionen einer Funktion f ist das unbestimmte Integral $\int f(x)\, dx$.

✔ Da f eine lineare Funktion ist, muss die Menge aller Stammfunktionen durch quadratische Funktionen beschreibbar sein, die sich nur durch ihre Integrationskonstante unterscheiden.

✔ Die Integrationskonstante bewirkt eine Verschiebung der Graphen der Stammfunktionen in y-Richtung.

✔ Es ist zu entscheiden, für welche Werte der Integrationskonstanten die Stammfunktionen nur negative Funktionswerte besitzen.

✔ Hilfreich für diese Entscheidung sind Untersuchungen über die Öffnung der Parabeln sowie die Koordinaten ihres Scheitelpunktes bzw. die Existenz von Nullstellen.

Teilaufgabe b

✎ Skizzieren Sie den Graphen der Funktion f und identifizieren Sie die Form der eingeschlossenen Fläche.

✎ Berechnen Sie den Flächeninhalt.

Aufgabe 5

Teilaufgabe a

✎ Die Länge der Strecke $\overline{AB}$ entspricht dem Betrag des Vektors $\overrightarrow{AB}$.

✎ Der Betrag des Vektors kann auch als Abstand von Punkt A zu Punkt B betrachtet werden.

✎ Nutzen Sie zur Berechnung des Abstandes zweier Punkte zweimal den Satz des Pythagoras.

Teilaufgabe b

✎ Punkte, die auf der Strecke $\overline{AB}$ liegen, müssen auch auf der Geraden g(AB) liegen. Führen Sie hierzu eine Punktprobe durch.

✎ Damit der Punkt C auf der Strecke $\overline{AB}$ liegt, muss für den Parameter t in der Geradengleichung g: $\vec{x} = \overrightarrow{OA} + t \cdot \overrightarrow{AB}$ die Bedingung $0 \le t \le 1$ gelten.

Alternative zu Teilaufgabe b

✎ Untersuchen Sie, ob der Vektor $\overrightarrow{AC}$ ein Vielfaches des Vektors $\overrightarrow{AB}$ ist.

✎ Damit der Punkt C auf der Strecke $\overline{AB}$ liegt, muss für den Parameter t in der Gleichung $\overrightarrow{AC} = t \cdot \overrightarrow{AB}$ die Bedingung $0 \le t \le 1$ gelten.

Aufgabe 6

✎ Stellen Sie die gesuchten Vektoren als Linearkombination aus den gegebenen Vektoren in der Form $\overrightarrow{AC} = r \cdot \vec{a} + s \cdot \vec{b} + t \cdot \vec{c}$ dar, wobei mindestens einer der drei Parameter r, s oder t ungleich null sein muss.

✎ Berücksichtigen Sie die Regeln der Vektoraddition und der skalaren Multiplikation.

Aufgabe 7

Teilaufgabe a

✎ Da dieser Vorgang mit dem Modell der Binomialverteilung beschrieben werden kann, lässt sich der Erwartungswert nach der Formel $E(X) = np$ berechnen.

✎ Bestimmen Sie die Länge n der Kette sowie die Trefferwahrscheinlichkeit p.

Teilaufgabe b

✎ Nutzen Sie ein verkürztes Baumdiagramm, um sich die drei Fälle zu verdeutlichen, und ordnen Sie die drei Wahrscheinlichkeiten zu.

Alternative zu Teilaufgabe b

✎ Die Einzelwahrscheinlichkeiten $P(X = k)$ binomialverteilter Zufallsgrößen X mit den Parametern n und p werden berechnet durch:

$$P(X = k) = \binom{n}{k} \cdot p^k \cdot (1 - p)^{n-k}$$

Ordnen Sie hiermit zutreffende Fälle zu.

Aufgabe 8

✎ Übertragen Sie die gegebenen Prozentzahlen in ein Baumdiagramm bzw. in eine Vierfeldertafel.

✎ Wenden Sie die Pfadadditions- bzw. Pfadmultiplikationsregeln an.

Lösungen

1. a) Tangente t: $y = t(x) = m \cdot x + n$

      Funktion f: $y = f(x) = x^3 - 3x + 2$

      Die Tangente t hat mit dem Graphen von f den Berührpunkt $P(0\,|\,f(0))$ gemeinsam:

      $f(0) = 0^3 - 3 \cdot 0 + 2 = 2$, also $P(0\,|\,2)$

      Die Koordinaten von P werden in die Tangentengleichung eingesetzt:

      $2 = m \cdot 0 + n \implies n = 2$ (*)

      Der Anstieg der Tangente und der Anstieg der Funktion stimmen im Punkt $P(0\,|\,2)$ überein.

      Anstieg der Tangente: $t'(x) = m \implies t'(0) = m$

      Anstieg der Funktion: $f'(x) = 3x^2 - 3 \implies f'(0) = 3 \cdot 0^2 - 3 = -3$

      Es gilt also $m = -3$ und außerdem wegen (*) $n = 2$.

      Die Gleichung der Tangente ist:

      $\underline{\underline{y = t(x) = -3x + 2}}$

      Alternativ kann auch geprüft werden, ob Funktion f und Tangente t an der Stelle $x = 0$ den gleichen Funktionswert und den gleichen Anstieg besitzen. Dies ist der Fall:

      Funktionswert: $f(0) = 2$ und $t(0) = 2$

      Anstiege: $f'(x) = 3x^2 - 3$, also $f'(0) = -3$, und $t'(x) = -3$, also auch $t'(0) = -3$

   b) Normale: $y = n(x) = a \cdot x + b$

      Funktion f: $y = f(x) = x^3 - 3x + 2$

      Schnittpunkt $P(0\,|\,2)$ (siehe Teilaufgabe 1 a)

      Die Koordinaten von P werden in die Normalengleichung eingesetzt:

      $2 = a \cdot 0 + b \implies b = 2$ (**)

      Der Anstieg a der Normalen ist das negative Reziproke des Tangentenanstiegs m im selben Punkt P, also gilt $a = -\frac{1}{m}$. Mit $m = -3$ aus Teilaufgabe 1 a ist also $a = -\frac{1}{-3} = \frac{1}{3}$.

      Damit und wegen (**) ergibt sich als Gleichung der Normalen:

      $\underline{\underline{y = n(x) = \dfrac{1}{3}x + 2}}$

2. Der Graph B besitzt Nullstellen dort, wo der Graph A Extremstellen hat. Überdies wechseln die Funktionswerte des Graphen B an seinen Nullstellen das Vorzeichen. Damit sind sowohl die notwendigen wie auch die hinreichenden Bedingungen für die lokalen Extrempunkte des Graphen A gegeben. Der Graph A ist somit der Graph der Funktion f und der Graph B gehört zur zugehörigen Ableitungsfunktion f'.

3. a) Die Asymptote mit der Gleichung $x = 3$ ist eine Parallele zur y-Achse. Diese Asymptote entsteht, wenn die Nennerfunktion $n(x) = x + a$ der gebrochenrationalen Funktion f_a den Wert null annimmt.

      Mit $x = 3$ ergibt sich $n(3) = 3 + a = 0$ für $\underline{\underline{a = -3}}$.

      Hinweis: Sie können den Wert $a = -3$ wegen des Operators „Geben Sie … an" ohne Begründung angeben.

b) Mit $a = 0$ ergibt sich $f_0(x) = \frac{x^2 - 2}{x}$ mit $x \neq 0$. Der Funktionsterm lässt sich schreiben in der Form:

$$f_0(x) = \frac{x^2}{x} - \frac{2}{x} = x - \frac{2}{x}$$

Für $x \to \pm\infty$ geht der Bruch $\frac{2}{x}$ gegen null, d. h., die Differenz zwischen den Funktionswerten von $f_0(x)$ und $g(x) = x$ geht ebenfalls gegen null:

$$\lim_{x \to \pm\infty} \left(x - \frac{2}{x} - x \right) = 0$$

Die Gerade $y = g(x) = x$ ist schräge Asymptote an den Graphen von $f_0(x)$.

4. a) Menge aller Stammfunktionen:

$$F(x) = \int (-2x + 2)\, dx = -x^2 + 2x + c \quad \text{mit } x \in \mathbb{R}$$

Wegen des Faktors -1 vor dem quadratischen Glied der Funktionsgleichung von $F(x)$ sind die Graphen der Stammfunktionen nach unten geöffnete Parabeln. Nur negative Funktionswerte bei F kommen genau dann vor, wenn der Scheitelpunkt der Parabel unterhalb der x-Achse liegt.

Die Koordinaten des Scheitelpunktes von F sind:

$$x_S = -\frac{2}{2 \cdot (-1)} = 1 \quad \text{und} \quad y_S = F(x_S) = -1^2 + 2 \cdot 1 + c = 1 + c$$

Ausschließlich negative Funktionswerte hat F, wenn $y_S < 0$ ist, also wenn $1 + c < 0$ gilt:
$\underline{\underline{c < -1}}$

Alternativer Lösungsweg:
Wegen des Minuszeichens vor dem quadratischen Glied sind alle Parabeln nach unten geöffnet. Man hat in diesem Falle ausschließlich negative Funktionswerte, wenn die Parabeln keine Nullstellen besitzen. Die Nullstellen werden in Abhängigkeit vom Parameter c bestimmt:

$$-x^2 + 2x + c = 0 \qquad | \cdot (-1)$$
$$x^2 - 2x - c = 0$$
$$x_{1/2} = 1 \pm \sqrt{1 + c}$$

Es gibt keine Nullstellen, wenn der Radikand $1 + c < 0$ ist, also haben alle Stammfunktionen mit $\underline{\underline{c < -1}}$ ausschließlich negative Funktionswerte.

b) Die gesuchte Fläche hat die Form eines rechtwinkligen Dreiecks mit den Kathetenlängen 1 LE und 2 LE. Der Flächeninhalt ist:

$$A = \frac{1}{2} \cdot 1 \cdot 2 = 1\,[\text{FE}]$$

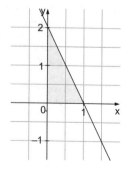

Alternativer Lösungsweg:
Der Flächeninhalt kann auch über das bestimmte Integral berechnet werden:

$$A = \int_0^1 (-2x + 2)\, dx = \left[-x^2 + 2x \right]_0^1 = -1 + 2 = 1\,[\text{FE}]$$

5. a) Die Länge der Strecke $\overline{AB}$ durch die Punkte $A(1\,|-2\,|\,3)$ und $B(4\,|\,4\,|\,9)$ wird ermittelt mithilfe der Formel zur Berechnung der Länge eines Vektors:

$$|\overrightarrow{AB}| = \sqrt{(b_x - a_x)^2 + (b_y - a_y)^2 + (b_z - a_z)^2}$$

Damit ergibt sich:

$$|\overrightarrow{AB}| = \sqrt{(4-1)^2 + (4-(-2))^2 + (9-3)^2} = \sqrt{3^2 + 6^2 + 6^2} = \sqrt{81} = 9 \text{ [LE]}$$

b) *Variante 1: Punktprobe*

$$\overrightarrow{OC} = \overrightarrow{OA} + t \cdot \overrightarrow{AB}$$

Es wird untersucht, ob es ein t gibt, welches die Vektorgleichung $\begin{pmatrix} 0 \\ -4 \\ 1 \end{pmatrix} = \begin{pmatrix} 1 \\ -2 \\ 3 \end{pmatrix} + t \cdot \begin{pmatrix} 3 \\ 6 \\ 6 \end{pmatrix}$ erfüllt. Das Lösen des Gleichungssystems

$$0 = 1 + 3t$$
$$-4 = -2 + 6t$$
$$1 = 3 + 6t$$

führt zu $t = -\frac{1}{3}$. Damit ist zunächst gezeigt, dass der Punkt C auf der Geraden g(AB) liegt. Da aber $t < 0$ ist, liegt der Punkt C **nicht** auf der Strecke $\overline{AB}$.

Variante 2: Probe auf lineare Abhängigkeit

Gilt $\overrightarrow{AC} = t \cdot \overrightarrow{AB}$ und $0 \leq t \leq 1$, dann liegt der Punkt C auf der Stecke $\overline{AB}$. Untersuchung der Vektorgleichung

$$\begin{pmatrix} -1 \\ -2 \\ -2 \end{pmatrix} = t \cdot \begin{pmatrix} 3 \\ 6 \\ 6 \end{pmatrix}$$

liefert ebenfalls $t = -\frac{1}{3}$. Damit ist gezeigt, dass der Punkt C **nicht** auf der Strecke $\overline{AB}$ liegt.

6. Die Aufgabe lässt sich mit dem Verfahren des geschlossenen Vektorzuges lösen: Es gilt $\overrightarrow{AC} = \overrightarrow{AB} + \overrightarrow{BC}$. Da $\overrightarrow{BC} = \overrightarrow{AD}$ ist, folgt $\overrightarrow{AC} = \overrightarrow{AB} + \overrightarrow{AD}$ und damit:

$$\overrightarrow{AC} = \vec{a} + \vec{b}$$

Es gilt außerdem $\overrightarrow{SB} = \overrightarrow{SA} + \overrightarrow{AB}$ und $\overrightarrow{SA} = -\overrightarrow{AS}$. Weiterhin gilt:

$$\overrightarrow{AS} = \frac{1}{2}\overrightarrow{AH} \text{ und } \overrightarrow{AH} = \overrightarrow{AE} + \overrightarrow{EH} = \overrightarrow{AE} + \overrightarrow{AD} = \vec{c} + \vec{b}$$

Setzt man dies nun rückwärts in die vorherigen Gleichungen ein, so erhält man:

$$\overrightarrow{SB} = \vec{a} - \frac{1}{2}\vec{b} - \frac{1}{2}\vec{c}$$

Hinweis: Da der Operator „Geben Sie … an" verwendet wurde, genügt auch die Angabe des Endergebnisses.

7. a) Da man hier das Modell der Binomialverteilung annehmen kann, lässt sich der Erwartungswert nach der Formel $E(X) = np$ berechnen.
Die Länge der Kette ist $n = 32$ und die Trefferwahrscheinlichkeit beträgt $p = \frac{1}{4}$ (32-maliges zufälliges Ankreuzen von jeweils 4 Antwortmöglichkeiten).
Damit ergibt sich für die Zufallsgröße X: „Anzahl der Treffer" der Erwartungswert:

$$E(X) = 32 \cdot \frac{1}{4} = 8$$

b) Ereignis A := „Max hat alle Fragen falsch beantwortet."
Die Wahrscheinlichkeit, eine Frage falsch zu beantworten, beträgt:

$$1 - p = \frac{3}{4}$$

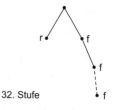

32. Stufe

Alle 32 Fragen falsch zu beantworten, ergibt im Baumdiagramm genau den einen Pfad f-f-f-...-f. Demzufolge gehört zum Ereignis A die Wahrscheinlichkeit:

$$p_1 = \left(\frac{3}{4}\right)^{32}$$

Ereignis C := „Max hat nur die erste Frage richtig beantwortet."
Dies ergibt im Baumdiagramm r-f-f-...-f. Hierzu passt:

$$p_2 = \left(\frac{1}{4}\right)^{1} \cdot \left(\frac{3}{4}\right)^{31}$$

Damit bleibt für das Ereignis B := „Max besteht den Test." nur die Wahrscheinlichkeit p_3 übrig.

Hinweis: Da der Operator „Ordnen" verwendet wird, genügt auch hier nur die Angabe der Zuordnung.

8. *Variante 1: mit Baumdiagramm*
Abkürzungen: L: Linkshänder; R: Rechtshänder; V: Volleyballspieler; kV: kein Volleyballspieler

Ereignis A := „Der ausgewählte Schüler ist ein Rechtshänder und spielt Volleyball."

Nach den Regeln der Pfadmultiplikation ergibt sich:
$$P(A) = 0,8 \cdot 0,3 = 0,24$$

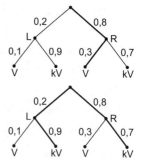

Ereignis B := „Der ausgewählte Schüler spielt nicht Volleyball."

Nach den Regeln der Pfadmultiplikation und Pfadaddition ergibt sich:
$$P(B) = 0,2 \cdot 0,9 + 0,8 \cdot 0,7 = 0,18 + 0,56 = 0,74$$

Variante 2: mit Vierfeldertafel
Mit den gegebenen drei Werten (fett) lassen sich die beiden gesuchten Wahrscheinlichkeiten bestimmen.

	Volleyballspieler	kein Volleyballspieler	Anteil
Linkshänder	**0,1** · 0,2 = 0,02	0,9 · 0,2 = 0,18	**20 %**
Rechtshänder	**0,3** · 0,8 = 0,24	0,7 · 0,8 = 0,56	80 %
	0,26	0,74	100 %

Hinweis: Da der Operator „Ermitteln" verwendet wurde, muss ein nachvollziehbarer Lösungsweg erkennbar sein.

Die Profillinie einer Achterbahn wird abschnittsweise durch Funktionsgraphen modelliert. Für den letzten Abschnitt dieser Achterbahn mit anschließendem Anhaltebereich können die Graphen dreier Funktionen g_1, g_2 und g_3 verwendet werden.
Die Werte x, $g_1(x)$, $g_2(x)$ und $g_3(x)$ stellen Maßzahlen zu Längenangaben in Metern dar.
Die Funktionen g_1 und g_3 sind gegeben durch

$$g_1(x) = -\frac{1}{50\,000}(x+10)(x-50)^3 \quad (0 \le x \le 50) \quad \text{und}$$

$$g_3(x) = 5 \qquad\qquad (70 \le x \le 120).$$

Der Abschnitt der Achterbahn im Intervall $50 \le x \le 70$ wird durch den Graphen einer Funktion g_2 beschrieben. Die Übergänge in den Randpunkten des Graphen g_2 sind ohne Knick zu realisieren.

a) Stellen Sie die Graphen von g_1 und g_3 in den angegebenen Intervallen in einem geeigneten Koordinatensystem graphisch dar.
Skizzieren Sie einen möglichen Verlauf des Graphen von g_2.
Berechnen Sie die maximale Höhe der Achterbahn für $0 \le x \le 50$.
Berechnen Sie die Koordinaten des Punktes, in dem das Gefälle in diesem Intervall am größten ist. (6 BE)

b) Im Punkt $P(20 \mid g_1(20))$ trifft ein Sonnenstrahl senkrecht auf die Bahn. Dieser Sonnenstrahl schließt mit der Horizontalen einen Winkel ein.
Ermitteln Sie die Größe dieses Winkels.

Zu einem anderen Zeitpunkt treffen Sonnenstrahlen unter einem Winkel von 45° zur Horizontalen auf die Bahn.
Bestimmen Sie die Koordinaten der Punkte auf dem fallenden Bereich des Graphen von g_1, in denen die Sonnenstrahlen senkrecht auf die Bahn treffen. (4 BE)

c) Gesucht ist eine Gleichung für den Graphen von g_2, sodass der Graph die beschriebenen Eigenschaften besitzt.
Erläutern Sie ein Vorgehen, um diese zu ermitteln. Geben Sie eine mögliche Gleichung für g_2 an. (4 BE)

d) Eine mögliche Gleichung für g_2 ist

$$g_2(x) = \frac{1}{32\,000}(x-50)^2(x-90)^2 \quad (50 \le x \le 70).$$

Die Länge k eines Graphen einer Funktion f im Intervall $a \le x \le b$ kann mit der

Gleichung $k = \int_{a}^{b} \sqrt{1+(f'(x))^2}\, dx$ berechnet werden. Für das Intervall $0 \le x \le 50$

wurde mit dieser Gleichung die Länge $k_1 \approx 60$ m ermittelt.
Berechnen Sie die Länge der Bahn im Intervall $0 \le x \le 120$. (3 BE)

e) Um die aktuelle Geschwindigkeit der Wagen der Achterbahn anzuzeigen, sind diese jeweils mit einem Tachometer ausgerüstet. Mit Beginn des Bremsvorganges zeichnet ein Tachometer folgende Daten auf:

Zeit t seit Beginn der Messung in s	0	2	4	6	10
Geschwindigkeit v in m/s	20	10	4	1,5	0

(Erst nach 10 Sekunden kommt der Wagen zum Stillstand.)

Ermitteln Sie eine Gleichung für eine Funktion v in Abhängigkeit von t, die diesen Sachverhalt näherungsweise beschreibt.

Bestimmen Sie den Flächeninhalt der Fläche zwischen dem Graphen der Funktion v und der t-Achse im Intervall $0 \leq t \leq 10$.

Interpretieren Sie dieses Ergebnis im Zusammenhang mit dem Sachverhalt.

(3 BE)

(20 BE)

Hinweise und Tipps

Aufgabe a

Zeichnung und Skizze

- Definieren Sie auf Ihrem CAS-Rechner die gegebenen Funktionsterme unter geeigneten Variablen.
- Beachten Sie die besonders einfache Darstellungsmöglichkeit für den Graphen von g_3.
- Lassen Sie sich die Graphen von g_1 und g_3 in den gegebenen Intervallen anzeigen.
- Übertragen Sie die Graphen auf Papier, nutzen Sie gegebenenfalls den CAS-Rechner zur Anzeige von Funktionswerten.
- Skizzieren Sie einen möglichen Verlauf des Graphen von g_2. Achten Sie darauf, dass die Übergänge zu den beiden anderen Graphen möglichst knickfrei sind.

Maximale Höhe

- Die maximale Höhe der Achterbahn können Sie zu Kontrollzwecken bereits aus der grafischen Darstellung ermitteln. Da eine Berechnung verlangt wird, müssen Sie die maximale Höhe als Koordinaten des lokalen Hochpunktes mithilfe der 1. und 2. Ableitungsfunktion von g_1 oder mithilfe von fMax() bestimmen.

Größtes Gefälle

- Das Gefälle beschreibt die Änderungsrate von g_1 rechts vom Hochpunkt, also in dem Bereich, in dem die Funktion g_1 monoton fallend ist.
- Die Änderungsrate von g_1 wird durch die 1. Ableitungsfunktion g_1' beschrieben. Das Gefälle ist also dort am größten, wo $g_1'(x)$ ein lokales Minimum bzw. $g_1(x)$ einen Wendepunkt besitzt. Das lokale Minimum wird deshalb gesucht, weil die Funktion in dem betrachteten Intervall streng monoton fallend ist und die Anstiege negativ sind.
- Zu Kontrollzwecken können Sie sich die Koordinaten des Wendepunktes in der grafischen Darstellung anzeigen lassen.
- Da aber eine Berechnung verlangt wird, müssen Sie die Koordinaten des gesuchten Punktes mithilfe der 2. und 3. Ableitungsfunktion von g_1 oder mithilfe von fMin() bestimmen.

Aufgabe b

Winkel im Punkt P ermitteln

- Veranschaulichen Sie sich die beschriebene Situation in einer Skizze.
- Die Formulierung „Ermitteln Sie …" erlaubt sowohl eine rechnerische als auch eine geometrische Ermittlung des gesuchten Winkels.
- Machen Sie sich klar, dass der gesuchte Winkel über den Anstieg der Normalen zum Graphen von g_1 im Punkt P ermittelt werden kann.
- Beachten Sie die Einstellung des richtigen Winkelmaßes auf dem CAS-Rechner.

Punkte finden

- Wenn die Sonnenstrahlen unter einem Winkel von 45° zur Horizontalen und senkrecht zum Graphen von g_1 einfallen sollen, muss der Anstieg des Graphen von g_1 dort gewisse Bedingungen erfüllen. Machen Sie sich das anhand einer Skizze klar.
- Zu suchen sind alle die Punkte auf dem Graphen, deren Steigung den Wert $m = -1$ hat. Dies kann rechnerisch oder grafisch erfolgen.

Aufgabe c

- Der Graph von g_2 soll knickfrei in den Randpunkten an den Graphen von g_1 anschließen und in den Graphen von g_3 übergehen.

- Wählen Sie einen möglichst einfachen Funktionstyp für die Funktion g_2 aus, der die genannten Bedingungen erfüllen kann.

- Aus den Forderungen lassen sich Bedingungen für die Funktionswerte und die Tangentenanstiege der beteiligten Funktionen an den Stellen $x = 50$ und $x = 70$ ableiten.

- Stellen Sie ein Gleichungssystem auf und lösen Sie dieses.

- Formulieren Sie die Gleichung für g_2.

- Kontrollieren Sie Ihre Rechnung z. B. durch Einzeichnen des Graphen oder Prüfen der Bedingungen.

Aufgabe d

- Verwenden Sie die gegebene Formel für die Bogenlänge, um die Länge des Graphen von g_2 im zugehörigen Definitionsbereich zu berechnen.

- Die Länge des Bogens von g_1 kann man dem Aufgabentext entnehmen.

- Die Länge des Bogens von g_3 lässt sich elementar bestimmen.

- Addieren Sie die drei Bogenlängen.

Aufgabe e

Gleichung für die Geschwindigkeit

- Übertragen Sie die Werte aus der Tabelle in die Tabellenkalkulation Ihres CAS-Rechners.

- Erzeugen Sie ein zugehöriges Streudiagramm.

- Entscheiden Sie sich für ein passendes Regressionsmodell und ermitteln Sie den zugehörigen Graphen und die ihn kennzeichnende Funktionsgleichung.

- Beachten Sie, dass die durch Regression ermittelte Funktion den Sachverhalt angemessen repräsentiert.

Alternative: Gleichung für die Geschwindigkeit

- Eine Gleichung für eine Funktion v wird nicht über die Regression ermittelt, sondern über die Bestimmung der Koeffizienten a, b, c, d und e einer ganzrationalen Funktion 4. Grades anhand eines linearen Gleichungssystems, das die gegebenen fünf Punkte erfüllen sollen.

Flächeninhalt

- Der Flächeninhalt kann mit dem bestimmten Integral bestimmt werden.

Interpretation

- Für die Interpretation des Ergebnisses kann der Zusammenhang zwischen Weg und Zeit im v-t-Diagramm verwendet werden.

Lösungen

a) Zeichnung und Skizze

Notieren Sie für die Dokumentation der Lösung die Gleichungen der Funktionen g_1 und g_3:

$$g_1(x) = -\frac{1}{50\,000} \cdot (x+10) \cdot (x-50)^3$$

mit $0 \le x \le 50$ und

$g_3(x) = 5$ mit $70 \le x \le 120$

Sie werden unter den Variablen g1(x) und g3(x) gespeichert.

Die Graphen dieser Funktionen werden zur Kontrolle im jeweiligen Intervall angezeigt.

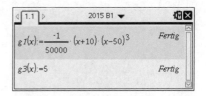

Die Graphen werden nun auf Papier übertragen:

- Der Graph von g_3 lässt sich einfach als zur x-Achse parallele Strecke im Abstand 5 und im Intervall $70 \le x \le 120$ eintragen.

- Für die Darstellung des Graphen von g_1 lässt man sich die Koordinaten einiger Punkte oder die Wertetabelle anzeigen, überträgt diese auf Papier und zeichnet den Graphen.

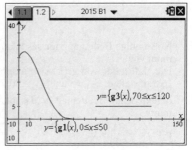

x	0	5	10	20	30	40	50
$g_1(x)$	25	27,3	25,6	16,2	6,4	1	0

- Beim Skizzieren eines möglichen Verlaufs des Graphen von g_2 achtet man auf die knickfreien Übergänge an den Stellen $x = 50$ und $x = 70$. Im Bild ist ein möglicher Graph dick eingezeichnet.

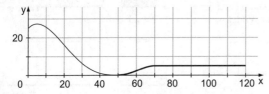

Maximale Höhe

Für die Berechnung der maximalen Höhe und des stärksten Gefälles werden die ersten drei Ableitungsfunktionen von g_1 benötigt. Sie werden mit dem CAS-Rechner ermittelt und unter geeigneten Bezeichnungen abgespeichert. Für den Lösungsaufschrieb werden diese Funktionsgleichungen auch auf dem Papier notiert.

$$g_1'(x) = \frac{-(x-50)^2 \cdot (x-5)}{12\,500}$$

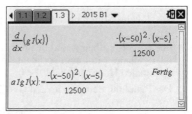

$$g_1''(x) = \frac{-3(x-50)\cdot(x-20)}{12\,500}$$

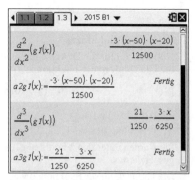

$$g_1'''(x) = \frac{21}{1\,250} - \frac{3x}{6\,250}$$

Notwendige Bedingung für das lokale Extremum von $g_1(x)$:
Die Nullstellen von $g_1'(x)$ sind mögliche Extremstellen: $x_{E1} = 5$ und $x_{E2} = 50$
Hinreichende Bedingung für das lokale Extremum:

$$g_1''(5) = -\frac{81}{500} < 0,$$

d. h. lokales Maximum an der Stelle $x = 5$.

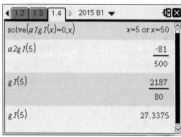

Für $x_{E2} = 50$ ist bereits aus den bisherigen Überlegungen deutlich, dass hier kein lokales oder globales Maximum vorliegen kann, denn es gilt $g_1(5) > g_1(50)$ (siehe Tabelle).

Die Achterbahn hat eine maximale Höhe von ca. 27,3 m.

Alternativer Lösungsweg:
Da ein absolutes Maximum gesucht ist, kann auch die Anweisung **fMax()** verwendet werden.

Größtes Gefälle

Notwendige Bedingung für das lokale Extremum von $g_1'(x)$:
Die Nullstellen von $g_1''(x)$ sind mögliche Extremstellen: $x_{E1} = 20$ und $x_{E2} = 50$
Hinreichende Bedingung für das lokale Extremum:

$$g_1'''(20) = \frac{9}{1\,250} > 0,$$

d. h. lokales Minimum an der Stelle $x = 20$.

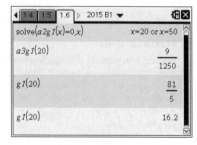

Für $x_{E2} = 50$ ist bereits aus den bisherigen Überlegungen deutlich, dass hier kein lokales oder globales Minimum vorliegen kann, denn es gilt $g_1'(50) = 0$ (siehe Betrachtung zur maximalen Höhe) und $g_1'(20) < 0$.

Der Punkt mit dem maximalen Gefälle hat die Koordinaten $P(20|16,2)$.

Alternativer Lösungsweg:
Da ein absolutes Minimum für die 1. Ableitungsfunktion gesucht ist, kann auch die Anweisung fMin() verwendet werden.

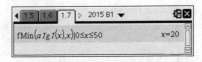

Eine Kontrolle anhand des Graphen bestätigt die rechnerischen Lösungen.

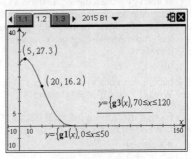

b) **Winkel im Punkt P ermitteln**

Trifft der Sonnenstrahl im Punkt P senkrecht auf die Bahn, dann steht er senkrecht auf der Tangente an den Graphen von g_1 im Punkt P. Der Sonnenstrahl folgt dann dem Verlauf der Normalen zum Graphen von g_1 im Punkt P.

Die Gleichung der Normalen wird mit der Anweisung normalLine(g_1(x),x,20) ermittelt:

$$n(x) = \frac{25}{27}x - \frac{313}{135}$$

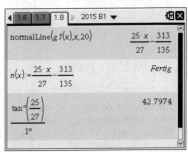

Der Anstieg der Normalen erlaubt die Berechnung des gesuchten Winkels:

$$\arctan\left(\frac{25}{27}\right) \approx 42{,}8°$$

Eine geometrische Ermittlung der gesuchten Winkelgröße ist durch Messung des Schnittwinkels zwischen der Horizontalen $y = 16{,}2$ (bzw. der x-Achse) und der Normalen möglich (siehe Bildschirmabdruck).

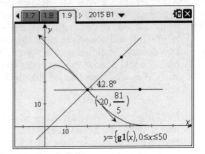

Punkte finden

Wenn die Sonnenstrahlen unter einem Winkel von 45° zur Horizontalen und senkrecht zum Graphen von g_1 einfallen sollen, dann muss der Winkel zwischen dieser Horizontalen und der Tangente an den Graphen von g_1 in den gesuchten Punkten ebenfalls 45° groß sein. Deshalb muss der Anstieg des Graphen von g_1 dort den Wert

$m = -1$

haben, denn $\tan(x) = -1$ gehört zu einem Winkel x von $135° = 180° - 45°$.

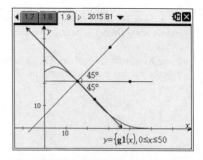

Es sind deshalb im Intervall $0 \le x \le 50$ alle x-Werte zu bestimmen, für die gilt:

$g_1'(x) = -1$

Als Lösungen ergeben sich:

$x_1 = -10 \cdot (\sqrt{6} - 4) \approx 15,5$ und $x_2 = 25$

Die gesuchten Punkte haben die Koordinaten:

$$Q_1\left(-10 \cdot (\sqrt{6} - 4) \,\middle|\, \frac{1}{5} \cdot (26 \cdot \sqrt{6} + 41)\right) \approx$$

$Q_1(15,5 \,|\, 20,9)$ und

$$Q_2\left(25 \,\middle|\, \frac{175}{16}\right) \approx Q_2(25 \,|\, 10,9)$$

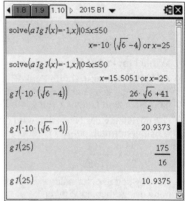

Alternativer Lösungsweg:
Man wählt unter *Graph analysieren* dy/dx aus und lässt sich von einem Punkt auf dem Graphen von g_1 die Steigung an dieser Stelle anzeigen. Außerdem werden die Koordinaten des Punktes angezeigt. Man greift den Punkt, verschiebt ihn an die Stellen, an denen die Steigung −1 angezeigt wird, und notiert die zugehörigen Punktkoordinaten. Man findet zwei solche Punkte. Mehr Punkte können es wegen der Existenz nur eines Wendepunktes (siehe Teilaufgabe a) nicht sein.

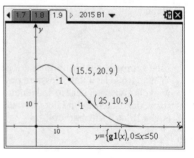

c) Der Graph von g_2 soll knickfrei an der Stelle $x = 50$ an den Graphen von g_1 anschließen und an der Stelle $x = 70$ knickfrei in den Graphen von g_3 übergehen.
Bedingungen dafür sind die Gleichheit der Funktionswerte und die Gleichheit der Tangentenanstiege an den genannten Stellen. Die Tangentenanstiege lassen sich durch die 1. Ableitungen der Funktionen beschreiben. Weil g_3 eine konstante Funktion ist, ist deren 1. Ableitung null.

Eine möglichst einfache Funktion für g_2 wäre eine lineare Funktion. Mit einer solchen Funktion lässt sich aber, wie man sofort einsieht, nicht die Knickfreiheit realisieren.

Man kann nun versuchen, eine quadratische Funktion für g_2 zu finden.

Ansatz: $\qquad g_2(x) = ax^2 + bx + c$

Bedingungen: $\ g_1(50) = g_2(50)$

$\qquad\qquad g_1'(50) = g_2'(50)$

$\qquad\qquad g_2(70) = g_3(70)$

$\qquad\qquad g_2'(70) = g_3'(70) = 0$

Das Gleichungssystem hat keine Lösung, g_2 kann also keine quadratische Funktion sein.

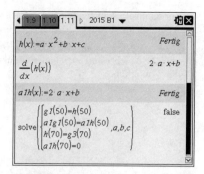

Nun wird der Ansatz mit einer ganzrationalen Funktion dritten Grades realisiert.

Ansatz: $\qquad g_2(x) = ax^3 + bx^2 + cx + d$

Bedingungen (wie oben):

$\qquad\qquad g_1(50) = g_2(50)$

$\qquad\qquad g_1'(50) = g_2'(50)$

$\qquad\qquad g_2(70) = g_3(70)$

$\qquad\qquad g_2'(70) = g_3'(70) = 0$

Dieses Gleichungssystem hat die Lösungen:

$a = -\dfrac{1}{800}; \quad b = \dfrac{9}{40}; \quad c = -\dfrac{105}{8}; \quad d = 250$

Eine Gleichung für g_2 ist also:

$$g_2(x) = -\frac{1}{800} \cdot x^3 + \frac{9}{40} \cdot x^2 - \frac{105}{8} \cdot x + 250$$

mit $50 \le x \le 70$

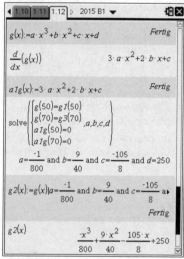

Zur Kontrolle wird eine Probe durchgeführt, indem die vier Bedingungen überprüft werden:

$g_1(50) = g_2(50) = 0$

$g_1'(50) = g_2'(50) = 0$

$g_2(70) = g_3(70) = 5$

$g_2'(70) = g_3'(70) = 0$

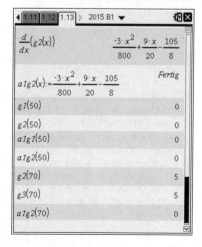

Zur Kontrolle kann auch eine grafische Veranschaulichung dienen.

Hinweis: Wie man am Aufgabentext für Teilaufgabe d sieht, sind auch andere Funktionen für g_2 möglich.

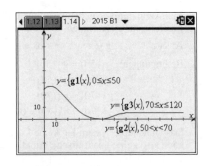

d) Im Intervall $0 \le x \le 50$:
$k_1 \approx 60$ m (Aufgabentext)
Im Intervall $50 \le x \le 70$:

$$k_2 = \int_{50}^{70} \sqrt{1 + \left(g_2'(x)\right)^2}\, dx \approx 21 \text{ m}$$

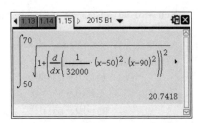

Im Intervall $70 \le x \le 120$:
$k_3 = 120$ m $- 70$ m $= 50$ m
(zur x-Achse parallele Strecke)
Im Intervall $0 \le x \le 120$:
$k_1 + k_2 + k_3 \approx 60$ m $+ 21$ m $+ 50$ m $= \underline{\underline{131\ m}}$

e) **Gleichung für die Geschwindigkeit**

Die Werte werden in der Tabellenkalkulation tabelliert und als Streudiagramm dargestellt.

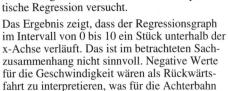

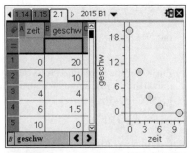

Es ist zu erkennen, dass eine lineare Regression nicht infrage kommt, deshalb wird eine quadratische Regression versucht.

Das Ergebnis zeigt, dass der Regressionsgraph im Intervall von 0 bis 10 ein Stück unterhalb der x-Achse verläuft. Das ist im betrachteten Sachzusammenhang nicht sinnvoll. Negative Werte für die Geschwindigkeit wären als Rückwärtsfahrt zu interpretieren, was für die Achterbahn wohl nicht infrage kommt.

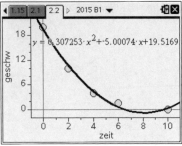

Verwendet man als Regressionsmodell eine kubische Funktion, so ist der Zusammenhang zwischen Geschwindigkeit und Zeit augenscheinlich gut repräsentiert.

Eine Betrachtung der statistischen Werte zeigt einen nahe bei 1 liegenden Wert für R^2 (Bestimmtheitsmaß). Der Korrelationskoeffizient r ist die Wurzel aus dem Bestimmtheitsmaß. Es ergibt sich hier $r \approx 0,999936$. Wäre $r = 1$, läge ein optimaler Zusammenhang zwischen v und t vor, mit diesem sehr nahe bei 1 liegenden Ergebnis kann man also zufrieden sein. Als Gleichung kann man notieren:

$$v(t) \approx -0,0271t^3 + 0,708t^2 - 6,372t + 20,027$$

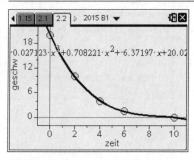

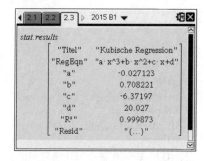

Flächeninhalt
Der Flächeninhalt zwischen dem Graphen von v und der t-Achse im Intervall $0 \leq t \leq 10$ wird durch das bestimmte Integral ermittelt:

$$\int_0^{10} v(t)\, dt \approx \underline{\underline{50}}$$

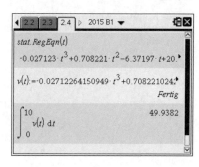

Interpretation
Die Fläche zwischen dem v-t-Diagramm und der t-Achse im Intervall $0 \leq t \leq 10$ entspricht dem zurückgelegten Weg in diesem Zeitraum, also dem Bremsweg in den letzten 10 s.

Hinweis: Ein noch besseres Ergebnis bringt eine Regression mit einer ganzrationalen Funktion vierten Grades ($R^2 = 1$). Als Gleichung erhält man hier:

$$v_2(t) \approx -0,003t^4 + 0,021t^3 + 0,448t^2 - 5,958t + 20$$

Mit dieser Funktion ergibt sich ein Bremsweg von ca. 51 m.

Alternative Lösung:
Da fünf Punkte gegeben sind und für eine ganz-rationale Funktion 4. Grades fünf Koeffizienten zu bestimmen sind, erfolgt der Ansatz wie folgt:

$$h(x) = a \cdot x^4 + b \cdot x^3 + c \cdot x^2 + d \cdot x + e$$

Die Koordinaten der gegebenen Punkte werden eingesetzt,

$h(0) = 20;$

$h(2) = 10;$

$h(4) = 4;$

$h(6) = 1,5;$

$h(10) = 0,$

und das Gleichungssystem wird nach a, b, c, d und e aufgelöst.

Mithilfe der Lösungen wird die Funktion v(t) definiert:

$$v(t) \approx -0,003t^4 + 0,021t^3 + 0,448t^2 - 5,958t + 20$$

Zur Kontrolle werden die Punkte und die so ermittelte Funktion gemeinsam grafisch dargestellt.

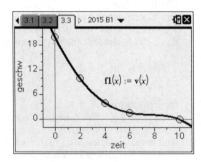

Gegeben ist die Funktion f durch $f(x) = -x^3 + 3x$ ($x \in \mathbb{R}$).

a) Durch Spiegelung des Graphen von f an der x-Achse entsteht der Graph von f_1.
   Der Graph von f_2 entsteht durch Spiegelung des Graphen von f an der Geraden
   $y = 2$. Der Graph von f_3 entsteht durch Verschiebung des Graphen von f derart,
   dass der Tiefpunkt des Graphen von f_3 im Koordinatenursprung liegt.
   Geben Sie je eine Funktionsgleichung von f_1, f_2 und f_3 an.   (3 BE)

b) In den Extrempunkten und in den beiden vom Koordinatenursprung verschiedenen Schnittpunkten des Graphen von f mit der x-Achse werden die Tangenten
   an den Graphen von f gelegt. Diese Tangenten bilden ein Viereck.
   Begründen Sie, dass dieses Viereck ein Parallelogramm ist.
   Berechnen Sie dessen Flächeninhalt und die Größe eines Innenwinkels.   (4 BE)

c) Für jede positive reelle Zahl m ist durch $g_m(x) = m \cdot x$ eine Gerade g_m gegeben.
   Der Graph von f begrenzt mit der x-Achse im I. Quadranten die Fläche A voll-
   ständig. Der Graph von g_1 teilt die Fläche A in zwei Teilflächen.
   Zeigen Sie, dass das Verhältnis der Teilflächen 4 : 5 beträgt.
   Ermitteln Sie den Wert für m so, dass die Gerade g_m die Fläche A in zwei
   gleich große Flächen teilt.   (5 BE)

d) In einem Betrieb fallen Abfallstücke, welche die Form
   der Fläche A aus Teilaufgabe c haben, an.
   Untersuchen Sie, ob man aus einem solchen Stück
   (siehe Abbildung) ein Quadrat mit der Seitenlänge
   $a = 1,1$ LE ausschneiden kann.

                                                                                (3 BE)

e) Für jede positive reelle Zahl k ist eine Funktion f_k gegeben durch
   $f_k(x) = -k \cdot x^3 + 3k \cdot x$ ($x \in \mathbb{R}$).
   Beschreiben Sie, wie die Graphen von f_k aus dem Graphen von f in Abhängigkeit von k hervorgehen.

   Der Hochpunkt und die Schnittpunkte des Graphen von f_k mit der x-Achse
   ($x \geq 0$) bilden ein Dreieck.
   Berechnen Sie alle Werte für k so, dass das Dreieck gleichschenklig ist.   (5 BE)
                                                                                (20 BE)

Hinweise und Tipps

Aufgabe a

Ermittlung von f_1: Spiegelung des Graphen von f an der x-Achse

✐ Spiegelt man einen Graphen an der x-Achse, so werden alle Funktionswerte von f gespiegelt, d. h., aus $f(x)$ wird $-f(x)$.

✐ Überprüfen Sie Ihr Ergebnis im Grafikfenster.

Ermittlung von f_2: Spiegelung des Graphen von f an der Geraden $y = 2$

✐ Vorabüberlegung: Verschieben Sie den Graphen von f um 2 entlang der y-Achse (es entsteht eine Funktion f*), um das Problem auf die Spiegelung an der x-Achse zurückzuführen. Spiegeln Sie nun f* an der „neuen x-Achse". Zum Schluss muss die Verschiebung wieder rückgängig gemacht werden, es entsteht die Funktion f_2.

✐ Durchführung mit dem digitalen Werkzeug: Spiegeln Sie den Graphen von f zunächst an der x-Achse. Prüfen Sie das Ergebnis und überlegen Sie, welche Transformation des gespiegelten Graphen noch fehlt, damit eine Spiegelung an $y = 2$ erfolgt.

✐ *Lösungsweg 2:* Zeichnen Sie mit dem digitalen Werkzeug die Graphen von f und $y = 2$. Wählen Sie einige geeignete Punkte auf dem Graphen von f aus und spiegeln Sie diese an der Geraden $y = 2$. Schlussfolgern Sie hieraus auf den Term von f_2.

✐ *Lösungsweg 3:* In Anlehnung an Lösungsweg 2 könnte man vier geeignete „Spiegelpunkte" ermitteln und hieraus durch Regression bzw. Kurvenbestimmung die Gleichung von f_2 ermitteln. Man setzt voraus, dass bei der Spiegelung an $y = 2$ der Funktionstyp erhalten bleibt.

Ermittlung von f_3

✐ Der Tiefpunkt $T(x_T; y_T)$ von f soll nach der Verschiebung im Koordinatenursprung liegen. Dies gelingt, indem der Graph von f um $|x_T|$ in x-Richtung und um $|y_T|$ in y-Richtung in Richtung des Ursprungs verschoben wird.

✐ Überprüfen Sie Ihr Ergebnis im Grafikfenster.

Aufgabe b

✐ Berechnen Sie zunächst die Koordinaten der Extrempunkte und der Schnittpunkte mit der x-Achse.

✐ Fertigen Sie sich zur weiteren Bearbeitung eine aussagekräftige Skizze an, in die Sie die vier Tangenten einzeichnen, die das gesuchte Viereck bestimmen.

Begründung für Parallelogramm

✐ Ein Parallelogramm ist ein Viereck mit zwei Paar paralleler Gegenseiten.

✐ Zwei Geraden sind genau dann parallel zueinander, wenn sie den gleichen Anstieg haben. Ermitteln Sie die Anstiege der Geraden.

Alternativen: Begründung für Parallelogramm

✐ In einem Parallelogramm sind die Gegenseiten gleich lang. Berechnen Sie die Längen aller vier Seiten.

✐ Oder: Ein Parallelogramm ist ein Viereck mit einem Symmetriezentrum. Weisen Sie dieses Symmetrieverhalten nach.

Innenwinkel

✐ Ein Innenwinkel lässt sich günstig über den Anstieg einer Seite des Parallelogramms ermitteln.

✐ Beachten Sie, dass der Anstieg einer Tangente in Zusammenhang mit dem Schnittwinkel der Tangente mit der x-Achse steht.

Flächeninhalt
Nutzen Sie die Formel $A = g \cdot h$ zur Berechnung des Flächeninhalts für ein Parallelogramm.

Alternativen: Flächeninhalt
Hat man einen Innenwinkel berechnet, so kann man den gesuchten Flächeninhalt auch mit der Formel $A = a \cdot b \cdot \sin(\gamma)$ berechnen.

Oder nutzen Sie zur Berechnung des Flächeninhalts das Vektorprodukt $A = |\vec{a} \times \vec{b}|$, wobei die beiden Vektoren das Parallelogramm aufspannen.

Aufgabe c
Fläche A, die der Graph von f mit der x-Achse im I. Quadranten einschließt
Die gesuchte Fläche A kann mit dem bestimmten Integral ermittelt werden.

Nachweis des Teilverhältnisses
Zeichnen Sie die Graphen von f und g_1 in ein Koordinatensystem.

Ermitteln Sie gemeinsame Punkte von f und g_1.

Berechnen Sie auf geeignete Art und Weise eine der beiden Teilflächen A_1.

Möglichkeit 1: Eine der beiden Teilflächen wird vollständig begrenzt durch die Graphen von f und g_1, d. h., es ist die Fläche zwischen zwei Graphen zu bestimmen.

Möglichkeit 2: Setzen Sie die gesuchte Fläche aus zwei Teilflächen zusammen.

Berücksichtigen Sie in beiden Fällen den Schnittpunkt der Graphen von f und g_1.

Ermitteln Sie hieraus die Größe der zweiten Teilfläche A_2.

Ermitteln Sie das Verhältnis $A_1 : A_2$.

Gleich große Teilflächen in Abhängigkeit von m
Verdeutlichen Sie sich in einer Skizze, wovon die Größe der beiden Teilflächen abhängig ist.

Bestimmen Sie in Abhängigkeit von m gemeinsame Punkte von f und g_m.

Da die Teilflächen die Größe $\frac{A}{2}$ haben sollen, kann man mit dem bestimmten Integral den Wert für m ermitteln.

Variante: Nutzen Sie das Grafikfenster, um näherungsweise zwei gleich große Flächen zu erzeugen.

Aufgabe d
Beschriften Sie die gegebene Skizze sinnvoll, um einen Lösungsansatz zu finden.

Da bei einem Quadrat alle vier Seiten die gleiche Länge haben, muss untersucht werden, ob dies in horizontaler ($x_2 - x_1 = 1{,}1$) und vertikaler Richtung ($f(x) = 1{,}1$) möglich ist.

Aufgabe e
Abhängigkeit von k
Zeichnen Sie sich mehrere Beispiele für einzelne Kurven der Schar f_k.

Beachten Sie, dass k jede beliebige positive reelle Zahl annehmen kann.

Nutzen Sie zur Beschreibung die Veränderungen von f_k bezogen auf den Graphen von f.

Gleichschenklige Dreiecke
Berechnen Sie zunächst die Eckpunkte des gesuchten Dreiecks in Abhängigkeit von k.

Beachten Sie, dass bei einem gleichschenkligen Dreieck zwei beliebige Seiten gleich lang sein müssen.

Lösungen

a) Die Funktion $f(x) = -x^3 + 3x$ wird gespeichert und im Grafikmodus dargestellt.

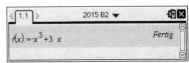

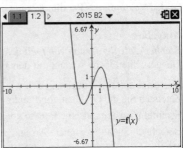

Ermittlung von f_1

Um einen Graphen an der x-Achse zu spiegeln, ersetzt man $f(x)$ durch $-f(x)$. Der Term kann von Hand oder mithilfe des digitalen Werkzeuges berechnet werden:

$f_1(x) = x^3 - 3x$

Die Kontrolle erfolgt sofort im Grafikfenster.

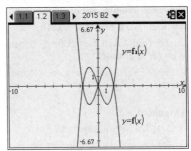

Ermittlung von f_2

Analog zu f_1 spiegelt man zunächst an der x-Achse und kontrolliert das Zwischenergebnis im Grafikfenster. Man erkennt, dass der Graph noch um vier Einheiten entlang der positiven y-Achse verschoben werden muss.

Der Term ergibt sich mit:

$f_2(x) = x^3 - 3x + 4$

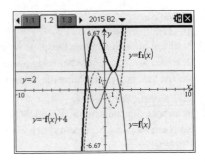

Lösungsweg 2:
Man spiegelt ausgewählte Punkte an der Geraden $y = 2$ und schlussfolgert aus dem Bild auf einen möglichen Funktionsterm, den man anschließend im Grafikfenster überprüfen kann.

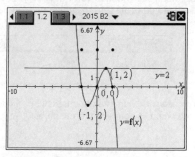 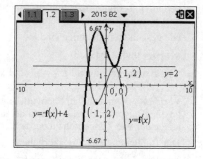

Lösungsweg 3:
Da man davon ausgehen kann, dass auch der Term des gespiegelten Graphen kubischen Grades ist, kann man eine Regression bzw. eine Kurvenbestimmung mit geeigneten Punkten durchführen und erhält ebenfalls $f_2(x) = x^3 - 3x + 4$.

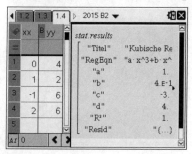 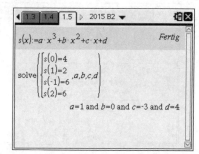

Ermittlung von f_3

Zunächst muss man die Koordinaten des Tiefpunktes bestimmen. Man erhält hierfür $T(-1 \mid -2)$. Daher muss man f um 1 in positive x-Richtung und um 2 in positive y-Richtung verschieben, d. h. $f_3(x) = f(x-1) + 2 = -x^3 + 3x^2$.

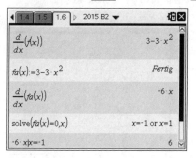 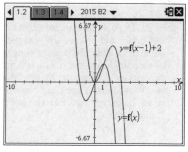

Da der Operator „Geben Sie an" verwendet wurde, genügt hier als Lösung die Angabe der Funktionsterme.

b) **Begründung für Parallelogramm**

Da das Viereck durch die Tangenten bestimmt wird, die durch die Extrempunkte und die vom Koordinatenursprung verschiedenen Schnittpunkte des Graphen von f mit der x-Achse verlaufen, benötigt man zunächst noch die Nullstellen von f (die Extremstellen wurden bereits in Aufgabenteil a berechnet).

Die gesuchten Nullstellen sind:

$x_1 = \sqrt{3}$ und $x_2 = -\sqrt{3}$

(Die Extremstellen sind $x_{e1} = -1$ und $x_{e2} = 1$.)

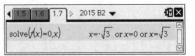

Variante 1: Um sich den Sachverhalt grafisch veranschaulichen zu können, bietet es sich an, die Tangentengleichungen zu bestimmen, auch wenn es genügen würde, nur die Anstiege der vier Tangenten zu betrachten.

Die Tangentengleichungen ergeben sich zu:

$t_1(x) = -2$, $t_2(x) = 2$, $t_3(x) = -6x - 6\sqrt{3}$, $t_4(x) = -6x + 6\sqrt{3}$

Mit dem digitalen Werkzeug kann man sich nun das gesuchte Viereck zeichnen.

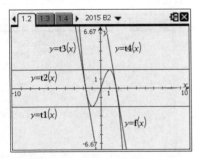

Am einfachsten begründet man, dass es sich bei diesem Viereck um ein Parallelogramm handelt, indem man die Anstiege der vier Tangenten betrachtet. Da die gegenüberliegenden Seiten den gleichen Anstieg, $m_1 = 0$ bzw. $m_2 = -6$, haben, handelt es sich um ein Parallelogramm.

Betrachtet man nur die Anstiege der Tangenten, erhält man das gleiche Resultat.

Variante 2: Man berechnet die Längen der vier Seiten. Dazu muss man zunächst die Eckpunkte bestimmen und hiermit auf geeignete Art und Weise (z. B. über die Bestimmung der Beträge der vier Vektoren, die sich durch die Eckpunkte ergeben) die Längen der Seiten. Man erhält zwei Paar gleich lange Gegenseiten und hat damit auch gezeigt, dass es sich um ein Parallelogramm handelt.

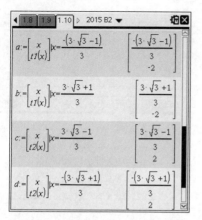

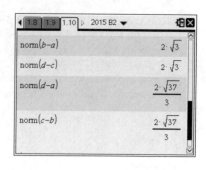

Variante 3: Man kann auch zeigen, dass der Koordinatenursprung das Symmetriezentrum dieses Vierecks ist, und hat damit auch bewiesen, dass es sich um ein Parallelogramm handelt. Dies kann man mit dem digitalen Werkzeug z. B. nachweisen, indem man zeigt, dass die Ortsvektoren zu den Punkten A und C bzw. B und D Gegenvektoren sind.

Innenwinkel

Ein Innenwinkel kann z. B. über den Anstieg einer der beiden Tangenten bestimmt werden, die nicht horizontal verlaufen. Man erhält als einen möglichen Innenwinkel $\alpha \approx 80{,}5°$ bzw. $\alpha \approx 99{,}5°$.

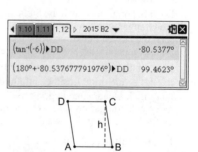

Flächeninhalt

Nutzt man die Formel $A = g \cdot h$, so kann man die Höhe h einfach mit $f(1) - f(-1) = 4$ bestimmen (oder auch direkt aus der Zeichnung mit $h = 4$ LE ablesen, wenn dies auch der Operator „Berechnen Sie" an sich nicht zulässt) und muss nur noch die Länge g der Grundseite $\overline{AB}$ bestimmen. Hieraus ergibt sich ein Flächeninhalt von:
$A = 8\sqrt{3}$ FE

Variante 2: Nutzung der Formel $A = a \cdot b \cdot \sin(\gamma)$
Man erhält einen rationalen Näherungswert mit $A \approx 13{,}86$ FE.

Variante 3: Nutzung des Vektorproduktes
Der Flächeninhalt eines Parallelogramms lässt sich auch mit der Formel $A = |\vec{a} \times \vec{b}|$ berechnen.

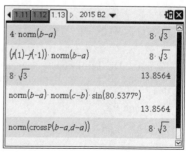

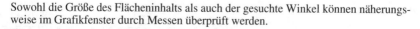

Sowohl die Größe des Flächeninhalts als auch der gesuchte Winkel können näherungsweise im Grafikfenster durch Messen überprüft werden.

c) **Fläche A, die der Graph von f mit der x-Achse im I. Quadranten einschließt**

Die gesuchte Fläche A kann mit dem bestimmten Integral ermittelt werden.

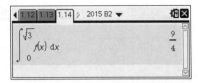

Die gesuchte Fläche wird durch die beiden Nullstellen $x_1 = 0$ und $x_2 = \sqrt{3}$ begrenzt, d. h., es ist das bestimmte Integral

$$\int_0^{\sqrt{3}} f(x)\,dx$$

zu ermitteln.

Man erhält auf rechnerischem Weg:

$$A = \frac{9}{4}\ \text{FE}$$

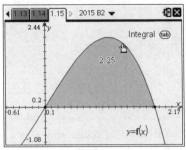

Variante: Es ist auch eine grafische Näherungslösung möglich.

Nachweis des Teilverhältnisses

Um das gesuchte Teilverhältnis nachzuweisen, kann man z. B. die dargestellte Teilfläche A_1 als Fläche zwischen zwei Funktionsgraphen bestimmen.

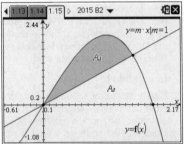

Dazu benötigt man noch die Stelle, an der sich die Graphen von f und g_1 schneiden, d. h., man setzt die beiden Funktionsterme gleich, $f = g_1$, um die gemeinsame Schnittstelle zu ermitteln.

Man erhält hierfür rechnerisch $x_{s1} = 0$ und $x_{s2} = \sqrt{2}$ (die dritte Lösung entfällt, da diese nicht im I. Quadranten liegt) bzw. einen rationalen Näherungswert für x_{s2}, wenn man einen grafischen Lösungsweg wählt.

Für die Teilfläche A_1 ergibt sich $A_1 = 1$ FE, da:

$$\int_0^{\sqrt{2}} (f(x) - x)\,dx = 1$$

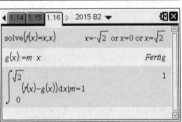

Variante: Die Teilfläche A_1 kann auch mit dem Werkzeug „Begrenzter Bereich" ermittelt werden.

Damit gilt für:

$$A_2 = A - A_1 = \frac{5}{4}\ \text{FE}$$

Das Verhältnis ist daher:
$A_1 : A_2 = 4 : 5$

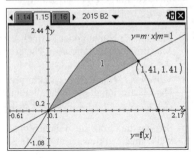

Variante: Es wäre auch denkbar, die Fläche A_2 zu berechnen. Dies hieße dann, man erhält:

$$A_2 = \int\limits_0^{\sqrt{2}} x\,dx + \int\limits_{\sqrt{2}}^{\sqrt{3}} f(x)\,dx = \frac{5}{4}$$

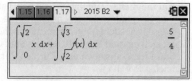

Auch hier wäre wieder eine grafische Näherungslösung möglich.

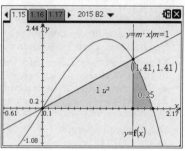

Gleich große Teilflächen in Abhängigkeit von m

Da die Größe der Teilflächen vom Schnittpunkt der beiden Graphen abhängt, muss dieser in Abhängigkeit von m ermittelt werden. Man erhält für die Schnittstelle im I. Quadranten durch Lösen der Gleichung $f(x) = mx$:

$$x_s = \sqrt{3-m}$$

(Die zweite Lösung entfällt, da sie außerhalb des untersuchten Bereichs liegt.)

Mithilfe dieser variablen Schnittstelle kann man über den Ansatz

$$\int\limits_0^{\sqrt{3-m}} (f(x) - m \cdot x)\,dx = \frac{9}{8}$$

nun

$$\underline{\underline{m = 3 - \frac{3\sqrt{2}}{2}}}$$

als einzige Lösung ermitteln.
(Die zweite Lösung entfällt, da für sie keine Schnittstelle im I. Quadranten vorliegt.)

Variante: Nutzung des Grafikmodus
Man erhält als Näherungswert $m \approx 0{,}88$.

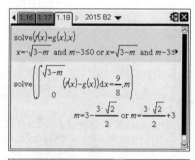

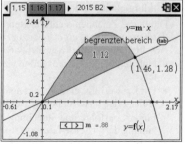

d) Ein möglicher Zugang ist es, zunächst einen der vier Eckpunkte als wesentlich für die Konstruktion des gesuchten Quadrats zu erkennen. Es bietet sich an, den Punkt P, der auf dem Graphen von f liegt, auszuwählen. Für den Punkt gilt zunächst $P(x \mid f(x))$.

Da für $f(x) = 1,1$ LE gelten muss, kann man den zugehörigen x-Wert ermitteln.

Von Interesse für die Konstruktion des gesuchten Quadrats sind $x_1 \approx 0,385809$ und $x_2 \approx 1,50661$.

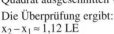

Mithilfe einer Skizze oder unter Verwendung des digitalen Werkzeuges kann man erkennen, dass die Differenz aus x_2 und x_1 wichtig ist. Es muss gelten, dass $x_2 - x_1 \geq 1,1$ LE, damit das gesuchte Quadrat ausgeschnitten werden kann.

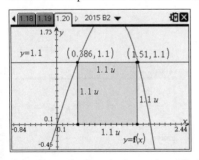

Die Überprüfung ergibt:
$x_2 - x_1 \approx 1,12$ LE

Damit ist bewiesen, dass ein Quadrat mit den Seitenlängen 1,1 LE in der geforderten Lage auf die Fläche passt. Eine Kontrolle im Grafikfenster ist noch durchführbar.

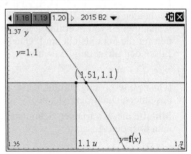

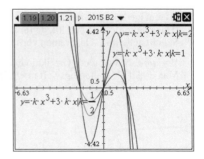

Anmerkung: Inwieweit eine „rein grafische" Lösung anerkannt werden kann, hängt vom verwendeten Werkzeug und der Beschreibung des Lösungsweges ab.
Durch weiteres Zoomen ist die Machbarkeit auch gut erkennbar.

e) **Abhängigkeit von k**

Durch das Zeichnen mehrerer Repräsentanten der Kurvenschar f_k ergeben sich z. B. folgende Beschreibungen für die gesuchte Abhängigkeit:

- Nullstellen und Extremstellen bleiben erhalten.
- Für $k > 1$ erfolgt eine Streckung des Graphen entlang der y-Achse bezogen auf $k = 1$.
- Für $k < 1$ erfolgt eine Stauchung des Graphen entlang der y-Achse bezogen auf $k = 1$.

Eine Begründung dafür ergibt sich, wenn man f_k in die faktorisierte Form $f_k = k \cdot (-x^3 + 3x)$ umschreibt. Hier wird sofort deutlich, dass k nur als Streckungsfaktor auftritt.

Gleichschenklige Dreiecke

Zunächst ermittelt man die Koordinaten der Eckpunkte des zu bestimmenden Dreiecks. Dazu muss man die Nullstellen und den Hochpunkt in Abhängigkeit von k ermitteln.

Der Hochpunkt wird mit dem bekannten Verfahren ermittelt: Durch $f_k'(x) = 0$ erhält man mögliche Kandidaten für Extremstellen, hier $x_{e1} = -1$ und $x_{e2} = 1$.

Da x_{e1} nicht im zu untersuchenden Intervall liegt, muss man noch mit einem hinreichenden Kriterium überprüfen, ob es sich bei $x_{e2} = 1$ um eine Extremstelle handelt.

Da $f_k''(1) = -6k < 0$ (da k positiv ist) gilt, erhält man für alle $k > 0$ den Hochpunkt H(1 | 2k) in Abhängigkeit von k.

Das Dreieck wird durch die drei Punkte A(0 | 0), B($\sqrt{3}$ | 0), dies sind die Schnittpunkte mit der x-Achse, und den Hochpunkt C(1 | 2k) festgelegt.

Damit ein Dreieck gleichschenklig ist, müssen mindestens zwei Seiten die gleiche Länge haben.

Da die Strecke $\overline{AB} = \sqrt{3}$ LE lang ist, muss untersucht werden, wann die anderen beiden Strecken diese Länge annehmen können. Der Fall $|\overline{AC}| = |\overline{BC}|$ kann nicht auftreten, da der Punkt C nicht auf der Mittelsenkrechten der Strecke $\overline{AB}$ liegt.

Man berechnet, für welche k für die Länge der Vektoren $\overrightarrow{AC}$ und $\overrightarrow{BC}$ gilt:

$|\overrightarrow{AC}| = \sqrt{3}$ bzw. $|\overrightarrow{BC}| = \sqrt{3}$

Man erhält die beiden Lösungen:

$k_1 = \dfrac{\sqrt{2}}{2}$ bzw. $k_2 = \dfrac{\sqrt{2\sqrt{3}-1}}{2}$

(Die beiden weiteren Lösungen entfallen, da dort $k < 0$ gilt.)

<figure>

◀ 1.20 1.21 2.1 ▷ 2015 B2 ▼

$f(x) := -k \cdot x^3 + 3 \cdot k \cdot x$ *Fertig*

© Nullstellen

solve$(f(x)=0,x)$

$x = -\sqrt{3}$ or $x=0$ or $x=\sqrt{3}$ or $k=0$

© Hochpunkt

$\dfrac{d}{dx}(f(x))$ $3 \cdot k - 3 \cdot k \cdot x^2$

zeros$(3 \cdot k - 3 \cdot k \cdot x^2, x)$ $\{-1, 1\}$

$-6 \cdot k \cdot x | x=1$ $-6 \cdot k$

$f(1)$ $2 \cdot k$

© Eckpunkte

$ap := [0 \;\; 0]$ $[0 \;\; 0]$

$bp := [\sqrt{3} \;\; 0]$ $[\sqrt{3} \;\; 0]$

$cp := [1 \;\; 2 \cdot k]$ $[1 \;\; 2 \cdot k]$

© Seitenlänge

solve$(\text{norm}(cp-ap)=\sqrt{3}, k)$

$k = \dfrac{-\sqrt{2}}{2}$ or $k = \dfrac{\sqrt{2}}{2}$

solve$(\text{norm}(cp-bp)=\sqrt{3}, k)$

$k = \dfrac{-\sqrt{2\cdot\sqrt{3}-1}}{2}$ or $k = \dfrac{\sqrt{2\cdot\sqrt{3}-1}}{2}$

</figure>

1. Gegeben sind die Punkte A(6 | 2 | 0), B(6 | 8 | 1), C(4 | 4 | 3) und D(–2 | 3 | –6).
   Die Dreiecke ABC und DEF sind Grund- und Deckfläche eines dreiseitigen
   Prismas. Die Strecke $\overline{AD}$ ist eine Seitenkante des Prismas.

   a) Berechnen Sie den Flächeninhalt des Dreiecks ABC.
      Ermitteln Sie den Abstand des Punktes C von der Geraden durch die Punkte
      A und B. (4 BE)

   b) Zeigen Sie, dass die Seitenkante $\overline{AD}$ senkrecht auf der Fläche ABC steht. (1 BE)

   c) Bestimmen Sie die Koordinaten der Punkte E und F.
      Stellen Sie das Prisma in einem rechtwinkligen Koordinatensystem dar.
      Beschreiben Sie eine Möglichkeit für das Zerlegen des Prismas in zwei
      volumengleiche Teilkörper. (4 BE)

   d) Begründen Sie ohne Rechnung, dass die Kante $\overline{AD}$ des Prismas die y-z-Ko-
      ordinatenebene schneidet.
      Bestimmen Sie die Koordinaten dieses Schnittpunktes. (3 BE)

2. Im Jahr 2012 gab es in Deutschland 40,7 Millionen Haushalte. Das Statistische
   Bundesamt veröffentlichte für die verschiedenen Haushaltsgrößen folgende
   Zahlen:

Einpersonen- haushalte	Zweipersonen- haushalte	Dreipersonen- haushalte	Haushalte mit vier und mehr Personen
41 %	35 %	12 %	12 %

   Quelle: Statistisches Bundesamt, Wiesbaden 2014

   a) Für eine telefonische Befragung werden drei Haushalte zufällig ausgewählt.
      Berechnen Sie die Wahrscheinlichkeit folgender Ereignisse:
      A := „Ein Zweipersonenhaushalt, ein Dreipersonenhaushalt und ein Haus-
      halt mit vier und mehr Personen werden ausgewählt."
      B := „In keinem der drei ausgewählten Haushalte leben mehr als zwei Per-
      sonen." (2 BE)

   b) An einem Abend werden 56 zufällig ausgewählte Haushalte telefonisch be-
      fragt.
      Ermitteln Sie unter Annahme des Modells der Binomialverteilung die Wahr-
      scheinlichkeit folgender Ereignisse:
      C := „Genau 25 Haushalte sind Zweipersonenhaushalte."
      D := „In höchstens 15 der Haushalte leben mehr als zwei Personen." (2 BE)

   c) Bestimmen Sie die Anzahl der Haushalte, die mindestens befragt werden
      müssen, damit mit einer Wahrscheinlichkeit von mindestens 95 % mindes-
      tens zwei Haushalte mit vier oder mehr Personen dabei sind. (2 BE)

d) Aufgrund familienpolitischer Maßnahmen wird erwartet, dass im Zeitraum von 10 Jahren die Zahl der Haushalte mit drei und mehr Personen auf 30 % (H_1) ansteigt. Im Jahr 2022 könnte dazu ein Alternativtest durchgeführt werden, in dem 100 zufällig ausgewählte Haushalte befragt werden. Sind unter diesen mehr als 27 Drei- und Mehrpersonenhaushalte, so soll an die Wirksamkeit der familienpolitischen Maßnahmen geglaubt werden. Anderenfalls geht man weiterhin von 24 % (H_0) Drei- und Mehrpersonenhaushalten aus.
Berechnen Sie die Wahrscheinlichkeiten für die Fehler erster und zweiter Art. (2 BE)

(20 BE)

Hinweise und Tipps

Aufgabe 1 a
Flächeninhalt
- Speichern Sie die Ortsvektoren der gegebenen Punkte unter geeigneten Bezeichnungen ab.
- Berechnen Sie für die Ermittlung des Flächeninhalts des Dreiecks ABC die Größe eines Innenwinkels und die Längen der ihn einschließenden Seiten.
- Berechnen Sie den Flächeninhalt.
- Alternativ können Sie den Flächeninhalt auch mit dem Vektorprodukt bestimmen.

Abstand
- Sie können den Abstand als Höhe im Dreieck ABC interpretieren.
- Ermitteln Sie mithilfe des Flächeninhalts und der Seitenlänge der Strecke $\overline{AB}$ die Länge der Höhe.
- Alternativ können Sie den Abstand auch als den betragskleinsten Vektor bestimmen, der den Punkt C mit einem Punkt der Geraden g(AB) verbindet. Verwenden Sie dazu den Befehl fMin().

Aufgabe 1 b
- Um zu zeigen, dass die Seitenkante $\overline{AD}$ senkrecht auf der Fläche ABC steht, kann der Nachweis geführt werden, dass der Vektor $\overrightarrow{AD}$ senkrecht sowohl zum Vektor $\overrightarrow{AB}$ als auch zum Vektor $\overrightarrow{AC}$ ist. Dazu kann das Skalarprodukt benutzt werden.
- Alternativ kann der aus dem Vektorprodukt von Vektor $\overrightarrow{AB}$ und Vektor $\overrightarrow{AC}$ gebildete Vektor auch mit dem Vektor $\overrightarrow{AD}$ verglichen werden.

Aufgabe 1 c
Koordinaten von E und F
- Die Koordinaten von E und F ergeben sich durch geeignete Vektoraddition. Skizzieren Sie sich dazu den Sachverhalt.

Darstellung des Prismas

⚡ Zeichnen Sie das Schrägbild eines räumlichen Koordinatensystems.

⚡ Tragen Sie die gegebenen und die berechneten Punkte ein.

⚡ Verbinden Sie zueinander gehörende Eckpunkte.

⚡ Achten Sie auf die Sichtbarkeit der Kanten.

Zerlegung des Prismas

⚡ Um das Prisma in zwei volumengleiche Teilkörper zu zerlegen, gibt es viele Möglichkeiten.

⚡ Beachten Sie, dass Grund- und Deckfläche kongruente Dreiecke sind.

Aufgabe 1 d

Kante $\overline{AD}$ schneidet y-z-Ebene

⚡ Vergleichen Sie die x-Koordinaten der Punkte A und D bezüglich ihrer Lage zur y-z-Ebene.

Koordinaten des Schnittpunktes

⚡ Stellen Sie eine Gleichung der Geraden durch die Punkte A und D auf.

⚡ Beachten Sie, dass für den Schnittpunkt mit der y-z-Ebene $x = 0$ gelten muss.

⚡ Bestimmen Sie mithilfe dieser Bedingung den Wert des Parameters in der Geraden g(AD).

⚡ Der so bestimmte Wert des Parameters führt wiederum mit der Gleichung von g(AD) zu den gesuchten Koordinaten.

Aufgabe 2 a

⚡ Die Wahrscheinlichkeiten für die Personenhaushalte können Sie der Tabelle entnehmen.

⚡ Überlegen Sie, wie viele Möglichkeiten es bei den Ereignissen A und B gibt, die angegebenen Personenhaushalte auszuwählen.

⚡ Berechnen Sie die zugehörigen Wahrscheinlichkeiten.

⚡ Sie können bei Ereignis B auch über die Gegenwahrscheinlichkeit gehen.

Aufgabe 2 b

⚡ Um mit dem Modell der Binomialverteilung arbeiten zu können, müssen Sie sich darüber im Klaren sein, was als „Erfolg" zählt und welche Werte die Parameter n, k und p der entsprechenden binomialverteilten Zufallsgröße haben.

⚡ Während bei Ereignis C eine Einzelwahrscheinlichkeit gesucht ist, müssen Sie bei Ereignis D die Summenfunktion der binomialverteilten Zufallsgröße anwenden.

Aufgabe 2 c

⚡ Es ist für eine binomialverteilte Zufallsgröße mit unbekanntem n und $p = p_4 = 0,12$ die Zahl n zu berechnen, sodass $P(X \geq 2) \geq 0,95$ gilt.

⚡ Sie können das Ergebnis durch systematisches Probieren ermitteln.

⚡ Alternativ gibt es auch die Möglichkeit einer Berechnung über die Gegenwahrscheinlichkeit.

Aufgabe 2 d

⚡ Sie können den Umfang der Stichprobe, den Ablehnungsbereich sowie die Nullhypothese und Gegenhypothese für diesen Alternativtest dem Aufgabentext entnehmen.

⚡ Machen Sie sich klar, welche Bedeutung die Fehler 1. Art und der Fehler 2. Art haben, und berechnen Sie deren Wahrscheinlichkeiten.

Lösungen

1. a) Zunächst werden die Koordinaten der Ortsvektoren von A, B, C und D gespeichert.

$$\overrightarrow{OA} = \begin{pmatrix} 6 \\ 2 \\ 0 \end{pmatrix}; \quad \overrightarrow{OB} = \begin{pmatrix} 6 \\ 8 \\ 1 \end{pmatrix};$$

$$\overrightarrow{OC} = \begin{pmatrix} 4 \\ 4 \\ 3 \end{pmatrix}; \quad \overrightarrow{OD} = \begin{pmatrix} -2 \\ 3 \\ -6 \end{pmatrix}$$

Mit ihrer Hilfe ergeben sich die Vektoren:

$$\overrightarrow{AB} = \begin{pmatrix} 0 \\ 6 \\ 1 \end{pmatrix} \text{ und } \overrightarrow{AC} = \begin{pmatrix} -2 \\ 2 \\ 3 \end{pmatrix}$$

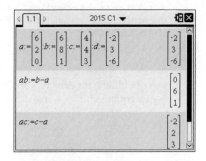

Flächeninhalt

Der Innenwinkel α des Dreiecks ABC wird
mithilfe des Skalarprodukts ermittelt:

$$\cos(\alpha) = \frac{\overrightarrow{AB} \circ \overrightarrow{AC}}{|\overrightarrow{AB}| \cdot |\overrightarrow{AC}|} \Rightarrow \alpha \approx 53,27°$$

Der Flächeninhalt A_Δ des Dreiecks ABC
ergibt sich über die Gleichung:

$$A_\Delta = \frac{1}{2} \cdot |\overrightarrow{AB}| \cdot |\overrightarrow{AC}| \cdot \sin(\alpha) \approx 10,0 \,[\text{FE}]$$

Alternative Lösung:
Der Flächeninhalt A_Δ kann auch mithilfe
des Vektorprodukts bestimmt werden:

$$A_\Delta = \frac{1}{2} \cdot |\overrightarrow{AB} \times \overrightarrow{AC}| = \sqrt{101} \approx 10,0 \,[\text{FE}]$$

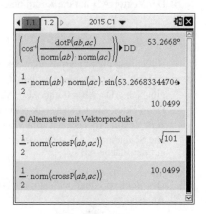

Abstand

Da die Höhe h senkrecht auf der Seite $\overline{AB}$
steht, entspricht ihre Länge dem gesuchten
Abstand.

Aus $A_\Delta = \frac{1}{2} \cdot |\overrightarrow{AB}| \cdot h$ folgt mit dem bereits
berechneten Flächeninhalt A_Δ:

$$\sqrt{101} = \frac{1}{2} \cdot |\overrightarrow{AB}| \cdot h$$

$$h = \frac{2 \cdot \sqrt{3\,737}}{37} \approx 3,3 \,[\text{LE}]$$

Der Abstand des Punktes C von der Geraden
g(AB) beträgt ca. 3,3 LE.

(Skizze nicht maßstäblich)

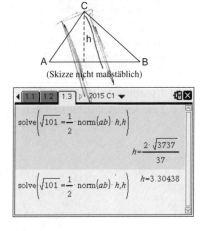

Alternative Lösung:
Die Gleichung der Geraden g(AB) ist:

$\vec{x} = \overrightarrow{OA} + r \cdot \overrightarrow{AB}$ mit $r \in \mathbb{R}$

Alle Vektoren, die einen Punkt P von g(AB) mit dem Punkt C verbinden, lassen sich beschreiben durch:

$\overrightarrow{PC} = \overrightarrow{OC} - (\overrightarrow{OA} + r \cdot \overrightarrow{AB})$ mit $r \in \mathbb{R}$

Mit fMin() wird derjenige Wert des Parameters r bestimmt, für den $|\overrightarrow{PC}|$ ein Minimum ist. Es ergibt sich $r = \frac{15}{37}$ und damit ist

$$|\overrightarrow{PC}| = \frac{2 \cdot \sqrt{3\,737}}{37} \approx 3,3\,[\text{LE}]$$

der Abstand von C zu g(AB).

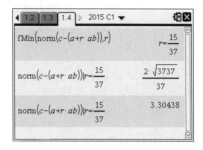

b) Der Vektor $\overrightarrow{AD}$ hat die Koordinaten:

$$\overrightarrow{AD} = \begin{pmatrix} -8 \\ 1 \\ -6 \end{pmatrix}$$

Bildet man die Skalarprodukte des Vektors $\overrightarrow{AD}$ mit den Vektoren $\overrightarrow{AB}$ und $\overrightarrow{AC}$, so ergibt sich $\overrightarrow{AD} \circ \overrightarrow{AB} = 0$ und $\overrightarrow{AD} \circ \overrightarrow{AC} = 0$. Der Vektor $\overrightarrow{AD}$ ist also senkrecht sowohl zum Vektor $\overrightarrow{AB}$ als auch zum Vektor $\overrightarrow{AC}$. Die Seitenkante $\overrightarrow{AD}$ steht also senkrecht auf der Fläche ABC.

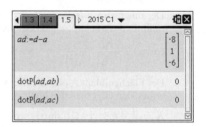

Alternative Lösung:
Das Vektorprodukt der Vektoren $\overrightarrow{AB}$ und $\overrightarrow{AC}$ ist:

$$\overrightarrow{AB} \times \overrightarrow{AC} = \begin{pmatrix} 16 \\ -2 \\ 12 \end{pmatrix} = -2 \cdot \begin{pmatrix} -8 \\ 1 \\ -6 \end{pmatrix} = -2 \cdot \overrightarrow{AD}$$

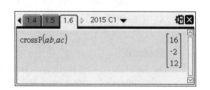

Aus den Eigenschaften des Vektorprodukts folgt: Die Seitenkante $\overrightarrow{AD}$ steht senkrecht auf der Fläche ABC.

c) **Koordinaten von E und F**

Eine nicht maßstäbliche Skizze veranschaulicht die Lage der Punkte.

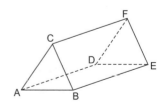

Es gilt:

$$\overrightarrow{OE} = \overrightarrow{OB} + \overrightarrow{AD} = \begin{pmatrix} -2 \\ 9 \\ -5 \end{pmatrix} \text{ und}$$

$$\overrightarrow{OF} = \overrightarrow{OC} + \overrightarrow{AD} = \begin{pmatrix} -4 \\ 5 \\ -3 \end{pmatrix}$$

Punktkoordinaten:
E(−2|9|−5); F(−4|5|−3)

Darstellung des Prismas

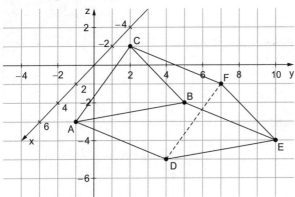

Zerlegung des Prismas

Da die Grund- und Deckfläche zueinander kongruent sind, haben sie auch gleichen Flächeninhalt. Zwei volumengleiche Teilprismen entstehen z. B. durch Halbierung aller drei Seitenkanten. Diese Mittelpunkte bilden ein zur Deck- und Grundfläche kongruentes Dreieck, das das gegebene Prisma in zwei volumengleiche Teilprismen zerlegt.

Eine zweite Möglichkeit zeigt die nebenstehende (nicht maßstäbliche) Skizze. Zwei einander entsprechende Seiten von Grund- und Deckfläche werden halbiert. Die beiden Mittelpunkte bilden mit den gegenüberliegenden Eckpunkten ein Rechteck, das das Prisma halbiert. Die beiden Teilprismen sind volumengleich, weil die Grundflächen ABC und DEF halbiert werden und die Höhen gleich bleiben.

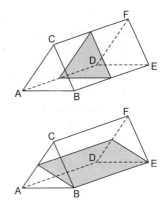

d) **Kante $\overrightarrow{AD}$ schneidet y-z-Ebene**

Die x-Koordinate des Punktes A ist x = 6 > 0.
Die x-Koordinate des Punktes D ist x = −2 < 0.
Wegen der verschiedenen Vorzeichen der x-Koordinaten liegen die Punkte A und D auf verschiedenen Seiten bezüglich der y-z-Ebene.

Koordinaten des Schnittpunktes

Eine Gleichung der Geraden g(AD) durch die Punkte A und D ist:

$\vec{x} = \overline{OA} + r \cdot \overline{AD}$ mit $r \in \mathbb{R}$

Für den Schnittpunkt S von g(AD) mit der y-z-Ebene muss $x = 0$ gelten. S hat also die Koordinaten $S(0 \mid y \mid z)$. Die noch unbekannten Koordinaten y und z kann man aus dem Gleichungssystem bestimmen, das durch Gleichsetzen des Vektors $\overline{OS}$ mit der Geradengleichung entsteht:

$$\begin{pmatrix} 0 \\ y \\ z \end{pmatrix} = \begin{pmatrix} 6 \\ 2 \\ 0 \end{pmatrix} + r \cdot \begin{pmatrix} -8 \\ 1 \\ -6 \end{pmatrix}$$

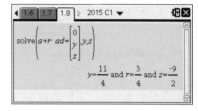

Aus dieser Gleichung ergeben sich:

$r = \dfrac{3}{4}$, $y = \dfrac{11}{4}$ und $z = -\dfrac{9}{2}$

Der gesuchte Schnittpunkt hat die Koordinaten:

$$S\left(0 \;\middle|\; \frac{11}{4} \;\middle|\; -\frac{9}{2}\right)$$

2. a) Zur besseren Übersichtlichkeit der Lösungsdarstellung werden folgende Bezeichnungen eingeführt:

Haushaltsform	Bezeichnung	Wahrscheinlichkeit
Einpersonenhaushalt	p_1	0,41
Zweipersonenhaushalt	p_2	0,35
Dreipersonenhaushalt	p_3	0,12
Haushalte mit vier und mehr Personen	p_4	0,12

Zum **Ereignis A** gehören die Ergebnisse p_2, p_3 und p_4 in allen möglichen sechs Reihenfolgen ($3! = 6$) der Auswahl:

(p_2, p_3, p_4), (p_2, p_4, p_3), (p_3, p_2, p_4), (p_3, p_4, p_2), (p_4, p_2, p_3), (p_4, p_3, p_2)

Die Wahrscheinlichkeit für eines dieser Tripel errechnet sich über die Produktregel zu:

$0,35 \cdot 0,12 \cdot 0,12 = 0,00504$

Die Wahrscheinlichkeit für das Ereignis A ist danach:

$P(A) = 6 \cdot 0,00504 = 0,03024$

Das **Ereignis B** lässt sich verbal auch so beschreiben: „In jedem der drei ausgewählten Haushalte leben höchstens zwei Personen."

Damit sind für B interessant:

(1) Alle drei Haushalte sind Einpersonenhaushalte.

(2) Alle drei Haushalte sind Zweipersonenhaushalte.

(3) Bei den drei Haushalten sind sowohl Ein- als auch Zweipersonenhaushalte vorhanden, also entweder genau ein Einpersonenhaushalt und zwei Zweipersonenhaushalte oder zwei Einpersonenhaushalte und genau ein Zweipersonenhaushalt.

In der Kurzschreibweise und unter Beachtung aller Anordnungsmöglichkeiten wird die zu B gehörende Ergebnismenge durch folgende Tripel beschrieben:

(1) (p_1, p_1, p_1)

(2) (p_2, p_2, p_2)

(3) (p_1, p_2, p_2), (p_2, p_1, p_2), (p_2, p_2, p_1), (p_1, p_1, p_2), (p_1, p_2, p_1), (p_2, p_1, p_1)

Damit ergibt sich wegen der Produkt- und der Summenregel die Wahrscheinlichkeit:

$$P(B) = 0{,}41^3 + 0{,}35^3 + 3 \cdot 0{,}41 \cdot 0{,}35^2 + 3 \cdot 0{,}41^2 \cdot 0{,}35 \approx \underline{\underline{0{,}4390}}$$

Alternativer Lösungsweg:

$$P(B) = (p_1 + p_2)^3 = (0{,}41 + 0{,}35)^3 = 0{,}76^3 \approx \underline{\underline{0{,}4390}}$$

b) Da für das **Ereignis C** das Modell der Binomialverteilung angewendet werden soll, können hier $n = 56$, $k = 25$ und $p = p_2 = 0{,}35$ verwendet werden, um $P(X = 25)$ zu berechnen.

Es gilt:

$P(C) = P(X = 25)$

$$= \binom{56}{25} \cdot 0{,}35^{25} \cdot (1 - 0{,}35)^{56-25} \approx \underline{\underline{0{,}0353}}$$

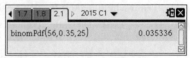

Das Modell der Binomialverteilung ergibt für **Ereignis D** die Parameter $n = 56$, $k = 0, 1, 2, \ldots, 15$ und $p = p_3 + p_4 = 0{,}12 + 0{,}12 = 0{,}24$. Gesucht ist die Wahrscheinlichkeit $P(X \leq 15)$.

Es gilt:

$P(D) = P(X \leq 15)$

$$= \sum_{k=0}^{15} \binom{56}{k} \cdot 0{,}24^k \cdot (1 - 0{,}24)^{56-k}$$

$$\approx \underline{\underline{0{,}7454}}$$

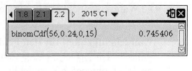

c) In den Term

$$P(X \geq 2) = \sum_{k=2}^{n} \binom{n}{k} \cdot 0{,}12^k \cdot (1 - 0{,}12)^{n-k}$$

werden natürliche Zahlen für n eingesetzt, bis das Ergebnis erstmals größer als 0,95 ist.

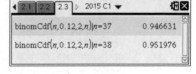

Ergebnis: Es müssen mindestens <u>38 Haushalte</u> befragt werden.

Alternativer Lösungsweg:

Verwendung der Gegenwahrscheinlichkeit und näherungsweises Lösen der Gleichung:

$$P(X \geq 2) \geq 95$$

$$1 - P(X \leq 1) \geq 95$$

$$P(X \leq 1) \leq 0{,}05$$

$$P(X = 0) + P(X = 1) \leq 0{,}05$$

$$\binom{n}{0} \cdot 0{,}12^0 \cdot (1 - 0{,}12)^{n-0} + \binom{n}{1} \cdot 0{,}12^1 \cdot (1 - 0{,}12)^{n-1} \leq 0{,}05$$

$$0{,}88^n + n \cdot 0{,}12 \cdot 0{,}88^{n-1} \leq 0{,}05$$

Die zu dieser Ungleichung gehörende Gleichung kann mit dem nsolve()-Befehl näherungsweise gelöst werden.
Zu beachten ist, dass dieser Befehl einen Startwert benötigt.

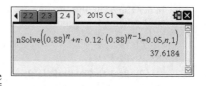

Ergebnis: Es müssen mindestens 38 Haushalte befragt werden.

d) Der **Alternativtest** wird mit einem Stichprobenumfang von $n = 100$ angegeben.

Die Nullhypothese lautet H_0: $p = 0,24$.

Die Gegenhypothese ist H_1: $p = 0,30$.

Der Ablehnungsbereich für H_0 ist $\overline{A} = \{28; 29; \dots; 100\}$.

(Sind mehr als 27 Drei- und Mehrpersonenhaushalte in der Stichprobe, so soll an H_1 geglaubt werden.)

Wahrscheinlichkeit für den Fehler 1. Art

Fehler 1. Art: Die Nullhypothese wird abgelehnt, obwohl sie in Wirklichkeit zutrifft.

$$P(X > 27) = \sum_{k=28}^{100} \binom{100}{k} \cdot 0,24^k \cdot (1 - 0,24)^{100-k}$$

$$\approx 0,2043$$

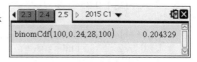

Die Wahrscheinlichkeit für den Fehler 1. Art beträgt ca. 20,4 %.

Wahrscheinlichkeit für den Fehler 2. Art

Fehler 2. Art: Die Nullhypothese wird nicht abgelehnt, obwohl in Wirklichkeit die Gegenhypothese wahr ist.

$$P(X \leq 27) = \sum_{k=0}^{27} \binom{100}{k} \cdot 0,30^k \cdot (1 - 0,30)^{100-k}$$

$$\approx 0,2964$$

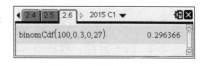

Die Wahrscheinlichkeit für den Fehler 2. Art beträgt ca. 29,6 %.

1. Gegeben ist das Dreieck ABC mit A(5|2|4), B(2|–2|1) und C(3|6|2).

   a) Bestimmen Sie die Koordinaten eines Punktes D so, dass die Punkte ABCD ein Parallelogramm bilden. (2 BE)

   b) Ermitteln Sie die Koordinaten eines Punktes T, der die Strecke $\overline{AC}$ im Verhältnis 3 : 1 teilt. (2 BE)

   c) Geben Sie die Koordinaten eines Punktes P an, der nicht auf der Strecke $\overline{AC}$ liegt, und begründen Sie die Auswahl dieses Punktes. (1 BE)

   d) Eine Gerade g verläuft durch die Punkte A und C. Die Gerade g schneidet die x-z-Koordinatenebene.
   Berechnen Sie die Koordinaten dieses Schnittpunktes. (2 BE)

   e) Die Gerade g wird an der x-z-Ebene gespiegelt.
   Geben Sie eine Gleichung der gespiegelten Geraden an. (1 BE)

2. Die Stadtverwaltung einer Großstadt führt unter der Bevölkerung eine Befragung zu einem geplanten Bauprojekt durch. Insgesamt werden mehr als 86 000 Fragebögen an alle mindestens 16-jährigen Bürger der Stadt versandt. Vor Auswertung dieser Fragebögen werden von ansässigen Zeitungen bereits mündliche Befragungen unter Besuchern und Markthändlern der Innenstadt durchgeführt und veröffentlicht. Hierbei zeigt sich, dass etwa 60 % der Befragten das Bauprojekt ablehnen.

   a) Beurteilen Sie den Wahrheitsgehalt folgender Aussagen.
   Aussage 1: Die Auszählung der offiziellen Fragebögen kann sich die Stadt ersparen. Die Ablehnung des Bauprojektes ist damit schon absolut sicher.
   Aussage 2: Es ist eher unwahrscheinlich, dass die Auszählung der offiziellen Fragebögen eine Befürwortung des Bauprojektes bringen wird. (2 BE)

   b) Betrachtet werden die Ereignisse:
   A := „Die nächsten 10 Befragten lehnen das Bauprojekt alle ab."
   B := „Genau drei der nächsten 10 Befragten lehnen das Bauprojekt ab."
   C := „Unter den nächsten 10 Befragten lehnt mehr als die Hälfte das Bauprojekt ab."
   D := „Die Zahl der Projektgegner weicht bei den nächsten 10 Befragten um höchstens zwei vom Erwartungswert ab."

   Erläutern Sie, aufgrund welcher Bedingungen für die Berechnung der Wahrscheinlichkeiten dieser Ereignisse das Modell der Binomialverteilung angenommen werden kann.
   Berechnen Sie die Wahrscheinlichkeiten dieser Ereignisse, wenn 60 % der Befragten das Bauprojekt ablehnen. (6 BE)

c) In einer groß angelegten Kampagne wurde für das Bauprojekt geworben. Nun glauben die Befürworter, dass die Mehrheit der Bevölkerung für eine Bebauung votieren wird (H_1: $p_1 = 0,51$), während die Gegner weiterhin von 40 % Befürwortern ausgehen (H_0: $p_0 = 0,40$). Um hierfür eine Prognose zu treffen, soll ein Alternativtest genutzt werden, zu dem 100 zufällig ausgewählte Bürger mündlich befragt werden.

Konstruieren Sie einen solchen Alternativtest, bei dem die Summe der Fehler erster und zweiter Art minimal wird.

Bestimmen Sie hierfür den Annahme- und Ablehnungsbereich für H_0.   (4 BE)
(20 BE)

Hinweise und Tipps

Aufgabe 1 a

✎ Damit ein Viereck ein Parallelogramm ist, muss die Bedingung $\overrightarrow{AB} = \overrightarrow{DC}$ gelten.

✎ Ermitteln Sie den Ortsvektor $\overrightarrow{OD}$ mithilfe der gegebenen Ortsvektoren von A, B und C.

✎ Beachten Sie die Orientierung A-B-C-D im Viereck ABCD, wenn diese auch im Text nicht gefordert wird.

Aufgabe 1 b

✎ Stellen Sie die Geradengleichung g(AC): $\vec{x} = \overrightarrow{OA} + r \cdot \overrightarrow{AC}$ mit $r \in \mathbb{R}$ auf.

✎ Damit ein Punkt T die Strecke $\overline{AC}$ im Verhältnis 3 : 1 teilt, muss die Strecke $\overline{AC}$ in 4 gleiche Teile geteilt werden.

Aufgabe 1 c

✎ Ein Punkt P liegt nicht auf der Strecke $\overline{AC}$, wenn
- der Punkt zwar auf der Geraden g(AC) liegt, aber nicht auf der Strecke $\overline{AC}$ oder
- der Punkt nicht auf der Geraden liegt.

Aufgabe 1 d

✎ Stellen Sie die x-z-Koordinatenebene e(x, z) in vektorieller Form dar.

✎ Bestimmen Sie den Schnittpunkt durch Lösen des Gleichungssystems g(AC) = e(x, z).

Aufgabe 1 e

✎ Nutzen Sie zur Ermittlung der Gleichung der gespiegelten Geraden den gemeinsamen Punkt der x-z-Ebene mit der Geraden g(AC).

✎ Spiegeln Sie zunächst einen Punkt der Geraden g(AC) an der x-z-Koordinatenebene.

✎ Bei der Spiegelung eines Punktes $Q(q_x \,|\, q_y \,|\, q_z)$ an der x-z-Ebene entsteht der Punkt $Q^*(q_x \,|\, -q_y \,|\, q_z)$.

✎ *Variante:* Überlegen Sie, welche Änderungen am Richtungsvektor von g(AC) vorgenommen werden müssen, um den Richtungsvektor der gespiegelten Geraden zu bekommen.

Aufgabe 2 a

Aussage 1

⁄ Konzentrieren Sie sich bei Ihrer Antwort auf den Teil der Aussage: „Die Ablehnung des Bauprojektes ist damit schon absolut sicher."

⁄ Gibt es Aussagen zur Zusammenstellung und Größe der Stichprobe?

Aussage 2

⁄ „Eher unwahrscheinlich" bedeutet, zu mehr als 50 % trifft etwas nicht zu. Kann dies aus der untersuchten Stichprobe mit Sicherheit geschlussfolgert werden?

Aufgabe 2 b

Modell der Binomialverteilung

⁄ Das Modell der Binomialverteilung kann genutzt werden, wenn das Zufallsexperiment nur zwei mögliche Ausgänge besitzt und die Wahrscheinlichkeiten für Treffer/Niete für das gesamte Experiment konstant bleiben. Untersuchen Sie, ob dies hier zutrifft.

Ereignis A

⁄ Wenden Sie die Pfadmultiplikationsregel an.

Ereignis B

⁄ Nutzen Sie die Binomialverteilung.

Ereignis C

⁄ Nutzen Sie die Summenformel der Binomialverteilung.

Ereignis D

⁄ Der Erwartungswert für binomialverteilte Zufallsgrößen errechnet sich mit $E(X) = n \cdot p$.

⁄ Nutzen Sie dann auch hier die Summenformel der Binomialverteilung.

Aufgabe 2 c

⁄ Sie können die Nullhypothese und die Gegenhypothese sowie den Umfang der Stichprobe für diesen Alternativtest dem Aufgabentext entnehmen.

⁄ Machen Sie sich klar, welche Bedeutung der Fehler 1. Art und der Fehler 2. Art haben, und berechnen Sie deren Wahrscheinlichkeiten zunächst für einen von Ihnen sinnvoll gewählten Annahme- und Ablehnungsbereich. Untersuchen Sie systematisch die Veränderung der Summe der beiden Fehler und versuchen Sie, diese Summe zu minimieren.

Lösungen

1. a) Wird bei dieser Aufgabe das digitale Werkzeug genutzt (was nicht unbedingt erforderlich ist), so sollten zunächst die Koordinaten der Ortsvektoren von A, B, C gespeichert werden:

$$\overrightarrow{OA} = \begin{pmatrix} 5 \\ 2 \\ 4 \end{pmatrix}; \quad \overrightarrow{OB} = \begin{pmatrix} 2 \\ -2 \\ 1 \end{pmatrix}; \quad \overrightarrow{OC} = \begin{pmatrix} 3 \\ 6 \\ 2 \end{pmatrix}$$

Mit ihrer Hilfe ergibt sich der Vektor:

$$\overrightarrow{AB} = \begin{pmatrix} -3 \\ -4 \\ -3 \end{pmatrix}$$

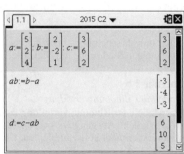

Damit das Viereck ABCD ein Parallelogramm wird, muss $\overrightarrow{AB} = \overrightarrow{DC}$ gelten.

Gleichbedeutend damit ist, dass gilt:
$$\overrightarrow{OD} = \overrightarrow{OC} - \overrightarrow{AB}$$

Man erhält:
D(6|10|5)

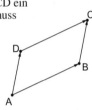

Anmerkung: Bei Nichtbeachtung der Orientierung der Eckpunkte in der Form A-B-C-D ergeben sich zwei weitere Möglichkeiten für den Punkt D mit D(0|2|−1) bzw. D(4|−6|3).

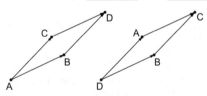

b) Man stellt die Geradengleichung
$$g(AC): \vec{x} = \overrightarrow{OA} + r \cdot \overrightarrow{AC} \text{ mit } r \in \mathbb{R}$$

auf und ermittelt den Punkt T, indem man für den Parameter $r = \frac{3}{4}$ einsetzt. Man erhält:

$$T\left(\frac{7}{2} \,\middle|\, 5 \,\middle|\, \frac{5}{2} \right)$$

Alternativ wäre auch für $r = \frac{1}{4}$ der Wert

$$T\left(\frac{9}{2} \,\middle|\, 3 \,\middle|\, \frac{7}{2} \right)$$

denkbar, da keine Orientierung für die Teilung vorgegeben ist.

c) *Variante 1:* Der Punkt P liegt nicht auf der Strecke, aber auf der Geraden g(AC).

Damit ein Punkt auf der Geraden g(AC) liegt, aber nicht auf der Strecke $\overline{AC}$, muss für den Parameter r gelten:

r < 0 oder r > 1

Es ergeben sich unendlich viele Lösungen, beispielsweise:

P(7 | −2 | 6) oder P(1 | 10 | 0)

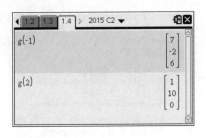

Variante 2: Der Punkt P liegt nicht auf der Geraden g(AC).

Alternativ kann man auch begründen, dass ein Punkt, z. B. P(0 | 0 | 0), nicht auf der Geraden g(AC) liegt, indem man das entsprechende Gleichungssystem aufstellt und nachweist, dass das System keine Lösung hat.

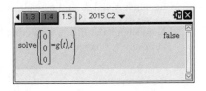

Weiterhin wäre z. B. auch denkbar, genau eine der Koordinaten von einem der Endpunkte der Strecke $\overline{AC}$ um eine Einheit zu verändern, also z. B. aus A(5 | 2 | 4) den Punkt P(5 | 2 | 5) zu bestimmen.

d) Neben der Geradengleichung g(AC) mit

$$\vec{x} = \begin{pmatrix} 5 \\ 2 \\ 4 \end{pmatrix} + t \cdot \begin{pmatrix} -2 \\ 4 \\ -2 \end{pmatrix} \text{ mit } t \in \mathbb{R}$$

benötigt man zur Lösung noch eine vektorielle Darstellung der x-z-Ebene.

Aus dem Ansatz

$$\vec{x} = \begin{pmatrix} 0 \\ 0 \\ 0 \end{pmatrix} + r \cdot \begin{pmatrix} 1 \\ 0 \\ 0 \end{pmatrix} + s \cdot \begin{pmatrix} 0 \\ 0 \\ 1 \end{pmatrix} \text{ mit } r, s \in \mathbb{R}$$

ergibt sich in Kurzform der Vektor $\vec{x} = \begin{pmatrix} r \\ 0 \\ s \end{pmatrix}$, der die x-z-Ebene beschreibt.

Durch Lösen des Gleichungssystems

r = 5 − 2t
0 = 2 + 4t
s = 4 − 2t

erhält man als Durchstoßpunkt der Geraden g(AC) durch die x-z-Ebene den Punkt:

S(6 | 0 | 5)

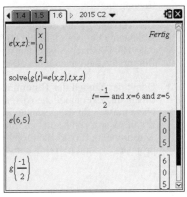

Anmerkung: Auch ein Ansatz ohne Ebenengleichung ist denkbar. Aus y = 0 folgt 0 = 2 + 4t und damit:

$$t = -\frac{1}{2}$$

e) Ein Punkt der gespiegelten Geraden ist der Punkt S(6|0|5), der auf der Spiegelebene liegt. Spiegelt man z. B. den Punkt A(5|2|4) von g(AC) an der x-z-Ebene, so entsteht der Punkt A*(5|–2|4). Die Gleichung der gespiegelten Geraden ergibt sich hiermit dann z. B. mit:

$$\vec{x} = \begin{pmatrix} 6 \\ 0 \\ 5 \end{pmatrix} + r \cdot \begin{pmatrix} -1 \\ -2 \\ -1 \end{pmatrix} \text{ mit } r \in \mathbb{R}$$

Man kann den Punkt A* z. B. auf folgende Art und Weise bestimmen:
Für den Spiegelpunkt A* gilt, dass die Gerade durch A und A* orthogonal zur Spiegelebene ist und dass der Schnittpunkt dieser Geraden mit der Ebene die Verbindungsstrecke $\overline{AA^*}$ halbiert.

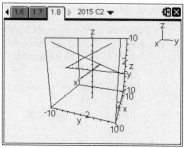

Da der Operator „Geben Sie an" verwendet wurde, genügt auch nur die Angabe der Gleichung der Geraden.
Eine Kontrolle im Grafikfenster ist möglich.

2. a) Die **Aussage 1** ist falsch. Zum einen wurden keine Aussagen über die Größe und die Zusammenstellung der Stichprobe getroffen. Zum anderen ist auch bei einer Stichprobe von z. B. 200 Personen nicht mit 100 % Sicherheit gesagt, dass das Ergebnis von 60 % (oder auch noch mehr) gewährleistet, dass bei Befragung aller Bürger nicht doch ein Ergebnis unter 50 % für eine Ablehnung entsteht. Absolute Sicherheit bietet nur die Befragung aller Bürger.

Die **Aussage 2** kann richtig, aber auch falsch sein. Zwar deuten die 60 % eher auf eine Ablehnung hin, aber falls die 60 % nur durch eine Befragung von vielleicht 30 oder 50 oder 100 Personen entstanden sind, kann das „wirkliche Ergebnis" bei Befragung aller Bürger durchaus auch unter 50 % liegen.

b) Damit das **Modell der Binomialverteilung** genutzt werden kann, darf das Zufallsexperiment nur zwei mögliche Ausgänge besitzen und die Wahrscheinlichkeiten für Treffer/ Niete müssen für das gesamte Experiment konstant bleiben. Beides trifft hier zu: Das Zufallsexperiment besitzt nur die beiden Ausgänge „Ablehnung des Bauprojektes" und „Zustimmung für das Bauprojekt". Die Wahrscheinlichkeit für „Ablehnung des Bauprojektes" ist mit p = 60 % konstant.

Ereignis A: Die nächsten 10 Befragten lehnen das Bauprojekt ab. Nach der 1. Pfadregel gilt:

$$P(A) = 0,6^{10} \approx \underline{\underline{0,0060}}$$

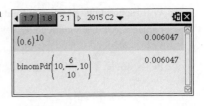

Alternativ kann man auch mit der Binomialverteilung argumentieren:

$$P(A) = P(X = 10)$$
$$= \binom{10}{10} \cdot 0,6^{10} \cdot (1 - 0,6)^{10-10} \approx \underline{\underline{0,0060}}$$

Ereignis B: Die Zufallsgröße X beschreibt die Anzahl der Ablehner bei 10 Befragten. X ist $B_{10; \, 0,6}$-verteilt:

$$P(B) = P(X = 3)$$
$$= \binom{10}{3} \cdot 0,6^3 \cdot (1 - 0,6)^{10-3} \approx \underline{\underline{0,0425}}$$

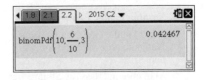

Ereignis C: Die Zufallsgröße X beschreibt die Anzahl der Ablehner bei 10 Befragten. Da mehr als die Hälfte Ablehner sein sollen, gilt:

$$P(C) = P(X \geq 6)$$
$$= \sum_{k=6}^{10} \binom{10}{k} \cdot 0,6^k \cdot (1 - 0,6)^{10-k} \approx \underline{\underline{0,6331}}$$

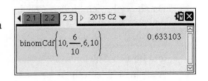

Ereignis D: Der Erwartungswert für dieses Zufallsexperiment ergibt sich nach der Formel $E(X) = n \cdot p = 10 \cdot 0,6 = 6$. Da höchstens eine Abweichung von 2 erlaubt ist, gilt:

$$P(D) = P(4 \leq X \leq 8) \approx \underline{\underline{0,8989}}$$

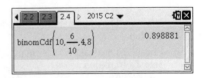

c) Der **Alternativtest** wird mit einem Stichprobenumfang von $n = 100$ durchgeführt.

Die Nullhypothese lautet H_0: $p = 0,40$.

Die Gegenhypothese ist H_1: $p = 0,51$.

Der Ablehnungsbereich für H_0 ist nicht vorgegeben. Sinnvoll ist es z. B., die Mitte zwischen beiden Erwartungswerten als Grenze beider Bereiche zu nutzen. Hier wäre 45,5 die Mitte, man hätte 45 oder 46 zur Auswahl.

Nutzt man als kritische Zahl $k = 46$, so gilt $\overline{A} = \{47; 48; \ldots; 100\}$.

(Sind mehr als 46 Personen der Stichprobe gegen das Bauprojekt, so soll an H_1 geglaubt werden.)

Wahrscheinlichkeit für den Fehler 1. Art

Fehler 1. Art: Die Nullhypothese wird abgelehnt, obwohl sie in Wirklichkeit zutrifft.

$$P(X > 46) = \sum_{k=47}^{100} \binom{100}{k} \cdot 0,4^k \cdot (1 - 0,4)^{100-k}$$

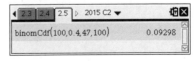

$$\approx \underline{\underline{0,0930}}$$

Die Wahrscheinlichkeit für den Fehler 1. Art mit $k = 46$ beträgt ca. 9,3 %.

Wahrscheinlichkeit für den Fehler 2. Art

Fehler 2. Art: Die Nullhypothese wird nicht abgelehnt, obwohl in Wirklichkeit die Gegenhypothese wahr ist.

$$P(X \leq 46) = \sum_{k=0}^{46} \binom{100}{k} \cdot 0{,}51^k \cdot (1-0{,}51)^{100-k}$$

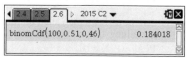

$$\approx 0{,}1840$$

Die Wahrscheinlichkeit für den Fehler 2. Art beträgt für $k = 46$ ca. 18,4 %.

Summe beider Fehler minimal

Hierzu sollte eine systematische Untersuchung durchgeführt werden.

Man erkennt, dass die Summe der Fehler für $k = 45$ minimal ist. Damit ergibt sich für den Annahmebereich von H_0

$$A = \{0; 1; \ldots; 44; 45\}$$

und für den Ablehnungsbereich:

$$\overline{A} = \{46; 47; \ldots; 100\}$$

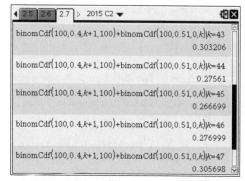

Hinweis: Die systematische Untersuchung kann auch mittels Tabelle durchgeführt werden.

Ebenso ist es denkbar, dass man das Problem als Extremwertaufgabe formuliert und eine Zielfunktion

$$f(k) = \sum_{i=k+1}^{100} B(100; 0{,}4; i) + \sum_{j=0}^{k} B(100; 0{,}51; j)$$

aufstellt. Diese lässt sich allerdings nicht analytisch, sondern nur tabellarisch bzw. grafisch auf das gesuchte Minimum untersuchen.

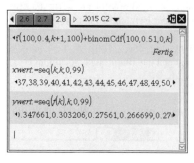

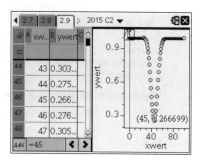

1. Gegeben ist die Funktion f durch $f(x) = x(x-1)$ $(x \in \mathbb{R})$.

   a) Skizzieren Sie den Graphen von f. (1 BE)

   b) Der Graph von f begrenzt mit der x-Achse eine Fläche vollständig.
      Berechnen Sie den Flächeninhalt dieser Fläche. (2 BE)

   c) Der Graph der Funktion g geht durch Streckung in y-Richtung aus dem
      Graphen von f hervor.
      Der Graph von g schließt mit der x-Achse eine Fläche von $\frac{1}{2}$ FE ein.
      Bestimmen Sie eine zugehörige Funktionsgleichung für g. (2 BE)

2. Der Graph einer ganzrationalen Funktion f dritten
   Grades besitzt an der Stelle
   $x = 4{,}5$ einen Tiefpunkt.
   Beurteilen Sie, ob die Graphen g und h die grafischen
   Darstellungen der ersten
   und zweiten Ableitungsfunktion dieser Funktion f
   sein können.

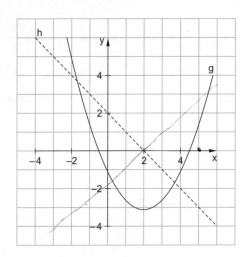

   (2 BE)

3. Eine zum Koordinatenursprung symmetrische Funktion dritten Grades f hat an
   der Stelle $x = 1$ die Tangente t mit $t(x) = -2x + 3$ $(x \in \mathbb{R})$.
   Ermitteln Sie eine Gleichung der Funktion f. (3 BE)

4. Die Punkte $P_k(-k \,|\, 2+k \,|\, 2)$ mit $k \in \mathbb{R}$ liegen auf einer Geraden g.

   a) Geben Sie eine Parametergleichung für die Gerade g an.
      Beschreiben Sie die Lage dieser Geraden im Koordinatensystem. (2 BE)

   b) Bestimmen Sie einen Wert für k so, dass die Punkte $A(1 \,|\, 2 \,|\, 1)$, $B(-1 \,|\, 3 \,|\, 1)$
      und P_k ein rechtwinkliges Dreieck mit der Hypotenuse $\overline{AP_k}$ bilden. (3 BE)

5. Eine Urne enthält acht Kugeln, davon sind zwei schwarz und sechs weiß.

   a) Es werden nacheinander drei Kugeln ohne Zurücklegen entnommen.
      Berechnen Sie die Wahrscheinlichkeit folgender Ereignisse:
      $A :=$ „Alle Kugeln sind weiß.“
      $B :=$ „Mindestens eine Kugel ist weiß.“ (2 BE)

b) Der folgende Ausschnitt eines Baumdiagrammes enthält nur die Äste, die zum Ereignis C führen.

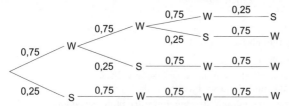

Beschreiben Sie das Zufallsexperiment und das Ereignis C so, dass diese zum Baumdiagramm passen.

Geben Sie einen Term zur Berechnung der Wahrscheinlichkeit des Ereignisses C an.

(3 BE)
(20 BE)

Hinweise und Tipps

Aufgabe 1

Teilaufgabe a

✎ Machen Sie sich klar, dass f eine quadratische Funktion ist.

✎ Die Schreibweise der Funktionsgleichung erlaubt ein schnelles Erkennen der Nullstellen. Damit kann leicht auf den Scheitelpunkt geschlossen werden, und so lässt sich rasch eine Skizze des Graphen erstellen.

Teilaufgabe b

✎ Zur Flächenberechnung können Sie das bestimmte Integral nutzen.

✎ Beachten Sie, dass die zu berechnende Fläche unterhalb der x-Achse liegt.

✎ Auf die Intervallgrenzen können Sie anhand der Nullstellen schließen.

Teilaufgabe c

✎ Da der Graph von g aus dem Graphen von f durch Streckung in y-Richtung hervorgeht, gilt für alle Funktionswerte $g(x) = a \cdot f(x)$. Das bedeutet insbesondere, dass die Funktionswerte beider Funktionen an den Nullstellen übereinstimmen. Daraus kann man auf die Grenzen der Fläche schließen.

✎ Beachten Sie auch die Hinweise zur Teilaufgabe b.

✎ Überlegen Sie, welchen Einfluss der Faktor a auf die Stammfunktion von $g(x) = a \cdot f(x)$ hat.

Aufgabe 2

✎ Bedenken Sie, welche notwendigen und hinreichenden Bedingungen für einen lokalen Tiefpunkt einer Funktion f an einer Stelle x_e erfüllt sein müssen.

Aufgabe 3

✎ Im Allgemeinen lässt sich eine ganzrationale Funktion dritten Grades darstellen durch eine Gleichung der Form $y = ax^3 + bx^2 + cx + d$. Überlegen Sie, welche Konsequenzen sich für die Koeffizienten a, b, c und d ergeben, wenn der Graph der Funktion f punktsymmetrisch zum Ursprung ist.

✎ Beachten Sie, dass die Funktion und ihre Tangente an einer Stelle x_0 sowohl die gleichen Anstiege als auch die gleichen Funktionswerte besitzen.

Aufgabe 4

Teilaufgabe a

✎ Eine vektorielle Parametergleichung $\vec{x}$ einer Geraden besteht in der Regel aus einem Stützvektor $\vec{a}$ und einem Richtungsvektor $\vec{b}$, der durch den Parameter vervielfacht werden kann: $\vec{x} = \vec{a} + t \cdot \vec{b}$.

Dies kann auch in der Form $\vec{x} = \begin{pmatrix} a_x \\ a_y \\ a_z \end{pmatrix} + t \cdot \begin{pmatrix} b_x \\ b_y \\ b_z \end{pmatrix}$ bzw. $\vec{x} = \begin{pmatrix} a_x + t \cdot b_x \\ a_y + t \cdot b_y \\ a_z + t \cdot b_z \end{pmatrix}$ geschrieben werden.

✎ Verändert eine Koordinate für alle Parameter t der Geraden nie ihren Wert, so ist die Gerade parallel zur Ebene, die durch die anderen beiden Koordinaten bestimmt wird.

Teilaufgabe b

✎ Damit $\overline{AP_k}$ Hypotenuse im Dreieck ABP_k ist, müssen die Vektoren $\overrightarrow{BA}$ und $\overrightarrow{BP_k}$ senkrecht aufeinander stehen.

✎ Zwei Vektoren $\vec{a}$ und $\vec{b}$ stehen genau dann senkrecht aufeinander, wenn das Skalarprodukt aus beiden Vektoren den Wert 0 ergibt: $\vec{a} \circ \vec{b} = 0$

✎ Lösungsvariante: Nutzen Sie den Satz des Pythagoras.

Aufgabe 5

Teilaufgabe a

✎ Erstellen Sie für das beschriebene Zufallsexperiment ein Baumdiagramm. Berücksichtigen Sie, dass die Kugeln nicht zurückgelegt werden und der Baum drei Ebenen besitzt.

✎ Nutzen Sie zur Berechnung des Ereignisses B das zugehörige Gegenereignis $\overline{B}$ und die Beziehung $P(B) = 1 - P(\overline{B})$.

Teilaufgabe b

✎ Die Anzahl der Ebenen eines Baumdiagramms gibt z. B. an, wie oft aus einer Urne gezogen wurde. Finden Sie heraus, ob mit oder ohne Zurücklegen gezogen wurde. Suchen Sie nach einer Gemeinsamkeit, die für alle Pfade gilt.

✎ Beachten Sie bei der Erstellung des gesuchten Terms, wie viele Pfade vorhanden sind.

Lösungen

1. a) Da die Funktionsgleichung in faktorisierter Form vorliegt, ergeben sich die Nullstellen, indem man jeden der beiden Faktoren gleich null setzt:

$x_{01} = 0$ und $x_{02} - 1 = 0 \Rightarrow x_{02} = 1$

Der Scheitelpunkt liegt wegen der Achsensymmetrie der Parabel in der Mitte zwischen beiden Nullstellen, also an der Stelle $x_S = \frac{1}{2}$. Setzt man diesen Wert in die Funktionsgleichung ein, so ergibt sich $y_S = \frac{1}{2} \cdot \left(\frac{1}{2} - 1\right) = -\frac{1}{4}$.

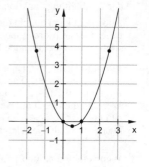

Der Scheitelpunkt hat die Koordinaten $S\left(\frac{1}{2} \mid -\frac{1}{4}\right)$.

Wegen $f(x) = x(x-1) = x^2 - x$ erkennt man, dass die Parabel nach oben geöffnet und kongruent zur Normalparabel ist. Damit lassen sich weitere Punkte der Parabel bestimmen, z. B. erhält man, indem man vom Scheitelpunkt zwei Einheiten nach links oder rechts und vier Einheiten nach oben geht, die Punkte $(-1{,}5 \mid 3{,}75)$ und $(2{,}5 \mid 3{,}75)$. Die bisher ermittelten fünf Punkte reichen schon, um eine saubere Skizze des Graphen von f zu erstellen.

b) Da die Fläche zwischen den beiden Nullstellen unterhalb der x-Achse liegt, muss für ihren Flächeninhalt A der Betrag des bestimmten Integrals berücksichtigt werden.

Multiplizieren Sie den Funktionsterm aus, weil dann die Integration summandenweise erfolgen kann.

$$A = \left| \int_0^1 f(x)\, dx \right| = \left| \int_0^1 (x^2 - x)\, dx \right| = \left| \left[\frac{x^3}{3} - \frac{x^2}{2} \right]_0^1 \right| = \left| \frac{1}{3} - \frac{1}{2} - 0 \right| = \left| -\frac{1}{6} \right| = \underline{\underline{\frac{1}{6}}}\, \text{FE}$$

c) Wegen $g(x) = a \cdot f(x)$ stimmen die Nullstellen von g und f überein. Da weiter keine Voraussetzungen über den Streckungsfaktor gegeben sind, lässt sich aus den gegebenen Bedingungen auf die folgende Gleichung schließen:

$$A = \left| \int_0^1 a \cdot (x^2 - x)\, dx \right| = \frac{1}{2}$$

$$\left| \left[a \cdot \left(\frac{x^3}{3} - \frac{x^2}{2} \right) \right]_0^1 \right| = \frac{1}{2}$$

$$\left| a \cdot \left(\frac{1}{3} - \frac{1}{2} - 0 \right) \right| = \frac{1}{2}$$

$$|a| \cdot \frac{1}{6} = \frac{1}{2}$$

$$|a| = 3$$

Weil keine Spiegelung an der x-Achse erfolgt, ist $a > 0$.

Eine Funktionsgleichung für g ist $\underline{\underline{g(x) = 3x \cdot (x-1)}}$.

2. Da $g(4{,}5)=0$ ist und die Funktionswerte von g an der Stelle $x_e=4{,}5$ das Vorzeichen von negativ zu positiv wechseln, kann g der Graph der 1. Ableitungsfunktion von f sein. (Notwendige und hinreichende Bedingung sind erfüllt.)

Es ist nicht möglich, dass der Graph h der Graph der 2. Ableitungsfunktion von f ist. Für einen lokalen Tiefpunkt an der Stelle $x_e=4{,}5$ müsste als hinreichende Bedingung der Wert der 2. Ableitungsfunktion an dieser Stelle positiv sein. Dies ist aber bei h nicht der Fall.

Außerdem kann h nicht die Ableitungsfunktion von g repräsentieren, denn wenn das so wäre, müsste h streng monoton steigend sein. In der Abbildung ist aber h als Graph einer streng monoton fallenden Funktion dargestellt.

Alternativ kann man auch mit den Funktionsgleichungen argumentieren: Der Graph von g ist eine „gestauchte" Parabel mit dem Scheitelpunkt $S(2\,|\,{-}3)$, die also eine Gleichung der Form $g(x)=a\cdot(x-2)^2-3$ hat. Für $x=4$ kann man den Funktionswert $y=-1$ ablesen. Diese Werte in die Gleichung von g eingesetzt, ergibt für a den Wert 0,5. Die Gleichung von g ist $g(x)=0{,}5(x-2)^2-3$. Damit erhält man $g'(x)=x-2$. Für h liest man aber die Gleichung $h(x)=-x+2$ ab. Der Graph h gehört also nicht zu g', demzufolge auch nicht zu f''.

3. Wenn eine Funktion f punktsymmetrisch zum Ursprung ist, dann gilt $f(-x)=-f(x)$ für alle x-Werte des Definitionsbereiches von f. Für eine ganzrationale Funktion dritten Grades erhält man damit:

$$a\cdot(-x)^3+b\cdot(-x)^2+c\cdot(-x)+d=-(a\cdot x^3+b\cdot x^2+c\cdot x+d)$$
$$-ax^3+bx^2-cx+d=-ax^3-bx^2-cx-d$$

Diese Gleichung ist nur dann für alle reellen Werte von x erfüllbar, wenn $b=0$ und $d=0$ ist. Die Gleichung einer zum Koordinatenursprung symmetrischen ganzrationalen Funktion f ist also $f(x)=a\cdot x^3+c\cdot x$. Die 1. Ableitungsfunktion von f ist $f'(x)=3a\cdot x^2+c$.

An der Stelle $x=1$ müssen die Funktionswerte und die Anstiege von Funktion f und Tangente t übereinstimmen:
$f(1)=a+c$ und $t(1)=-2\cdot 1+3=1$ gleichsetzen ergibt $a+c=1$ (∗).
$f'(1)=3a+c$ und $t'(1)=-2$ gleichsetzen ergibt $3a+c=-2$ (∗∗).

Das Gleichungssystem aus (∗) und (∗∗) kann z. B. durch das Einsetzungsverfahren gelöst werden, indem man $c=1-a$ in (∗∗) einsetzt:

$$3a+(1-a)=-2 \;\Rightarrow\; 2a=-3 \;\Rightarrow\; a=-\frac{3}{2}\;\text{ und }\; c=1-\left(-\frac{3}{2}\right)=\frac{5}{2}$$

Die Gleichung von f lautet $\underline{\underline{f(x)=-\dfrac{3}{2}\cdot x^3+\dfrac{5}{2}\cdot x.}}$

4. a) Die gegebenen parametrisierten Punkte P_k können für jedes k durch den Ortsvektor
$\overrightarrow{OP_k}=\begin{pmatrix}-k\\2+k\\2\end{pmatrix}$ beschrieben werden. Umformungen führen dann zu:

$$\begin{pmatrix}-k\\2+k\\2\end{pmatrix}=\begin{pmatrix}0-k\\2+k\\2+0\end{pmatrix}=\begin{pmatrix}0\\2\\2\end{pmatrix}+\begin{pmatrix}-k\\k\\0\end{pmatrix}=\underline{\begin{pmatrix}0\\2\\2\end{pmatrix}+k\cdot\begin{pmatrix}-1\\1\\0\end{pmatrix}}=\vec{x}$$

Dies stellt eine Parameterform einer Geradengleichung mit dem Stützvektor $\begin{pmatrix}0\\2\\2\end{pmatrix}$ und dem Richtungsvektor $\begin{pmatrix}-1\\1\\0\end{pmatrix}$ dar.

Lage im Koordinatensystem: Da sich die z-Koordinate nicht ändert und immer den konstanten Wert $z = 2$ hat, ist die Gerade parallel zur xy-Ebene und hat zu dieser den Abstand 2.

Auch die Erklärung „Die Gerade steht senkrecht zur z-Achse" ist möglich.

b) Damit $\overrightarrow{AP_k}$ Hypotenuse im Dreieck ABP_k ist, müssen die Vektoren $\overrightarrow{BA}$ und $\overrightarrow{BP_k}$ senkrecht aufeinander stehen. Die Überprüfung, für welche k dies zutrifft, erfolgt mithilfe des Skalarproduktes der Vektoren:

$$\overrightarrow{BA} = \begin{pmatrix} 1-(-1) \\ 2-3 \\ 1-1 \end{pmatrix} = \begin{pmatrix} 2 \\ -1 \\ 0 \end{pmatrix} \text{ und } \overrightarrow{BP_k} = \begin{pmatrix} -k-(-1) \\ 2+k-3 \\ 2-1 \end{pmatrix} = \begin{pmatrix} 1-k \\ -1+k \\ 1 \end{pmatrix}$$

Um zu überprüfen, für welches k das Skalarprodukt 0 wird, bestimmt man dieses:

$$\overrightarrow{BA} \circ \overrightarrow{BP_k} = 2 \cdot (1-k) + (-1) \cdot (-1+k) + 0 \cdot 1 = 2 - 2k + 1 - k = 3 - 3k = 3 \cdot (1-k)$$

Hieraus folgt $1 - k = 0$, also ist $\underline{k = 1}$ die einzige Lösung.

Die *Variante* mithilfe des Satzes des Pythagoras ist rechnerisch aufwendiger, aber auch ohne Hilfsmittel durchführbar.
Man bestimmt die Länge der Seite $\overrightarrow{AP_k}$ einmal über den Betrag des Vektors $\overrightarrow{AP_k}$ und einmal über den Satz des Pythagoras, setzt beide Ergebnisse gleich, quadriert die Wurzelgleichung auf beiden Seiten und erhält als Lösung $k = 1$:

$$|\overrightarrow{AP_k}|^2 = (-k-1)^2 + k^2 + 1 = k^2 + 2k + 1 + k^2 + 1 = 2k^2 + 2k + 2$$

$$|\overrightarrow{BA}|^2 + |\overrightarrow{BP_k}|^2 = 4 + 1 + 0 + 1 - 2k + k^2 + 1 - 2k + k^2 + 1 = 8 - 4k + 2k^2$$

$$2k^2 + 2k + 2 = 8 - 4k + 2k^2 \implies 6k = 6 \implies k = 1$$

5. a) Aus dem (reduzierten) Baumdiagramm folgt die Lösung:

Ereignis A: $P(A) = \dfrac{6}{8} \cdot \dfrac{5}{7} \cdot \dfrac{4}{6} = \underline{\underline{\dfrac{5}{14}}}$

Das Ereignis B lässt sich am einfachsten über die Berechnung des Gegenereignisses zu B bestimmen, da gilt:

$P(B) = 1 - P(\overline{B})$, d. h. $P(B) = 1 - \dfrac{2}{8} \cdot \dfrac{1}{7} \cdot \dfrac{0}{6} = 1 - 0 = \underline{\underline{1}}$

Das Gegenereignis zu „Mindestens eine Kugel ist weiß" ist „Alle Kugeln sind schwarz". Da ohne Zurücklegen gezogen wird, kann im dritten Zug keine schwarze Kugel mehr gezogen werden. Daher ist die Wahrscheinlichkeit, auch im dritten Zug schwarz zu haben, wenn vorher sowohl im ersten als auch im zweiten Zug jeweils schwarz gezogen wurde, gleich 0.

b) Da das dargestellte Baumdiagramm 4 Ebenen hat, wurde z. B. viermal aus der Urne gezogen. Es gab bei jedem Zug genau zwei verschiedene Ergebnisse, deren Wahrscheinlichkeit konstant blieb, d. h., es wurde mit Zurücklegen gezogen und man hat damit auch die erforderlichen Eigenschaften für ein Bernoulli-Experiment vorliegen.
Ein mögliches Zufallsexperiment, welches zum dargestellten Baum passt, wäre damit: Man zieht aus der gegebenen Urne genau viermal mit Zurücklegen und betrachtet das Ereignis C: Es wird hierbei genau eine schwarze Kugel gezogen.
Der Term kann in mehreren Formen angegeben werden:
$\underline{\underline{P(C) = 4 \cdot 0,25 \cdot 0,75^3}}$ oder mit der Bernoulli-Formel: $\underline{\underline{P(C) = \binom{4}{3} \cdot 0,25^1 \cdot 0,75^3}}$

Gegeben ist die Funktion f mit $f(x) = \dfrac{9}{500} \cdot x^2 \cdot e^{-\frac{1}{20} \cdot x}$ ($x \in \mathbb{R}$).

a) Berechnen Sie die Koordinaten der lokalen Extrempunkte und des Punktes mit dem größten Anstieg. (4 BE)

b) Untersuchen Sie, ob auf dem Graphen von f Punkte existieren, die gleichweit von der Geraden x = 40 entfernt sind und in denen sich die Anstiege nur durch das Vorzeichen unterscheiden. (2 BE)

Eine Familie möchte auf ihrem Grundstück ein Wohnhaus errichten. Der Grundriss des Grundstücks ist ein Rechteck.
Die Höhenprofillinie längs des Grundstückes kann näherungsweise durch die Funktion f im Intervall $0 \le x \le 60$ beschrieben werden.
Die Werte von x und f(x) sind Längen in Meter.

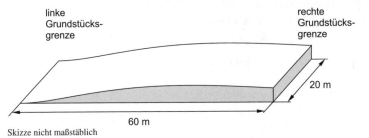

linke
Grundstücks-
grenze

rechte
Grundstücks-
grenze

20 m

60 m

Skizze nicht maßstäblich

c) Skizzieren Sie die Profillinie in einem Koordinatensystem mit geeignet eingeteilten Achsen.
Geben Sie den größten Anstieg des Geländes in Prozent an. (3 BE)

Das Haus soll auf einer waagerechten Fläche errichtet werden. Dazu soll parallel zur linken Grundstücksgrenze eine Mauer errichtet werden. Ausgehend von der Höhe der rechten Grundstücksgrenze wird das Grundstück planiert. Die abgetragene Erde soll rechts der Mauer aufgefüllt werden, sodass eine waagerechte Fläche vom rechten Grundstücksrand bis zur Mauer entsteht.

d) Veranschaulichen Sie den Sachverhalt in Ihrer Skizze aus Aufgabe c.
Berechnen Sie die Größe des zu bewegenden Erdvolumens und die Entfernung der Mauer vom linken Grundstücksrand. (5 BE)

Gegeben ist für jede reelle Zahl a ($a \neq 0$) eine Funktion h_a durch

$$h_a(x) = a \cdot x^2 \cdot e^{-\frac{1}{20} \cdot x} \quad (x \in \mathbb{R}).$$

Jeder zugehörige Graph besitzt zwei Extrempunkte.

e) Begründen Sie ohne Verwendung der Mittel der Differenzialrechnung, dass die x-Koordinaten der Extrempunkte unabhängig von a sind und ein Extrempunkt immer im Ursprung liegt. (2 BE)

f) Geben Sie den Wertebereich von h_a in Abhängigkeit von a an. (2 BE)

g) Die Graphen der Funktion s_a entstehen durch Spiegelung der Graphen von h_a an der Geraden $y = 4$.
Geben Sie eine Gleichung für s_a an. (2 BE)

(20 BE)

Hinweise und Tipps

Aufgabe a

Extrempunkte

Beachten Sie, dass Sie die Koordinaten *berechnen* sollen. Eine Ermittlung der Koordinaten durch Ablesen aus der grafischen Darstellung kommt deshalb nur als Kontrolle infrage. Verzichten Sie aber nicht auf diese Kontrolle! Wenn auch nicht ausdrücklich gefordert, sollten Sie auch die Art der lokalen Extrempunkte bestimmen.

Verwenden Sie für die Berechnung der lokalen Extrempunkte die notwendigen und hinreichenden Bedingungen.

Punkt mit dem größten Anstieg

Der Punkt mit dem größten Anstieg kann als Maximum der 1. Ableitungsfunktion von f (Wendepunkt) bestimmt werden.

Aufgabe b

Punkte mit gleichem Abstand

Verschaffen Sie sich anhand des Graphen von f eine Übersicht über Intervalle, in denen dieser Graph monoton steigend bzw. fallend ist.

Greifen Sie bezüglich der Geraden $x = 40$ auf Erkenntnisse aus Teilaufgabe a zurück. Überlegen Sie, welche Gleichungen Geraden haben, die parallel zu $x = 40$ und gleich weit entfernt von $x = 40$ sind.

Stellen Sie aus den weiteren Bedingungen, dass die Punkte auf dem Graphen von f liegen und ihre Anstiege entgegengesetzte Vorzeichen haben, eine Gleichung auf und ermitteln Sie die Lösungen dieser Gleichung. Wenn diese Gleichung Lösungen hat, dann ist die Existenz der gesuchten Punkte gesichert. (Es ist nicht verlangt, die Koordinaten dieser Punkte oder die Ableitungswerte anzugeben, gleichwohl kann die Überprüfung der Anstiege an den gefundenen Stellen als Kontrolle dienen.)

Alternativ kann man die gesuchten Stellen auch mit der dynamischen Geometriesoftware finden. Zeichnen Sie dazu einen Kreis um den Hochpunkt und messen Sie die Ableitungswerte an den Schnittpunkten von Kreis und Graph von f. Verändern Sie den Kreisradius, bis beide Anstiege gleichen Betrag und unterschiedliche Vorzeichen haben.

Aufgabe c

Profillinie

Stellen Sie zunächst den Graphen von f in einem geeigneten Intervall auf Ihrem CAS-Rechner dar. Lassen Sie sich eine Wertetabelle der Funktion anzeigen und übertragen Sie damit den Graphen von f mindestens im Intervall $0 \leq x \leq 60$ in einem sinnvollen Maßstab auf Papier.

größter Anstieg

Überprüfen Sie, ob sich ein Ergebnis von Teilaufgabe a verwenden lässt. Zeichnen Sie die Graphen von f und f' und beobachten Sie die Graphen in Bezug auf den größten Anstieg.

Aufgabe d

Skizze

Bezeichnen Sie notwendige Hilfslinien, Punkte und weitere interessierende Objekte mit Variablen, etwa so wie in dem in diesem Buch abgedruckten Lösungsvorschlag. Sie können so Ihre Lösungsdarstellung besser erläutern.

Entwickeln Sie schrittweise die zugehörige Zeichnung.

Erdvolumen

Beachten Sie, dass die waagerechte Fläche auf der Höhe des rechten Randes, also bei $x = 60$ im Punkt $H(60 \mid f(60))$ entstehen soll. Zeichnen Sie eine waagerechte Linie $w = f(60)$ auf dieser Höhe ein und ermitteln Sie die Koordinaten des linken Schnittpunktes $S(x_s \mid f(x_s))$ dieser Geraden mit dem Graphen der Funktion f.

Das Volumen der zu bewegenden Erdmasse hängt dann neben der Tiefe des Grundstücks von 20 m von der Fläche ab, die vom Graphen von f und der waagerechten Linie w zwischen den beiden Schnittpunkten S und H eingeschlossen wird. Der Inhalt dieser Fläche A_1 kann mit dem bestimmten Integral berechnet werden.

Mauer

Es lässt sich überprüfen, dass der Flächeninhalt zwischen der Waagerechten w und dem Graphen von f im Intervall zwischen dem Ursprung und dem Schnittpunkt S größer ist als die zuerst berechnete Fläche. Im Sachzusammenhang bedeutet das, dass das abgetragene Erdreich zwischen S und H nicht ausreicht, um die „Senke" zwischen dem Ursprung und dem Punkt S auf der gleichen Höhe zu verfüllen, die die bereits planierte Fläche hat.

Damit diese Höhe erreicht wird, soll die im Text erwähnte Mauer bei $M(x_M \mid f(x_M))$ gebaut werden. Im mathematischen Modell entspricht x_M der linken Grenze für die Fläche, die links von S mit dem gleichen Flächeninhalt wie A_1 entstehen soll. Aus diesem Ansatz lässt sich die Integrationsgrenze x_M berechnen.

Mithilfe des Zugmodus können Sie bei einer entsprechenden Konstruktion in der Geometrieanwendung des CAS-Rechners den Sachverhalt veranschaulichen und eine Näherungslösung zur Kontrolle ermitteln.

Aufgabe e

Extrempunkte unabhängig von a

Überlegen Sie, wie der Graph von h_a mit $h_a(x) = a \cdot f(x)$ aus dem Graphen von f hervorgeht.

Begründen Sie, weshalb die Nullstellen von h_a und f übereinstimmen.

Extrempunkt im Ursprung

Der Funktionsterm von h_a besteht aus mehreren Faktoren. Entscheiden Sie, welche Vorzeichen die Funktionswerte dieser Faktoren haben können, und schließen Sie daraus auf die Frage nach dem Extrempunkt im Ursprung.

Aufgabe f

Wertebereich

Nutzen Sie die Hinweise zu Teilaufgabe e. Betrachten Sie das Verhalten der Funktion für x gegen unendlich.

Sie brauchen die Wertebereiche nur anzugeben, eine Begründung ist nicht erforderlich.

Nutzen Sie den CAS-Rechner, um anhand einiger Beispiele eine Veranschaulichung der Problemstellung zu erreichen.

Aufgabe g

Spiegelung

Spiegeln Sie den Graphen von h_a zunächst an der x-Achse und überlegen Sie, welche Gleichung zu diesem Graphen gehört.

Probieren Sie für konkrete Werte von a mit Ihrem CAS-Rechner aus, um wie viele Einheiten Sie den an der x-Achse gespiegelten Graphen in y-Richtung verschieben müssen, damit eine Spiegelung an der Geraden $y = 4$ entsteht.

Geben Sie die zugehörige Gleichung an. Begründungen müssen nicht aufgeschrieben werden.

Lösungen

a) Extrempunkte

$$f(x) = \frac{9}{500} \cdot x^2 \cdot e^{-\frac{x}{20}}$$

Ableitungen bilden:

$$f'(x) = \left(\frac{9x}{250} - \frac{9x^2}{10\,000} \right) \cdot e^{-\frac{x}{20}}$$

$$f''(x) = \left(\frac{9x^2}{200\,000} - \frac{9x}{2\,500} + \frac{9}{250} \right) \cdot e^{-\frac{x}{20}}$$

$$f'''(x) = \left(\frac{-9x^2}{4\,000\,000} + \frac{27x}{100\,000} - \frac{27}{5\,000} \right) \cdot e^{-\frac{x}{20}}$$

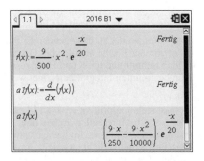

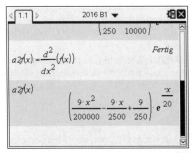

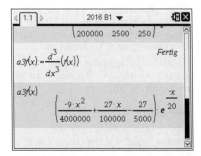

Koordinaten und Art der lokalen Extrempunkte berechnen:
Für die *notwendige Bedingung* werden die Nullstellen von f' berechnet. Mögliche Extremstellen sind $x_{e1} = 0$ und $x_{e2} = 40$.
Für die *hinreichende Bedingung* werden die Vorzeichen der Funktionswerte von f'' an den möglichen Extremstellen bestimmt:

$$f''(0) = \frac{9}{250} > 0, \text{ also lokaler Tiefpunkt}$$

$$f''(40) = -\frac{9 \cdot e^{-2}}{250} < 0, \text{ also lokaler Hochpunkt}$$

Berechnung der y-Koordinaten der lokalen Extrempunkte durch Einsetzen der Werte für x_e in die Funktionsgleichung: Tiefpunkt T(0|0)

$$\text{Hochpunkt } H\left(40 \,\middle|\, \frac{144 \cdot e^{-2}}{5} \right) \approx \underline{\underline{H(40|3{,}9)}}$$

Eine Kontrolle über die grafische Darstellung bestätigt die rechnerische Bestimmung der Extrempunkte.

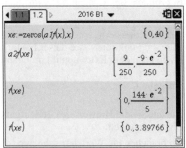

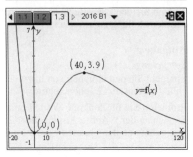

Punkt mit dem größten Anstieg

Notwendige Bedingung: Für mögliche lokale Extrema der 1. Ableitungsfunktion werden die Nullstellen x_w der 2. Ableitungsfunktion berechnet:

$$x_{w1} = -20 \cdot (\sqrt{2} - 2) \approx 11,7$$
$$x_{w2} = 20 \cdot (\sqrt{2} + 2) \approx 68,3$$

Hinreichende Bedingung: Überprüfen der Vorzeichen der 3. Ableitungsfunktion

$f'''(x_{w1}) \approx -0,0014 < 0$, also lokales Maximum

$f'''(x_{w2}) \approx 0,000084 > 0$, also lokales Minimum

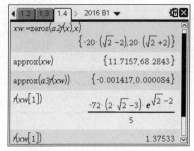

Funktionswert an der Stelle x_{w1}:

$$f(x_{w1}) = -\frac{72}{5} \cdot (2 \cdot \sqrt{2} - 3) \cdot e^{\sqrt{2} - 2} \approx 1,4$$

Der Punkt P mit dem größten Anstieg hat die Koordinaten:

$$P\left(-20 \cdot (\sqrt{2} - 2) \; \middle| \; -\frac{72}{5} \cdot (2 \cdot \sqrt{2} - 3) \cdot e^{\sqrt{2} - 2}\right)$$

$$\approx \underline{\underline{P(11,7 \mid 1,4)}}$$

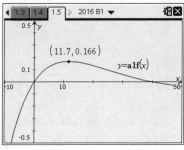

Grafische Kontrolle durch Zeichnen der 1. Ableitungsfunktion ergibt Übereinstimmung der Extremstelle mit dem rechnerischen Ergebnis.

b) **Punkte mit gleichem Abstand**

Der Hochpunkt des Graphen von f liegt auf der Geraden $x = 40$ (siehe Teilaufgabe a). Links von dieser Geraden, genauer für $0 < x < 40$, sind die Anstiege von f positiv, rechts von $x = 40$ negativ.

Punkte, die den Abstand a von der Geraden $x = 40$ haben und auf verschiedenen Seiten dieser Geraden liegen, haben die Abszissen $40 - a$ bzw. $40 + a$ mit $a \in \mathbb{R}$; $a > 0$.

Außerdem sollen diese Punkte auf dem Graphen von f liegen und sich die Anstiege dort nur durch das Vorzeichen unterscheiden. Es muss also gelten:

$f'(40 - a) = -f'(40 + a)$ mit $0 < a < 40$

Diese Gleichung hat die Lösung $a \approx 38,3$.

Die vom Rechner angezeigte zweite Lösung $a = 10^{-38}$ ist faktisch null ($a = 0$ wäre wegen $f'(40) = 0$ eine Lösung der Gleichung, wenn dieser Wert nicht ausgeschlossen werden müsste) und kann hier vernachlässigt werden.

Es existieren also solche Punkte. Einsetzen des gefundenen Wertes für a in die 1. Ableitungsfunktion bestätigt das Ergebnis.

Alternative Näherungslösung:
Zeichnen Sie den Graphen von f. Ermitteln Sie mit *Graph analysieren* den Hochpunkt H.
Zeichnen Sie einen Kreis um H mit dem Radius r. Bestimmen Sie grafisch die Schnitt-
punkte von Kreis und Graph. Bestimmen Sie mit dem Werkzeug *Graph analysieren* die
Ableitungswerte in diesen Schnittpunkten. Verändern Sie den Radius r des Kreises im
Zugmodus, bis die Ableitungswerte gleichen Betrag und unterschiedliche Vorzeichen
haben. Sie können auf diesem Wege mehrere solcher Punkte finden und damit die Existenz
solcher Punkte zumindest näherungsweise bestätigen.

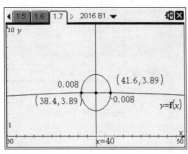 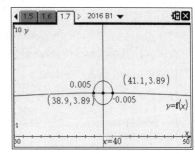

c) **Profillinie**
Skizze mithilfe einer Wertetabelle:

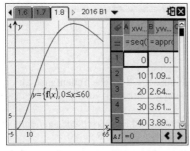 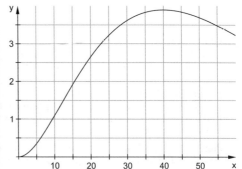

Größter Anstieg
In Teilaufgabe a wurde der Punkt P(11,7 | 1,4)
als Punkt mit dem größten Anstieg ermittelt.
Der Anstieg an der Stelle x = 11,7 ist:
$f'(11,7) \approx 0,17$

Der größte Anstieg des Geländes beträgt
ca. 17 %.

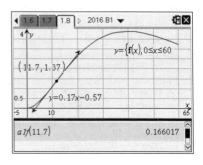

d) **Skizze**

Die Zeichnung kann nach den in den Hinweisen gegebenen Erläuterungen schrittweise erstellt werden.

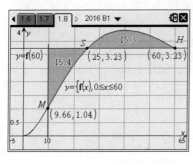 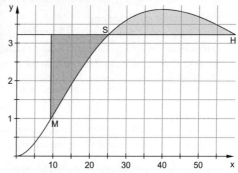

Der Bildschirmabdruck zeigt außerdem, wie man mit der Geometrieanwendung des CAS-Rechners eine Näherungslösung für die Entfernung der Mauer von der linken Grundstücksgrenze ermitteln kann. Sie beträgt etwa 9,7 m.
Da eine Berechnung verlangt ist, kann man sich damit aber nicht zufrieden geben.

Erdvolumen
Die Höhe der rechten Grundstücksgrenze wird berechnet durch $f(60) \approx 3,23$ m; es ist also $H(60 \mid 3,23)$.

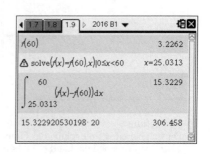

Den zweiten Schnittpunkt S erhält man durch Lösen der Gleichung $f(x) = f(60)$. Es ergibt sich näherungsweise $S(25,03 \mid 3,23)$.

Der Inhalt A_1 der Fläche zwischen dem Graphen von f und der Waagerechten $w = f(60)$ ist:

$$A_1 \approx \int_{25,03}^{60} \left(f(x) - f(60) \right) dx \approx 15,32 \text{ m}^2$$

Das Volumen des zu bewegenden Erdreichs wird als Produkt aus dem Flächeninhalt A_1 und der Tiefe von 20 m des Grundstücks berechnet:

$$V = A_1 \cdot 20 \text{ m} \approx 306,46 \text{ m}^3$$

Mauer
Aus dem Ansatz

$$\int_{x_M}^{25,03} \left(f(60) - f(x) \right) dx = 15,32$$

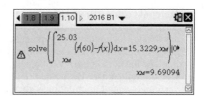

erhält man als Lösung $x_M \approx 9,69$ m.

Die Mauer muss in einer Entfernung von ca. 9,7 m von der linken Grundstücksgrenze

entfernt gebaut werden.

e) **Extrempunkte unabhängig von a**
Der Faktor a von $h_a(x) = a \cdot f(x)$ bewirkt eine Streckung des Graphen in y-Richtung. Dabei bleibt die Existenz lokaler Extremstellen an den Stellen x_e erhalten, weil keine Veränderung in x-Richtung erfolgt. Lediglich ihre y-Werte werden mit dem Faktor a multipliziert.

Extrempunkt im Ursprung
Der Faktor $e^{-\frac{1}{20}x^2}$ in $h_a(x) = a \cdot x^2 \cdot e^{-\frac{1}{20}x^2}$ ist stets eine positive (von null verschiedene) Zahl. Ebenso ist $a \neq 0$ vorausgesetzt. Die Funktion h_a wird also genau wie die Funktion f mit $f(x) = x^2 \cdot e^{-\frac{1}{20}x^2}$ nur dann null, wenn $x = 0$ ist. Da die Funktion f bei $x = 0$ eine lokale Extremstelle besitzt, muss deshalb auch die Funktion h_a bei $x = 0$ eine lokale Extremstelle haben und zwar ein lokales Minimum, falls $a > 0$, und ein lokales Maximum, falls $a < 0$ ist.

f) **Wertebereich**
Für x gegen unendlich gehen die Funktionswerte $h_a(x)$ gegen null.
Wenn $a > 0$ ist, gilt für den Wertebereich von h_a: $W = \{y \in \mathbb{R}; y \geq 0\}$

Wenn $a < 0$ ist, gilt für den Wertebereich von h_a: $W = \{y \in \mathbb{R}; y \leq 0\}$

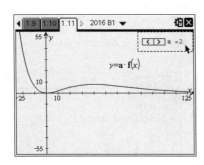 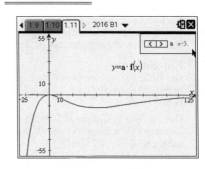

g) **Spiegelung**
Da sich bei einer Spiegelung des Graphen an der x-Achse alle Funktionswerte in ihre Gegenzahlen verwandeln, hat die Funktion h_a nach der Spiegelung an der x-Achse den Funktionsterm $-h_a(x)$.

Sie können durch systematisches Probieren herausfinden, dass der an der x-Achse gespiegelte Graph um acht Einheiten in die positive y-Richtung verschoben werden muss.
Inhaltlich können Sie sich das auch z. B. durch folgende Überlegung klarmachen: Der lokale Tiefpunkt (für $a > 0$) von h_a liegt im Ursprung. Nach der Spiegelung an der x-Achse ist daraus der lokale Hochpunkt der gespiegelten Funktion geworden, der aber nach wie vor im Ursprung liegt. Er hat zur Geraden $y = 4$ einen Abstand von vier Einheilten. Der Hochpunkt der nach oben zu

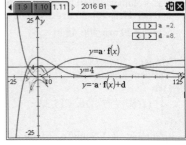

verschiebenden Funktion muss ebenfalls einen Abstand von vier Einheiten zur Spiegelachse $y = 4$ haben. Deshalb muss der an der x-Achse gespiegelte Graph um insgesamt acht Einheiten nach oben (in y-Richtung) verschoben werden. Für $a < 0$ schließt man völlig analog.
Die Gleichung lautet: $s_a(x) = -h_a(x) + 8$

Auf Dächern findet man häufig Gauben, in die
Fenster eingebaut werden. Eine besondere Form
ist die Fledermausgaube. Bei dieser Gaubenart
sollte das Verhältnis der Höhe der Gaube zur
Gaubenbreite zwischen 1 : 5 und 1 : 6 liegen.

Die Randlinie einer solchen Gaube kann modellhaft durch eine Funktion f mit

$$f(x) = \frac{4}{3 \cdot x^2 + 4} - \frac{1}{4} \quad (x_1 \le x \le x_2)$$

beschrieben werden.
Dabei sind x_1 und x_2 die Nullstellen von f. Die
Werte von x und f(x) sind Längen in Meter.

a) Zeigen Sie, dass der Graph der Funktion f symmetrisch zur y-Achse verläuft. (1 BE)

b) Untersuchen Sie, ob das angegebene Verhältnis der Höhe der Gaube zur
   Gaubenbreite durch diese Gleichung eingehalten wird. (2 BE)

c) An beiden Enden der Gaube sollte das Gefälle nicht größer als 12° sein.
   Untersuchen Sie, ob diese Bedingung erfüllt ist.
   Berechnen Sie die Stellen, in denen das Gefälle der Randlinie am größten ist. (4 BE)

In die Gaube soll ein parabelförmiges Fenster mit der Höhe $h = 0,5$ m und einer
Breite b eingebaut werden. Das Fenster hat einen geraden unteren Rand und der
obere Rand des Fensters kann modellhaft durch eine Parabel p mit
$p(x) = c \cdot x^2 + 0,5 \quad (c \in \mathbb{R})$ beschrieben werden.

d) Ein Fenster soll eine Breite von 2 m haben.
   Berechnen Sie die Größe dieser Fensterfläche. (3 BE)

e) In die Gaube kann auch ein anderes parabelförmiges Fenster der Höhe
   $h = 0,5$ m eingebaut werden.
   Aus bautechnischen Gründen muss der obere Rand dieses Fensters im Modell
   unterhalb des Graphen der Funktion g mit $g(x) = f(x) - 0,1$ liegen. Dieses Fenster soll maximale Breite haben.
   Skizzieren Sie diesen Sachverhalt.
   Berechnen Sie die maximale Breite. (4 BE)

f) Für jede positive reelle Zahl a ist eine Funktion f_a gegeben durch

$$f_a(x) = \frac{4}{a \cdot x^2 + 4} - \frac{1}{4} \quad (x \in \mathbb{R}).$$

   Bestimmen Sie die Werte für den Parameter a, für die das Verhältnis der Höhe
   der Gaube zur Gaubenbreite zwischen 1 : 5 und 1 : 6 eingehalten wird. (3 BE)

g) In asiatischen Ländern findet man oft Gauben in Pagodenform. In der Abbildung ist zusätzlich zur Randlinie der Fledermausgaube die Randlinie einer solchen Pagodenform dargestellt. Zur Beschreibung der Randlinie der Pagode werden die Graphen zweier Funktionen r_1 und r_2 verwendet.

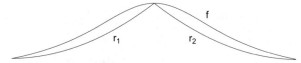

Erläutern Sie einen Ansatz zum Ermitteln der Funktionsgleichungen.
Geben Sie eine Gleichung für r_1 oder r_2 an.

(3 BE)

(20 BE)

Hinweise und Tipps

Aufgabe a
Symmetrie

✓ Die Aufgabe verlangt einen Nachweis für die gesamte Funktion, ein Einzelbeispiel genügt nicht.

✓ Definieren Sie die Funktion f auf Ihrem Handheld.

✓ Zeichnen Sie den Graphen auf Ihrem Handheld. Welche Symmetrieart lässt sich vermuten?

✓ Untersuchen Sie, ob die Gleichung $f(x) = f(-x)$ für die gegebene Funktion immer erfüllt ist. Dies kann auch händisch erfolgen.

Aufgabe b
Verhältnis Höhe : Breite

✓ Die Höhe h der Gaube entspricht dem Funktionswert von f für $x = 0$.

✓ Nutzen Sie das Ergebnis aus Teilaufgabe a, um zu begründen, wo sich der höchste Punkt der Gaube befindet, bzw. führen Sie eine Extremwertberechnung/-überlegung durch.

✓ Berechnen Sie die Nullstellen von f, indem Sie die Gleichung $f(x) = 0$ lösen.

✓ Die Breite b der Gaube entspricht dem Abstand der beiden ermittelten Nullstellen.

✓ Berechnen Sie das Verhältnis $\frac{h}{b}$ und zeigen Sie, dass diese Zahl zwischen $\frac{1}{6}$ und $\frac{1}{5}$ liegt.

Aufgabe c
Gefälle an den Enden der Gaube

✓ Da f axialsymmetrisch ist, braucht nur ein Ende der Gaube betrachtet werden.

✓ Das Gefälle kann mit der 1. Ableitung berechnet werden. Für die Größe des Winkels α gilt dann: $\tan(\alpha) = f'(x)$

Stellen mit größtem Gefälle

✓ Stellen mit dem größten Anstieg (Gefälle) können als Extremstellen der 1. Ableitungsfunktion (Wendestellen) bestimmt werden.

Aufgabe d
Fensterfläche

✓ Nutzen Sie die Breite des Fensters, um den Parameter c der Funktion p zu berechnen, d. h., die Lage der Nullstellen von p liegt fest (± 1).

✓ Die Größe der Fensterfläche kann mit dem bestimmten Integral berechnet werden. Nutzen Sie für die Integrationsgrenzen die Nullstellen von p.

Aufgabe e
maximale Fensterbreite

✓ Definieren Sie sich die Funktion g und zeichnen Sie diese sowie die parameterbehaftete Funktion p mit Ihrem Handheld. (Zeichnen Sie für verschiedene c verschiedene Graphen von p und schlussfolgern Sie hieraus, welche Funktion p die maximale Breite liefert.)

✓ Damit das gesuchte Fenster maximale Breite hat, müssen sich p und g berühren. Dies lässt sich rechnerisch ermitteln durch Lösen des Gleichungssystems aus $g(x) = p(x)$ und $g'(x) = p'(x)$.

✓ Alternativ: Suchen Sie den Parameter c für den Fall, dass der Schnitt beider Graphen genau zwei Lösungen hat.

Aufgabe f

Höhe und Breite in Abhängigkeit vom Parameter a

Bestimmen Sie die Höhe und Breite wie in Teilaufgabe b, nun aber in Abhängigkeit von a.

Untersuchen Sie, für welche Parameter a die Ungleichungen $\frac{h}{b} < \frac{1}{5}$ und $\frac{h}{b} > \frac{1}{6}$ erfüllt sind.

Aufgabe g

Bestimmung einer Funktion

Die beiden Funktionen r_1 und r_2 könnten durch verschiedenartige Funktionsklassen modelliert werden. Aufgrund der vorgegebenen Krümmung bieten sich z. B. quadratische Funktionen bzw. Exponentialfunktionen an. Es genügt, z. B. r_1 zu bestimmen, da r_2 dazu axialsymmetrisch ist.

Ermitteln Sie mindestens drei Eigenschaften, die die Funktionen r_1 bzw. r_2 mindestens haben müssen.

Als mögliche Eigenschaften von r_1 kann man verwenden:

$r_1(0) = \frac{3}{4}$, $r_1(-2) = 0$ und $r_1'(-2) = f'(-2)$

Lösungen

a) Symmetrie

Die Funktion f wird gespeichert und im Grafikmodus zur Kontrolle dargestellt.

Um zu zeigen, dass der Graph der Funktion f
symmetrisch zur y-Achse verläuft, muss die
Gültigkeit der Beziehung $f(x) = f(-x)$ für alle
$x \in D_f$ nachgewiesen werden. Dieser Nachweis
kann mit dem Handheld erfolgen.

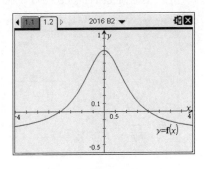

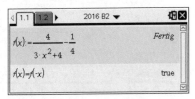

Ein Nachweis ohne Rechner ist auch möglich:

$$f(-x) = \frac{4}{3(-x)^2 + 4} - \frac{1}{4} = \frac{4}{3x^2 + 4} - \frac{1}{4} = f(x)$$

b) Verhältnis Höhe : Breite

Die höchste Stelle der Gaube kann aufgrund des Funktionsterms, der nachgewiesenen
Achsensymmetrie bzw. der grafischen Darstellung nur an der Stelle 0 liegen. Es gilt:

$$h = f(0) = \frac{3}{4}$$

Die Breite der Gaube entspricht dem Abstand
der beiden im Grafikfenster sichtbaren Nullstellen der Randfunktion.
Aus $f(x) = 0$ folgt $x_1 = -2$ und $x_2 = 2$ und damit
gilt $b = x_2 - x_1 = 4$.

Für das Verhältnis von $\frac{h}{b}$ ermittelt man den
Wert:

$$\frac{h}{b} = \frac{\frac{3}{4}}{4} = \frac{3}{4 \cdot 4} = \frac{3}{16}$$

Dieser Wert liegt, wie gefordert, zwischen $\frac{1}{6}$
und $\frac{1}{5}$, damit ist die Bedingung erfüllt:

$$\frac{1}{6} = \frac{8}{48} \quad \text{und} \quad \frac{3}{16} = \frac{9}{48}, \quad \text{d. h.} \quad \frac{1}{6} < \frac{3}{16}$$

$$\frac{1}{5} = \frac{16}{80} \quad \text{und} \quad \frac{3}{16} = \frac{15}{80}, \quad \text{d. h.} \quad \frac{3}{16} < \frac{1}{5}$$

c) Gefälle an den Enden der Gaube

Zur Berechnung der gesuchten Größen werden die drei Ableitungen der Funktion f benötigt. Diese werden entsprechend gespeichert.

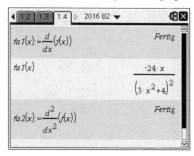

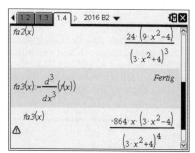

Da f axialsymmetrisch ist, braucht nur ein Ende der Gaube betrachtet werden. Das Gefälle kann mit der 1. Ableitung berechnet werden. Es gilt $\tan(\alpha) = f'(x)$.

Da $10{,}62° < 12°$ gilt, ist die geforderte Bedingung an den Enden der Gaube erfüllt.

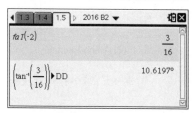

Stellen mit größtem Gefälle

Die Stellen mit dem größten Gefälle (bzw. dem größten Anstieg) können als Extremstellen der 1. Ableitungsfunktion (also als Wendestellen) bestimmt werden.

Die Stellen mit dem größten Gefälle befinden sich bei $x = \frac{2}{3}$ und $x = -\frac{2}{3}$, da dort die Wendestellen des Graphen von f sind.

Das Gefälle beträgt dort ca. $29{,}4°$ (dies wird nicht gefordert).

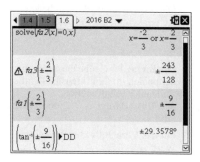

d) Fensterfläche

Da das gesuchte Fenster eine Breite von 2 m haben soll, müssen die Nullstellen von p aufgrund der Axialsymmetrie bei $x_1 = -1$ und bei $x_2 = 1$ liegen. Hiermit lässt sich zunächst der Parameter c berechnen:

$p(1) = 0 \implies c + 0{,}5 = 0 \implies c = -0{,}5$

Man erhält $c = -0{,}5$ und berechnet damit die gesuchte Fensterfläche:

$$\int_{-1}^{1} (-0{,}5x^2 + 0{,}5)\, dx \approx 0{,}67$$

Für die gesuchte Fläche ergibt sich $A \approx 0{,}67\ \text{m}^2$.

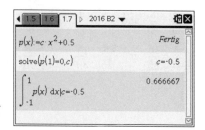

e) maximale Fensterbreite

Definieren Sie sich die Funktion g und zeichnen Sie diese sowie die parameterbehaftete Funktion p mit ihrem Handheld.

Zeichnen Sie für verschiedene c verschiedene Graphen von p und schlussfolgern Sie hieraus, welche Funktion p die maximale Breite liefert.

Damit die Variable c nicht mit einem Wert belegt wird, wenn Sie diese im Grafikfenster als Schieberegler nutzen, verwenden Sie statt c eine freie Variable, z. B. d.

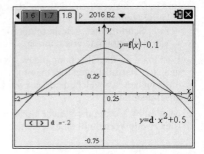

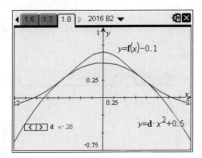

Damit das gesuchte Fenster maximale Breite hat, müssen sich p und g berühren.

Dieses Beispiel wird als Skizze im Heft dargestellt.

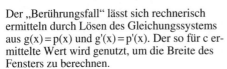

Der „Berührungsfall" lässt sich rechnerisch ermitteln durch Lösen des Gleichungssystems aus $g(x) = p(x)$ und $g'(x) = p'(x)$. Der so für c ermittelte Wert wird genutzt, um die Breite des Fensters zu berechnen.

Man berechnet $c \approx -0{,}28$.

Die Nullstellen der zugehörigen Funktion p sind:

$x_1 \approx -1{,}33$ und $x_2 \approx 1{,}33$

Als maximale Fensterbreite erhält man somit:

$b \approx 2 \cdot 1{,}33 \text{ m} = 2{,}66 \text{ m}$

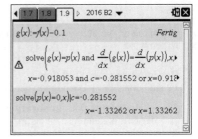

Lösungsvariante ohne Differenzialrechnung:
Im Grafikfenster ist zu erkennen, dass drei Fälle zu unterscheiden sind:
- kein Schnittpunkt von p und g
- zwei Schnittpunkte (Berührpunkte) von p und g
- vier Schnittpunkte von p und g

Löst man nur die Gleichung $p(x) = g(x)$, so ergeben sich vier Lösungen und man muss nur noch untersuchen, für welche Fälle je zwei Lösungen zusammenfallen.

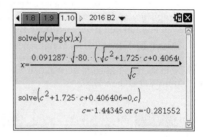

Man erhält hiermit die gleiche Lösung $c \approx -0{,}28$ (der zweite Wert stellt eine Scheinlösung dar).

f) **Höhe und Breite in Abhängigkeit vom Parameter a**

Analog zum Vorgehen in Teilaufgabe b berechnet man zunächst die Höhe h und die Breite b der Gaube, dieses Mal nur in Abhängigkeit vom Parameter a.

Die Höhe

$$h = f_a(0) = \frac{3}{4}$$

ist unabhängig von a und für die Breite ergibt sich:

$$b = 2 \cdot \frac{2\sqrt{3}}{\sqrt{a}} = \frac{4\sqrt{3}}{\sqrt{a}}$$

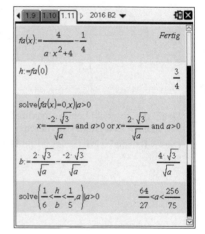

Die beiden Ungleichungen $\frac{h}{b} < \frac{1}{5}$ und $\frac{h}{b} > \frac{1}{6}$ können als Doppelungleichung gleichzeitig nach dem Parameter a gelöst werden.

Für den Parameter a muss

$$\underline{\underline{\frac{64}{27} < a < \frac{256}{75}}}$$

gelten, damit die geforderte Bedingung eingehalten wird.

g) **Bestimmung einer Funktion**
Es sind unter Berücksichtigung der Pagodenform verschiedene mögliche Ansätze denkbar.

Modellierung mit einer quadratischen Funktion
Aus der Grafik kann man entnehmen, dass z. B. r_2 als Spiegelung von r_1 aufgefasst werden kann, wobei die Spiegelachse die y-Achse ist. Damit gilt $r_1(x) = r_2(-x)$. Dies bedeutet, dass man nur eine der beiden Funktionen zu bestimmen braucht. Aus der Grafik kann man z. B. folgende Eigenschaften entnehmen:

$r_1(0) = f(0)$, $r_1(-2) = f(-2)$ und $r_1'(-2) = f'(-2)$ bzw. $r_1'(-2) = 0$ (Scheitelpunkt)

Hiermit kann man zwei verschiedene quadratische Funktionen ermitteln, die den geforderten Bedingungen genügen.

Quadratischer Ansatz

$r_1(x) = ax^2 + bx + c$, $r_1'(x) = 2ax + b$

Mit den oben genannten Eigenschaften ergibt sich ein Gleichungssystem aus drei Gleichungen:

$r_1(0) = \dfrac{3}{4}$, $r_1(-2) = 0$ und $r_1'(-2) = f'(-2)$

Als Lösungen erhält man:

$a = \dfrac{3}{32}$, $b = \dfrac{9}{16}$ und $c = \dfrac{3}{4}$

Man erhält als Funktionsgleichung:

$r_1(x) = \dfrac{3}{32}(x+2)(x+4)$

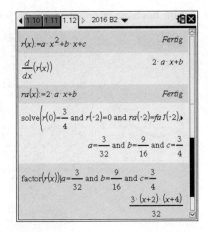

Scheitelpunktform

Wenn der Scheitelpunkt einer quadratischen Funktion an der Stelle $x = -2$ auf der x-Achse liegen soll, hat man als Ansatz $q_1(x) = a \cdot (x+2)^2$.

Mit den oben genannten Eigenschaften ergibt sich die Gleichung $q_1(0) = \dfrac{3}{4}$, welche die Lösung $a = \dfrac{3}{16}$ hat.

Man erhält als Funktionsgleichung:

$q_1(x) = \dfrac{3}{16}(x+2)^2$

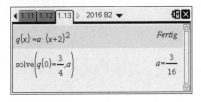

Modellierung mit einer Exponentialfunktion

Damit man die Pagodenform durch einen exponentiellen Ansatz modellieren kann, ist es möglich, eine Streckung und eine Verschiebung der e-Funktion als Ansatz zu wählen. Dies bedeutet, dass man zwei Parameter n und m zu bestimmen hat:

$e_1(x) = n \cdot e^x + m$

Mit den oben genannten Eigenschaften ergibt sich ein Gleichungssystem aus zwei Gleichungen:

$e_1(-2) = 0$ und $e_1(0) = \dfrac{3}{4}$

Man erhält als Lösungen für die Parameter:

$n = \dfrac{3e^2}{4(e^2 - 1)}$ und $m = \dfrac{-3}{4(e^2 - 1)}$

Die zugehörige Funktionsgleichung lautet:

$e_1(x) = \dfrac{3}{4(e^2 - 1)}(e^{x+2} - 1)$

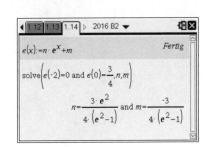

Eine Kontrolle im Grafikfenster zeigt die Richtigkeit der Ansätze.

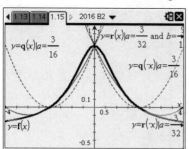 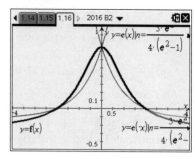

1. Der Diamant ist eine Modifikation des Kohlenstoffes und bildet meist okta-
   ederförmige Kristalle. Oktaeder sind quadratische Doppelpyramiden mit 12
   gleich langen Kanten. Betrachtet werden diese geraden quadratischen Pyramiden mit der gemeinsamen Grundfläche ABCD und den Koordinaten der
   Eckpunkte A(5|3|1), B(5|7|1) und C(1|7|1).

   a) Geben Sie die Koordinaten des Punktes D an. (1 BE)

   b) Die Punkte E und F bilden jeweils die Spitze der Pyramiden und liegen auf
      einer Geraden s, die durch den Mittelpunkt der Grundfläche verläuft.
      Geben Sie eine Gleichung für die Gerade s an. (1 BE)

   c) Berechnen Sie die Koordinaten der Punkte E und F.
      Zeichnen Sie das Oktaeder ABCDEF in ein kartesisches Koordinaten-
      system.
      [Kontrollergebnis: $E(3|5|1+2\sqrt{2})$] (4 BE)

   d) Auf der Kante $\overline{AE}$ liegt ein Punkt T, der die Strecke $\overline{AE}$ im Verhältnis
      $AT : TE = 1 : 3$ teilt.
      Bestimmen Sie die Koordinaten von T. (2 BE)

   e) Der größte je gefundene Diamant namens „Cullinan" wurde 1905 in einer
      Mine in Südafrika ausgegraben und später in 105 Steine aufgespalten. Seine
      Masse betrug 3 106,7 Karat (1 Kt $= 2 \cdot 10^{-4}$ kg).
      Geben Sie die Masse des Diamanten in g an. (1 BE)

   f) Die großen Diamantstücke wurden zu britischen Kronjuwelen verarbeitet.
      Das oben beschriebene Oktaeder ist nun ein Modell eines solchen Diamant-
      stücks. Bei diesem wird durch den Punkt T (aus Aufgabe d) parallel zur
      Grundfläche ABCD der quadratischen Pyramide ABCDE der obere Teil der
      Pyramide abgetrennt.
      Berechnen Sie den prozentualen Anteil des abgetrennten Teils vom gesam-
      ten Oktaeder ABCDEF. (3 BE)

2. In einem Betrieb werden Glaskugeln in großer Stückzahl als Weihnachtsbaum-
   schmuck hergestellt. Sie werden in vier Arbeitsgängen gefertigt und nach der
   Fertigstellung geprüft. Erfahrungsgemäß wird in den einzelnen Arbeitsgängen
   unabhängig voneinander die erwünschte Qualität für I. Wahl mit folgenden
   Wahrscheinlichkeiten erreicht:

Arbeitsgang 1	Arbeitsgang 2	Arbeitsgang 3	Arbeitsgang 4
97 %	92 %	93 %	97 %

   Eine fertige Glaskugel gilt nur dann als I. Wahl, wenn in jedem Arbeitsgang
   die Qualität für I. Wahl erreicht wurde.

   a) Zeigen Sie, dass das Ereignis „Eine fertige Glaskugel ist nicht I. Wahl" mit
      einer Wahrscheinlichkeit von $p \approx 0{,}195$ eintritt. (1 BE)

b) Die Zufallsvariable X beschreibt die Anzahl der Glaskugeln in einer Produktionsserie, die nicht I. Wahl sind.
Geben Sie mindestens zwei Gründe dafür an, dass man X als binomialverteilt ansehen kann. (2 BE)

c) Bestimmen Sie unter der Annahme, dass das Modell der Binomialverteilung genutzt werden kann, die Wahrscheinlichkeit folgender Ereignisse.
A := „Von zehn hergestellten Glaskugeln sind höchstens zwei nicht
I. Wahl.“
B := „Von 100 hergestellten Glaskugeln sind mindestens 80 Glaskugeln
I. Wahl.“ (2 BE)

d) Im Betrieb wurden die Produktionsverfahren verbessert. Der Verantwortliche für Qualitätssicherung vermutet nun, dass nur noch 10 % (H_1) statt bisher 19,5 % (H_0) der Kugeln nicht I. Wahl sind. Dies möchte er an einer Packung mit 100 Kugeln überprüfen. Findet er dabei höchstens 12 fehlerhafte Kugeln, so hält er seine Hypothese für bestätigt.
Berechnen Sie die Wahrscheinlichkeit, mit der er zu Unrecht an eine bessere Qualität glaubt. (3 BE)
(20 BE)

Hinweise und Tipps

Aufgabe 1 a

Koordinaten von D

✓ Damit ABCD ein Quadrat ist, muss z. B. $\overrightarrow{BC} = \overrightarrow{AD}$ gelten, d. h. $\overrightarrow{OD} = \overrightarrow{OA} + \overrightarrow{BC}$.

✓ Alternativ kann man die Koordinaten von D auch bestimmen, indem man die Koordinaten von B und C miteinander vergleicht und hieraus auf die Koordinaten von D in Abhängigkeit der Koordinaten von A schlussfolgert. Auch eine Zeichnung (die in Teilaufgabe c gefordert wird) kann helfen.

Aufgabe 1 b

Geradengleichung

✓ Bestimmen Sie zunächst den Mittelpunkt M des Quadrates, z. B. als Mittelpunkt der Strecke $\overline{AC}$. Die Koordinaten des Mittelpunktes einer Strecke sind das arithmetische Mittel der entsprechenden Koordinaten der Endpunkte der Strecke.

✓ Alternativ kann der Mittelpunkt M einer Strecke $\overline{AC}$ auch über die Vektorgleichung $\overrightarrow{OM} = \overrightarrow{OA} + \frac{1}{2}\overrightarrow{AC}$ bestimmt werden.

✓ $\overrightarrow{OM}$ ist der Stützvektor der gesuchten Geraden s.

✓ Zur Bestimmung eines Richtungsvektors der Geraden s kann man z. B. einen Vektor bestimmen, der gleichzeitig senkrecht zu zwei nicht zueinander parallelen Vektoren des Quadrates verläuft. Hierzu kann man das Skalarprodukt oder alternativ das Vektorprodukt nutzen.

✓ Alternative: Ermitteln Sie die Gleichung der Ebene, in der das Quadrat liegt, und versuchen Sie hieraus einen Vektor zu ermitteln, der senkrecht zu dieser Ebene verläuft.

Aufgabe 1 c

Koordinaten von E und F

✓ Berechnen Sie zunächst die Länge einer der 12 gleich langen Kanten (z. B. $\overline{AB}$).

✓ Die Punkte E und F haben aufgrund der Lage des Oktaeders im Koordinatensystem die gleichen x- und y-Koordinaten wie der Punkt M. Fertigen Sie sich eine Skizze an, um mithilfe des Satzes von Pythagoras die Höhe einer Pyramide zu berechnen. Nutzen Sie dazu z. B. das rechtwinklige Dreieck AME.

✓ Alternative: Die Punkte E und F liegen auf der Geraden s. Bestimmen Sie die z-Koordinate unter Berücksichtigung, dass E bzw. F über gleich lange Kanten mit den Punkten A, B, C bzw. D verbunden sind.

Zeichnung

✓ Zeichnen Sie das Schrägbild des x-y-z-Koordinatensystems und teilen Sie die Achsen ein.

Aufgabe 1 d

Teilverhältnis

✓ Eine Strecke im Verhältnis 1 : 3 zu teilen, bedeutet, diese Strecke in vier gleiche Teile einzuteilen. Man kann eine Geradengleichung $x = \overrightarrow{OA} + t \cdot \overrightarrow{AE}$ aufstellen und den gesuchten Punkt T ermitteln, indem man für $t = \frac{1}{4}$ in die Gleichung einsetzt.

✓ Variante: Bestimmen Sie zunächst den Mittelpunkt M_1 der Strecke $\overline{AE}$ und dann den Mittelpunkt der Strecke $\overline{AM_1}$, der der gesuchte Punkt T ist.

Aufgabe 1 e
Masse des Diamanten

Wandeln Sie die Einheit Karat in Gramm um.

Aufgabe 1 f
prozentualer Anteil des abgetrennten Teils

Berechnen Sie das Volumen V_o des Oktaeders, indem Sie das Volumen einer der beiden Pyramiden berechnen.

Nutzen Sie zur Berechnung des Volumens des oberen Teilstücks V_p Beziehungen zur Ähnlichkeit. Fertigen Sie sich dazu eine Skizze des Schnitts durch die Pyramide an und tragen Sie dort bereits berechnete Punkte ein.

Berechnen Sie dann den prozentualen Anteil als Verhältnis von $V_p : V_o$.

Aufgabe 2 a
Wahrscheinlichkeit für Nicht-1. Wahl

Berechnen Sie die gesuchte Wahrscheinlichkeit über das Gegenereignis, berücksichtigen Sie die Beziehung $P(A) = 1 - P(\overline{A})$ und beachten Sie, dass die vier Arbeitsgänge unabhängig voneinander sind.

Aufgabe 2 b
Gründe für Binomialverteilung

Eine Zufallsgröße kann als binomialverteilt aufgefasst werden, wenn es nur zwei Ergebnisse beim betrachteten Zufallsversuch gibt (bzw. zwei Ergebnisse konstruiert werden können), wenn die Wahrscheinlichkeiten für die beiden Ergebnisse konstant sind (z. B. beim Ziehen mit Zurücklegen) bzw. wenn beim Ziehen ohne Zurücklegen das Verhältnis aus Anzahl gezogener Elemente zur Gesamtzahl aller Elemente klein ist.

Aufgabe 2 c
Wahrscheinlichkeiten berechnen

Bestimmen Sie für die vorliegenden Beispiele jeweils die Länge n der Bernoulli-Kette sowie die jeweilige Trefferwahrscheinlichkeit.

Nutzen Sie die Befehle, die das CAS bietet.

Aufgabe 2 d
Alternativtest

Fertigen Sie sich eine Skizze an, in der beide Verteilungen ($p_0 = 0{,}195$ und $p_1 = 0{,}1$) dargestellt sind. Markieren Sie in etwa den Ablehnungsbereich der Nullhypothese und berechnen Sie dann diese Wahrscheinlichkeit.

Lösungen

1. a) **Koordinaten von D**

Damit ABCD ein Quadrat ist, muss z. B.
$\overrightarrow{BC} = \overrightarrow{AD}$ gelten, d. h. $\overrightarrow{OD} = \overrightarrow{OA} + \overrightarrow{BC}$.

$$\overrightarrow{OD} = \overrightarrow{OA} + \overrightarrow{BC} = \begin{pmatrix} 5 \\ 3 \\ 1 \end{pmatrix} + \begin{pmatrix} 1-5 \\ 7-7 \\ 1-1 \end{pmatrix} = \begin{pmatrix} 1 \\ 3 \\ 1 \end{pmatrix}$$

$\Rightarrow$ $\underline{\underline{D(1\,|\,3\,|\,1)}}$

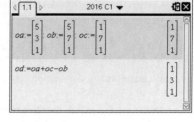

Variante: Aus der Tatsache, dass A, B und
C in einer Ebene liegen ($z = 1$) und sich
bei den Koordinaten von $B(5\,|\,7\,|\,1)$ und
$C(1\,|\,7\,|\,1)$ nur die x-Koordinate um 4 ver-
ringert, kann auch sofort auf $D(1\,|\,3\,|\,1)$
geschlussfolgert werden. Auch die in Teilaufgabe c geforderte Zeichnung des Oktaeders kann hier schon begonnen werden.

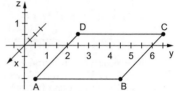

b) **Geradengleichung**

Zuerst bestimmt man den Mittelpunkt M
der Grundfläche:

$$\overrightarrow{OM} = \overrightarrow{OA} + \frac{1}{2}\overrightarrow{AC} = \begin{pmatrix} 5 \\ 3 \\ 1 \end{pmatrix} + \frac{1}{2}\begin{pmatrix} -4 \\ 4 \\ 0 \end{pmatrix} = \begin{pmatrix} 3 \\ 5 \\ 1 \end{pmatrix}$$

$\overrightarrow{OM}$ stellt den Stützvektor der gesuchten
Geraden dar.

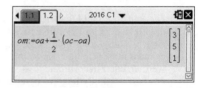

Alternativ: M wird als arithmetisches Mittel
der Koordinatenendpunkte der Strecke $\overline{AC}$
berechnet:

$$\overrightarrow{OM} = \frac{1}{2}(\overrightarrow{OA} + \overrightarrow{OC}) = \frac{1}{2}\cdot\left(\begin{pmatrix} 5 \\ 3 \\ 1 \end{pmatrix} + \begin{pmatrix} 1 \\ 7 \\ 1 \end{pmatrix}\right) = \begin{pmatrix} 3 \\ 5 \\ 1 \end{pmatrix}$$

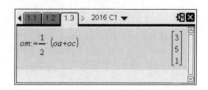

Zur Bestimmung eines Richtungsvektors der Geraden s bestimmt man einen Vektor $\vec{n}$,
der gleichzeitig senkrecht zu zwei nicht zueinander parallelen Vektoren des Quadrates
verläuft; man wählt z. B. $\overrightarrow{AB}$ und $\overrightarrow{BC}$. Hierzu kann man das Skalarprodukt oder alternativ das Vektorprodukt nutzen.

Der Vektor $\vec{n} = \begin{pmatrix} x \\ y \\ z \end{pmatrix}$ wird zunächst allgemein

definiert. Die Lösung des linearen Gleichungssystems aus den beiden Gleichungen
$\overrightarrow{AB} \circ \vec{n} = 0$ und $\overrightarrow{BC} \circ \vec{n} = 0$ liefert als Resultat
$x = 0$, $y = 0$, $z = c_1$. Man kann z. B. $z = 1$ wäh-
len und erhält als Richtungsvektor für die

Gerade $\vec{n} = \begin{pmatrix} 0 \\ 0 \\ 1 \end{pmatrix}$.

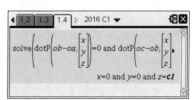

Alternativ kann man den Richtungsvektor auch mit dem Kreuzprodukt bestimmen:
$$\vec{n} = \overrightarrow{AB} \times \overrightarrow{BC}$$
Der mit dem Kreuzprodukt ermittelte Vektor ist parallel zum oben ermittelten Vektor $\vec{n}$.

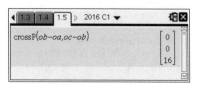

Variante: Durch inhaltliche Überlegungen kann man folgendermaßen schlussfolgern: Da die Punkte A, B, C und D in einer zur xy-Ebene parallelen Ebene liegen, muss der Richtungsvektor der Geraden parallel zur z-Achse verlaufen und ist damit z. B. $\vec{n} = \begin{pmatrix} 0 \\ 0 \\ 1 \end{pmatrix}$.

Damit kann man nun die Geradengleichung angeben:
$$s: \vec{x} = \overrightarrow{OM} + t \cdot \vec{n} = \begin{pmatrix} 3 \\ 5 \\ 1 \end{pmatrix} + t \cdot \begin{pmatrix} 0 \\ 0 \\ 1 \end{pmatrix}$$

c) **Koordinaten von E und F und Zeichnung**
Da alle 12 Kanten des Oktaeders gleich lang sind, kann man diese Länge z. B. berechnen als Betrag des Vektors:
$$|\overrightarrow{AB}| = 4 \text{ LE}$$

Die Punkte E und F haben aufgrund der Lage des Oktaeders im Koordinatensystem die gleichen x- und y-Koordinaten wie der Punkt M, es muss nur noch die z-Koordinate bestimmt werden. Die z-Koordinate lässt sich mithilfe des Satzes von Pythagoras berechnen.

Im rechtwinkligen Dreieck AME stellt die Strecke $\overline{EM}$ die Höhe h der Pyramide dar. Da $\overline{AE} = 4$ LE (Kante der Pyramide) und $\overline{AM}$ sich als halbe Diagonale im Quadrat ABCD ebenfalls mit dem Pythagoras ermitteln lässt,
$$\overline{AM} = \frac{1}{2} \cdot \sqrt{4^2 + 4^2} = \frac{1}{2} \cdot \sqrt{32} = 2\sqrt{2},$$
ergibt sich $h^2 = 4^2 - (2\sqrt{2})^2 = 16 - 8 = 8$, also $h = 2\sqrt{2}$. Da das Quadrat ABCD bereits auf der Höhe $z = 1$ liegt, ergibt sich für die gesuchten Koordinaten:
$$E(3|5|1 + 2\sqrt{2}) \quad \text{und daher} \quad F(3|5|1 - 2\sqrt{2})$$

Alternativ: Die Punkte E und F liegen auf der Geraden s. Damit kann die z-Koordinate unter Berücksichtigung, dass E bzw. F über gleich lange Kanten mit den Punkten A, B, C bzw. D verbunden sind, bestimmt werden. Für E bzw. F gilt $(3|5|z)$, weiterhin muss für den Betrag $|\overrightarrow{AB}| = 4$ LE gelten. Mit diesem Ansatz erhält man die gleichen Lösungen für E und F wie im oben beschriebenen Lösungsansatz.

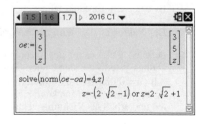

Mit den so ermittelten Werten für E und F kann die Zeichnung erstellt werden.

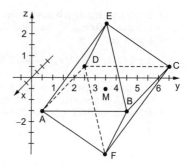

d) **Teilverhältnis**
Eine Strecke im Verhältnis $1 : 3$ zu teilen, bedeutet, diese Strecke in vier gleiche Teile einzuteilen. Man kann eine Geradengleichung $\vec{x} = \overrightarrow{OA} + t \cdot \overrightarrow{AE}$ aufstellen und den gesuchten Punkt T ermitteln, indem man für $t = \frac{1}{4}$ in die Gleichung einsetzt:

$$\overrightarrow{OT} = \overrightarrow{OA} + t \cdot \overrightarrow{AE} = \begin{pmatrix} 5 \\ 3 \\ 1 \end{pmatrix} + \frac{1}{4} \cdot \begin{pmatrix} -2 \\ 2 \\ \frac{\sqrt{2}}{2} \end{pmatrix} = \begin{pmatrix} \frac{9}{2} \\ \frac{7}{2} \\ 1 + \frac{\sqrt{2}}{2} \end{pmatrix}$$

$$\Rightarrow \underline{\underline{T\left(\frac{9}{2} \middle| \frac{7}{2} \middle| 1 + \frac{\sqrt{2}}{2} \right)}}$$

Alternativ: Man bestimmt zunächst den Mittelpunkt M_1 der Strecke $\overline{AE}$ und dann den Mittelpunkt der Strecke $\overline{AM_1}$, der der gesuchte Punkt T ist:

$$\overrightarrow{OM_1} = \frac{1}{2} \cdot (\overrightarrow{OA} + \overrightarrow{OE}) = \begin{pmatrix} 4 \\ 4 \\ 1 + \sqrt{2} \end{pmatrix}$$

$$\overrightarrow{OT} = \frac{1}{2} \cdot (\overrightarrow{OA} + \overrightarrow{OM_1}) = \begin{pmatrix} \frac{9}{2} \\ \frac{7}{2} \\ 1 + \frac{\sqrt{2}}{2} \end{pmatrix}$$

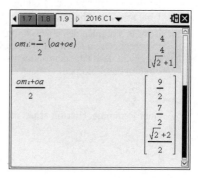

e) **Masse des Diamanten**
Die Einheit Karat wird in Gramm umgewandelt:
$$1 \, Kt = 2 \cdot 10^{-4} \, kg = 2 \cdot 10^{-4} \cdot 10^3 \, g = 2 \cdot 10^{-1} \, g$$
$$= 0,2 \, g$$
Damit gilt:
$$3\,106,7 \, Kt = 3\,106,7 \cdot 0,2 \, g = \underline{\underline{621,34 \, g}}$$

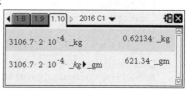

f) **Prozentualer Anteil des abgetrennten Teils**

Für das Volumen V_0 des Oktaeders gilt $V_0 = 2 \cdot \frac{1}{3} A_g \cdot h$ (zwei Pyramidenvolumen). Damit gilt:

$$V_0 = \frac{2}{3} \cdot 4 \cdot 4 \cdot 2\sqrt{2} \text{ VE} = \frac{64}{3}\sqrt{2} \text{ VE}$$

Um das Volumen V_p der abgetrennten Pyramide berechnen zu können, benötigt man die Länge der Grundseiten sowie die Höhe dieser Pyramide. Ähnlichkeitsbetrachtungen ergeben:

$$\frac{b_p}{4} = \frac{3}{4}, \quad \text{d. h. } b_p = 3$$

$$\frac{h_p}{2\sqrt{2}} = \frac{3}{4}, \quad \text{d. h. } h_p = \frac{3}{2} \cdot \sqrt{2}$$

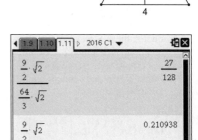

Damit ergibt sich für das Volumen des abgetrennten Teils:

$$V_p = \frac{1}{3} \cdot 3 \cdot 3 \cdot \frac{3}{2} \cdot \sqrt{2} \text{ VE} = \frac{9}{2}\sqrt{2} \text{ VE}$$

Für den Anteil des abgetrennten Teils ergibt sich daher:

$$\frac{V_p}{V_0} = \frac{27}{128} \approx 0,21 = \underline{\underline{21\,\%}}$$

Alternativ: Der Ähnlichkeitsfaktor k geht in der dritten Potenz in das Volumen ein. Mit T hat man den Ähnlichkeitsfaktor $k = \frac{3}{4}$.

Um das Volumen des abgeschnittenen Teils zu berechnen, muss man nun berücksichtigen, nicht das Oktaedervolumen zu nutzen, sondern das Volumen

$$V = \frac{32}{3}\sqrt{2}$$

einer Pyramide. Hiermit erhält man nun auch:

$$V_p = \left(\frac{3}{4}\right)^3 \cdot V = \frac{9}{2}\sqrt{2}$$

2. Stochastik

a) **Wahrscheinlichkeit für Nicht-I. Wahl**

Die gesuchte Wahrscheinlichkeit P(A) kann man über das Gegenereignis: „Eine fertige Glaskugel ist I. Wahl" unter Berücksichtigung der Beziehung $P(A) = 1 - P(\overline{A})$ berechnen:

$$P(A) = 1 - 0,97 \cdot 0,92 \cdot 0,93 \cdot 0,97 \approx 0,195$$

Dabei wird berücksichtigt, dass die einzelnen Arbeitsgänge unabhängig voneinander sind.

b) **Gründe für Binomialverteilung**
Eine Zufallsgröße kann als binomialverteilt aufgefasst werden, wenn es nur zwei Ergebnisse beim betrachteten Zufallsversuch gibt; dies trifft hier zu, denn es gibt nur die beiden Ergebnisse I. Wahl bzw. Nicht-I. Wahl.
Weiterhin müssen die Wahrscheinlichkeiten für die beiden Ergebnisse konstant sein, dies trifft hier auch zu, da zwar ohne Zurücklegen gezogen wird, dies aber aus einer großen Stückzahl. Ebenso kann als Grund genannt werden, dass die Qualität einer Kugel unabhängig von der Qualität einer anderen gezogenen Kugel ist.

c) **Wahrscheinlichkeiten berechnen**
Ereignis A: Die Zufallsgröße X beschreibe die Anzahl der Glaskugeln, die nicht I. Wahl sind, wenn 10 Kugeln entnommen werden. X ist binomialverteilt mit $n = 10$ und $p = 0{,}195$.

$$P(A) = P(X \leq 2) = \sum_{k=0}^{2} \binom{10}{k} \cdot 0{,}195^k \cdot (1-0{,}195)^{10-k} \approx \underline{\underline{0{,}6928}}$$

Ereignis B: Die Zufallsgröße X beschreibe die Anzahl der Glaskugeln, die I. Wahl sind, wenn 100 Kugeln entnommen werden. X ist binomialverteilt mit $n = 100$ und $p = 0{,}805$.

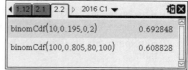

$$P(B) = \sum_{k=80}^{100} \binom{100}{k} \cdot 0{,}805^k \cdot (1-0{,}805)^{100-k} \approx \underline{\underline{0{,}6088}}$$

d) **Alternativtest**
Da es sich um einen Alternativtest handelt, formuliert man zunächst die beiden Hypothesen:

H_0: In Wirklichkeit beträgt die Wahrscheinlichkeit, dass eine ausgewählte Kugel nicht I. Wahl ist, $p = 0{,}195$.

H_1: In Wirklichkeit beträgt die Wahrscheinlichkeit, dass eine ausgewählte Kugel nicht I. Wahl ist, $p = 0{,}1$.

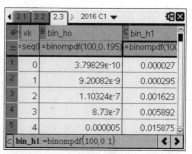

Man glaubt zu Unrecht an eine bessere Qualität, wenn H_0 in Wirklichkeit zutrifft, aber zufällig 12 oder weniger fehlerhafte Kugeln bei einer Stichprobe von 100 Kugeln gefunden werden. Der Verwerfungsbereich der Nullhypothese ist demzufolge $V = \{0; \ldots; 12\}$.

Die gesuchte Wahrscheinlichkeit (α-Fehler) berechnet sich mit:

$$P(X \leq 12) = \sum_{k=0}^{12} \binom{100}{k} \cdot 0{,}195^k \cdot (1-0{,}195)^{100-k}$$
$$\approx 0{,}0333$$

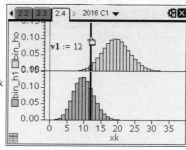

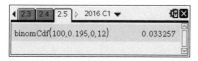

1. Auf einem ebenen Gelände befindet sich ein 15 m hoher Antennenmast. Dieses Gelände wird durch die xy-Ebene eines Koordinatensystems dargestellt. Der Punkt F(4|3|0) beschreibt den Fußpunkt des Antennenmastes. Eine Längeneinheit im Koordinatensystem entspricht einem Meter in der Realität. Zu einem bestimmten Zeitpunkt verlaufen die Sonnenstrahlen in Richtung des Vektors

   $\vec{v} = \begin{pmatrix} -1 \\ 10 \\ -5 \end{pmatrix}$. Sie erzeugen auf dem Boden einen Schatten des Antennenmastes.

   a) Die Gerade g beschreibt den Verlauf des Lichtstrahles, der auf die Spitze des Antennenmastes trifft.
      Geben Sie eine Gleichung für g an. (1 BE)

   b) Berechnen Sie die Koordinaten des Durchstoßpunktes D von g mit der xy-Ebene sowie die Länge des Schattens in Metern. (2 BE)

   c) Bestimmen Sie die Größe des Winkels, unter dem das Licht auf den Boden fällt. (1 BE)

   Eine kleine Pflanze wächst in der Nähe des Antennenmastes. Ihr Standort kann im Koordinatensystem durch den Punkt P(5,5|−12|0) beschrieben werden. Es soll untersucht werden, ob sich die Pflanze zu dem bestimmten Zeitpunkt im Schatten des Antennenmastes befindet.

   d) Beurteilen Sie dazu die beiden folgenden Lösungsansätze:
      (A) Der Abstand zwischen Pflanze und Antennenmast wird berechnet und das Ergebnis wird mit der Schattenlänge des Antennenmastes verglichen.
      (B) Die Gleichung der Geraden durch die Punkte F und D wird aufgestellt. Anschließend wird überprüft, ob der Punkt P auf dieser Geraden liegt. (3 BE)

   e) Geben Sie an, ob sich die Pflanze im Schatten des Antennenmastes befindet. (1 BE)

2. Seit einiger Zeit wird in Politik und Medien diskutiert, ob es sinnvoll ist, dass Kinder in der Schule die Schreibschrift erlernen. Die Position, dass durch Computer und Smartphone für Kinder der Umgang mit der Druckschrift Alltag ist, kaum dass sie das Alphabet kennen, steht der Ansicht gegenüber, dass das Schreiben mit der Hand kreative Prozesse unterstützt oder, wie Cornelia Funke poetisch ausdrückte: „Die Schreibschrift bringe die ‚Gedanken zum Fliegen‘."

Ein IT-Unternehmen hat hierzu eine Studie in Auftrag gegeben, die folgende Ergebnisse lieferte:

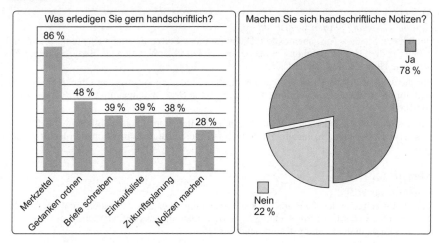

Daten nach: PRAGMA Institut: Untersuchung zum Thema Schreibkultur und Handschrift. Im Auftrag der INITIATIVE SCHREIBEN, 2013.

a) Begründen Sie, dass es nicht sinnvoll ist, die Verteilung zur Frage „Was erledigen Sie gern handschriftlich?" in einem Kreisdiagramm darzustellen. (1 BE)

b) Beschreiben Sie unter Verwendung der obigen Statistik ein Ereignis D, dessen Wahrscheinlichkeit durch den Term $P(D) = 0{,}78^{10} + 10 \cdot 0{,}22 \cdot 0{,}78^9$ berechnet werden kann. (2 BE)

c) In einer Schule werden 96 Abiturienten befragt, was sie gern handschriftlich erledigen.
Berechnen Sie unter der Annahme des Modells der Binomialverteilung und unter Verwendung der obigen Statistik die Wahrscheinlichkeiten folgender Ereignisse:
A := „Genau 80 Abiturienten schreiben Merkzettel mit der Hand."
B := „Mindestens 10, aber weniger als 80 Abiturienten schreiben Merkzettel mit der Hand."
C := „Höchstens 40 Abiturienten ordnen ihre Gedanken handschriftlich." (3 BE)

d) Ermitteln Sie die zu erwartende Anzahl unter den 96 Abiturienten, die handschriftlich Briefe schreiben.
Geben Sie eine mögliche Ursache dafür an, dass dieses Ergebnis Ihren Alltagsbeobachtungen widerspricht.
Bestimmen Sie die Wahrscheinlichkeit des Ereignisses:
E := „Die Anzahl der Abiturienten, die handschriftlich Briefe schreiben, weicht um höchstens fünf Abiturienten vom Erwartungswert ab." (3 BE)

e) Die Frage „Machen Sie sich handschriftliche Notizen?" wird vermutlich in zehn Jahren nur noch zu 50 % mit „Ja" beantwortet (H_0) statt der 78 % aus dem Jahr 2015 (H_1).
Konstruieren Sie einen Alternativtest mit dem Stichprobenumfang $n = 100$, der diese Hypothese zu höchstens 10 % zu Unrecht ablehnt. (3 BE)

(20 BE)

Hinweise und Tipps

Aufgabe 1 a

Geradengleichung für den Lichtstrahl

✔ Entnehmen Sie dem Aufgabentext die Daten für einen Stütz- und einen Richtungsvektor und geben Sie die Geradengleichung in mathematisch korrekter Notation an. Berücksichtigen Sie dabei die Höhe des Antennenmastes.

✔ Für die weitere Verwendung der mathematischen Modelle geometrischer Objekte ist es sinnvoll, ihre Koordinaten als Vektoren unter geeigneten Bezeichnungen im CAS-Rechner zu speichern.

✔ Auch wenn sich viele der zum Teil recht einfachen Rechnungen ohne Hilfsmittel ausführen lassen, so ist doch eine Kontrolle mit dem Hilfsmittel anzuraten, um Rechenfehler zu vermeiden.

Aufgabe 1 b

Durchstoßpunkt D

✔ Für die Berechnung der Koordinaten des Durchstoßpunktes D der Geraden g mit der xy-Ebene setzen Sie in der Geradengleichung $z = 0$, berechnen daraus den Parameterwert für r und mit diesem dann die x- und y-Koordinaten für D.

Länge des Schattens

✔ Wir nehmen an, dass die Länge des Schattens am Boden gemessen wird. Die Länge des Schattens des Antennenmastes kann dann als Betrag des Vektors $\overrightarrow{FD}$ berechnet werden.

Aufgabe 1 c

Einfallswinkel des Lichts

✔ Die Punkte F, S und D bilden ein rechtwinkliges Dreieck, von dem zwei Seitenlängen bekannt sind. Der gesuchte Winkel kann mit einer trigonometrischen Funktion berechnet werden.

✔ Alternativ kann auch mit dem Skalarprodukt geeigneter Vektoren gearbeitet werden.

Aufgabe 1 d

Lösungsansätze beurteilen

✔ Wenn der Punkt P im Schatten des Antennenmastes liegt, dann muss er auf der Strecke $\overline{FD}$ liegen. Das ist genau dann der Fall, wenn
  (1) der Vektor $\overrightarrow{FP}$ kollinear zum Vektor $\overrightarrow{FD}$ ist bzw. P auf der Geraden durch die Punkte F und D liegt und
  (2) P auf der Strecke $\overline{FD}$ liegt.

✔ Überprüfen Sie, ob beide Bedingungen durch die Lösungsansätze A und B erfüllt sind.

Aufgabe 1 e

Pflanze im Schatten

✔ Beachten Sie die beiden Bedingungen, die in den Hinweisen zur Teilaufgabe d formuliert wurden.

✔ Sie brauchen das Ergebnis Ihrer Überlegungen nur anzugeben. Eine schriftliche Begründung ist nicht gefordert.

Aufgabe 2 a

Kreisdiagramm

Überlegen Sie, ob die angegebenen Merkmale nur genau eine Antwortmöglichkeit erlauben.

Aufgabe 2 b

Ereignis D beschreiben

Wählen Sie unter Beachtung der im Term verwendeten Werte eine geeignete der beiden dargestellten Statistiken aus.

Die Termstruktur weist auf eine Binomialverteilung hin.

Beachten Sie die Größe der auftretenden Exponenten.

Aufgabe 2 c

Wahrscheinlichkeiten berechnen

Ermitteln Sie aus dem Aufgabentext den Stichprobenumfang n und die Trefferwahrscheinlichkeiten p.

Beschreiben Sie für die Ereignisse A, B und C zugehörige binomialverteilte Zufallsgrößen.

Verwenden Sie die Formeln der Binomialverteilung bzw. die entsprechenden CAS-Befehle zur Berechnung der gesuchten Wahrscheinlichkeiten.

Aufgabe 2 d

Zu erwartende Anzahl

Ermitteln Sie den Stichprobenumfang n und die Trefferwahrscheinlichkeit p für die binomialverteilte Zufallsgröße Z: „Ein Abiturient schreibt handschriftlich Briefe".

Berechnen Sie den Erwartungswert von Z.

Widerspruch zu Alltagsbeobachtungen

Bedenken Sie, welche Voraussetzungen eine repräsentative Stichprobe erfüllen sollte. Der Begriff „Alltagsbeobachtungen" ist relativ unscharf. Er müsste für eine Antwort in diesem Zusammenhang näher beschrieben werden.

Wahrscheinlichkeit des Ereignisses E

Die Abweichung um fünf Abiturienten vom Erwartungswert kann „nach unten" und „nach oben" erfolgen.

Verwenden Sie als Erwartungswert die schon berechnete Zahl Z.

Aufgabe 2 e

Alternativtest

Die Nullhypothese H_0 und die Alternativhypothese H_1 zu dem Alternativtest können Sie dem Text entnehmen. Ebenso erkennen Sie leicht die zu den Hypothesen gehörenden Wahrscheinlichkeiten sowie das Signifikanzniveau und den Stichprobenumfang.

Entscheiden Sie anhand des Sachzusammenhangs, ob Sie H_0 verwerfen, wenn zufällig sehr viele oder sehr wenige „Ja"-Antworten in der Stichprobe vorkommen.

Ermitteln Sie unter Beachtung des Signifikanzniveaus die Grenzen des Verwerfungsbereichs und formulieren Sie die Entscheidungsregel.

Lösungen

1. a) Geradengleichung für den Lichtstrahl

Da der Antennenmast als senkrecht stehend angenommen werden kann und er 15 m hoch ist, muss seine Spitze S die Koordinaten S(4|3|15) haben. Der Ortsvektor von S und der gegebene Richtungsvektor $\vec{v}$ beschreiben die Gerade g.

Die Geradengleichung kann in Parameterform durch $\vec{x} = \overrightarrow{OS} + r \cdot \vec{v}$ mit $r \in \mathbb{R}$ angegeben werden:

$$g: \vec{x} = \begin{pmatrix} 4 \\ 3 \\ 15 \end{pmatrix} + r \cdot \begin{pmatrix} -1 \\ 10 \\ -5 \end{pmatrix} \text{ mit } r \in \mathbb{R}$$

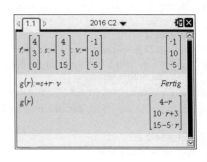

b) Durchstoßpunkt D

Berechnung des Durchstoßpunktes (z = 0 setzen):

$$\begin{pmatrix} x \\ y \\ 0 \end{pmatrix} = \begin{pmatrix} 4 \\ 3 \\ 15 \end{pmatrix} + r \cdot \begin{pmatrix} -1 \\ 10 \\ -5 \end{pmatrix}$$

Aus der dritten Gleichung $0 = 15 - 5r$ erhält man $r = 3$ und damit $x = 4 + 3 \cdot (-1) = 1$ sowie $y = 3 + 3 \cdot 10 = 33$. Der Durchstoßpunkt D hat die Koordinaten D(1|33|0).

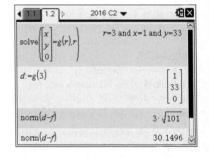

Länge des Schattens

Der Vektor

$$\overrightarrow{FD} = \begin{pmatrix} 1-4 \\ 33-3 \\ 0-0 \end{pmatrix} = \begin{pmatrix} -3 \\ 30 \\ 0 \end{pmatrix}$$

hat den Betrag:

$$|\overrightarrow{FD}| = \sqrt{(-3)^2 + 30^2 + 0^2} = \sqrt{909} = \sqrt{9 \cdot 101} = 3 \cdot \sqrt{101} \approx 30,15$$

Der Schatten des Antennenmastes ist rund 30,15 m lang.

c) Einfallswinkel des Lichts

Im rechtwinkligen Dreieck FSD ist der Winkel $\sphericalangle$ SFD $= 90°$. Weiterhin gilt $\overline{FS} = 15$ m und $\overline{FD} \approx 30,15$ m (siehe Teilaufgabe c).

Es gilt:

$$\tan(\alpha) \approx \frac{15}{30,15} \quad \Rightarrow \quad \alpha \approx 26,45°$$

Das Licht fällt unter einem Winkel von ca. 26,45° auf den Boden.

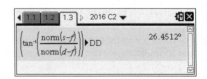

Durch eine maßstabgerechte Konstruktion kann das Ergebnis kontrolliert werden.

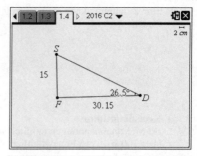

Alternativer Lösungsweg:

$$\cos(\alpha) = \frac{\overrightarrow{DF} \circ \overrightarrow{DS}}{|\overrightarrow{DF}| \cdot |\overrightarrow{DS}|} = \frac{\sqrt{1\,414}}{42} \approx 0,8953$$

$$\Rightarrow \quad \alpha \approx 26,45°$$

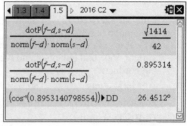

d) **Lösungsansätze beurteilen**

Mit dem Lösungsansatz A würde lediglich die Bedingung (2) aus den Hinweisen berücksichtigt, denn wenn P auf der Strecke $\overline{FD}$ liegt, dann gilt auch $|\overrightarrow{FP}| \le |\overrightarrow{FD}|$. Es wird aber nicht geprüft, ob der Vektor $\overrightarrow{FP}$ kollinear zum Vektor $\overrightarrow{FD}$ ist bzw. ob P auf g(FD) liegt.

Der Lösungsansatz B berücksichtigt zwar die Überprüfung der Kollinearität, es fehlt aber eine Überprüfung, ob P auf der Strecke $\overline{FD}$ liegt.

Beide Ansätze ergeben also keine hinreichende Überprüfung dafür, dass sich die Pflanze im Schatten des Antennenmastes befindet.

e) **Pflanze im Schatten**

Es wird zunächst geprüft, ob P auf der Geraden durch die Punkte D und F liegt. Das ist dann der Fall, wenn die Gleichung $\overrightarrow{OP} = \overrightarrow{OF} + k \cdot \overrightarrow{FD}$ eine reelle Lösung für k hat. Überdies kann man dann an der Größe von k erkennen, ob P auf der Strecke $\overline{FD}$ liegt. Dies ist genau dann der Fall, wenn $0 \le k \le 1$ ist.

$$\begin{pmatrix} 5,5 \\ -12 \\ 0 \end{pmatrix} = \begin{pmatrix} 4 \\ 3 \\ 0 \end{pmatrix} + k \cdot \begin{pmatrix} -3 \\ 30 \\ 0 \end{pmatrix}$$

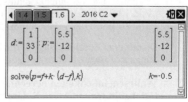

Aus der ersten Gleichung $5,5 = 4 + k \cdot (-3)$ erhält man $k = -0,5$. Aus der zweiten Gleichung $-12 = 3 + k \cdot 30$ erhält man ebenfalls $k = -0,5$. Die dritte Gleichung $0 = 0 + k \cdot 0$ ist für alle reellen Zahlen k, also auch für $k = -0,5$ erfüllt.

Damit ist geklärt:
(1) P liegt wegen $k = -0,5$ auf der Geraden durch die Punkte F und D.
(2) Weil $k = -0,5$ nicht im Intervall $0 \le k \le 1$ liegt, liegt P nicht auf der Strecke $\overline{FD}$.

Die Pflanze liegt **nicht** im Schatten des Antennenmastes.

Eine Zeichnung kann als Kontrolle dienen.

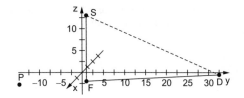

2. a) Kreisdiagramm

Da Mehrfachnennungen möglich sind, ergibt sich eine Summe der Prozentsätze von über 100 %. Es ist ungewöhnlich, solche Sachverhalte in einem Kreisdiagramm darzustellen.

Eine Möglichkeit, diesen Sachverhalt in einem Kreisdiagramm darzustellen, wird im Folgenden beschrieben.
Alle Prozentangaben aufaddiert ergeben eine Summe von 278 %. Dieser Wert entspricht 360° und entsprechend werden die Teilwinkel den einzelnen Prozentangaben zugeordnet:

A: Merkzettel $(86\% \stackrel{\wedge}{=} 111{,}37°)$

B: Gedanken ordnen $(48\% \stackrel{\wedge}{=} 62{,}16°)$

C: Briefe schreiben $(39\% \stackrel{\wedge}{=} 50{,}50°)$

D: Einkaufszettel $(39\% \stackrel{\wedge}{=} 50{,}50°)$

E: Zukunftsplanung $(38\% \stackrel{\wedge}{=} 49{,}21°)$

F: Notizen machen $(28\% \stackrel{\wedge}{=} 36{,}26°)$

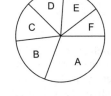

b) Ereignis D beschreiben

Es kommt die im Aufgabenteil rechts abgebildete Statistik zu „Machen Sie sich handschriftliche Notizen?" infrage, weil es genau zwei entgegengesetzte Antwortmöglichkeiten „Ja" mit p = 0,78 oder „Nein" mit q = 1 − 0,78 = 0,22 gibt. Für den Wert 0,78 gibt es die Exponenten 10 bzw. 9 und für 0,22 den Exponenten 1. Im ersten Summanden kann man sich den Faktor $0{,}22^0 = 1$ hinzugefügt denken. Der angegebene Term lässt sich auch so schreiben:

$$1 \cdot 0{,}78^{10} \cdot 0{,}22^0 + 10 \cdot 0{,}78^9 \cdot 0{,}22^1 = \binom{10}{0} \cdot 0{,}78^{10} \cdot 0{,}22^0 + \binom{10}{1} \cdot 0{,}78^9 \cdot 0{,}22^1$$

Damit wird der Bezug zu einer binomialverteilten Zufallsgröße mit n = 10 und p = 0,78 erkennbar. Das Ereignis D kann so beschrieben werden:
„Von 10 Befragten gaben 9 oder 10 an, sich handschriftliche Notizen zu machen." oder:
„Von 10 Befragten gaben mindestens 9 an, sich handschriftliche Notizen zu machen."

Da nur eine Beschreibung für das Ereignis D verlangt ist, müssen Sie die oben im Findungsprozess angeführten Argumente nicht verschriftlichen.

c) Wahrscheinlichkeiten berechnen

Für die Ereignisse A und B wird die binomialverteilte Zufallsgröße X: „Ein Abiturient schreibt Merkzettel mit der Hand" betrachtet.
Für X ist der Stichprobenumfang n = 96 und die Trefferwahrscheinlichkeit p = 0,86.

◀ 1.5 1.6 2.1 ▷ 2016 C2 ▼	🔋⊠
binomPdf(96,0.86,80)	0.082975
binomCdf(96,0.86,10,79)	0.181976
binomCdf(96,0.48,0,40)	0.127013

$$P(A) = P(X = 80) = \binom{96}{80} \cdot 0,86^{80} \cdot (1 - 0,86)^{96-80} \approx \underline{\underline{0,0830}}$$

$$P(B) = P(10 \leq X < 80) = \sum_{k=10}^{79} \binom{96}{k} \cdot 0,86^k \cdot (1 - 0,86)^{96-k} \approx \underline{\underline{0,1820}}$$

Für das Ereignis C wird die binomialverteilte Zufallsgröße Y: „Ein Abiturient ordnet seine Gedanken handschriftlich" betrachtet.
Für Y ist der Stichprobenumfang n = 96 und die Trefferwahrscheinlichkeit p = 0,48.

$$P(C) = P(0 \leq Y \leq 40) = \sum_{k=0}^{40} \binom{96}{k} \cdot 0,48^k \cdot (1 - 0,48)^{96-k} \approx \underline{\underline{0,1270}}$$

d) Zu erwartende Anzahl
Der Stichprobenumfang ist n = 96 und die Trefferwahrscheinlichkeit p = 0,39 für die binomialverteilte Zufallsgröße Z: „Ein Abiturient schreibt handschriftlich Briefe".
Damit ergibt sich der Erwartungswert E(Z) von Z durch E(Z) = n · p = 96 · 0,39 = 37,44.
Es sind ca. <u>37 oder 38</u> Abiturienten zu erwarten, die handschriftlich Briefe schreiben.

Widerspruch zu Alltagsbeobachtungen
Als Schüler oder Schülerin eines Gymnasiums werden sich Ihre Alltagbeobachtungen bezüglich des handschriftlichen Briefeschreibens nicht nur auf Ihre Mitschüler (Abiturienten), sondern auch auf andere Bevölkerungsgruppen (Familie, Freunde außerhalb des Gymnasiums usw.) beziehen. Es erscheint deshalb sinnvoll, als Grundgesamtheit nicht nur Abiturienten, sondern auch andere Bevölkerungsgruppen anzunehmen. Eine repräsentative Stichprobe ist dann gegeben, wenn alle Elemente der Grundgesamtheit die gleiche Chance haben, in die Stichprobe zu gelangen. Hier wurden aber nur Abiturienten befragt, deshalb kann man unter den genannten Voraussetzungen nicht davon ausgehen, dass die Stichprobe repräsentativ ist. Außerdem wird die Stichprobe umso repräsentativer, je größer der Umfang bei einer repräsentativen Stichprobe ist. Mit 96 Befragten ist der Stichprobenumfang relativ klein. Auch das kann wie die oben beschriebene einseitige Auswahl der Befragten dazu führen, dass die Alltagsbeobachtungen vom berechneten Erwartungswert abweichen.

Wahrscheinlichkeit des Ereignisses E
Als Erwartungswert wurde E(Z) = 37,44 ermittelt. Abweichungen um fünf Abiturienten vom Erwartungswert können „nach unten" und „nach oben" vorkommen und durch die Ungleichung $37,44 - 5 \leq Z \leq 37,44 + 5$ beschrieben werden.

Damit ergibt sich für die Wahrscheinlichkeit des Ereignisses E unter der Beachtung, dass Z nur ganzzahlige Werte annehmen kann:
$P(32,44 \leq Z \leq 42,44) = P(33 \leq Z \leq 42)$

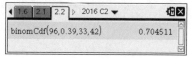

$$= \sum_{k=33}^{42} \binom{96}{k} \cdot 0,39^k \cdot (1 - 0,39)^{96-k} \approx \underline{\underline{0,7045}}$$

Mit einer Wahrscheinlichkeit von ca. 70 % weicht die Anzahl der Abiturienten, die handschriftlich Briefe schreiben, um höchstens fünf Abiturienten vom Erwartungswert ab.

e) **Alternativtest**

Dem Text werden folgende Daten entnommen:
Stichprobenumfang $n = 100$
Signifikanzniveau $\alpha = 0,10$
Nullhypothese H_0 mit $p = 0,5$ und Alternativhypothese H_1 mit $p = 0,78$

Die Nullhypothese mit der kleineren Wahrscheinlichkeit wird irrtümlich dann abgelehnt, wenn in der Stichprobe zufällig sehr viele Befragte angeben, sich noch handschriftlich Notizen zu machen. Der Verwerfungsbereich V für H_0 liegt also rechts, es gilt $V = \{k; \ldots; 100\}$.

Nun muss k so bestimmt werden, dass die Wahrscheinlichkeit, ein Ergebnis aus V zu erhalten, höchstens 10 % beträgt:

$$P(V) = \sum_{j=k}^{100} \binom{100}{j} \cdot 0,5^j \cdot (1-0,5)^{100-j} \le 0,10$$

Der Wert für k kann z. B. durch systematisches Probieren gefunden werden. Man erhält $k = 57$ und damit als Verwerfungsbereich $V = \{57; 58; \ldots; 100\}$.

Die Nullhypothese wird abgelehnt, wenn mindestens 57 der 100 Befragten angeben, handschriftliche Notizen zu machen.

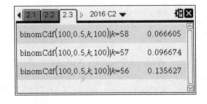